U0723326

吴鼎昌文集

林绪武　邱少君　编

南开大学出版社

天　津

图书在版编目(CIP)数据

吴鼎昌文集 / 林绪武,邱少君编. —天津:南开大学出版社,
2012.4

ISBN 978 -7-310-03831-2

Ⅰ.①吴… Ⅱ.①林… ②邱… Ⅲ.①吴鼎昌(1884～1950)
－文集 Ⅳ.①C53

中国版本图书馆 CIP 数据核字(2012)第 006590 号

版权所有 侵权必究

南开大学出版社出版发行

出版人:孙克强

地址:天津市南开区卫津路 94 号 邮政编码:300071

营销部电话:(022)23508339 23500755

营销部传真:(022)23508542 邮购部电话:(022)23502200

＊

天津泰宇印务有限公司印刷

全国各地新华书店经销

＊

2012 年 4 月第 1 版 2012 年 4 月第 1 次印刷

787×960 毫米 16 开本 37.25 印张 2 插页 515 千字

定价:65.00 元

如遇图书印装质量问题,请与本社营销部联系调换,电话:(022)23507125

编者的话

一、本文集主要收录吴鼎昌自 1925 年至 1943 年的有关论说、演讲、通讯、翻译、信函、诗词、档案及著作等资料。

二、编者对收入文集的资料进行分类,按发表或出版的时间顺序编排。

三、收入文集的资料采用原标题,但目录中对演讲类资料的标题作了简化,使用主标题而略去了附标题,在正文中保留了原样。

四、关于文字,原文中的繁体字、异体字一般转化为简体字,但少数繁体字、异体字因没有适当对应的简体字,故保留原样;原文中也存在一些文字错误或语句不通畅,但未作改动;原文中少数模糊不清无法辨认的文字用□代替。

五、关于标点,一般依照原著,编者只对个别不准确之处作了必要修改;原著中没有标点的,编者补加了标点。

六、由于受历史的局限,文集中的一些观点及用词难免有不妥之处,但为保持资料的真实性,编者仍一悉其旧,没有作任何删除或改动,敬请读者加以辨别。

精神以磨錬而強

智慧以艱危而邃

曾滌生先生語

竹銘先生屬書

吳鼎昌

吴鼎昌(1884－1950)

吴鼎昌主要履历

1903 年 8 月,考取官费赴日留学

1905 年 8 月,加入同盟会

1910 年 6 月,留学回国

1911 年 8 月,大清银行总务局局长

1912 年 2 月,中国银行正监督

1913 年 8 月,北京民国政府财政部次长

1914 年 1 月,天津造币厂总办

1916 年 6 月,中国银行总裁

1918 年 3 月,盐业银行总经理

1919 年 2 月,南北议和北方代表

1923 年 1 月,"北四行"主任委员

1926 年 9 月,《大公报》社长

1935 年 12 月,南京国民政府实业部长

1937 年 11 月,贵州省政府主席

1945 年 1 月,南京国民政府文官长

1948 年 4 月,总统府秘书长

（左起）胡政之、吴鼎昌、张季鸾合影

吴鼎昌在机场留影

吴鼎昌在庐山留影

吴鼎昌出席女儿的婚礼

吴鼎昌出席贵州企业股份有限
公司创立大会摄影纪念

目　录

二、演　讲

代序一

六十生日戏笔

吴鼎昌

无病无忧六十年，每于意外得安全。

舟车于役难停脚，霜雪相饶不上颠。

城市山林何暇择，酒杯诗卷忍轻捐。

承平便可休官去，出处依稀似乐天。

羊牁小住五年余，偶作轻游竟久居。

得此闾阎同守望，相逢患难共呴嘘。

弦歌未盛牛刀钝，宝藏方兴弩策疏。

岁月无多江海沸，一生肯许几踟蹰。

故园一别不知还，极目千山复万山。

未易模糊寻往迹，何堪寂寞落人间。

席前酒食惊先馔，灯下妻儿讽退闲。

欲掩龙钟夸矍铄，青春换得是痴顽。

一惊壮岁匆匆去，更惜余年缓缓过。

不辍耕耘酬帝力，讵容禅坐学头陀。

江山佳丽恣游钓，风雨猖狂任啸歌。

开夏初筵期尽醉，童心犹在任消磨。

原载《花溪闲笔续编》
贵州企业股份有限公司印刷所
1943 年 10 月

代序二

吴鼎昌的实业主张与实践

林绪武

吴鼎昌是中国近现代史上一位重要人物,早年留学日本时结识孙中山,曾任北京民国政府的国会议员,参与南北和谈,长期活跃于金融界,担任"北四行"首脑,是新记《大公报》的主要出资人并任职社长。1935 年 12 月,南京国民政府行政院改组,蒋介石兼任行政院长,吴鼎昌出任实业部长,从一名银行家、报人一跃而为内阁高官。1938 年 1 月,他就任贵州省政府主席,完成从内阁大员到主政地方的角色转换,并任职 7 年之久。之后,他担任过国民政府文官长、总统府秘书长。目前,学界对吴鼎昌的研究十分薄弱,本文拟梳理其担任实业部长和贵州省政府主席时的实业主张与实践,并给予客观的分析和评价。

一、推动国民经济建设运动

1935 年 12 月 12 日,国民党中政会通过行政院各部长官人选,实业部长为吴鼎昌①。实业部,其实就是清末民初的农商部,以推动农业市场经济化为目标,资产阶级自由派人士多次担任农商部长,结果多流为形式。他就职后"益觉责任重大",强调"'为政不在

---

① 《行政院阵容一新》,《大公报》(天津)1935 年 12 月 13 日。

多言'，只须埋头苦干"。尽管初次担任内阁部长，但他对实业部的定位较为准确："本部乃实业行政机关，非各种企业均须本部自行创办。盖行政机关之任务，端在以系统的政治机构，对国营事业民营事业为有力之指导与推进"。为此，吴鼎昌从横、纵两方面部署工作。横的方面，实业部和全国经济委员会、建设委员会等机关，性质虽有若干类似，但"事业推进，重在分工合作，各机关所办事业，本部应不吝以合作或分划之精神，分明责任，避免重复"，决不斤斤计较权限和利益；纵的方面，实业部对各省的建设事业应予以便利，力助其成，"决不为部营、省营之争"，"本部应负责任，只在实业行政，尽指导推进之责而已。"① 因而，他为发展现代实业尽职尽力。

1936 年，中国经济发展遇到严重困境，吴鼎昌提出"奖励生产，发展贸易，方可挽救"。为奖励生产，实业部下令中央农业实验所统筹办法，以期"使全国所有同一性质之公私各机关团体，在共同目标与步骤之下，通力合作，逐渐改进"②。针对农业生产衰落的情势，实业部从增加生产、改良品质着手，致力于整理农事试验，改进农业技术，制定《技术合作办法》，以便中央农业实验所与各地方农场密切联络。双方合作的事项有：(1)中央农业实验所将试验研究成功的(甲)改良农作物种子，(乙)各项病虫害防治方法，(丙)输入并制造各项牲畜血清等，与各地方农场订定合作办法，从事推广；(2)中央农业实验所就各地方农场需要情形，随时派员视察，以便商讨；(3)中央农业实验所就实际需要情形，分别举办各项讨论会，召集各地方农场主管人参加讨论；(4)中央农业实验所就实际需要情形，分别举办各项讲习会，召集各地方农场技术人员，予以短期训练，以求技术进步与统一。③ 制定技术合作办法，运用科学技术

---

① 吴鼎昌：《开岁后工作方针》，《实业部公报》1936 年第一期。

② 《吴鼎昌今日飞京》，《大公报》(天津)1936 年 3 月 7 日。

③ 《实业部筹谋增加并改进农产》，《大公报》(天津)1936 年 4 月 7 日。

的力量改良和提高农业水平,是推动现代农业发展较为积极和可取的途径。发展贸易,需要提高产品质量,实业部决定将南京、北京两地的国货陈列馆,拨归地方政府办理,以所得经费设立国产检验处,并由该处延揽专家,拟订各项重要产品的品质检验标准。实业部培训技术工作人员,逐渐实施商品品质检验,以适应国内外商家要求。检验的范围,既注重对外出口商品,也推及国内运销商品,"使国家贸易纳于正常轨道中,若国内商品漫无一定之标准,则国际贸易殊难望其发展。"[①]

吴鼎昌实业部长任上很重要的一项工作是推动国民经济建设运动。1935 年 10 月,蒋介石提出:"国民经济建设运动与新生活运动二者相表里,故必须相辅而行。"[②]所谓国民经济建设运动,是实业部牵头的由民营第二、第三产业带动第一产业的现代化运动,也是城市领导农村的一个经济运动,但结果与新生活运动一样流为形式。1936 年 6 月 3 日,蒋介石发起成立国民经济建设运动委员会,制定国民经济建设运动委员会总章,规定在南京设置总会,亲任会长,各省及直辖市设置分会,各县设置支会。总章规定的总会任务为:协助推行中央及地方政府经济建设计划,倡导社会各种经济建设事业,培养训练及介绍各种经济建设人才,研究发展全国农工副业及地方特殊商品,倡导节约,推行国货[③]。《大公报》社评为此指出:"愿中央地方务须切实进行,勿陷于名不符实之弊","生产制造,乃救穷之唯一手段"[④],愿全国各界参加国民经济建设运动,集中地方公意,群策群力,以促进生产制造,表达了支持和期望的态度。

总会筹备委员会设在实业部内,指定行政院副院长孔祥熙、实

① 《吴鼎昌今日飞京》,《大公报》(天津)1936 年 3 月 7 日。
② 吴鼎昌:《国民经济建设运动之意义》,《大公报》(天津)1936 年 6 月 22 日。
③ 《蒋院长通电发起国民经济建设运动》,《大公报》(天津)1936 年 6 月 5 日。
④ 《国民经济建设运动委员会》,《大公报》(天津)1936 年 6 月 5 日。

业部长吴鼎昌、行政院秘书长翁文灏为筹备委员，吴鼎昌为主任筹备委员。5日，国民经济建设运动委员会筹备委员会成立①。9日，筹备委员会举行首次会议，讨论经费预算及委员人选。吴鼎昌通过广播电台向全国演讲国民经济建设运动意义，强调国民经济建设运动"实须政府与人民合作，联为一气，合为一体，共谋中华民族经济之自存与其发展，为民族的经济复兴之一大运动"②。24日，国民经济建设运动委员会总会、分会、支会组织章程公布，总会章程5章15条，分会章程5章14条，支会章程5章12条③。27日，总会委员等人选公布，孔祥熙、吴鼎昌、翁文灏为常委，吴鼎昌为主任常委④。

7月4日，国民经济建设运动委员会举行成立大会，蒋介石亲临主持。吴鼎昌报告筹备经过，陈述对国民经济建设运动的感想，"积极方面，固应建设各种重要之事业，消极方面亦可节衣缩食做去"，"本会事务极广泛，须各委同心协力，以促其成。盖国民经济建设运动与中国经济关系之重要极为显著"，主张"对生产工具，欢迎外货，消费物品，专用国货"，强调不是排斥外货，而是限用外货⑤。总会仍设在实业部内，主要是担当提纲挈领、主持指导的工作。

国民经济建设运动开始后，吴鼎昌大力推动农村合作事业及成立国货联合公司。实业部通知各省市建设厅的社会局，要求各地合作社立即依照该部颁发的《划一合作社名称说明书》的规定，改正名称，以昭划一，各社所用的图记、书类等，凡1936年7月1日前依法登记的合作社，暂准照常使用，此后新成立的合作社，均依

① 《国民经济建设运动委员会筹备会昨日成立》，《大公报》(天津)1936年6月6日。
② 吴鼎昌：《国民经济建设运动之意义》，《大公报》(天津)1936年6月22日。
③ 《国民经济建设运动总会下周成立》，《大公报》(天津)1936年6月25日。
④ 《委员人选昨发表》，《大公报》(天津)1936年6月28日。
⑤ 《国民经济建设运动会昨举行成立大会》，《大公报》(天津)1936年7月5日。

照以上说明书规定办理。为此,8 月 22 日至 9 月 7 日,吴鼎昌赴南昌视察江西省合作事业①,又视察了湘、鄂、皖等省合作事业。其后,他提出改进合作事业的具体方针:一是合作法令必须统一,合作事业随地方情形由地方妥为办理,中央尽力为各省主持方针暨予以必需的协助;二是合作业务计有七类,所办种类如何,应视社员需要而定,必须办好一种,不宜勉强多办;三是合作社的联合组织在所必需,但应使组成其中的单独的合作社组织健全后,联合社始能有力,并以联合社的力量,充实合作社的力量;四是合作事业本为改进人民经济生活的组织,故推行合作,处处应为人民经济生活本身设想,不得有其他意义参杂其间;五是合作事业是否纯正,前途是否有希望,悉在各地方办理合作事业的干部是否得人;六是合作事业为永久事业,图功心切,基础易坏,且一经失败,进行更困难②。此后,合作运动广泛展开,一定程度上推动了农业经济和农村的发展。

1936 年 12 月 4 日,中国国货联合营业股份有限公司筹备委员会召开成立大会,吴鼎昌代表国民经济建设运动总会致词,提出国货联营公司的发起,原因在于政府和人民都想购买国货,但各地国货公司或国货商店的设立区域不广、货物不全,导致购买困难,因此,"由国货工厂、国货公司与政府三方面联合设立一公司机关",目的是"为全国国货谋利益,非为一地国货谋发展,其性质甚为普遍"③。国货联营公司实行股份制,采用公开募股方法,全国国货公司、工厂均予以同一入股机会,若公司、工厂方面需要大量入股,政府股份可以减少,决不与民争利。公司设立后,无论何地、何家工厂生产的商品,只要被政府机关鉴定属于人民需要品,均有机会

① 《吴鼎昌由牯赴南昌》,《大公报》(天津)1936 年 8 月 23 日。
② 《吴鼎昌谈视察四省合作事业情形》、《实长吴鼎昌谈改进合作事业方针》,《大公报》(天津)1936 年 9 月 9 日。
③ 《国货联营公司筹委会昨成立》,《大公报》(天津)1936 年 12 月 5 日。

在此批发、出卖,手工艺品、土产品享有同一待遇。

1937 年 1 月 28 日,国民经济建设运动总会依据章程指定 15 人充任国货联营公司筹备委员会常委,加上吴鼎昌、周诒春,共 17 人,吴鼎昌为主任委员[①]。经过近三个月的筹备,4 月 10 日,国货联营公司举行创立大会。吴鼎昌致词指出国货联营公司成立,与各业均有极大关系,"一方藉全国国货工厂组织全国国货贩卖网,与国货公司发生密切之关系,一方复可使全国机织品手工业品及土产品之销路均能增加"[②],全国人民均有机会购买国货,中国经济会藉此得到重大发展。因此,政府创办本公司,意在提倡国货,而非为牟利,公司营业发展后,政府股本均可转让给商界。会议推选吴鼎昌为董事长。1937 年,政府与国民经济建设运动总会筹备成立 33 家国货公司,普遍推广国货[③]。

无论农村合作事业还是国货联营公司,都是把政府、厂家、商家与民众联系起来,是国民经济建设运动的缩影。国民经济建设运动,是一场由政府倡导、社会各界广泛参加的经济建设活动,对中国现代实业的发展及中国经济现代化产生了影响;是动员全社会共同参与的经济运动,成为战前和战时中国经济的总动员。但是,受到国民党政权体制及其他因素影响,国民经济建设运动存在局限性,这场集经济建设与经济动员于一体的运动,并没有为改善民众生活提供真正实惠,也没有达到预期目的。

二、发展农村金融

吴鼎昌担任实业部长后,决定联合银行界设立农本局,原因在于"调整农业产品、流通农业资金,实目前最切要、最困难之问题。特拟创设农本局作为农业经济机关,俾与农业技术机关、农产检验

---

① 《国货联营公司筹备会常委》,《大公报》(天津)1937 年 1 月 29 日。
② 《国货联营公司昨开成立大会》,《大公报》(天津)1937 年 4 月 11 日。
③ 《翁文灏谈政府推进工业情形》,《大公报》(天津)1936 年 12 月 10 日。

机关相辅进行"①。1936 年 4 月,他与上海银行界商谈农本局的办法纲要,广泛征求意见。其后,办法纲要有所修改,将资本金由3000 万元增至 6000 万元,政府占 3000 万元,其余由各银行投资,定名为合放资金,双方分 5 年拨足;农本局理事由 13 人增至 21 人,银行代表 10 人②。5 月 2 日,吴鼎昌与上海银行界举行第二次谈话会,商讨农本局成立事宜。6 月 6 日,实业部将拟好的《农本局组织规程》送交行政院审议③。12 日,内政、财政、交通、铁道、实业部等 5 部长审查农本局组织规程,内容未有变动,文字略作修改④。16 日,行政院会议修正通过农本局组织规程,呈国民政府公布,先成立筹备处⑤。当日,国民政府公布《农本局组织规程》共 19 条,规定农本局的宗旨为"调整农业产品、流通农业资金,藉谋全国农村之发达",农本局业务主要是农产、农资两部分,设理事 23 人,银行代表 12 人,其余由实业部呈请行政院简派⑥。

　农本局组织规程通过后,开始筹备事宜。吴鼎昌几次赴上海召集银行界开会,商谈农本局"本年度合放资金六千万元之认担及流通资金之确定"一事⑦。29 日,上海三十多家银行代表开会,讨论农本局成立之事,一致决定:"第一年合放资金六百万,按各行所收存款十分之一摊认",当场全部认购完毕,并选举银行代表钱新之、吴震修、张佩绅、吴希之、周作民、王绍贤、赵棣华、徐新六、胡筠、邹秉文、王志莘、叶琢堂 12 人为农本局理事,又选举吴蕴齐、陈

---

　　① 《农本局组织规程原提案文》,《农本局及所属组织规程》,全宗号四〇二,案卷号237,南京:中国第二历史档案馆藏。

　　② 《农本局扩大组织》,《大公报》(天津)1936 年 5 月 1 日。

　　③ 《农本局将成立》,《大公报》(天津)1936 年 6 月 7 日。

　　④ 《农本局条例》,《大公报》(天津)1936 年 6 月 13 日。

　　⑤ 《昨日行政院会议通过农本局组织章程》,《农本局章程》,《大公报》(天津)1936 年 6月 17 日。

　　⑥ 《农本局组织规程》,《农本局及所属组织规程》,全宗号四〇二,案卷号 237,南京:中国第二历史档案馆藏。

　　⑦ 《吴鼎昌》,《大公报》(天津)1936 年 7 月 15 日。

光甫、叶董、李馥荪、杜月笙 5 人为候补理事 ①。8 月 11 日,行政院召开会议,通过农本局理事、总经理、协理等人选决议 ②。17 日,国民政府发布命令:"(一)派蒋作宾、孔祥熙、吴鼎昌、张嘉璈、俞飞鹏、秦汾、徐庭瑶、钱天鹤、蔡无忌、陈振先、徐思曾、徐新六、胡筠、叶琢堂、周作民、钱永铭、赵棣华、王志莘、吴希之、邹秉文、吴震修、张佩绍、王绍贤为农本局理事(二)派陈振先为农本局总经理,钱永铭、邹秉文为协理。"③ 陈振先是广东人,曾任北京民国政府农商总长,和杨永泰是同乡好友,缘于杨的推荐,陈被任命为农本局首任总经理 ④。9 月 15 日,农本局举行首次理事会议,吴鼎昌报告筹备经过,以互相推举的方式选举孔祥熙为理事长,讨论通过农本局理事会章程、办事章程、进行计划大纲、职员任用办法、农本局预算等五项要案 ⑤。21 日,农本局开始办公,内部组织分设农资、农产、会计 3 处,秘书、事务、稽核、研究 4 室 ⑥。

　　1937 年 1 月 26 日,农本局召开第三次理事会议,孔祥熙、吴鼎昌等出席,通过辅助发展农业生产计划大纲等议案 ⑦,农本局各项业务正式启动。2 月,实业部为调剂全国合作事业资金以谋发展起见,筹办全国合作金库,经过缜密研究,决定由农本局试办,先着手成立全国县市合作金库,然后逐步推进,成立省合作金库,并在省合作金库基础上组织中央合作金库。实业部又制定《各县县金库章程准则》43 条,农本局遵照此项准则,选择安徽、河北、湖南、湖北 4 省重要的县市设立合作金库数处,再逐步推行全国,本年完成县

　　①《农本局资金》,《大公报》(天津)1936 年 7 月 30 日。
　　②《行政院会议》,《大公报》(天津)1936 年 8 月 12 日。
　　③《农本局即组织成立》,《大公报》(天津)1936 年 8 月 18 日。
　　④《何廉回忆录》,北京:中国文史出版社,1988 年,第 141 页。
　　⑤《实部农本局下月初成立》,《大公报》(天津)1936 年 9 月 16 日。
　　⑥《农本局开始办公》,《大公报》(天津)1936 年 9 月 22 日。
　　⑦《农本局理事会议》,《大公报》(天津)1937 年 1 月 27 日。

合作金库 20 处,5 年后完成全国农村金融网①。此后,农本局的重要工作是设立合作金库,调剂农村金融②。

"惟合作金库在国内尚属初创,推行之始,端宜注重于基本组织,基本苟能稳固,则扩大普遍,乃能见其实效……故县(市)合作金库自身之能否健全,工作之能否充实发挥效能,要以所在地原有合作组织之良窳为断。"③因此,农本局最先设立的县合作金库为山东寿光,因山东全省合作事业大部以产销合作为中心,合作事业取得相当成绩,一切贷款亦以产销为主要用途。早在 1937 年初,吴鼎昌与山东省主席谈话指出:"实部实业计划先作基础工作,设农本局,扶助各省农村经济,对鲁农村经济及烟叶棉花小麦一切特产决予扶助。"又与省建设厅长谈话,提出"拟先由农本局与鲁模范合作区寿光县订合同试办"④,指派农本局协理具体负责扶助山东发展农村经济,"对鲁拟先在邹平、寿光、济宁组合作金库。"⑤此外,河北定县合作事业发达,也成为最先试办合作金库县之一。

"南京市合作金库则因辅导之便利,指定为实验库,一切业务经营及办理手续等,俱期其由实验而得逐步改进之经验。"⑥为此,农本局与南京社会局就合办南京市合作金库多次公文往来商洽相关事宜,从留下的档案材料来看⑦,双方主要商讨、决定两件事情:一为合作金库的办公地点,农本局本着"减轻农民经济负担起见,经常开支力求节省"的原则,要求南京市社会局商请政府拨出一处公房以借用并免除租金,经商讨最终确定一处公房,租期 5 年。此

① 《实业部筹设全国合作金库》,《大公报》(天津)1937 年 2 月 16 日。
② 《农本局举办各种生产贷款》,《大公报》(天津)1937 年 5 月 29 日。
③ 何廉:《农本局业务报告》(自开办迄本人接收之日为止),农本局研究室印行(时间不详),第 5 页。
④ 《吴鼎昌过济访韩》,《大公报》(天津)1937 年 1 月 11 日。
⑤ 《吴鼎昌返京》,《大公报》(天津)1937 年 1 月 12 日。
⑥ 华云程:《经济部农本局概况》,农本局研究室编印,1942 年,第 7 页。
⑦ 《农本局与南京社会局合办南京金库合约及有关文书》,全宗号四〇二,案卷号10525,南京:中国第二历史档案馆藏。

后,农本局与各地商办县市合作金库多参照此例,办公用房均由当地政府提供公房并免除租金。二是签订合作金库的合同,内容涉及金库股本及来源、股息、双方分工等事宜,为其后农本局与其他县市签订合作金库合同提供了范本。1937 年 7 月,南京市合作金库正式成立。因此,南京市合作金库的筹备为其他县市合作金库发挥了"实验库"的作用。

1937 年,农本局设立县市合作金库是试验时期,较早成立的有山东寿光、济宁,河北定县,南京,安徽宣城、芜湖,江西九江、进贤,湖南攸县、茶陵、安仁、岳阳、新化、沅陵,湖北之襄阳,四川新都、合川等,至年底共成立 17 个县市合作金库①。

1937 年 8 月,何廉接任农本局总经理,是蒋介石亲自圈点、实业部长吴鼎昌推荐的。何廉就任后调整了农本局工作思路,"将组织合作社作为第一步;第二步是帮助组织以县为单位的、由农业合作社所有和经营的"合作金库②。1938 年 2 月,农本局办公地点迁重庆后,开始成立培训班,培训大学毕业生派往农本局的各地业务单位工作,何廉亲任班主任,南开大学教授方显廷具体承担培训工作。其中,头两年培训了 600 至 700 大学毕业生③,充实了合作金库一线的业务骨干,促进了合作金库的业务发展。为帮助合作社和合作金库经理作好贷款审查,何廉派出人员到各地合作金库巡回视察。他花费大量时间从内地一个省走到另一个省,与各省当局协商建立合作金库事宜,并对农本局人事作了一定调整,邀请南开大学会计学教授廖云皋担任会计处长,很多得力和忠实的助手都是何廉从南开大学经济学院和商学院他的学生中挑选的④。这些都有力推动了各地合作金库的建立及业务发展。

---

① 华云程:《经济部农本局概况》,第 10 页。
② 《何廉回忆录》,第 146 页。
③ 《何廉回忆录》,第 162 页。
④ 《何廉回忆录》,第 155 页。

1938年，农本局业务以"辅设合作金库为中心工作"，合作金库事业进入发展时期，新设立县市合作金库59处，共已成立76处合作金库①。1939年，是农本局设立合作金库质量并重时期，新设立县市合作金库52处，总数达到128库②。1940年春，四行联合办事总处成立农业金融处，重新划分农贷区域，农本局势难筹设新库，主要是将1939年正在筹备的47库迅速成立，农本局设立的县市合作金库总数达175库③。在办理县市合作金库的同时，农本局强调推进省合作金库的成立，何廉即致函贵州省政府："本局对于各省辅助设县合作金库，不仅以供给农民需要资金为能事，而其最大目的乃在树立合理化之合作金融制度，藉便都市及一般社会之游资，得因制度而可大量流入农村，故拟根据合作金库规程之规定'若干县合作金库成立之后，即应辅导各该县合作金库，组织省合作金库'，俾以完成合作金融系统。"④

农本局县市合作金库主要办理存款、放款、汇兑和代理收付等业务⑤。放款业务遵循如下原则：一是放款对象，必须为组织健全之合作社；二是放出之款，必使其真正入于农民之手；三是放款必须用于生产及正当之途；四是放款必须适合农民之需要。同时，放款期限务求与收益时期一致，手续力求简便。1938年11月底止，放款数额总计4,076,019.79元⑥。1939年底止，各库放款总额10,826,752.00元，比1937年底超出20倍以上⑦。1940年10月底止，各库放款总额为43,701,954.02元⑧。很显然，放款数额逐

① 《中华民国二十七年农本局业务报告》，农本局研究室编印，1939年，第13—14页。
② 《中华民国二十八年度农本局业务报告》，农本局研究室编印，1940年，第41页。
③ 《中华民国二十九年度农本局业务报告》，农本局研究室编印，1941年，第11页。
④ 《农本局公函》（发文总字第2410号），《农本局与贵州省政府合资筹设省县合作金库事宜》，全宗号四〇二，案卷号10122，南京：中国第二历史档案馆藏。
⑤ 《金库业务》，《大公报》（天津）1937年2月16日。
⑥ 《中华民国二十七年农本局业务报告》，第20、23页。
⑦ 华云程：《经济部农本局概况》，农本局研究室编印，1942年，第11页。
⑧ 《中华民国二十八年度农本局业务报告》，第17页。

年有较大幅度增加,满足了农民生产贷款之需。放款期限因用途不同而有别,分三种情形:一是用作买种子、肥料、饲料、纳税、人工,及经营小买卖之资本等用途,借款期为10个月;二是用作购买牲畜、较大农具及清偿小额债务等用途,借款期限为两年;三是用作购田、改良土地及建筑房屋等用途,借款期限延至三年①。

存款业务不限于合作社社员,为社会普遍服务,这可以增加贷放资金的来源,减低资金成本,从而减低农民利息负担。存款业务,分定期、活期及小额存款。1938年,存款为147,197.74元②,1939年,存款为1,618,427.10元③,1940年,存款为2,886,135.54元④。仅县市合作金库的存贷业务,就大大便利农村金融流通,支持了农业生产,尤其放款主要是用于农业生产,对于农村经济的恢复和发展发挥了实际作用。

农本局及县市合作金库还办理改良种子的分配。1939年后,中央农业试验所与各省农业改进所合作进行种子改良工作,而农本局则以贷款方示提供资金。1940年,在已设立合作金库的地区,由合作金库办理改良种子分配工作。合作金库从省农业改进所购买种子,以贷款方示分配给县内的合作社,合作社再以贷款方式按照一定价格将种子分配给农民。同时,合作社可代表合作金库优先购买改良种子生产的作物,以便下一年度种子的分配。⑤这一工作提高了农作物的产量,有利于农业的发展。

三、促进贵州经济发展

1937年11月20日,南京国民政府改组湘、鄂、黔、皖等省政

① 《中华民国二十七年农本局业务报告》,第23页。
② 《中华民国二十七年农本局业务报告》,第25页。
③ 《中华民国二十八年度农本局业务报告》,第50页。
④ 《中华民国二十九年度农本局业务报告》,第18页。
⑤ 《何廉回忆录》,第158页。

府,任命吴鼎昌为贵州省府委员兼主席①。得此消息,吴鼎昌"顿觉两肩加重,不免临事而惧"②。虽然如此,他飞抵重庆与记者谈话时提出,贵州要"以发展交通,促进经济文化为主",表明他对主政贵州已有深入思考,并为记者题字:"要前线胜利,须后方努力"③,一方面体现他对抗战胜利的态度,另一方面成为他主政贵州的信念与自勉。1938年1月1日,吴鼎昌宣誓就任贵州省政府主席,任职七年之久,他采取一系列举措,开发实业、发展经济。

贵州地处大后方,经济落后但矿产丰富,基础条件薄弱但拥有发展潜力。吴鼎昌长期任职银行界,又由实业部长调任贵州省政府主席,具有发展经济的经验和优势,因此,他注重采取措施,从农林牧蚕、电工矿、交通等方面着手,发展现代实业,促进经济社会发展。

吴鼎昌提出开发农林牧蚕,要抓好科学、金融、运销三个环节。就科学来看,1938年4月,省政府通过与经济部合作,成立"贵州省农业改进所",负责农事方面的试验、研究及推广。譬如,贵州本来不种植棉花,农业改进所选择32个县进行棉花种植试验,结果证明22个县适于种植,于是积极推广棉花的种植④,改变了农业的种植结构,有利于增加农民收入和支持抗战。蚕丝改良也取得成功,为丝织业的发展提供技术支撑。吴鼎昌在贵州推行每年造林100万亩的方案⑤,大大提高林业发展和改善生态环境。运销方面,省政府设立"农矿工商调整委员会",指导改进产品,设法推广销路。桐油是贵州出产的大宗产品,历来都是先运销省外再转运出口。吴鼎昌设立"桐油运销委员会",办理桐油及药植物的直接出口事项,

① 《四省府改组令下》,《大公报》(汉口)1937年11月21日。
② 吴鼎昌:《花溪闲笔初编》,贵州企业股份有限公司印刷所印行,1943年,第2页。
③ 《吴鼎昌昨抵渝》,《大公报》(汉口)1937年12月21日。
④ 吴鼎昌:《花溪闲笔初编》,第19页。
⑤ 《吴主席谈一年来之黔政》,《大公报》(重庆)1938年12月31日。

简化运销渠道,节约运输成本,促进了该行业的发展,对贵州的经济有所推动。

　　开展这些工作都需要资金来源,必然离不开金融支持。吴鼎昌凭借他任职银行界的实践经验和实业部的工作经历,确立贵州省农业金融方针是以合作社为基础,设立合作金库作为主要农业金融机关,每县设立一个合作金库,便于合作社贷款。推广合作事业,筹设合作金库,是他任职实业部开展的重要工作,他主政贵州后当大力推进之。1937 年 12 月 26 日,农本局致函贵州省政府:"本局与贵省合作办理县合作金库,业经派员前来贵省妥商办法,并蒙贵府赞同,并拟有《贵州省政府、农本局合办合作金库合同草案》……即请签章……兹派本局驻黔专员孙新在及驻黔会计主任曹康伯前来贵省办理合作金库进行事宜。"[①]据《贵州省政府、农本局合办合作金库合同》规定,双方"合办贵阳,贵定,定番,息烽,安顺,平坝,镇宁,镇远,毕节,黔西,玉屏,独山,都匀,盘县,遵义等十五县合作金库,并优先成立贵阳、遵义、安顺、镇远、独山等五县合作金库。以后视实际需要及合作事业发展情形,再分期成立其余各县合作金库"[②]。1938 年 6 月,已有贵阳、遵义、安顺、定番、铜仁、玉屏等 6 县成立合作金库,至 8 月,有 16 个县设立合作金库[③]。1939 年 5 月止,全省 45 个县设立了合作金库,其中属于省政府与农本局合办者有 25 个县[④]。在县合作金库的基础上,吴鼎昌着手成立省合作金库,以便为各项建设事业更好地提供金融支持。1938 年 12 月 27 日,他致函农本局:"本省各县合作金库业已成立

　　①　《农本局函》(湘资字第一九○号),全宗号四○二,案卷宗号 11271,南京:中国第二历史档案馆藏。

　　②　《贵州省政府、农本局合办合作金库合同草案》,全宗号四○二,案卷宗号 11271,南京:中国第二历史档案馆藏。

　　③　《农本局公函》(发文总字第 2410 号),《农本局与贵州省政府合资筹设省县合作金库事宜》,全宗号四○二,案卷宗号 10122,南京:中国第二历史档案馆藏。

　　④　吴鼎昌:《花溪闲笔初编》,第 21 页。

多处,函应积极筹设省合作金库以便统一管理,统筹调剂,爰经拟定本府与贵局合办本省合作金库合同草案一种。"①1939年1月17日,农本局总经理何廉复函:"查合同草案所列条文,本局当予同意。"②不久,贵州省合作金库成立,为经济、社会的发展提供金融保障。此后,贵州农村经济逐渐恢复,"各地谋食极易,全省已无饥寒交迫无以为生之人"③,应该说合作金库发挥了一定的实际作用。

　　第二项是发展电工矿业。贵州省政府相继兴办贵阳电厂、贵州油厂、贵州缫丝公司、贵州矿务局、贵州锑业管理分处、贵州印刷所、贵阳建筑公司等,并分别拟定计划办理的第一期、第二期重要工业项目。如何经营这些企业,更好地促进经济发展,是省政府面临的重要任务。吴鼎昌发挥长期从事实业的经验,经省政府会议研究决定,创设"贵州全省企业股份公司","以经营贵州省各项实业,开发其资源,以期助成西南各省之经济建设为宗旨。"④公司业务范围包括:机械及化学工业;矿产业;信托业;运输业;其他相关经济建设事业⑤。公司股本总额定为600万元,分为6000股,每股1000元,中央及省政府认购2500股,其余招募商股,中国银行认购170万元,交通银行认购120万元,中国农民银行认购60万元⑥。显然,贵州企业股份公司属于官商合办性质,时任清华大学教授陈之迈评价道:"这一个官商合办企业公司的制度,自贵州创始以来,

　　①《贵州省政府公函》(农合贷字第○三五号),《农本局与贵州省政府合资筹设省县合作金库事宜》,全宗号四○二,案卷宗号10122,南京:中国第二历史档案馆藏。
　　②《农本局公函》(川字第381号),《农本局与贵州省政府合资筹设省县合作金库事宜》,全宗号四○二,案卷宗号10122,南京:中国第二历史档案馆藏。
　　③《贵州省主席吴鼎昌等巡视各县政情》,全宗号二,案卷宗号5748,南京:中国第二历史档案馆藏。
　　④《贵州企业股份有限公司章程》,《贵州档案史料》1994年第1期。
　　⑤《黔省府会议议决创设贵州企业公司》,《大公报》(重庆)1939年3月11日。
　　⑥ 吴鼎昌:《花溪闲笔初编》,第24页。

已引起各方面的注意,是中国政治上一种重要而新颖的创制。"①
时为南开大学经济学家方显廷认为:世界各国的工业化政策演变
具有共同趋向,"由放任而干涉而计划,由民营而国民兼营而完全
国营",就我国而言,"工业化运动,急待举国上下之推进","采取完
全民营或完全国营政策,俱非所宜","发展政策,宜以国营为主,而
以民营佐之。"②创办贵州企业股份公司,是吴鼎昌对贵州工业化
道路的探索,也是对中国工业化政策的一种积极有益的尝试,基本
上是一条可取的工业化道路。贵州企业股份有限公司的蓬勃发展
及其对抗战的贡献,引起了全国的重视,产生了较大影响③。吴鼎
昌任职省主席期间,贵州经济蓬勃发展,工厂数增加十多倍;资金
增加五十多倍;工业有了较快发展。1935 年前,全省仅有两家稍具
规模的现代工厂,资本总额仅 50 万银元;1943 年上升为 97 家,资
本总额为 4792 万元④。

　　发展交通运输是又一项实业工作。吴鼎昌刚抵达贵阳时指
出:"本省绾毂西南,为国防后方要地,此后对各公路交通,首须整
理完善。"⑤张嘉璈任铁道部长时提出西南铁路建设计划,是以贵
阳为中心,分别修筑通往川、滇、湘、桂四省的铁路。但因为抗战爆
发,这一计划未能继续。吴鼎昌到任后,立即与交通部长张嘉璈商
定,修筑贵阳至咸宁、贵阳至柳州两条铁路,间接把贵阳与川滇、湘
桂铁路联系起来。《大公报》主笔王芸生说:"贵阳现在的繁荣是假
的,假使铁路不能通到贵阳,到战后恐怕难以维持这繁荣"⑥,足见
铁路建设对贵阳乃至贵州全省经济和社会发展的重要性。公路交

---

　　① 　陈之迈:《〈花溪闲笔〉书后》,《大公报》(重庆)1941 年 1 月 12 日。
　　② 　方显廷:《政治统一与工业化》,《大公报》(天津)1936 年 9 月 21 日。
　　③ 　何长凤:《抗战时期吴鼎昌创办贵州企业公司的思想与实践》,《贵州社会科学》2000
年第 4 期。
　　④ 　刘学洙:《〈花溪闲笔〉与吴鼎昌的主黔策略》,《文史天地》2002 年第 7 期。
　　⑤ 　《吴鼎昌抵黔》,《大公报》(汉口)1937 年 12 月 29 日。
　　⑥ 　王芸生:《贵阳之夏》(上),《大公报》(重庆)1943 年 7 月 30 日。

通方面，"尤亟待开发，将先后修筑干路十条"，并"将先行举办水道"①。因此，在吴鼎昌的积极推动下，贵州全省交通建设取得长足进步。1938 年至 1946 年，全省新修公路 2300 多公里，公路总长达 4082 公里。1944 年，因抗战爆发而中断的黔桂铁路铺轨通车至都匀②。交通运输的改善，对贵州经济社会发展的影响是积极而巨大的。

因此，吴鼎昌主政贵州发展实业的努力，引起了社会及媒体的关注，认为他在"基层上也在做着亘古未有的改革，以期配合全局，使国家早日走上现代化和工业化"③。

结　语

吴鼎昌从银行家、报人而入阁南京国民政府成为实业部长，发挥自身优势，结合当时实际，奖励生产，发展贸易，大力推进农村合作事业，发起成立国货联营公司，推动国民经济建设运动，对中国现代实业的发展及经济现代化产生影响；又筹备成立农本局，创办县市合作金库，发展农村金融，促进农村经济恢复和发展。抗战期间，他担任贵州省政府主席，此时省主席中，他是唯一的文人，并身兼滇黔绥靖公署的副主任，以文官而兼武职，"在近十数年中国政治史中这是一个罕见的现象"。曾为实业家和实业部长的吴鼎昌，任职省主席无疑会关注并采取切实措施，大力发展农林牧蚕、电工矿、交通运输等实业，创办贵州企业股份公司，探索一条工业化道路，促进了贵州经济发展，不得不承认"贵州在抗战的后方是进步相当迅速的省份"④，从而为巩固大后方、支持抗战作出了贡献。

---

①　《吴主席谈一年来之黔政》，《大公报》(重庆)1938 年 12 月 31 日。
②　刘学洙：《〈花溪闲笔〉与吴鼎昌的主黔策略》，《文史天地》2002 年第 7 期。
③　徐盈：《"平淡的设施"——记吴主席鼎昌谈黔政》，《大公报》(重庆)1943 年 9 月 28 日。
④　陈之迈：《〈花溪闲笔〉书后》，《大公报》(重庆)1941 年 1 月 12 日。

　　吴鼎昌是国民党内新政学系的重要成员,新政学系虽是蒋介石政治、经济、军事方面的参谋,但他们属于体制内的资产阶级自由派,拥有独立的政治主张,参加内阁或主政地方,为他们推行独立政治主张提供了重要途径。吴鼎昌的实业主张与实践,受到国民党政权体制和其他因素的影响,不排除有维护南京国民政府统治的一面,但在一定程度上推动了中国的工业化和经济的现代化,较好地体现了新政学系的政治主张,反映这一政治派系所具有的政治价值①。

　　　　　　　　　　　　(此文原载于《南开学报》2011 年第 6 期)

---

　　① 林绪武:《新政学系的地方行政实践探析——以张群为中心》,《南开学报》2009 年第 3 期。

一、论　说

〇大　中華民國二十年五月二十二日　（一張）

現在之主辦人

财政别解

《国闻周报》第二卷第二十九期，1925 年 8 月 2 日

国闻周报社以书来索文，且意在财政经济，适避暑海滨，万事不到胸次，乃强以作文，非其时也，非其地也。十年来不读功利之书，乃强以作财政经济文字，更非其人也。虽然，远道故人，不能无以应，勉为之，觉其所言，适与今日亟亟谋财政之整理者易其选，因名以别解，示非正论，聊备消优小品之选已耳。著者注于北戴河海滨。

财政者庶政之一，庶政良财政无独瘵者，庶政失财政无独得者，所谓无政事则财用不足一语，反复思之，精义盖于此矣。世矜矜于量出为入量入为出之辩者，盖知其然而未知其所以然欤。量出为入者，谋庶政之发展，期财力之增加，语其进也。量入为出者，藉财政之约束，防庶政之滥施，语其退也。欧美取乎前中国取乎后者，数千年立国之本不同，彼在强国，我在安民，财聚于国利于强，财散于民利于安也。虽然，勿论其进也退也，财政之良瘵，仍不系乎其政策之进退，而在乎庶政之得失，庶政不善，则与其进也，无宁退也。任以今日欧洲一财政不振之国家，与中国较，其流毒遗害之浅深，岂待烛照数计而后知之哉？是则欲论中国今日财政之良瘵，姑不必研究其历史上政策若何，而必首及庶政之得失也，明矣。虽然，岂待言哉，岂待言哉。乃今之言整理者，方亟亟于关税会议之进行也。田赋厘金烟酒盐糖及其他杂税之整理也，营业房产所得各税之创设也，筹基金发公债也。综而言之，不外多取之于民而已

矣。至如何而后可多取于民,如何而后能多取于民,则诚非今日言财政者所乐闻诵,与其有聚敛之臣宁有盗臣之语,能不慨然有感乎?家有浪子,忠于其家者,将先戒其行乎,抑先增其产乎?此固不得智者而知,家计如此,国计亦然。假使关税会议如愿相偿,或增二五所得约三千余万,或迳增七五,所得倍过于今日,或更获自由加增之权,所入愈不可限量,其他旧税之整理,新税之创设,一一施行,数倍今日之岁收,诚不难期于数年之间。夫如是,遽可谓财政之成功,则读坊间不满百页之财政通论者,优为之矣。以言财政,何其易也。光宣之岁收,增于乾嘉矣,而岁出不足。民国之岁收,增于光宣矣,而岁出更不足。不独中国也,欧洲大陆各国战后之岁收,数倍于战前矣,而岁出仍日以不足闻。岁收增加,适与岁出不足,比例进行,其故安在,此言财政者不可不知也。至民生之痛苦,国势之衰弱,又适与岁收数字,易其进退。民国不如光宣矣,光宣不如乾嘉矣。战后之欧洲各国,不如战前矣,其故安在,此言财政者又不可不知也。予非不满于今日言整理者之意见,而别有奇术异能以鸣,高不过以为整理之端,在彼不在此。苟不先务庶政之整理,而徒谋岁收之增加,以历史之往事证之,必至岁收愈增,岁入愈不足。而国与民交病,驯至酿成大乱而后已耳。故曰:庶政外无财政,财政者庶政之一耳。然则在今日欲求吾人所谓满意之财政家者,就世界言之,有整理财政之才者,必先具有整理庶政之识者,而后可就中国言之,有整理财政之权年,尤必先具有整理庶政之力者,而后可否则不必空言以欺人惑世,否则不必献策以害民误国。此固不独对于中国之所谓财政家者,有所感慨,而对于世界之所谓财政家者,尤不能不长叹息者也。呜呼!丛尔之地,苟可聚族而居,以生以养以休以息者,必其地力人力之所出,能供给若干,保持其共同生活之安全而后可,不然者,地不能兴,人不能聚,此自然之理,故一有土地,一有人民,则其至少之岁收,必敷必要之岁出,有史以来,人类共同生活之原则,固如是也。理善其财者,随其力以为施,因其地以制宜,由简而备,由野而文,凡于共同生活之安全,有危害者去之,不必要者省之,于是人物繁衍,攘攘熙熙,中国所谓太平欧美所谓文明者,当不过如斯而已。苟非然者,凡于共同生活之安全,有危害者不能去,则民不安业,而财源绝矣;不必要者不能省,则事多靡费,而岁计穷矣。岁计穷于上,财源绝于下,则其地之共同生活,将无以维持,必生非常之变,为人道之贼,此固必然之势。一地之共同生活如此,一国之共同生活,何独不然。以数千年来藏富于民之中国,而虑其保持共同生活安全之岁收无所出,必无之理也。区区二十余万万之内外债,任何收入,加以整理,计日可偿。区区不足十万万之岁出,任何财源,予以开发,安坐可得,夫何虑哉,夫何虑哉! 所可虑者,凡共同生活之安全,有危害者,有加无已,不必要者,方兴未艾,财源日蹙,岁计日穷,民不聊生,铤而走险,诚大乱之道,不知所届也。夫如是,虽欲多取之于民,岂可得哉! 今之从政者,何未之思耶。

关税会议问题

《国闻周报》第二卷第三十九期,1925 年 10 月 11 日

　　迩因母病,留待京寓,友人辄以关税会议问题见询,语焉不详,特将先后所谈,简单汇叙,以备参考,百忙中亦为能尽也。(鼎昌注)

　　此次关税会议,乃根据一千九百二十二年华盛顿九国协定而召集,协定中规定会议重要事项有二:

　　(一)从速履行一千九百零二年、一千九百零三年中英、中美、

中日条约所规定之加税裁厘办法。

（二）在履行加税裁厘以前，应用之过渡办法。过渡办法，已约定者，征收进口税二·五附加税，惟奢侈品附加税，可增收至百分之五为限，其种类以不碍商务为条件，由会议议决之。附加税之实行日期、用途及条件，亦由会议议决之。

至关税自主权，华盛顿协定，并未言及。但中国代表曾经声名可以继续请求，故此次中国政府召集会议文中及之。

据上述所云，则此次会议乃根据华盛顿协定，而华盛顿协定，又根据中英中美中日条约，该条约关于加税裁厘办法，重要之点如下：

（一）除常关外，厘卡概予裁撤。

（二）除出口货可再加二·五外，进口货可再加七·五为附加税，以抵补裁撤厘金子口及洋货各项之损失。

（三）土货不出洋者，可任意撤销场税。

（四）外商在中国设立之工厂，可征百分之五出厂税。

（五）土药盐觔，特别规定，不在此限内。

由此观之，关税问题，中国政府与各国先后协商者，其主旨不外两项：

（一）以裁撤厘金，为增加关税之交换。

（二）以增加财政上收入，为交涉标准。

饰单叙其事实如上，吾人可以分述所见矣。

（一）加税裁厘。厘金之为恶税，不待赘言。数十年来，国内物产，不能流通，国内工厂，不能发展，大都原因于此。是吾国民所受之苦痛，百倍于外商，国家所受之损失，百倍于外国。而乃挟此向各国为关税增加之交换，若似乎关税不许多我增加者，吾将以不裁撤厘金窘之，吾人实认为此种交涉经过，为国家莫大之耻辱。今日全国人民皆要求关税自主权，而各省军民长官，亦有同一表示，诚为正当主张。然全国人民，何以不同时要求裁撤厘金，执裁撤厘金实权之军民长官，何以不同时表示裁撤厘金之意见，必以为不可能也。然无能力裁撤厘金之国家，而要求关税自主权，又岂可能乎？事实上言之，无能力裁撤厘金之政府，而予以关税自主权，政府纵可表示不以厘金横征暴敛之举，施之于关税，国内人民，已不能无疑，况外人乎？窃以为以裁撤厘金为关税增加之交换，为外交上经过之耻辱，国民要求关税自主，不同时要求自动裁厘，为国民之耻辱。各省军民长官，主张关税自主，不同时主张自动裁厘，为各国军民长官之耻辱。故吾人意见，以为在关税会议前，中央政府各省军民长官及全国人民，应先主张自动裁厘，然后可要求关税自主，若恃之以为交换，实国家莫大之耻辱也。或曰：关税会议，万一无结果，裁厘既经先定，将以何项收入为填补？吾人简单答曰：关税会议，苟不成功，则数千万元厘金收入之填补，可堂堂皇皇摊加于各种旧税及创设新税中，国民自能谅解，必无持反对之见者，况政府与人民具此自动裁厘之勇力，主张关税自主，各国人民当有表同情者，关税会议终必有成功之日耶。要之，吾人对于一千九百零二三年加税裁厘条约，认为国家耻辱，宁可放弃此权利要求，由政府各省军民长官及人民先行表示："中国决于在最短期内，自动裁厘，一面协商关税自主，若关税收入之增加，不能填补此收入时，决摊加于各种新旧税中，裁厘主张，不因此变更。"

一面由中央及各省，立即设立裁厘筹备机关，在关税会议时，中国政府应先行声明中国自动裁厘，然后再为关税上之主张。或曰：各省能否办到？简单答曰，如商之各省，不能办到，则关税自主之言不必提出。吾人实不愿国家如此厚颜，为世界人民所笑也。

（二）财政上收入。关税政策，各国不同，有自由者，有保护者，征收之可否与其轻重，完全应以发展一国国民经济为主眼，而决其从违，岂可简单以财政上收入之增加，为唯一之主旨者。一千九百零二三年条约，一千九百二十二年协定，其主旨之增加财政收入。今之主张自主者，其主旨亦偏于是，实为大误。所谓不论物货种类,进出口税,一律切实值百抽五者(现在制度),所谓加税裁厘过渡时,进口货一律再加百分之二·五者(华盛顿协定,奢侈品除外,可择定种类,再加二·五以内,似稍进步),所谓加税裁厘后,进口货一律加百分之七·五者(中英中美中日条约),简单加此,完全与关税政策有背。举例言之,出口税应否征收?即征收之,应否区别种类?关税政策上实有随时研究变更之必要,今乃一律切实值百抽五,今后加税裁厘后,更可再加百分之二·五,完全以财政收入为主旨,忘却国民经济之发展矣。又如进口货,不分种类,一律抽百分之五,或百分之七·五,或百分之十二·五,必要之品,与不必要之品,同其税率,其阻碍国民经济之发展,又不待言矣。故吾人主张关税会议时之应注意者,当以发展国民经济为主旨,不可专以增加财政上收入为标准,因沿旧例,规定一简单而无伸缩力之税率也。

吾人根据此两项主张,关税会议问题,分别解决如下。

(一)裁厘问题。

定期自动裁厘,不以此为关税增加之交换。

(二)关税问题。

(甲)烟酒及奢侈品,完全适用国定税率,要求为一千九百零二三年条约之除外。

但中国政府可声明此项税率,不超过世界各国之任何一国最高税率之上,奢侈品种类,不列入世界各国税则上不认为奢侈品者,以为范围。

(乙)其它进口货,在裁厘办理未竣前照一千九百二十二年协定,加抽二·五附加税,办竣后照一千九百零二三年条约,加抽七·五附加税。但此附加税,中国政府得随时择其种类,减少之,或免除之。

(丙)出口货,无论现在征收百分之五,或将来加征百分之七·五,中国政府得随时择其种类,减少之,或免除之。

（丁）厘金裁撤后，子口税当然免除，转口税亦应同时免除之。

（戊）二十年后，其它进口货及各种出口货，一律照国定税率，不受何种拘束。

或曰：照此主张，烟酒及奢侈品外之进口货，仍系照一千九百零二三年之条约及一千九百二十二年之协定，与自主原则有背。答之曰：然，吾人对于今日国民经济之发展，不拟用极端之保护政策，除烟酒及奢侈品外，可应用百分之十二·五以上税率者，实为有限。吾人只须保存消极之自主权，即自由减少或免除之权，关税政策上之主张已达，二十年后，再考察国内经济情形，为进一步要求。且即以增加财政上收入主旨而论，可增加之关税，亦只能暂以此种烟酒及奢侈品为限，不能任何货物，皆加重税。

或又曰：烟酒及奢侈品税率，各国能否允我自主？答曰：烟酒及奢侈品，于国民卫生上，经济上，无论何人，皆认为有害，无论何国，皆征重税以限制之。若烟酒及奢侈品，各国不允自主，则关税会议之破裂，其责任在彼不在我。中国人民，宁可牺牲，绝不退让。且我劝过人民可起而请求各国人民为同情之后援，盖各国人民，绝不至认中国人民，应独受烟酒及奢侈品廉价之害也。

（三）用途。

（甲）裁厘未竣前，二·五附加税完全拨充政费。

（乙）裁厘未竣前，烟酒及奢侈品在二·五以上增收费，完全存储，备裁厘后准备之需。裁厘后增加之七·五附加税，连同烟酒及奢侈品七·五以上之增加税，先填补各省厘金损失，有余时，完全拨充政费。

简单言之，关税收入全数中，第一，偿付业经抵押之赔款及内外债，第二，填补各省厘金之损失，第三，拨充政府政费，完全照一千九百零二三年条约办理，别无主张也。盖一千九百零二三年条约之规定，七·五附加税，完全填补毫金损失，并未另定用途。一千九百二十二年华盛顿会议议定过渡时代，先加二·五之附加税，于是用途之说始发生。会议时综其主张大要如下：

英国深愿中国有巩固政府，而对于用途，主张用于生产之途及建设铁路道路等等。

美国主张中国必须有相当之税收，庶可建立巩固之政府，且谓增加税率，系应急切之需，并无明白主张用途之言。

比国愿中国有强有力之政府，而主张关税余款，用于建设之途。

法国亦愿中国建设巩固之政府，且谓需款甚殷，且须立即加税，以供需要，而主张用途为偿还外债。

日本对中国之经济现状，应立予救济，亦表同情，而主张用以偿还外债，并不赞成作公益事业之用。

中国提议用途，为公益事业，用教育、修路及各项与公众便利之事业，并云：一部分或用以偿还借款本息，最后归结其用途，由此次特别会议议决之。

吾人对于华盛顿会议用途，有一大疑问，即皆违反一千九百零二三年所定条约之意义也。盖过渡时代所先加之二·五附加税即根据一千九百零二三年条约所定七·五附加税，先实行三分之一，以便裁厘之准备耳，并非另予增加，岂能另定用途？查一千九百零二年中英条约，明定为附加税为抵裁撤厘金子口税及洋货各项税，并酬此款所载各项整理之事；中美条约明定为裁厘后应纳正税外，加完一税，以为抵偿；中日条约，明定为另添加一税，以抵补因全行裁厘所绌之款，是附加税用途完全系抵补裁厘之损失，不足时，中国自行填补，各国当然不问，有余时中国自行支配，各国亦当然不问。若附加税另指定用途，岂不与条约有背？故华盛顿会议时英代表声明中有此等用途，包括裁厘后之补偿金在内也一语，似英代表彼时已有怀疑。吾人既主张自动裁厘，关税会议不成功，吾人当然另谋加税办法，决不因此阻滞。但关税会议，若能成功，吾人又何必主张加税，以滋纷扰。故本一千九百零二三年条约之精神，主张裁厘后之七·五附加税,连同烟酒及奢侈品七·五以上之增加税,先充填补各省厘金之需,有余时由中央政府支配。但裁厘未竣前之二·五附加税,及中国拟要求烟酒及奢侈品之增加税,既各国认为过渡办法,吾人自当认此系暂时性质,不能拨充有永久性质之用途。窃以各国在华盛顿会议时均表示希望中国有巩固政府,目下情形,现在政府,毫无收入,焉能巩固?区区附加税收入,不如完全分月拨充政府行政经费,以期逐渐入于巩固之途,庶与各国之希望相符。而以中国所要求烟酒及奢侈品增加二·五附加税以上之收入,另行存储,以备裁厘准备之需。此特暂时办法,至裁厘办竣后,仍本一千九百零二三年条约之精神应用,实无另议用途之必要也。

或曰:如此主张,岂不有党于政府之嫌疑?答曰:政府无一定经费,必难成立,如反对其合于理论之经费筹措,不如爽爽快快,反对政府之存在。苟认其存在矣,则不能认为吾有党于政府之嫌疑,况政府机关将来如何变更,皆非吾人所得而知。吾人为国家永久计,不可将一时感情,置诸脑中,而为偏颇之言也。

或曰:如此则外债何以整理?答曰:岂独外债,所有内债,亦应与外债同时整理。吾人既主张将烟酒关税特加重率,对于国内烟酒,当然亦加重税。吾人主张在关税会议时,可声明无着之内外债,完全以国内烟酒税整理之,另组织内外债权代表人,会商议其事。窃以为无论仿照何国烟酒税办法,以中国地方人口计之,以之整理内外债款,较之区区关税附加税,必有余无不足也。

或曰:如此,则生产事业,如何整理?答曰:既曰生产事业,当然可募集内外债为之,绝非此区区附加税,以能普及。

或曰:如此则教育事业,如何整理?答曰:高等以上教育,当然在中央行政费内,另以各国所退还赔款补助之,赔款了时,仍可照数拨充。高等以下之教育,当然由地方自筹经费。

（四）关税制度问题。

（甲）赔款及以关税为抵押之外债未了前，暂仍旧制，不加变更，既了后，应收回自办。

（乙）责成总税务司，逐渐培养并添用中国人才，以为准备。

（五）关税存放问题。

（甲）赔款及以关税为抵押值外债数目为限，准其存储外国人所办之银行。

（乙）其余数目，概应存储中国政府指定之中国人所办之银行。

关税问题，精密研究，必须指挥专门人才，造表立说，始能详尽，绝非咄嗟之事，仅先将其大纲主张，简单陈述，以备读者之参考耳。

共产主义之宣传与研究

《国闻周报》第三卷第七期，1926 年 2 月 28 日

人类性质中，安常与喜异，二者同出秉赋，而狂狷之分，年龄之别，境遇之歧，二者为量遂有等差，故历史上往往有一特殊事实发生，新奇学说突现，迎拒各走极端，相持辄演惨剧，此固世界人类通弊，不独中国然也。自共产学说传入中国以来，安常者认为洪水猛兽之将至，喜异者视为孔释耶穆之再生，一方宣传，一方拒绝。究之共产主义为何物，学说上根据若何，事实上进行若何，学说与事实同异又若何，宣传者不暇及，拒绝者不愿闻，浸以理论之争酿成意气之斗，吾人惄然忧之。私以为共产主义果是耶，吾人何必爱惜有产阶级者而吝于牺牲，果非耶，吾人亦不必顾忌无产阶级者而有所偏袒。吾人今日所应为者，首在共产主义学说与事实上之研究

而已。盖今日世界上共产主义学说之是非，完全在讨论中，事实之利害，完全在试验中，无论何人，皆未能作简单可否之答复。苟吾人以此未成熟之品，遽予宣传，对社会则为不忠，对个人则为不诚，其弊与完全拒绝者相等。且以中国今日经济上环境而论，与欧美式资本家相迫于上，俄国式农民及欧美式工人相逼于下，已成岌岌不可终日之势者，有则尽有从容讨论之利，绝无过时后事之害。假定共产主义果是也，吾人亦宜采用世界上讨论后最合理论之学说，仿行俄国试验后最有成绩之制度，今日甲是乙非之学理，朝夕变化之制度，正应慎重研究之时，尚非仓卒宣传之日，吾人绝非以盲从今日欧美式经济制度为满意者，且认为有害者不过不愿卤莽灭裂，操切从事耳，患急症者投烈剂，中国经济组织上之病征乃慢性非急性，无冒险试投烈剂之必要也。虽然，兹事研究甚非易易，盖共产主义之学说，均根据历史哲学主论，非有素修，辄难理会而叙述最苦者，为学术上之用语，往往非普通人所可解，此敷陈学说以供多数人研究之困难一也。至事实上之进行变化，则俄国极端秘密外人所传说者，有迎拒先见，不可尽信，此又敷陈事实，以供多数人研究之困难二也。吾人因欲提倡世人之研究大胆在此短篇中，极力避去学说上用语简单，敷陈其学说并极力避去传述上成见，简单叙述其事实，且叙述外不附以己见之批评，一以使非研究经济学之读者易于通晓，一以使预有成见之读者知此篇别无作用，完全欲引导世人入于研究之途，而共同讨论其是非耳。

共产主义之学说创造者为马克思 Marx 其友英格思 Engels 助成之，欧战前后势力猛增，世界学者争相传述，派别主张略有异同，最著名者为德国社会民主主义柯斯奇 Kunisky，为之魁然最有力者实推俄国布鲁西倭克主义列宁 Lenin，于事实上学说上俨然推为一世首领而无愧，且屡欲易布鲁西倭克主义之名为共产主义，自认为马克思唯一嫡派，世界亦几公认而不疑。兹为便于读者起见，首述马克思之学说，次及列宁焉。

　　马克思本拟著书六篇：(一)资本论(二)土地所有论(三)佣金劳力论(四)国家论(五)国际贸易论(六)世界市场。不幸资本论告成即贫病致死，今世传述马氏之学说者，仅资本论一篇而已。其精要所在，一为物质上之历史观察，一为价值与剩余价值之理论，前者以事实为根据，后者以学理为根据，共产主义学说之构成，实本此二者，已为世界所公认，其大意如次：

　　"人类生活不外食之生之二者，有生之之劳，然后有食之之逸，而有史以来，食之者，不尽为生之者，其故何也？必食之者一部份，有以夺生之者之劳以为己逸也。夺者阶级历史上变化不同，然夺者阶级与被夺者阶级，固无时不存在。故有历史以来，阶级战争莫可得而绝，其结果必经一度有产阶级与无产阶级之战争，将有产阶级完全变为无产阶级，而后始得其平。"

　　易词以言之，"人类衣食住之生产，必假劳力，劳力即生产之价值。然假劳力之生产，不尽为其劳力者所获，必以若干分诸非劳力者，马克思名之曰'剩余价值'。掠夺此剩余价值者，在今之资本制度下，为有产阶级，且假资本制度，一度掠夺之剩余价值，又一变为资本，以再事掠夺循环演进，积累运用资本之数量愈增，掠夺之成分愈大，理论上，人类本为生产而劳力者，今事实上一变而为资本之构成及增加而劳力，酿成社会上直接间接之种种祸乱，浸至劳力者不胜其虐，于是资本与劳力者之阶级战争，不能不爆发矣。"

　　举例以明之，"无产阶级假如为农，耕种所入必先除若干为田主所有，假如为工劳动所入必先除若干为厂主所有，前者劳而不能尽得其所获，后者不劳而能夺劳者之所获，倘使此日此厂不为一人私有产，而为群众共有产，则劳力者有所获，且尽得其所获，不劳力者无所获，且不得夺人之所获，所谓有产阶级与无产阶级之战争，即在将全部资产，化私有为公有，使人类得同等劳力机会而已。"吾人以肤浅之文词，简单叙述马克思精深之学说如上，必为专门学者所讥笑，然吾人为引导普通读者研究之初步，不能不尔。至马克思学说之是非，吾人在研究中，初不敢率尔批评，预有成见，然研究端绪，可以告读者共同进行者，约有数端。

一、马克思以"劳力为价值"学说是否成立？世界经济学者，已多所批评，最著名者为一千九百十八的嘉禄氏所著之马克思评论纲要。吾人学理上根本研究，当从事于此。盖"劳力为价值"学说不能成立，则"剩余价值"学说亦生动摇也。

二、马克思历史上观察皆有产阶级与无产阶级并存时之事实，究竟全变为无产阶级时，生产能率，是否不生剧烈之变化？易言之，以生产为目的之生产，与以资本为目的之生产，其能率是否同一？马克思以前，无此历史上事实以证明之，吾人欲为研究，不能不采集今日实行共产国家之事实以为证明，然其事实则为生产能率之向下，已无可掩饰，其为永久事实，抑暂时事实，实吾人所应为研究者也。

三、马克思所谓阶级战争，能否有一种阶级调和方法补救之？此亦为世界学者所亟亟需要研究者。

次述列宁之学说。列宁学说，完全以马克思之主张为主张，述而不作，惟对于马克思拟著六篇中未克完成之国家论引据马克思英格思之言论，有所阐发，其详见于列宁所著《国家与革命》，书其大意如下：

"国家在历史上之存在，完全保护若干阶级，压制若干阶级，以维持其秩序之安宁。苟阶级一不存在，则国家自然消灭。（此主张与无政府主义不同，列宁氏以为阶级消灭后国家自然消灭，无须再用人力。无政府主义则主张首先以人力消灭国家，并不主张首先消灭阶级。）然其进行则有步骤，其始也，有产阶级与无产阶级战争结果，先以无产阶级之专制，代替有产阶级之专制。易言之，即无产阶级者利用国家势力，将有产阶级制度消灭，无产阶级制度成立也。其终也，全社会皆为无产阶级者，则人各自治，所谓真正之民治。Democracy乃得发现，至此已无须保护阶级制度之国家存在。

国家当然消灭,共产主义最终之目的达矣。"

对于列宁学说之研究,第一当为国家是否能消灭世界学者,聚讼纷纭最有名者为嘉禄氏之主张,其言曰:"人类共同生活状态,有二种,一为有法律强制之共同生活,一为无法律强制之共同生活,无法律强制之共同生活者,无政府主义是也。共产主义者,力以无政府主义为非,则共产主义之所谓共同生活,仍在法律强制之下,纵不欲名之曰为国家,事实上此共同团体组织与国家何异,不过名词之别耳。"易言之,除无政府主义而外,国家机关,事实上不能消灭,此为反对列宁氏最有力之学说,究竟国家是否能自然消灭,此吾人所应研究者一也。列宁氏所谓替代有产阶级之专制,此无产阶级者指全体耶非全体耶。(苏联事实上为布鲁西倭克党之专制。)全体之专制,理论上不可通,事实上不可能,其必为无产阶级中部份的专制也,已无可疑,是无产阶级中又生阶级。列宁氏所谓真正之民治,所谓国家之消灭,未能实现以前,经济上阶级,纵然消灭,政治上阶级,依然存在,共产主义所谓经济上阶级消灭,而一切阶级随之消灭者,似尚待证实。究竟可能乎不可能乎,此吾人所应研究者又一也。

共产主义学说上简单陈述,约举如上,至于进行事实,各国不同,或以公开之议会机关为武器,或以秘密之结社机关作前矛,或煽动农工,或诱说军队,或联络学生,皆属未成熟之进行状况。若夫俨然以一民族一国家堂皇发挥施令,为共产主义之试验地者,唯有俄国。吾人欲研究共产主义进行事实上之利害,自当取资于俄。虽然吾人研究俄国事实有应注意者数事:

一、历史上无论何国经一度革命必有一度牺牲,矧共产主义之革命,为政治经济性质两者而有之牺牲重大,史未曾有,乃当然之事,吾人不可专凭革命之现象以断定其是非。

二、俄国为掩饰其革命时经过之惨状及各种制度试验时经历之失败,始终不作真实之报告,对于国外非信仰共产主义之调查者,复严极防范,一入俄境监视如囚,或以微嫌辄罹重辟,如此待客,焉有好感,故吾人又不可专凭非信仰共产主义者之调查,以断定其是非。

三、俄国因各国封锁政策之结果,深觉孤立危险,故外交政策,以宣传共产主义,引诱世界各国之革命,为唯一方针,广置国内外之宣传员,供给以巨款之费用,凡所陈述,多近夸张,吾人更不可专凭此类宣传员之陈述,断定其是非。

以上三者,为吾人研究俄国事实所应力为避免者,然今日吾人所得寓目之记载,大都含有此三种性质,求其真相不亦难哉。今兹陈述,为避免三者起见,不嫌简单,斯近事实,备续者藉此为进一步之研究而已。俄国共产主义进行事实,其大端变化,约可分为二期。

第一期,自一千九百十七年末(民国六年)至一千九百二十年末(民国十年),此三年中完全为破坏有产阶级制度试验无产阶级制度之时期,其间步骤可分为二:

第一步,渐进办法,即一千九百十七年十一月革命成功,苏联政府建设时之初步,其最著事实为斯时颁布之劳动法规,在此法规实施下可得而举之事实如次:

一、佣主与被佣者之关系,仍然承认,不过予以若干之限制。

二、大地主之权利完全取销,然中产阶级地主所有权,并未立时概予剥夺。

三、银行及大工业完全归为国有,然其他小工业,仍可作为私人企业。

上述制度实施之结果,大工业因原料缺乏及高级劳动者(即管理负技师)之罢工,完全停止,贩卖转输之困难,产品完全停滞,经济上当然生绝大之恐慌,于是大资本家中产阶级者,遂联合一致,为反抗共产主义之革命,战事结果归于共产主义者之胜利,于是第二步之办法进行矣。

第二步,猛进办法。

一、佣主与被佣者之关系,完全否认。

二、土地所有权之废止,严格实行。

三、大小私人企业完全禁止。

最严酷者为农产强制征发令,即农民生产品,除其生活必要数量外,政府概予征发,此令本不得已而出此。盖因国际贸易封锁,国内商业废止,不但工业原料完全无出,甚至都会绝食,军队绝粮,不得不出于强制征发之一途。此令施行后,农民因其生产之所得,除生活必要外,概予征发。遂相率不为自身生活必要外之生产,于是耕种之区域,意外缩小所出农产当然锐减,继以饥馑人相食矣。

上述制度实施之结果,一为国际封锁政策日益严厉,国际间经济上互相作用,完全绝望,一为国内商业工业一律停止,一为交通机关全体停滞,一为农产区域之耕作地,大部分荒废,其中苏联政府所最感痛苦者为农业荒废。盖俄国人口十分之九为农民,农民痛苦如此,政府无以立足矣,此实为一千九百廿一年列宁氏决行新经济政策之一大动机。要之此三年中,苏联政府为破坏有产阶级制度所取之严酷对人手段,吾人认为革命时应有之惨状,不过程度之差耳,不欲效反对者口吻多所罗列,至为试验无产阶级制度所经过之办法,吾人诚不能不认为失败。列宁氏决实行新经济政策时,于革命第四周纪念日论文中已自行承认其言曰:"真正革命家最大危险,即热心之余往往顾小失大,因无识举动致遭灭亡。"并引英格思之言曰:"无论何时之革命中,辄不免无识过举"以为证,又云:"吾辈所作无识过举力求其少,已作之过举,不可不速讲善后之策。"此实对于三年中试验失败之自白词也。

第二期,一千九百二十一年(民国十年)至现在此数年中,完全为实行新经济政策之时期。此政策是否能贯彻共产主义,实吾人所应研究之点。易言之,即在苏联政府限制范围内,复许有产阶级之存在是也。反对共产者诽谤之曰:"资本主义之复活。"或曰:"资本主义之投降。"赞成共产者辩护之曰："达共产主义最后目的之手段。"或曰："共产制度下之有产阶级与资本制度下有产阶级不同，一有限制无制限，且为一时之经过，非最终之目的。"吾人姑置诽谤与辩护二者之词于不论，试举其新政策施行后事实，以供读者之研究。

吾人欲讨论新经济政策，首当注意实行新经济时，列宁在革命第四周纪念日所发表之言论。兹录其要点，俾读者知新经济政策根据之所由来。

其言一曰："吾人至一千九百二十一年止，所努力之事，在使大工业复兴，直接与小农经济，发生交换关系，并使此大工业，化个人私有为社会公有，为供给大工业需用之资料原料起见，不能不强制征发于农民，乃以新经济组织替代旧经济状况，一种革命方法也。一千九百二十一年春以来，吾人即采改良方法以代替革命方法，对于旧时社会秩序，经济秩序，商业农业小企业之资本主义，不愿遇事破坏，且欲于可收其权于吾人掌握中。（共产党）抑或置诸国家管理下可能范围内，使商业及小企业之资本主义再行复活，吾人将于从前相反方面，一尽其改良任务。"云云。此列宁氏明明承认于一种制度下，恢复农工商之资本主义是也。其言又曰："共产主义与商业完全若无关系，然自国民经济上观察之，共产主义与商业之关系，实与农业无异。"又曰："农业非与极度发展之大工业及电化交通业并有时，商业实为工业与小农之连锁。"云云。共产主义首重农，次及工，而所反对者为商。至此，公然承认商业为必要矣。一言兴商，则资本主义不能不于相当范围内使之复活，势必然也。

其言又曰："吾人主张战胜世界时，当用黄金建筑世界首都之厕所，世界大战争因缘于黄金者久矣。以此种黄金之正当用途，告知喜金而嗜？（金）之人类，实为最好教训。然吾人欲实行此事尚须隐？数十年，在此期中不可不于其他事业之进行为同一之努力，其努力唯何，吾人应以全力节省黄金，以高价售出苏联黄金，以低价换入国外货物。"云云。此实受国际封锁痛苦之极，而希望与各国通商之一种辩护词也。

新经济政策者，即根据列宁氏所宣布之言论，自一千九百二十一年一月起，次第进行，其大端如下：

一、甘于承认不宣传共产主义之条件下，与资本主义之国家，次第订结通商条约（一千九百二十一年二月与英订约后至今日，其他重要国家，除美国外，均已缔约），于是注全力于：（一）对外通商之奖励及其机关之设立（有国家经营者，有特许私人团体经营者，有公私合组经营者）。（二）外资输入之奖励及外人经营大工业之特许。盖自新经济实行后，苏联政府对于国际贸易竭力进行，一日千里，惟恐不能恢复资本制度时对外贸易之旧观，此实为信仰共产主义者始料所不及，且其方针，国别不同，其对于东方之国际经济政策诋之者，甚至名之曰赤化帝国主义，证以中东铁道近来之活动行为，实不无可疑。关于苏联国际之经济调查，吾人为自卫计，已有切实研究之必要，愿读者加之意耳。

二、颁布农产税法。前述之强制征发令，完全废止，仍以租税方法征收田赋。易言之，即使农民生产所得，除纳规定之租税外，可全归己有，与现今世界通行者无异。不过标准之点，累进之率，各有异同，其利害拟他日别为专论。

三、商业机关之恢复。农产物全部及工业制品大部分，均许自由运输贩卖，市场商店林立，街市与资本制度国家之都会现状无异矣。

四、小工业私人企业之特许。甚至政府所已经营者，逐渐让渡私人。

综观以上所述，则资本主义在苏联政府限制范围内，相当恢复，于是相随而至之资本所有权，遗产相续权，不能不承认（但资本税征百分二十五相续税征百分五十之高率）货币制度，不能不成立银行机关，不能不建设，大资本家，虽不能发生，中小资本家，已当然出现,故新政策实行后之苏联国家,谓之为制限的共产主义固可,谓之为制限的资本主义,亦无不可。至于新政策实行后之成绩,可得而举者:

一、此五年中农工业生产能率,较前三年逐渐增加。

二、此五年中交通状况次第改良。

三、此五年中财政收入相当增进。

然遽谓之恢复旧观,尚将有待要之。此八年中,苏联政府试验其共产主义结果最困苦者,一言以蔽之曰:生产能率之向下。夫资本制度生产能率之高者,完全为私有欲所冲动。苏俄前三年中所试验之制度,为完全否认私有欲,因之生产能率几降至零点,后五年所试验之制度,为相当承认私有欲,因之生产能率比例增加,承认私有欲之有无、大小,是否与生产能力有不可离之关系,实为共产主义者踌躇莫决之问题也。吾友曾戏语曰:"人类性质公私并存,有私无公则禽兽,有公无私则鬼神,共产主义者完全以有公无私之精神,驱使人类者也。"其然乎其不然乎,故究竟此新经济政策,将生若何之变化,实吾人朝夕所期待,欲得以资研究者,果如共产主义辩护者所云,不过一时手段,仍当逐渐倾向于纯粹共产主义之实施乎,或竟如反对者所云,实为降伏先声将次第恢复资本主义之旧观乎?仰或别成一种国家社会主义(近日学者对于新经济制度名之曰无产阶级专制下之国家社会主义),始终介立于资本主义与共产主义之间乎。吾人虽不可得而知,然相当时期中必有若干变化,以供吾人研究,则可断言也。故在今日吾人所知者,一为共产主义学说与事实不符(列宁谓以无产阶级之专制,代替有产阶级之专制,将有产阶段制度废除,全体变为无产阶级者,于是真正之民治发现,国家自然消灭云云,已述于前征之八年中,所行事实与结果实不如是),一为今后共产主义学说与事实,必生若干之变化,故假定吾人苟信奉共产主义,将采用苏联前三年之政策乎,或后五年之政策乎,抑别开方面,另设计划乎,实吾人所应预为研究者,故吾人以为在此学说事实莫衷一是之时，与其宣传、拒绝，共走极端，曷如相与携手，同归于研究之途，仆虽不敏请自隗始。

十八世纪以来经济学说之流毒

《国闻周报》第三卷第九期，1926 年 3 月 14 日

民国十年春，一时兴会，作欧洲之游，半年余。意在游览，足之所涉，名胜、古迹、歌馆、舞场，诸方礼拜堂，公共娱乐所，小卖商店，平民家庭而已。举凡可以堂皇游记之品，如大学校博物馆图书馆大工厂大银行之考察，学者之谈话，政客之酬酢，予皆一无可述。巴黎博物馆者，收藏之富，甲于天下，予卜寓其侧有五旬，日过其门而未入，可笑有如是者。然予实为斯道之盲者，盲者纵不盲视，抑亦徒劳而已。故予归国后，朋侪辄相询游欧之所得，在他人可以一二厚册出示者，而予携去之百页游记册，自第一页起百页止，仍未着一字，乃举以示友人曰：交白卷矣。友人强言之，辄答曰：为中国人至乐，为欧美人至苦。半年中，耳之所闻，目之所见，但觉其社会上下不安而已，不安原因，予所感觉者有三。

（一）政治主义从多数，经济主义从少数，二者不能协调，必有一度革命而后可。然打破经济少数主义之阶级，或先经过。

（二）社会有阶级，教育无阶级，知识界范围愈扩，不平等声浪愈大。社会现存之阶级，非经一度之破坏不可。

（三）帝国主义驱策欧洲者，百余年矣，尽马之力，一蹶莫振。欧战告终，寿命垂绝。然苟放弃之，则欧洲夙以一等国自命者，皆将立降为二三等。苟甲弃而乙否，则先弃之甲，势将吞并于后弃之乙。因此二因，互为牵制，故不能不敝精疲力，仍互相维持其所谓

帝国主义者。于是横征暴敛，民不堪命。贫者失业，富者避地，财源日竭，国势转衰。一日爆发，国不国矣。且今日之所谓帝国主义者，已迥异于昔日。昔重侵略，今在保守，倾全力以保守其垂毙主义，抑何愚耶，然而祸机伏于此矣。

综此三因，将收两果。（一）各国国内之经济组织，社会阶级，必有一度之大破坏。（二）各国殖民地，必有一度之大破裂。前者是否以俄罗斯方式行之，后者是否以北美洲方式行之，虽非吾人所能预言，然经济战争，苟起于前，政治战争，必继于后。一国有难，万方多事。其牵连情形，相互状况，固吾人所可得而前知者也。呜呼危矣。闲尝考其种因之所自，不能不长叹息于十八世纪以来财政经济学者流毒之深也。吾人须知一国社会状况之变迁，无一不受经济势力之支配。欧洲社会今日所以如此者，皆十八世纪以来经济势力之支配，有以使之然也。试语其详，质诸知者。

十八世纪以来，功利之学说勃兴，斯密亚丹氏首先主张自由竞争，而以集中分功为利器，于是财政经济学者踵起，在经济财政上创立种种原则，其原则中流毒最烈者，约有三端。

（一）一国企业，以大规模集中经营为原则。

（二）一国财政，以量出为入为原则。

（三）一国货币，以增加效用为原则。

企业大规模集中经营之结果，养成极少数大资本家，而中产阶级以下，受其制矣；需要极多数大销场，而侵略政策，为之急矣；虐使劳工，操切物价，利用政客，浸至一国之政治，名为多数，而实为少数所操持，学者名之曰“有产阶级之专制”。至十九世纪末，平民劳工反抗之声浪遂大起矣，消极者罢工，积极者暴动，红旗朝翻，白刃夕举，皆大企业所造成之帝国主义所养成之大资本家，有以使之然也。然欧美各国之企业，已经百余年来以大规模集中建设之矣，若任毁弃，则一国之富力立损，倘予维持，则无穷之祸乱将生。此今日各国政客学者，所以焦虑踌躇，莫知所适，遂至政治上一方维持帝国主义,一方又反对侵略政策,经济上一方维持资本制度,一方又提倡劳工救济,狼狈情形,至堪发噱,而不知此百余年来所养成之革命祸机,固非极短期间之敷衍政策所可避免者也。经济上原则所谓企业以大规模集中经营为利者,适得其反矣。

财政量出为入之结果,百余年来,政治家因急于一时之功利,辄增千百年之负担,大之陆海军事之设备,惟恐或后,藉肆帝国主义之淫威,小之都市之建设,港埠之开闭,力戒苟简,以便大企业之经营,而满资本家之欲望。遂至苛税烦征,日惟不足,发钞募债,岁必数举。此原则运用结果,不过二三政治家逞其志,少数资本家饱其欲,而举国人民之自身乃至其子孙,实受其祸。向使财政原则,一反其道,纵加重负,不过一时,何至滥发若干万万之钞,狂举若干万万之债,遗子孙千百年之累也。

货币增加效用之结果,于是媒介品之量,不以金银之实额为限,可随时增发钞票,以济其用,始而尚划范围,继则漫无限制,媒介者日渐超过于其所媒介者之需,当然币价日落,物价日涨,民生艰难,蠢蠢思动,而恶货驱逐良货之结果,现金外溢,富力暗销,民穷财尽,国势随之矣。

上述原则,虽各肆其虐,而实互相为用,合而观之,譬如连锁,假如各种企业不以大规模集中经营,则帝国主义无用,量出为入之范围自狭,而交易媒介之需要更少,故财政原则成立者,所以援助大企业之发展,而货币原则成立者,又所以辅助财政企业之进行也。

造成欧洲今日之危局,此三原则实为缺一不可之要素,流毒之深,岂当日创立此原则所料及哉。回忆吾人负笈远游时,授读计书,奉为至宝,归国以来,辄以不得当一试为憾。今乃深觉吾辈在彼时学经济财政之学生,为时局所限,不得大施其技,实为中国人民之福。不然姑以财政一端而论,负担子孙之内外债,绝不止二十万万元,遗累子孙之滥钞,绝不止数万万元而已也。予欧游所得止此,可不废然思返乎？特记之,以告今之言计学者。

中国国民经济之趋势

《国闻周报》第三卷第十二期,1926 年 4 月 4 日

中国国民经济历史,具有五千年一贯之精神,除偶然例外,有不变原则。明王哲辅,本此施政,至圣先贤,本此立言。其原则为何,曰均富是也。列举事实,限于篇幅,揭其纲要,以资参证。

一国计。藏富于民,历代所宗,量入为出,百世不改。财散则民聚,财聚则民散。世之治乱,政之良痾。取鉴于此,直而言之,政府又百计设施,皆意在均国家与社会之富。

二民业。农禁兼并,商禁垄断,工禁淫巧,故公司制度,机械工作,时无需要,世少发明,组织简单,富力不聚。因之致富难,致巨富尤难。且复养成子孙平均相续遗产之习惯,藉以消长其间,社会相沿于自然均富之途,而不自知。纵可致富,不能世富。直而言之,民生任何组织,皆意在均社会个人及其子孙之富。

由此观之,五千年来中国国民经济制度,实完全以均富二字精神,贯串其间,在上着本此精神以施政,谓之王道,反此精神以施政,谓之暴虐。一姓兴亡,万民安危,胥卜兆于此。故历史上中国国民经济地位,迥然特殊,决非与世界上较短历史之国家,所可同日而语者。虽然此制度有一极大缺憾,即不能抵抗世所谓物质文明之进步是也。五千年来,中国不容物质文明之进步者以此。自西方物质文明渐入中国后,五千年相沿之经济制度,有不能不变更者亦以此。何以言之？物质上进步结果,生产组织,有根本之变迁,经济环境,生联属之响应。国家而欲适于生存,势非加赠赋敛

不可。例如陆海军之设备,国际国内行政机关之扩张,国营事业之经营(物质进步事业中,有若干必须国家举办者,如交通水利之类),其势以旧有之收入,作今日之供给,不可能也。昔之制度,便于藏富于民,今之制度,利于聚富于国,均富精神,不能不破坏于上者,一也。社会而欲适于生存,生产方法,若仍沿旧日之个人企业,手工运用,势归劣败。于是公司制度,机械工作,应时势之需,异军突起,不可遏抑。凡此设备,必聚富力,富力聚,则致富易,致巨富亦易(在中国平均相续制度存在时,世富较难,但公司制度发展,比诸旧时世富已较易矣)。昔之制度便于藏富于社会多数,今之制度利于聚富于社会少数,均富精神,不能不破坏于下者,又一也。中国以历史上旧有之精神,抵抗西方物质进步潮流者,为时较久。有清道咸以来,社会上下,已莫不齐心努力,不惜重大牺牲,坚守固有阵地。庚子一役,方悟其力之不可抗,革新动机,始决于此。故自有清末季以迄今日,中国国民经济已生巨大变化。就国计言之,岁收与负债,同时增加;就民业言之,公司制度与机械工作,同时发展,国家理财方式变于上,社会生产组织变于下,依次进行。中国国民经济之趋势,惟步欧美后尘而已,别无可言也。不意近年来,又生一巨大变动。变动安在? 曰共产主义,突起是也。在五千年来实行均富精神之国家社会,共产主义凭借之地位,进行之速率,推行之范围,吾人敢断定其结果,不能与欧美相比较。然今后中国国民经济之趋势,其势不能完全再步欧美后尘,而必思变计,则为当然结果。其变计若何,实吾人今日应负之责,所当未雨绸缪者也。夫共产主义,能否成为事实,别一问题,然藉以证明为欧美式经济制度流毒之反动,则毫无疑义。在今日欧美式经济制度,与苏联式经济制度,冲突问题未解决以前,吾人敢断言中国仿行欧美式经济制度之趋势,必生一大顿挫。详言之,农业在中国数千年来,小农制度之下,仿行欧式,本极困难。近年中变动极微,有大变动者,惟工业(包含矿业),然工业实为欧美式经济制度组织之中心,中心制度变动，则联属之商业金融业组织，亦当然变动。共产主义之悬题未决以前，首当其冲者，自当然为工业，而后间及其它。故吾人所谓大顿挫者，盖深知今日之中国人，无人敢再投资为大工业之计划者是也。吾人熟知资本家，具有鼠胆狐疑之特性，决不轻以视同性命之资财，投诸朝夕危险之事业。在罢工风潮未能消灭时，吾人敢断言，所有已成之工厂企业，必时生停顿，未成之工场企业，决不能再起。工场企业不能发展，则联属之商业金融业，亦当然不能发展，无待赘言。加以内乱，军潮之摧残工业，更甚于工潮，直接者为勒索征发，占据毁坏，间接者为消场滞塞，交通梗阻，名为反赤化，实则无异真赤化，名为剿土匪，实则无异真土匪。故在内乱未定以前，工场企业已难发展，随以工潮，更使企业者绝乱定后之希望，故吾人断定今日国民经济之趋势，为完全停顿时期，决非过言。此停顿结果，吾人由乐观方面言之，中国仿行欧美式经济制度，为时甚暂，工场企业之统计，与欧美比较，不过千百之一，此时予以破坏，损失国民富力，数量有限，摇动经济基础，范围亦狭。假定以苏联制度，施诸中国，与施诸欧美任何一国相较，其国民经济所受损失，有不可同日而语者，其利一也。共产主义本为欧美式经济制度反动所发生，中国中毒不深，反动力有限，仅有研究一种新经济政策之余地，非欧美完全已成之局，不予根本破坏，不能从新建设者可比，其利二也。由悲观方面言之，工场企业，一旦中辍，则外货输入之抵抗，为不可能，必始终立于国际经济战争劣败之地位，国民量济富力，将与年俱损，国家生存，必生危险，一也。人力生产，予以限制，天然富源，加以闭塞，而人口与年俱进，富力又与年俱减，在生育能率最强之大民族，生计竞争，更多困难，民族生存，必生危险，二也。（例如苏联业已实行共产，宜若工场事业可以废止矣。然列宁氏一千九百二十一年宣言中，仍亟亟以恢复大工业为事。盖物质文明不可抗，而生产能率之向下，于国民经济有莫大之危险，激烈如共产主义者，亦深知之也。）综合乐观悲观两说，加以推论,可简单而言曰:物质文明苟能抵抗者,吾人仅可主张恢复五千年来旧有制度,无所用其踌躇。苟不能抵抗者,则已生流弊之欧美式经济制度,不可仿行,尚在试验之苏联式经济制度,亦未可盲从。吾人当在今日国民经济趋势停顿中,本五千年案例相沿均富之精神,在可容纳物质进步范围内,合群策群力研究一种中国新经济政策,以为补救,其庶乎可?进一步申言之,吾人苟认为生产能率之向下,为国民经济之大害者,深盼军潮工潮中主动者,对于现在极其可怜之各种实业,不必骤予破坏,先为外货代辟销场,以自绝生机,当留徐思变计之余地。而吾人之变计,固无须表赞否于欧美,尤不必表赞否于苏联,中国自有五千年相沿均富之精神存在,当本此精神,定一种合于现世之新经济政策,以保存五千年来中国国民经济在世界上特殊之地位,实无根本破坏从新建设之必要也。(著者续有中国新经济政策一文发表,藉为研究之倡。)

原战

《国闻周报》第三卷第二十九期,1926 年 8 月 1 日

　　婴儿一揭呱呱之声,不得乳辄握拳揉指怒目而嗷,饿饱之争与生俱来,况长之以喜怒哀乐之情,养之以声色货财之欲,人类之争,宁有止境,有史以来,连篇累牍不可卒读者,何一非人类相残之记载哉?世号称十三万万之聚,黄白红黑各以类聚者,又何一非锋镝,余予而适于生存者之子孙哉?数千年来,世之先觉,力于老之恬淡,释之普渡,耶之博施,孔之礼让,为教为化,以期减少人类战争者,代不乏人。而其著效曾几何,窃以人无男女少长强弱贤不肖,苟有一日,能相率乐登首阳之山,甘饿死而不辞者,则人之相

食,其庶乎免,如其不能也,则人类战争,将与其生存始终,而或弛
或张,或隐或显,则固天时人事之消长,而亦任乎人生遭际之幸运
何如耳。幸而躬跻太平,与不幸而身丁乱世,初不过其遭逢有可叹
可羡之别,要非其境遇有可期可免之能。明乎此,则民国十五年来
无名之战争,吾人惟有自叹遭际不幸而已,何必斤斤与之论是非黑
白耶。虽然,人类战争不可免者,事之理也,希冀减轻于万一,而欣
欣苟安于旦夕者又人之情也。故不治之症有征,而求医之念转急,
据乱之机方兆,而弭兵之说已起,十五年来,所谓南北议和,孙段合
作,湖南自治,五省联防,七省或九省联盟,吴张会议者,何一非弭
兵之策,都历历在吾人记忆中,然而不能者何也? 盖未知今日战争
之源安在耳。吾人试在就一士卒而问之曰:尔何为战? 必曰:岂乐
战哉? 不得食耳,枭狡之徒,因得以驱此饥民,充其饱欲,争城夺
地,越货杀人。统一也,护法也,赤化也,反赤也,自今日之将帅视
之,一而已矣,各藉之以饱其欲耳。直也,奉也,西南西北东南东北
也,吴也,张也,孙蒋冯阎赵唐也,自今日之士卒视之,又一而已矣,
各拥之以果其腹耳。故藉吴张诸辈任何一人之力,欲一战而平天
下,则海内什百之吴张诸辈,将群与之为敌,天下似未可一战而平
也。藉吴张孙蒋冯阎赵唐众人之力,欲一和而定天下,则部下什百
之吴张孙蒋冯阎赵唐将各与之为敌,天下似又未可一和而定也。
所以然者,澄平岁入,生养日繁,人满中原,已匪朝夕,而不知开拓
之术,消纳之方,势必循历史上久治必乱之迹,将有待于张献忠李
自成辈,为之扫荡剪平耳。向使蒙藏甘新热绥各荒废之区,早为开
辟,移中原之游民,实四边之沃野,则十五年来闻名之战事,谁予牺
牲乃不幸百十年来,上不知所倡,下不知所营,遂至生计难而游民
众。游民众则兵匪多,兵匪多则战事起。一旦战事起矣,则生计愈
难,游民愈众,兵匪愈多,而战事更甚矣。循环演进,驯至地广人
稀,然后有所谓真命之主者,应运而生,拨乱反正,呜呼惨矣! 然而
历史上循环之轨道,固如斯,将奈之何哉? 故曰:吾人今日希冀减

轻战祸于万一者,实与吴张诸辈之战与各无关。吴张诸辈亦不幸早生若干年,徒供时势之牺牲耳。吾人与其责而望之,何如怜而悯之耶?虽然,弭兵之术,竟无由乎,曰:吾国言曰:战祸之源,在乎生计不裕人民之生计,而欲遏国家之乱机,是何异树首阳高士之风,期以果太山盗跖之腹也。假使今日者,有人聚天下之战费,供边境之开辟,移全国之师徒,实未开之土地,则十五年战祸,一旦可息,何也?中原少游民,四郊无饿莩,人虽欲穷,谁与为战,故今日弭兵之上计,惟在实边之一策。(国民生计,惟工与农,重农则工随之兴,故有余土之国家,重农即所以兴工,非举一忘二也。)虽然,是岂可望于今日吴张诸辈乎?曰:吴张诸辈之能不能,为一事,吾人之主张不主张,又为一事。今日言弭兵者,彷徨于吴张诸辈之行动,而淡漠于国民生计之开辟者久矣。苟国民寻源索本,一致认实边之策,为弭兵之方,穷四万万哀民之呼声,求千百武夫之同情,事诚难必,功终不没,今日之吴张诸辈,幸而纳之,如天之福,不幸拒之。他日之吴张诸辈,或有纳之者,实边之策,有采纳之日,战祸之因,即有减轻之日。苟非然者,吾人惟有坐以待张献忠李自成辈之勃兴,而与吴张诸辈同归于尽耳。鸣呼!今日将帅,见及此乎,抑有待于他日之将帅乎,抑皆无望,而必待张献忠李自成辈之剪伐,而后乱定思治乎?天实为之,奈之何哉?然吾人认为倡率天下有志之士,尽力于开辟国民生计,以期杜绝今后乱机,实为弭兵正轨,虽不中,不远矣。较之今日言治之徒,以为靖乱之机,南系于孙蒋唐,北系于吴张阎冯,而亟亟为之谋战与和者,不亦高之乎万万哉?世有同情,相期努力。

鸣呼!战争缘于生计,无古今中外皆然也。华盛顿裁兵之会不继,日诺瓦弭乱之议无成,其机相系于此,学者马尔塞斯以为人口生产率,食物生产率,为相乘数增进,二而四四而八者。食物生产率,为相加数增进,二而三三而四者。相加数之供给,不能随相乘数之需要,其势必出于争。斯宾塞尔亦以为欲人类之相安,必男女生育一如其父母之数，匹夫匹妇当适举一男一女，而无过不及者。马斯之说，今世学者，虽未视为定论，然以有限制之土地生产，供无限制之人类子孙，其势有所穷，相争何能已。历史上一乱一治之事实，所以昭示吾人者，固有如日月之在天江河之行地矣。故进一步言之矣，欲立弭兵之本，穷靖乱之源，非将有限制之土地生产，为之无限制，或将无限制之人类子孙，为之有限制。二者必居其一而后可，前者是否今后之科学所能，后者是否今后之人道所许，吾人不得而知。然此间问题不决，而徒恃老释耶孔之空言，而欲消灭世界人类之浩劫，岂可得乎，岂可得乎？

世运转移说

《国闻周报》第三卷第三十期，1926 年 8 月 8 日

　　世运盛衰之转移，必有一时风气为之先，有如月晕卜风，础润卜雨，初不待风雨之来而后知之也。吾人一稽往史，以汉唐记载，与五代相较，其人物风会之感想若何，一出国门，以高丽见闻，与扶桑相匹，其国家气象之印证又若何。夫将兴将亡之有兆，而一事一物为之机，固有不期然而然者。吾人生斯世，为斯民，各以经历，试为引证。今日风气，较之二十年前如何，较之十年五年前又如何，必将有慨乎处身行世，在昔日以为礼义廉耻所不许，万万不至有此事者，今且习见之矣。在昔日以为纵或有之，必为世之清议所万万不能容者，今且熟视无睹矣。治军不以叛变为奇，纵政不以苟且为耻，骄奢淫逸，家户成风，贪进苟得，士夫相尚，国无奉公之人，家无守道之士，二十年前寻常之为人行事，不可期之于十年五年之中，十年五年中之为人行事，又不可望之于今日。此固吾人所躬历目

击，而不禁感慨系之者，如此风气，征诸往史，当为何代，证以列邦，又为何国。故今世之忧，诚不在乎骄兵悍将之相残，而有系乎匹夫匹妇之自弃者矣。世有欲转移世运者，可不于挽回风气加之意乎。有清道咸间，湘乡曾氏以为挽回风气为一二士大夫之责，提倡京师，号召天下。夫斯时祸乱，已逼中原，湘乡乃先事挽回风气，而后整治军旅者，盖知世运兴衰，其机固在此而不在彼，卒之首建一世中兴之功者，大都出于一时讲学诸辈。为时不远，记忆犹新。今世风气，较道咸若何，今世祸乱，较道咸又若何，吾人忝在士大夫之列者，较诸湘乡诸辈当日之感想，更当若何。故吾人以为世运转移之责，不在今日之所谓将相，而在今日之所谓士夫（士大夫之称，即今语所谓智识阶级），又不在乎期以拨乱反正非常之举，而在乎课以立身行世渐进之功。向使鼎革以未，士大夫淡于功利，勤于修养，切磋学问，砥砺名节，则清议自成，世风久振，董吕之流，焉得容于军旅，苏张之辈，何能任其纵横。世之枭獍，所以悍然不愿相靡成风者，岂一朝一夕之故哉。养之纵之者，固一世风气有以使之然，而今日士大夫，诚万万不容辞其责，吾人非过言也，试以二十年来世之知名所号称为士大夫者，一二稽其行径，综其言论，其能不逢恶取悦贪进自污者几何人哉。幸有二三乡愿之流，世以奉为三老五更之选，偶得一二洁身之士，人咸视为凤毛麟角之遗。如此士风，焉有清议，世无清议，则小人尚复何所忌惮，而不充量尽致为所欲为耶？呜呼！风气所趋，世运如此，世有湘乡其人者乎？士大夫当知所愧奋矣。

哀徐又铮

《国闻周报》第三卷第三十一期，1926 年 8 月 15 日

　　愚初不识又铮，壬子癸丑间，一日，友人召饮于京师某处，频闻鄂音，发于邻舍，帘幕间见有伟丈夫者，立席间，举杯为客寿，坐有识之者曰：此徐又铮也。因询他客，则为张振武诸辈，时又铮正奉命与武昌起义人士相周旋也。一二年间，又铮之名大噪，岁乙卯肃政史连劾三次长，又铮与焉，洪宪之机将动，盖先有以示威，又铮遂随合肥段氏去官，人心汹汹，祸在旦夕，又铮不顾。一日单骑突入正志学校，闭校长室，疾书称帝号不可者若干事，立投新华宫若无事□。书留中有间，□阅发还，又铮尝出以示人。项城袁氏于诸不可处，墨点朱圈，色犹浓浓。洪宪事成，又铮无幸矣，丙辰袁氏辞帝号，忧愤卒逝，黄陂黎氏继之，时国民党人，群走京师，扬言将举合肥段氏为副座，交让揆席，左右乐之，又铮不顾，力陈河间冯氏军长，天下事同有赖于冯段，不可争也，迳以国务院秘书厅公函辞选，京师为之讶然。自是复连年多事，内有督军团复辟之变，外有绝交宣战之举，又铮于前二者奔走甚力，于后一者独持异议，一时段氏门厅，绝又铮迹，又铮不顾，方潜济青岛之械，夜叩辛慈之门，有与其谋者，谓德廷不从又铮请，一如中国哀的美敦书要求之量作答者几希。未几段扼于冯，忧忧京师，又铮以冯为所推，无以报段，一日微服出走，拦劫军械无算于秦皇岛，挟之出关，率健儿，闯入京师，力复段位，因创安福党，谋举东海徐氏以代冯，卒如其意，旋与奉帅意忤，别树西北军，建筹边使署，慨然以恢复蒙疆开辟西北自任，躬率偏师数千众，远征沙漠，高步虏庭，活佛慑其成，举国内向，又如

其意。黎冯徐三氏相继在位之三四年中，又铮辄以其意纵横国事，世莫敢轻撄其锋少忤其意有若是者。于是天下之目唯无视，视必又铮，天下之耳唯无听，听必又铮，为众怨所集，自西南以迄东北，自路人以迄同僚，皆有欲得而甘心者矣。直皖事急，又铮仓卒自蒙古归，颇有觉知，适愚在京师，久不与又铮通闻问，一日要其过寓曰：今日之事，人心若何？又铮赧然报曰：失之久矣，余唯有擎跽曲拳求免耳。是时又铮所以周旋奉帅者，良如其言，而卒不得免焉。又铮方以偏师战捷廊坊，而西路全军覆没之报已闻，危急之夜，又铮尚拟奋孤军一逞，终亦莫之若何矣。嗣后又铮亡命海上，奔走闽粤，频有谋画，且一树建国军于延平，再振沪浙联军于海上，事均不成。甲子合肥段氏再起执政，又铮已以扁舟走香港矣。因拜使命专对四方者年余，乙丑冬归国复命，事毕出京，仇者劫车于廊房杀之。民国十四年史中，又铮之功罪是非，尚须判于今后若何者已不及待，而与世长辞矣。男儿如又铮，所在皆其死处，知与不知一时悲其不幸者将在斯欤。又铮勤于学问，富于胆略，喜事功，好胜人，自负文武兼资天下第一，嗜理歌曲，亦穷日夜力为之，不曾落人后，综理国务院簿书，时日万中，已高坐堂皇，校刊古文辞类纂，批点十三经注疏，治军蒙疆，时尝出诗示人，有万马无声边塞月、一灯有味夜窗书之句，其精力过人好整以暇有如是者。然勇于自用，一意孤行，少豁达大度之风，无从谏纳言之雅，在世而毁誉互闻者以此，盖棺而是非莫宣者亦以此。然世所传擅杀陆建章一案，则与愚闻有异。戊午夏，时愚佐判度支，奉命随国务总理，赴漠劳军，经略使为设口宴，有鄂督豫督鲁督长江上游总司令交通次长又铮与愚在坐，某督暴建章扰鲁状，请示处分，总理大怒曰：有电报院乎？答曰有，于是口传军令，饬各军协拿，就地正法，且申言曰：朗齐老同袍，不如是，将法曲于情众连称奉命，又铮独默默无言，未数月，又铮所为，适如其令，而竟以一身任其责。愚曾以询之，又铮笑而不答，盖有所为矣。又铮虽死，或尚以愚暴其事为嫌，然为又铮友者，亦何可默默一如又铮。愚与又铮性不相近，乐与共交，不乐与共事。戊午冬，和战各持一议，愚毅然拜议和之命，自是又铮所事，辄未闻知，而又铮不以为嫌，所期望于余者转殷，愚恒相避，又铮颇觉之，后此七年中，惟以其生平惨淡经营之正志学校（今称成达）善后相属，未及其他。然每晤对时，皆有若未尽言者，去岁又铮自海外归，即有友人过寓，属愚电阻来京，愚不喜多事，且以又铮必不听，却之，听否诚不可知，然愚惜此一电之劳，何以对我死友。又铮抵京日，时已晚，深夜以德律风见告曰：愿即相见。次日早，走访愚寓，未及就席，即曰：三日出京，决不闻政，若似前知愚将有所进言者，愚遂曰：如此，尚何言，相与议论校事而已。曾有人招宴，已逾时，偕来者，频促之行，又铮若有所待，三出其时计视之而后起，徘徊庭廊中，左右顾曰：园庭何不类昔？笑应曰：愚园树木，别公五年矣。登车时，愚曰：公忙，恕不报访，又铮笑曰：在上海见。不意竟成永诀。去又铮死，□二日耳，平生期许，临死殷勤，而不肖如愚，有将以自经沟壑人不知之为归宿者，其视又铮之不幸，更当有间，幽明之中，负我良友矣。又铮死，京师无人敢走哭者，今事少定，薄棺尚在海上萧寺中，妻子温饱之资，且有所待。同时有姜登选者，死于滦州，近见友人为之发表报哀，所以赡顾其妻子者良厚，不禁感慨系之，因述又铮平生荦荦大端，一抒胸臆以哀之耳。愚与又铮交晚，壬癸前事，未详不叙。

吊失败军阀

《国闻周报》第三卷第三十三期，1926 年 8 月 29 日

　　十五年来，内政靡已，事变无常，称雄一时独霸一方者，岁月变

迁,新陈代谢,有如春笋爆发,秋叶飘零,其兴也勃焉,其亡也忽焉,旋起旋仆,不可数计。当其盛时,未尝不作威作福,予取予求,苟鞭笞之加身,即欢声之载道,剧秦美新之颂,崇德报功之文,举凡古帝王将相千百年不可必得者,无不旦夕可期,咄嗟皆是。及其衰也,弃甲曳兵,昼伏宵遁,上焉者,醵金戒行,有如治安会之于北京,下焉者,投井下石,有如红枪会之于河南,欲求一乌江亭长,样舟待渡,请大王复王江东者,已不可见之今世,甚至望门投亡,且莫敢侪诸海内之编户齐民。呜呼,今世所谓英雄豪杰之晚景盖亦甚可怜也。恻隐之心,人皆有之,十五年来,吾人月有所闻,岁有所见,乃独若无所容心于其间者何哉?昔齐庄公死于崔杼家,晏子临门呼曰:"君为社稷死则死之,为社稷亡则亡之,若为己死己亡,非其亲暱,谁敢任之。"今之已死已亡者,比比皆是,吾人诚不敢谬附亲暱,妄申悲戚,而因彼辈之兴亡起伏,以增吾人之困苦颠连者,更何敢腹非偶语,自取灭亡,来日大难,方兴未艾,吾侪小人,唯有一任运命之所之,时日曷丧,予及汝偕亡,同归于尽,奈之何哉。

战卜

《大公报》(天津)1926 年 9 月 2 日

天下以力征经营者,莫盛于强秦,然陈涉一匹夫耳,揭竿而起,足制死命。读贾长沙过秦论,未尝不慷慨悲歌,而深叹乎人心一失,百战无功。伊古以来,以天下向背,卜一姓兴亡,曾有历试而不爽者,夏桀殷纣尚矣,汉唐之末,宋明之季,亦数千百年矣。胜负兴亡之机,莫不皆然。进而征诸近事,则武昌之役,人心若何?湖口之役,人心若何?乃至洪宪复辟直皖直奉诸役,人心又各若何?十数年间事耳，尤一一在吾人记忆中。战前之人心，与战后之结局，亦未有不心心相印，一如往史之所以昭示来兹者。吾人秘此龟筴，预卜凶吉，概举百战兴亡之机，一决匹夫方寸之地，成败利钝，如示诸掌。初无须比较军力之强弱，更无待考证战报之虚实也。不意近年以来，战事缠绵如敌，而人心向背不明，祖刘祖吕，左右皆非，兴楚兴汉，端倪未见，遂致吾人之秘宝失灵，占卜无术。慨乎滔滔皆是，昧于源源所归。所以然者，国人战后之经验日多，战前之希望愈少。战亦如是，不战亦如是，则厌恶之心生。战胜亦如是，战败亦如是，则鄙屑之念起。无论若何之号召，皆等量而齐观，无论谁何之胜负，概熟视若无睹。举天下人物之是非，一付诸于浩叹，举己身之安危祸福，一听诸于自然。意气消沉，胸襟郁结，盖未有如今日之甚者。人心既无端兆，龟筴自失神明。今后战事若何，诚有非吾人可得而预言者矣。虽然，吾人秘传之龟筴，岂永无复灵之日乎。昔者晋文公战胜于楚，有忧色，左右询之，文公曰："吾闻战胜能安者唯圣人，是以惧。"盖由来所贵乎战者，安耳。今日国人所以厌战者，战而不能安耳。苟信斯人，战胜能安，则箪食壶浆以迎王师者，今世之人，犹是三代之人。而吾人龟筴，必且一复往日之神明。无如战胜以惧者，且未之见，战胜能安者，更未之闻。吾人秘传之龟筴，唯有什袭珍藏而已，曷可妄施占卜，有渎神明也。

注意国内与国际之变化

《大公报》(天津)1926 年 9 月 5 日

　　武岳消息传来，吾人对于国内国际变化，有不胜杞忧者，未可以沪宁、津浦、京汉、京绥连年来北洋军系之互战，一律视之。彼蒋军之来,有赤俄为之扶持,有青年为之宣传。国际之势力竞争,与国内之思想战争,兼而有之,短期内苟无适当之解决方法,吾人预料国内国际,必将有剧烈之变化发生,全国人民运命之否泰,将于此卜之。吾人略言其利害关系,望读者加以深切之注意焉。

就国内言之,武岳既已不保,蒋军将坐守武岳,徐谋发展乎?或遽尔北渡,进取中原乎?抑转而南下,平分南北乎?坐守武岳,则将视彼此内部之变化若何,国际情形之转移若何,而后胜负始分,为南军计害多利少,为北军计利多害少。蒋军挟青年朝气之势,富临危冒险之心,狃于武岳之役,方视天下如探囊取物,焉肯得罢且罢。窃料蒋军之计,必不出此。然则北渡乎?北渡欲期安全,必先与孙联。然孙蒋思想冲突,利害互异,纵得一时之缓和,难期根本之连结。而冯军势力锐挫,旦夕不能为助。蒋军在此局势之下,贸然北渡,无异孤军,如获石田。苟非蒋军少年轻进,或亦计不出此。然则南下乎?得尺则尺,得寸则寸,既易联络,自便吞并。纵退一步计,姑为保守武岳,亦须肃清江西。蒋军之计,其将出于北守南攻乎?果而,则存亡之机,将决于孙蒋之一战,此就南军之情形而言之。若夫北军方面,吴军陆续南下,进而能攻克武岳,退而能封守武胜关,则奉军必仅为相当援助。苟吴军势力再挫,或豫陕别生问题,则京汉沿线,必以奉军直当其冲。而对待冯军,将多恃阎力。北方现势,在在可虑矣。若夫孙军,现已进退维谷,合作则不可能,进攻则多所虑。苟蒋军或出于坐守武岳,或出于进取中原之计,则孙军尚可阳为结合,阴为准备,否则图穷匕首见矣。孙军一战而胜,则或吴或张两军,必可夹攻武岳,进取长沙,今后黄河长江流域,当仍暂为吴孙或张孙互持之局。苟非然者,必将划江而治。而北军地盘缩小,恩怨复杂,异军未灭,伏莽太多,豫鲁边境,在在可虑矣。至于川军滇军,不过观望,闽军如何,或难坐视。吾人对于现势之推测,不过如此。然国际情形之转移若何,彼此内部之变化若何,或竟有出人意料之外者,吾人不可不随时注意及之。

　　就国际而言,连年以来,各国操纵军阀内争,大都立于黑幕中,军阀之借重外力,亦复如之。即以国民军一役而论,国民军固未堂皇承认赤俄,赤俄亦未堂皇承认国民军之彼此互有连属也。若夫蒋军,主义公布,旗帜鲜明,其中共产派一部分,专以煽动工潮,利用学界,使中外人士,重足而立,咸感不安。种种事实,彼不自讳,天下亦勿庸为之讳。试问反赤化列国,处之若何?窃料武汉消息,飞传海外,英日必震悚于先,美法且徘徊于后,将协而为援乎?抑分而为助乎?吾人尚未敢断言。要之蒋军果坐守武岳,各国或尚可消极,一旦北渡,吴军不利,则日至利害迫切矣;一朝南下,孙军不利,则英之利害迫切矣。反赤化诸国,协而为援之局,是否能成,所不敢知,分而为助之势,揆诸情理,或难幸免。至其态度之明显若何,当随战局之弛张而定。连年以来各国操纵内争之黑幕,或将成事实之公开,假赤化之内争,竟或变为真赤化之外战,皆在吾人忧虑之中。五代时之胡人,明末时之满军,皆由内争,引入外敌,中原糜烂,衣冠涂炭,辄数百十年,至今思之,犹有余痛,今则五代明末之时将至矣。今后北军之是否引外援,其权谓之操诸吴张孙,勿宁谓之操诸列国为多。而蒋军之利用共产党,公然引赤俄为助,吾人诚又不能严责于北,而宽假于南也。

　　据上述国际国内情形,可断言今后蒋军若持久于武汉,或进步于南北,国内之战争延长,国际之危险纷至。错综变化,即在目前,此吾人所由希望南北军人,抛弃武力,别求政治上解决之道也。

注意日英态度

《大公报》（天津）1926 年 9 月 6 日

国际商务，日英为多。长江流域，英多于日，黄河流域，日多于英。日欲有进于南，非希冀英之退步不可。英欲有增于北，非期望日之减程不可。此之害，彼之利，乙之消，甲之长，故南北偶生事端，日英辄异态度，虽表面不着痕迹，而内容俨有异同。上海五卅之役，英奋张而日冷淡，香港封锁以后，英叫嚣而日默然。卒之去岁上海广州两关贸易数量，一退而一进，彼戚而此欣，成绩昭著，事实俨然。今武岳事起，世人或以日本对于蒋军之态度，一如冯郭，盖忘却地域之关系，知一而不知二也。武岳消息之宣传，甲如何，乙如何。蒋军一到长沙，扬言将仇英而友日，甲之感想如何，乙之感想又如何。事实俱在，征兆已露。故吾人窃料，蒋军能稳占武岳，则亦已矣。如或能之，则英日态度，对于武岳者，或将一如往日之对于广州，心非口是，貌合神离。吾人欲知今日乙之心理，不待他求，即以上年郭军反戈时，甲之心理代表之而有余。若以为反赤化之目标同一，而助反赤化之态度，亦必同一，国际关系，似未曾有如是之简单者。狂者东走，逐者亦东走，东走则同，所以东走者异也。虽然，若蒋军不南下而北进，将与奉军周旋于中原，则他日之日，亦必如今日之英，利害关系，不得不然也。吴佩孚氏，学究性质较富，不为日所喜，或亦不为英所喜。武岳事急，今日英之对于孙，或将一如往日日之对于张乎？近日孙请通缉驻广州赤俄代表，英尽全力助孙收回沪廨之成功，岂偶然哉？连日宣传孙之将软化于蒋，欣幸之者为何人，否认之者又为何人？此中消息，不可不知之。

而吾人之私料吴军苟不能迫蒋南归，则孙蒋必决于一战，是无可怀疑者。今日中国友邦，赤俄立于对敌外，余者皆号称反赤化诸国，而其利害关系，各有不同，其能出于一致态度，集乌合之众，为节制之师者，吾人尚未敢轻信。今日与其注意巴黎华盛顿之消息，无宁先集视线于伦敦东京，识者以为何如？

借钱新解

《大公报》（天津）1926 年 9 月 9 日

夺人之财者，谓之盗，共人之财者，谓之赤，吾人知之矣。今世流行所谓借人之财者，将谓之何？吾人实无以名之。比之于夺，则有母有子，先礼后兵，虽信践无期，不妨借义。纵乐输有别，未具夺形，谓之为夺，不可得也。例之于共，则债权债务，名义俨然，虽化人有为已有，仍为私有，纵易实有为虚有，要非共有，谓之为共，又不可得也。夫社交互助，朋友通财，故借人之财者，世本称之为友，而又非所论于今之借财者。吾人乃求之于字书中，自一部起，至龠部止，类凡五百余，字凡四万余，举不得一适当之名。吾人不得已，姑舍理论，一究事实。今之借财新法，求其近例，盖自有清昭信股票为之俑也。时愚在某省某府署中，目睹其事，旧有所纪，录之下方。

“某月日昭信股票劝募命下，县令亟亟调查殷户，编制名册，红柬恭书请帖，朱标别縢拘票，亲遣役丁分投，戒之曰，至某某，左手恭举请帖，右手狎露拘票，申言曰：县官请酒，大绅屈驾，伸左手帖上，屈右手票归。役丁如命，众绅咸集。堂上华筵盛设，有酒有肴，县令之私席列下，堂下大刑二刑，有笞有杖。县令之公案列上，客至一揖为礼,双手捧簿,某也若干,某也若干,书可者请堂上,书否者请堂下,介于可否者,先摘其帽,而与之周旋于堂上下之间。堂上客苦笑,堂下客苦哭,卒之堂下之囚,皆为堂上之客。一日间,县令遂以如令报。"此前清末季借财之新法也。民国以来,愚与官厅无缘,借财新法,未知有无异同。吾人姑以前清借财事实为例,遂恍然得一佳名,曰"借人之财者谓之官"。盖借亦借,不借亦借,有此力者为官;还亦可,不还亦可,有此力者又为官。世知官借诚贤于盗夺赤共者万万,而不知官借端开,在普通殷实者,固同一切肤之痛,在商工经营者,实无异凌迟之刑。何也?朝遇盗夺赤共,夕可闭市休业,商工经营者之苦痛,与普通殷实者同也。若夫官借,旦旦而伐,源源而至,商工经营者,迎无可迎,避无可避,欲以旧亏报罢,则债权依然,簿书固有积盈,将期新余弥补,则市野萧条,人民咸在涸辙。退不可能,进不可期,朝有红帖,夕有朱票,未补旧疮,又割新肉,其苦痛诚有非普通殷户尚可先时制宜迁地为良者,所能比拟于万一者也。愚昔游某地,见舍旁有瘠牛垂毙,舍人之妻,方缚取其乳,而怒斥之曰:乳何少也。愚笑询之曰,何待饲之?答曰:不喜牛,喜牛乳耳。舍人之妻,所见如此,为之牛者,不亦难乎?今者商工凋敝,乳有几何,而某某公司某某银行借款,日有所闻,其不与舍旁瘠牛同其命运者几希。虽然,昭信股票而后,前清存在者几何年,不喜牛而喜牛乳者,又何尝与牛异其利害哉?

注意两大潜势力之暴发

《大公报》(天津)1926 年 9 月 12 日

内争连年,人不安室,苛政如虎,民不聊生,全国人民于生计精

神两方,受极大之压迫与激刺者有日矣。生计压迫之余,必生事实
上之革命;精神激刺之余,必生思想上之革命。征诸吾国往史,无
可幸免;证以列邦成事,势所必然。故迩来社会方面,生计革命与
思想革命两大潜势力,所在酝酿,大有不踵而走,一触即发之势。
其迫于生计为主因者,如类似红枪会之组织,所在皆是;其激于思
想为主因者,如类似革命党之组织,亦所在皆是。前者求旧而多壮
夫,后者维新而多青年。一以北方为根据,而易为缘于北军,一以
南方为根据,而易插足于南军。苟拥有现势之军阀,内哄之继续靡
己,内政之修明无望,此两种潜势力之增长,必将一日千里。一旦
毛羽丰满,振翮奋飞,窃恐不可一世之军阀,壁垒虽坚,终必有拔赵
帜易汉旗之一日也。近年来南北有识人士,悚然于来日大难,皇皇
于未雨绸缪,息争安民之说,调和保境之议,婉辞曲讽,已非一日。
无如言谆听邈,北辙南辕,时至今日,已无毫厘希望之可言,惟有静
待此潜势力暴发而已。至其暴发之结果,实与吾人运命攸关,吾人
失望于彼,不能不注意及此。盖红枪会之性质,易杂入土匪,革命
党之性质,易流于过激,流弊一出,则吾人未来所受之苦痛,未必能
减于今日。红枪会能否注重除暴,而不扰害良民,且严禁土匪式之
越货杀人。革命党能否注重建设,而不专事破坏,且严禁无意识之
罢工罢学。各种革命团体,更能否一以社会舆论为依归,而不假他
国势力为背景,引动国际纷争,自促灭亡。此实吾人朝夕隐忧,而
不能或释者。夫以旧势力之失望,致迫新势力之发生,乃事之必然
者。而此新势力之来,其将以定乱,抑或以滋乱,则尚在不可知之
数。辛亥一役后,纷扰者已十五年,岂当时起义人士之预料所及?
大难方殷,前车可鉴,有志之士,幸勿以暴易暴,徒供牺牲之先驱,
而增人民之苦痛也。危机已迫,时不可再。今日诚为拥有现势之
军阀最后觉悟之期,亦为社会上两大潜势力所酝酿之革命各团体
最先警戒之时。抚我则后,虐我则仇,吾侪人民,固无容心于其
间也。

全国实业界应要求蒋介石宣明态度

《国闻周报》第三卷第三十六期,1926 年 9 月 19 日

汉口为南北枢纽,政治关系,姑置不论,经济地位,实可会聚长江黄河流域之势力而支配之,非可以僻在西南一域之广州所能比拟。今一旦为蒋军所据,政治上将生若何之变化,吾人且观其后,而与民生关系密切之经济上,恐即有不测之动摇,迫在目前。故全国实业界咸有踌躇不安之色,恐慌难言之状,所以然者,蒋军对于经济政策之态度,极为不明耳。赤俄之政治政策,表面上一以解放为主,反对帝国主义之侵略,经济政策,表面上一以共产为归,反对资本主义之存在。蒋军之政治政策,固尚鲜明,而经济政策,极为暧昧,谓为赤化也,则广州尚未闻资本制度之废除,谓为非赤化也,则广州咸传为劳工势力所支配,暧昧不明,高深莫测。当其据在全国经济关系较浅之广州,实业界尚有观望之余闲,一旦奄有全国经济关系极深之武汉,实业界已无从容之余地。故吾人以为全国实业界有急起要求蒋介石宣明态度之必要。就其大者言之,究竟蒋介石之经济政策,是否仿照赤俄,抑或别有所在。如仿照赤俄,将以其旧政策为模范耶,抑以其新政策为模范耶? 如别有所在,其以共产主义为主义乎,将以资本主义为主义乎,抑介二者之间别有新政策乎? 要当以具体方案,昭示全国,不得仅以"民生主义"空泛无边之四字,依违取巧于其间。就其小者言之,在广州之劳工政策,将推行于长江流域乎? 对香港之封锁政策,将采用于全国商埠乎? 吾人以为时至今日,实业界有正式要求蒋介石宣明之必要。吾人非欲于此时与蒋介石讨论共产主义之是非,乃欲先问蒋介石之主

义安在，而加以讨论耳。赤化也可，非赤化也可，其他具体之新经济政策亦可。吾人甚盼蒋介石予以实业界以明白之答复，勿以鲍加在侧而踌躇，勿以英日嫉视而趑趄，始终保持暧昧不明之态度，而作依违两可之宣言，使天下后世笑蒋介石之革命，一无政策之可言也。连年战祸，逼于全国，民生困苦，十室九空，农废于野，工嘻于市，内地生产，已无可言，而通商大埠仅存之实业生机，亦不绝如线。苟内争不已，战事缠绵，初不得共产主义之来，先经此非共产主义之蹂躏，已可摧残净尽，乃于此时，据有支配全国经济劳力之武汉，复入于主义暧昧不明之方，致使生产机关，进退失据，莫知所可，国计民生之危险，未有甚于此时者。故吾人为实业界设想，不必畏蒋介石如虎，尽可堂堂皇皇质问其政策安在，而思补救之方，勿庸一方疑其赤化，一方又幸其非赤化也。为蒋介石设想，勿以为天下人可欺，始终暧暧昧昧，含糊其真意所在，而失鲜明之度，致疑一方畏赤俄绳其后，一方惧英日障其前也。实业界之勇气若何，蒋介石之诚意若何，将试观此文发布后之收效若何。且吾人更有言者，外交公开，已为世界有识者所主张，亦为民党有力者之宿论，究竟广州政府与赤俄生若何之关系，人言言殊，举世忧之。为国家计，凡为中国人，皆可要求蒋介石代表广州政府为之说明，为广州政府计，亦不应蹈专制政府之覆辙，举国家公然之外交，作一政府私有之秘密，使天下人士战栗恐惧，疑内争为外战，日日以为国际纷争，将起于目前，而发生国家种族上莫大之危险也。

军阀与党阀

《大公报》(天津)1926 年 9 月 23 日

　　有文事者,必有武备。国不能废兵,同声相应,同气相求。人不能无党,军人党人,何国无之,何世无之,本为美名,初非恶语。然一国大政,任一军阀专制,不许他人偶语,任一党阀把持,不容异派生存,则军阀党阀之名词,乃为世所诟病,将与暴君乱民,等视同科。吾人不敢赞成军阀专制,然亦何可赞成党阀专制?故北方之欲以军治国,南方之欲以党治国,吾人不必问其政策若何,主义安在,皆一视为大乱降至,而期期以为不可者。世知军阀之为害矣,而不知党阀之害,未遑多让。法兰西山岳党与烧炭党之祸国,较夏桀与殷纣为轻者几何?盖军阀专制流弊之极,必近于暴君专制,党阀专制流弊之极,必趋于暴民专制,征诸往史,无可幸免。故吾人以为北方军阀政治,苟不开放,必与南方党阀共其运命。南方党阀政治,苟不开放,必与北方军阀共其运命。初不必问其赤化耶,白化耶。盖凡一派专制,一党专制,或以少数之名,或假多数之名,苟漠视舆论而排斥异己,则为祸流毒,初无二致,纵可钳制于一时,势必土崩于一旦,历史上绝不能为今日之军阀党阀,开一例也。军阀党阀中不乏贤者,其以愚言为何如?

赤化与白化

《大公报》(天津)1926 年 9 月 23 日

　　赤化者,北军所持以攻击南军。白化者,南军所持以诋毁北军。要其间以借题发挥之成分为多,不必一与事实合也。世知白化中有帝国主义矣,而不知赤化中亦有帝国主义。中东铁道之占据,岂异南满? 蒙古土地之侵略,何殊西藏? 轮饷械以助内争,借宣传以事挑拨,彼此亦复未遑多让。故南方攻击北方之依附英日者,实无异赤化之帝国主义,将藉以排斥白化之帝国主义。北方攻击南方之同化赤俄者,又无异白化之帝国主义,将藉以排斥赤化之帝国主义。质言之,南军与北军之战,从互引外援之一点言之,将无以自解于南方党阀欲与北方军阀,竞争地盘,而巧值赤化帝国主义与白化帝国主义势力冲突之会,遂将黄色人民供其牺牲耳。吾人固不必与南军讨论赤化是非,亦不必与北军计较白化利害。吾人但欲问南北两军,中国五千年所传之黄化安在? 就政治言,五千年来,何尝主张势力侵略? 就经济言,五千年来,又何尝主张资本压制? 何必将赤化白化政治经济两方之极端主张,而在黄化国家,开辟战场? 呜呼,欲战便战,莫可若何。吾人所切望者,不必假借赤化白化之名,以重苦吾民耳。吾人对于赤化白化两极端主张,绝对不敢赞成。更进一步敢断言此两极端主张,苟强行之,必遭失败。盖不主张侵凌弱小,亦不主张受制强大,本黄化之政治政策也。不主张共产主义,亦不主张大资本主义,又黄化之经济政策也。固不必假白化以自重,尤无须借赤化以张目。五千年来,持两用中,先圣先贤所以遗存后世之习惯,昭示后人之简编,所在皆是。

吾人自保存吾人之黄化,发挥光大之可也。赤化云乎哉,白化云乎哉?

敬告学生

《国闻周报》第三卷第三十七期,1926 年 9 月 26 日

观国之微,犹之一家,家运若何,视其子弟,子弟贤则门户必大,子弟不肖则宗党必衰,市夫野老,夙闻熟知,所以父戒其子兄勉其弟者,伊古以来,家户皆是。而旧家中落世德式微者,其贤子弟往往不假劝说,自感身世,觉其起衰振微之责,异乎寒家小户之选,缅怀先德,砥砺潜修,又有非寻常之后生小子所可望尘而及者,亦世所常睹。今以中国,譬诸旧家,衣冠门第,并世无二,人物风会,惟我独尊。一旦中落式微,等诸野番士人,视同皂隶舆台,而为之贤子弟者,触物兴悲,抚事增感,积忧愤懑,自异常人。况目睹不肖父兄之放荡,恬不知耻,日受暴发邻舍之侵凌,痛不欲生。因急于奋勉图存,而遂至倒行逆施者,亦人情之至可痛。天下后世,方将共谅同情之不暇,尚可忍定深文之谳,伤赤子之心,乃当世不肖父兄。狃于往例成规,不知因势利导,将严绳苛责之余,致越轨横驰更甚。父不父,子不子,兄不兄,弟不弟,举世昏昏者久矣。不亦深可慨乎? 明乎此,则知中国今日青年学子负责之重,而处境之难。明乎此,则知中国今日社会所以责望学生者失当,而引诱之者非法。假使国家太平,海内无事,青衿学子谁不乐有贤父兄在上从容庠序,肄业修身,而必越俎代庖弃学闻政者何耶? 学子游艺不能安然者,国势衰微有以使之然。子弟读书不克专意者,社会堕落更有以迫之然。而血气未定,识见不宏,盲从暴动,为世诟病者又奸人

暴徒利用青年，贼夫人子者之罪。而世之正人君子，深闭固绝，不知因势利导，循循善诱，亦何能轻辞其咎？吾人以为今之学生中，能于读书之余愤慨国事，忘身赴义者，实国之俊秀，家之贤子弟。国家一线之余生，正待斯人之后起。此种爱国精神，救世勇气，将如何培养保持，纳之正轨，发扬蹈厉，蔚成国器，不使奸人暴徒诱惑摧残者，先进之责不容旁贷。而学生于举世诟病之余，发返躬自省之思，因而从善纳言，以资进德修业者，又何尝非学子之幸，国家之福。不揣冒昧，一进忠告。

　　学子闻政，事非得已，苟非国有大故，不可轻于一试。事事干涉，时时要挟，外失同情，内荒学业，徒滋诟病，毫无效力。且开会游行，举动宜循规矩，而危言激论，旨意应本哀诚。若夫杀人放火以示威，旷日罢课以胁众，形同自弃，罪等自杀，徒使仇者快意，友者痛心而已。甚至奸人利用，一己牺牲，学子方呐喊于铁狮子胡同，而首领已潜藏于东交民巷。事之至愚，宁有过此？至于内部煽惑，辄聚众以迎甲拒乙，余节细故，辄辍课以争长道短，或以公家机关，对政府而为脱离之宣言，或属私人设备，对校董而有排斥之表示，更属下流，闻之污耳，吾人痛心，不欲多道。要之学生须知今日社会所以厌恶学生者，非厌恶学生爱国之热诚，实厌恶学生轨外之暴动，互保热诚，相禁暴动。知与不知，能不同情。故吾人所欲忠告学生者，一曰谨慎爱国举动。

　　有文事者，必有武备。国不能废兵，同声相应，同气相求。人不能无党，吾对于军人党人，本无所用其反对。然一国政事，任一军阀之专横，其不流于暴君专制之弊者几希，任一党阀之把持，其不流于暴民专制之弊者几希，为害则一，初无二致。法兰西山岳党与烧炭党之祸国，又何尝较夏桀与殷纣为轻。故北方之欲以军治国，南方之欲以党治国，皆在吾人反对之列。今日学生，因厌恶军阀之余，辄思依附党阀，为之抵制，实属以暴易暴之举。盖初不必问其党之主义若何，只一党专制不容异党存在之一念，即足以亡国祸种而有余。悚军阀之弊，而忘党阀之害者，大有人在。殊不知军阀之鹰犬固不可作，党阀之爪牙更不可为。青年心性，易趋极端，血脉奋兴，罔顾利害。中国之有今日，未尝不误于二十年前之青年。则今后国家之兴衰利害，又系于现代青年辈一念之公私。苟欲为中国策万全，必须予全国以自由解放，挟党会以自恣，不容异见之存在者，在理与势，不容长久。故吾人所又欲忠告学生者，一曰勿依附党阀。

一人杀人，与十人杀人，其差若何？童子知之。明乎此，则多数专制之害，往往十百倍于少数专制者，岂待烦言而解？故政治上之暴虐，吾人不畏逞己意以杀人，而实畏假民意以杀人。逞己意以杀人，其害可睹，假民意以杀人，祸乃不测。今世政治上流行之语，莫过于民意二字，此实世界野心政客，假多数之名，逞少数之私者惟一护符，与君主专制时代，权奸巨恶，动称上意，肆其专横者，初无二致。民意乎？君意乎？不过在君主民主制度之下，政治家假借行政之一名词，假借以行善，则君意何可非，假借以行恶，则民意未尝是。前者之流弊，极于暴君专制，后者之流弊，极于暴民专制，而暴民专制之害，往往过于暴君专制，世界已不乏其例。盖多数杀人，少数杀人，其差易明，为害不等也，故民意二字，慎勿轻易假借。今世学生，一有所为，动称民意，俨然以为天经地义，无敢反抗者。长此以往，其不为奸人利用，假为暴民专制之护符者，几希。吾人以为立身行世，各本良心，不必假借政治上流弊滋多之术语，致造成社会上奸人利用之机会。易言之，吾人深愿学生今后之举动，一出于各个之良心，勿擅称虚无之民意。人同此心，心同此理，良心所在，本尝不为民意所在。然一求诸己，一假诸人，求诸己则为功较易，假诸人则流弊滋多。故吾人所又欲忠告学生者，一曰勿假借民意。

夫进德修业，学生天职所在，固勿待吾人劝告。吾人上所言者，乃以学生在今日时势中，学业外之环境，极为恶劣，威胁利诱，所在皆是。而其最易乘学生血气未定，识见不宏之弱点，以似是而非之说，引入歧途诸端。撮要敷陈，俾学生知爱国精神，亟应保持，而轨外举动，当知避免。不必依附党阀，无须假借民意，赤子良心，书生本色，磊落光明，昭示天下，则社会之同情，国家之厚望，将舍此谁属？愚亦二十年前学生，凡此种种，皆己身历，披心相告，出于至诚。如疑有他，神明可质。

难言

《大公报》（天津）1926 年 9 月 27 日

立言之难，古今同慨。读韩非子难言篇，能不废书而叹者几何人哉？孔子圣之时者，其作春秋，隐桓之时则彰，定哀之际则微者，何耶？当其时也。鲁昭公不知礼，谓为知礼者，何耶？当其地也。因当时当地之不同，而顾忌隐讳之难免。斯诚古今立言者抱憾无穷之隐，而亦莫可奈何之事。然大义存于微言，固又视乎读者之体会何如耳。今世动称言论自由，乃吾人以言论为业者，转觉自由范围之过狭，以今视昔，未遑多让。就国外近事言之，联德主张，岂敢提倡于往年之巴黎？资本主义，何可宣传于今日之莫斯哥？就国内近事言之，直奉战争极烈时，京津间谁敢恭维奉系人物？直奉联合最力时，京津间又谁敢菲薄直派将士？反革命之言，南土有严禁，近赤之论，北方服上刑。甚至租界范围，洋旗机关，地位有殊，议论自别。时当乱世，国无常法，言论自由，较之欧美，又岂仅五十与百里之别而已哉？故读者须知南北今日言论，皆在极狭之范围内，而吾人所欲自勉者，良心存乎依稀之间，大义隐于微言之会。议异地异时之人物是非，则直谏中含原谅之意，论当地当时之人物是非，则微讽中寓责备之心，甚至恶隐默然之会，妙在不言之中。
时势所迫，良非得已。以时圣著称之孔子，苟生丁斯时，有无春秋，
未敢断言，即使为之，或彰或微，所以顾忌隐讳者，必将百倍于往
日。而今日若有韩非子，重续难言之著，其悲歌慷慨，或更将百倍
于当时也。

道胜银行关闭之感想

《大公报》(天津)1926 年 9 月 29 日

　　通商互市，与国皆然。然甲国之通商机关，欲在乙国营业，例
应受乙国法律之限制，亦为通例。故一国家对于他国家所设立之
通商机关，皆有特种法令之规定，或限制其资本账目独立，不使受
他处之影响，或规定临时定时之报告检查，不使有欺朦之行为，成
立注册，变更许可，一一法定，未便自由。虽条款之宽严不同，(苏
俄规定，最为特别而严厉)要皆以保护本国人民之利益，市面之安
宁，而预防与之交往者，受不测之损失也。乃中国对于各国之通商
机关，一律听其自由，组织若何，资本若何，账目若何，变动若何，营
业之范围及地点若何，每年之盈余亏损若何，资本者与经理人之变
迁若何，一一皆不过问，随便成立，随便关闭，随便清算，凡受损失
者，概不得受中国法律之保障，一听他人之支配，而莫可若何。通
商百余年来，中国人受此类损失者，不可数计，岂独道胜银行一事
而已哉？

　　道胜银行者，为各强国在中国殖民银行之一，且有中国股本库
平五百万两，(后减资为三百五十万两)，政府授与特权，与各强国
殖民银行相同。乃从不许中国政府过问，甚至俄国政变后，由法人

主持,亦不许中国政府参加。至前日巴黎来一纸电报,即行停业,更不许中国政府与闻,此实世界奇闻,诚不可以普通外国通商机关之倒闭,相提并论也。虽然,中法银行,已开其端,道胜又非创例矣。中法银行者,中国政府有股本三分之一,例由法人主持,中国政府不得与闻。民国九年中,巴黎一纸电报,即时停业,中国政府亦未得与知。停业后,乃进行金佛郎之要求,以退还国家赔款之美名,成补救私人机关之事实,中国政府以三分之一股东资格,不惜独负全责,酿生政潮。反对之者,至今尚大有人在。乃金佛郎案一定,而不许中国政府之与闻,一如故矣。中国政府人物之愚而无知,诚令人骂无可骂,笑无可笑。即以道胜而论,一年前,吾人即闻驻法公使,电告政府,应予注意,不必令其再行经收库款。政府中人,别有原因,秘而不宣,置而不问,若惟恐国库人民不受损失者然。如此政府,能不令人发指?道胜停业后,中国政府股本三百五十万两及其公积金八十五万之损失,吾人已知之矣。至国库关盐之存款若干,社会个人之存款若干,吾人尚不得而知。此种责任,是否应由政府负之,吾人姑不必问,吾人所欲要求社会注意者:须知外国在中国设立之通商机关,政府无特殊之法律,人民无调查之机关,一听自由,危险殊甚。即以中法道胜之停业而论,损失原因,不在中国,中国人不知不觉中,而巴黎停业之一纸电报飞来矣。其危险诚不可测,故吾人以为商会与银行公会,应亟起考查各国成例,拟定对于外国通商机关特殊法令草案,要求政府实行。国内普通人民,既可藉以预防危险,外国通商机关,亦可藉以发展信用,诚两利之道。此项提议,吾人敢断定外国正当之商业机关,亦必相与同情也。

蒋介石宣言中之赤化

《国闻财报》第三卷第三十八期,1926 年 10 月 3 日

　　世人多以赤化目党军,究竟党军之赤化,作何意义,诚为吾人所欲知。国民党中共产派之解释,当然一本于马(克思)列(宁),非共产派一如之。不意此次蒋介石北伐宣言书中(载本报第三卷三十五期北伐声中重要文件内),赤化之解释,大异乎,是其言曰:

　　"赤为何义?苏俄之赤党与赤军,以赤帜表示其革命民众之赤划,换保其国家独立自由之代价也。解放人类之痛苦,保障人民之利益,以民众为其基础,而推翻其帝制之白党,反对国际帝国主义实行废除国际不平等条约,而为世界十二万万五千万被压迫人类,谋解放者也。帝国主义口中之所谓赤化者,实行革命之民众化耳。政府为民众化之政府,军队为民众化之军队,以民众化之国民革命军,拥护多数被压迫之人类,即使云赤,何嫌何疑。"

　　吾人按其文义,分三段说明之。

　　一、"解放人类之苦痛,保障人民之利益,以民众为其基础,而推翻其帝制之白党。"云云。此反对君主革命之普通宣言也,非赤化革命所专有。任何君主国家之革命,均可适用此语,而在民主国家之革命,转不得通用,盖所欲推翻之党派,并非帝制党也。

　　二、"反对国际帝国主义,实行废除不平等条约,而为世界十二万万五千万被压迫人类谋解放者也。"云云。此乃苏俄之外交宣传方针,为赤化政治实行中之一事,非赤化政治根本上之全物。在弱国,虽非赤化,亦当主张,例如土耳其何尝赤化,而反对帝国主义,实行废除不平等条约,所以力求解放者,已先我为之矣。在强国,

虽赤化,亦未必真履行,即如苏俄,中东铁道之占据,蒙古土地之侵略,与帝俄时,无二致也。故被压迫之民族,今后应要求解放者,乃天经地义之事,不必须赤化后,方有要求之权利。

三、"帝国主义口中之所谓赤化者,实行革命之民众化耳。"云云。在今日帝国主义口中,视中国之所谓赤化,或不无此疑似,然帝国主义目中,视苏俄之赤化,则并不如此解释,无论欧美日本。

再论道胜银行事

《大公报》(天津)1926 年 10 月 7 日

道胜银行不幸事件发生以来,政府及商会银会,均有主张公表,其重要之点,约有四端:

(一)依据中华民国法律清算。

(二)在中国债权(一切财产)抵补在中国债务,特别清算,与在中国外道胜总分行,不相混合。

(三)政府派员督同清算,各界有要求参加者。

(四)道胜管理关盐款项事物,委托本国银行办理。

以上四端,吾人以为论理极不通者,为依照"民国法律"字样。盖依照民国法律,则第二第三两项,均生障碍也。何则?民国法律,公司债权债务,是完整的,不是分裂的。易言之,若将道胜认为中国法律上之公司,则不能主张在中国分行之债权债务,与在中国外总分行之债权债务,特别清算也。且依照民国法律,公司清算,应由法庭监督,不能随便派人,更不能随便参加也。

道胜银行,究竟依据何国法律成立之公司,实为极应注意之点。一千八百九十六年,中国政府与道胜所定契约,早经失效,(俄国政变后,该行在俄国财产,已经苏俄政府没收,俄国法律上之公司,早不存在)当然不能认为俄国法律上之公司。道胜自俄国政变后,改在法国注册,但中国政府始终未予承认,当然不能认为法国法律上之公司。中国政府,虽未承认,但始终置之不问,并未令其依据民国法律,另行注册,又当然不能认为民国法律上之公司。故在中华民国地位上,论道胜银行公司(法人)资格,实非俄非法非中,为一种毫无法律依据之公司,实无准其在中国存在之理。因从前政府愚而无知,只有消极的不承认,并无积极的主张。且国库款项,照旧委托经理。故道胜银行在今日,仍不失为事实上之公司。此种事实上公司之清算,当然须临时及特别之处分。财部另定清理章程,派员清理,吾人认为正当。所不满意者,为第一条中依照"民国法律"字样,吾人以为只须依据清理章程足矣。若依据民国公司条例清算,则障碍横生。吾人所以切盼政府暨各界注意者,道胜银行非依据中华民国"公司条例"成立之法人,清算时当然照此次特定清理章程办理。清理章程内,未规定者,随时请求政府命令处分,不得援引"公司条例"办理。如此解释,则各界所主张第二项第三项办法,方有依据,免致别生枝节也。至第四项关盐款项应交本国银行之要求,当然正当。但观政府急切将道胜经收盐款权,暂行交予汇丰,(盐款向由中国银行,先行经收,七日后,始拨交所谓银行团之银行,未拨交银行团前,本有经收存放机关,财部所谓无经收存放机关,不得不从速解决,暂交汇丰者,实为遁词)吾人极为寒心,不得不希望各界予以严重之注意。

此外吾人对于各界主张,极不满意者,似乎各界只知道有道胜银行,不知道胜外有其他外国银行,更不知外国银行外,有其他外国各种之通商机关,以为道胜有办法,便可永远无事,将苟且偷安之国民性,暴露无余,殊觉痛心。吾人以为至少亦须仿照"商标登记条例"规定一种"外商登记条例",将必要条款,一一规定,颁布施行,方为完全之善后办法。至此项条例,在领事裁判权未收回前,外商能否遵行,不无有怀疑者。然吾人可以简单答复,此种登记,本系保护双方,外国正当商家,当然不应反对。商标登记条例,在领事裁判权未收回前,外商业已遵行,即其明证。若进一步,中国全国商会银会,能表示不遵照登记条例之外商,应予慎重往来之态度。吾人可断定条例朝颁,效力夕发矣。

胡适之与苏俄

《国闻周报》第三卷第三十九期,1926 年 10 月 10 日

　　读老敢先生《胡适之与苏俄》那篇文章(本报三卷三十七号)引起了兴会,也来借题发挥。我想抄袭成题,与抄袭成文,究竟罪名不同,老敢先生必予原谅的。但是老敢先生不可吃惊,我的理想政治,比苏俄还要利害得多,列宁也许退避三舍,那胡适之先生,更不在话下了,说起来真吓人得狠。我第一要想革天的命,这是什么道理? 因为天太不平了。我看见人有两个儿子,一个聪明,一个愚蠢,一个强健,一个弱病,他父亲满心满意的要一样看待他们,他们偏偏不要一样看待,教他们考一样的学堂,一个交了白卷,教他们吃一样的面包,一个害了胃病,那精神上物质上想主张平等主义的父亲,尚未拿出来在社会上试验,对他儿子,先失败了。也有碰巧的人,生的儿女,身体思想都一样,但是面貌有类的,有丑的,别人喜欢美的,不喜欢丑的,待遇还是不同。有的人更碰巧,生的儿女,连相貌都差不多,但是同住在一个屋子里,一个得了传染病而死,一个安然无恙,运气还是不同。再放开一步看,世界人类,不是一个地方生的,有的在寒带,有的在热带,有的在温带,更不是一个父母能生的,有的先天本好,有的先天本坏,十几万万人,未生下来,

早就被天时地理人事，分了个高下，那身体思想相貌运气，更是个个不同了。我与朋友细细研究，这一种不平原因，都不是人为的，乃天之罪。我记得孙中山先生，说了几句有趣的话，叫做"天生万物，除了水面以外，没有一物是平的。"所以我们想把人为的不平等去掉，必须先将天然的不平剪除，故讨论结果，便想革天的命，要求上帝生人，予他一样的天时地理人事，一样的身体思想，一样的相貌，一样的运气，凡属人为莫可奈何者，都不准天有两样看待。我们不是吹牛，敢说我们这一种革命成功，还有什么精神上不平等的人，物资上不平等的人吗？主张平权的卢梭先生，主张共产的马克思先生，真叫做多说废话，像苏俄那一种不彻底物质上平等办法，还要用那精神上极不平等的布鲁西倭克党专制手段，强迫实行，更是看不上。我所以自命我的理想政治，真是世界第一流了，比苏俄还利害得多，那仅仅主张劝我们承认苏俄有试验权利之胡先生，当然更不在话下了。但是我们革天命，要用什么方法，迫击炮，机关枪，当然用不着了，卢梭的民约论，马克思的资本论，也用不着。先天改良的生理学者，恐怕挽回狠少，后天改良的教育专家，恐怕补救亦不多。我的革命军，至少也须将天地鬼神改编起来。换一句话说，在另外一个世界，请一位能创造平等人类的上帝，来当总司令，与现在专创造不平等人类的上帝……敌人……宣战。胡先生狠主张理想政治试验的，也许承认我这理想政治有试验之权利。

少说废话罢，这天然平等的理想政治，是永不能成功的，但是我要说一句武断的话，若果将天然平等的理想政治，不能成功，作为前提，这人为平等的理想政治，必然失败，便是结论，真正武断了，却是我们须知道，一承认天然不平等，是无办法的，我们已经做了天然威力征服之人类了。你看我们被征服的人，要想用人为威力，与他反抗是可能的，还是不可能的。再看看用人为威力，精神上主张平权的办法，物质上主张共产的办法，生出障碍的所在，不能贯彻的原因，那一件不是天然不平等的威力作祟。比方说平权，当然要人自为治，那无政府党主张的，不要国家，共产党主张的国家消灭（详载列宁著国家与革命），都是最高的理想，想以民治代国治，自治代他治。平心说起来，不做人则已，一做人还有什么反对他的道理。无如人类的自治能力，或有或无，或多或少，生下来，天然的就有了区别，那人为的教育，只能随其区别为之变动，不能灭了区别为之划一。教育十年后之红人，与教育十年后之白人，那自治能力，决不能一样的。无的教他有，纵说有办法，有的教他无，是无办法的。少的教他多，或者有办法，多的教他少，是无办法的。矮子教他长高，或者有人相信，高子教他再长矮来，是无人相信的。根本上不平等的，枝叶也是不不平等的，先天的不平等，后天的硬要平等，教他受一样待遇，犹如高子矮子，教他穿一样衣服，高子矮子转觉得都不平等了，恐怕那极端平等的民治理想政治，转要生出一个不平等的结果来。他们主张极端平等民治的人，所以只好天天说过渡了，不说过渡，还有什么话好说，岂不是要证实他的理想政治错了吗？那过渡办法，也亏他们想，想出一个极滑头代表为治名儿。进一步的，更不客气，想出一个党代表为治的名儿，那知道一有代表，就是他们自己反对他们第一步了，代表的人与被代表人，是不平等的，顶多也只能说几个皇帝，比一个皇帝好，不能说人人都是皇帝，究竟皇帝多好吗少好，另是一个问题。总之如那苏俄共产学说，最后目的，要国家消灭，出现真正民治之理想政治，我恐怕总须等我的理想政治（革天命）成功后，他那理想政治，方有成功的时候。胡先生在苏俄目睹的理想政治，还是共产党所说的过渡时代政治，就是那布鲁西倭克党专制政治，去那民治路径，不知道还有几万万里。胡先生居然相信了 Meriam 的话，说是"将来可以由狄克推多，过渡到社会主义的民治制度"，武断是不好的（胡先生原语），照这句话看来，胡先生真比别人武断得更利害了。我真佩服，胡先生好大的胆子。我们知道的中国人中，孙中山先生，总算胆子最大的，他尚说"欧美的德谟克拉西（孙译民权）政治，至今还是没办法，德谟克拉西真理，还是没有发明"。那知道我们胡先生，早已认为可以过渡到那乌托邦了，你看这胆力如何。

但是我要声明了，社会主义有几十种，胡先生说的社会主义，是那一种，是共产主义，还是非共产主义。民治办法，也有很多的法，同先生所说的民治制度，是要国家的，还是不要国家的。胡先生是批评苏俄布鲁西倭克党过渡办法的话，当然可以解释胡先生所说的社会主义，是共产主义。民治制度，是共产主义学说上国家消灭后之民治，那么这一种过渡，恐怕在大海里了，是永远无边的。胡先生若不承认这个解释，社会主义，不一定专指共产主义，新经济政策亦好，国家社会主义也好，民治制度，不专指共产主义的民治办法，仍旧要国家的，仍旧有代表的，那么英法德美及其他世界上国家，或者将来都可以渡得过去，不必苏俄了。更不能认为胡先生对于苏俄的特别发明，我是否认极端的精神上物质上平等，是无办法的，并不是否认相对的，请胡先生慢一点将那"传统的见解，与狭窄的成见"字样加在我的头上。要之，苏俄现在党专制的时候，便说将来可以达到真正民治之理想政治。我想除胡先生与那美国教授外，恐怕相信的不多，胡先生请看苏俄"大政治试验"中，经济理想（共产主义），不是已经渡不过去，开了倒车吗？

现在要说苏俄共产试验了。共产精神，当然是要人食其力，可怜得狠天生的人，那身体思想，竟至有不能自食其力的人，除非硬把这种人杀了，否则便要附带一个条件，要定一种办法，使能自食其力者，分养不能自食其力者。还有一种可恨的事，天生的人，那身体思想，竟至能自食其力者中，又有差别，有的只能劳心，有的只能劳力，有的能做高等事，有的只能做低等事，有的一个人可以做几个人的事，有的一个人只能做半个人的事，除非硬将这一种不平的能力，定一个标准，不合标准的，概行杀了，否则又要附带第二个条件，要定一种办法，使能自食其力者，各尽其力。更有天然可恶的事，就是天生的人，大都给他一种天性，教他顾虑将来，偏爱子

孙,他今天做事,便想着明日,自身做事,便念着子孙,说是财产私
有权,是不承认的,今天不能留归明天,自身不能遗交子孙,他便赖
了,除非硬将有这种天性的人(无这种天性的人,我不敢断定无,但
是恐怕狠少)概行杀了,剩几个专顾自己目前人类,否则又要附带
第三个条件,要定一种办法,使各尽其力者,不必为将来,为子孙,
方卖力气。此外天然阻碍共产主义实行的,还多得狠,我们先提出
这三个较大的障碍来,看看那苏俄以人为威力,反对那天然威力,
是如何努力的,有无效果的。

　　能自食其力者,分养不能自食其力者,那个条件,苏俄是拼命
做过的了,最显著的,叫做农产强制征发令,凡农民能自食其力者
多余之粮食,概由国家征发,支配与那无粮食吃的人,那知道这一
来,农民所出之粮食,便不肯多种了。那农民以外的人,活活该饿
死,农产物以外的需要品,政府便自己设立起工厂来,将出品一一
由政府分配,那知道原料无出,工人只做他一天可以果腹的工作,
不肯多做一点,养那不能工作的人。总之农工两界的人,都不能领
会,能自食其力者,应该分养不能自食其力意义,政府虽百方强制,
只得一个"生产力极端堕落"结果。我们敢说,若苏俄不于一千九
百二十二年,改行新经济政策,将农产物强制征发令废止,照旧改
征田赋外,准农民将多余粮食自由贩卖,将小工厂还与民间,准他
们将作出物品,自由销售,我恐怕在一千九百二十六年时候,那能
自食其力农民,或已冻死若干,能自食其力工人,也许饿死若干,那
非工非农一切不能自食其力的人,更是饥寒交迫,死的人不少了。
第一个共产主义要附带条件,苏俄试验结果,成绩实在不佳,有人
讥诮苏俄新经济政策,是投降资本主义了,我说不是的,那是人为
威力,与天然威力宣战,打败的结果,没法则的。我们再看看第二
个附带条件,苏俄有什么法则,使能食其力者,各尽其力,那知道苏
俄第一个条件,已经满头大汗,忙得无法,一千九百十七年十一月
革命起,至一千九百二十一年止,那三年中,并无功夫,理会此事,

也未曾定过法律,下过命令,不准劳心者劳力,不准能做高等工作的,降做低等工作,不准能做两人工作的,只做一人工作,简直是置之不问了,老实说,苏俄就有工夫来问,也恐怕没有法则的,仍旧是认为威力,不能抵抗天然威力的道理。第二个附带条件如此,那第三个附带条件,更不销说,非让步不可了。你看苏俄新经济政策,第一原则是承认资本主义,这个主义一承认当然那所有权相续权都跟着承认了。不但此也,率性连共产主义最反对之职业(商业),也承认了,最反对的物件(货币)也承认了,不过有一点与欧美国家不同的地方,就是样样加了限制,使那资本主义不能变成大资本主义。换一句说,苏俄承认小资本主义,不承认大资本主义,我们可以下一个断语,自一千九百廿二年起,苏俄已是废除共产主义,改为小资本主义的国家了。布鲁西倭克党人,虽尚在辩护,说新经济政策,是一种过渡共产主义最后目的之手段,像这一种开倒车的汽船,在那过渡。胡先生居然承认他渡得过去,至少胡先生眼珠,是从那装在玻璃棺材内的列宁先生眼眶上,借来嵌上去的。胡先生须知道自己看苏俄"大政治试验"时候,不是共产主义了,已经是无产阶级专制下之国家社会主义了(世界上学者对于新经济政策加的名词)。换一句明白的话,是有限制的资本主义了。可惜胡先生一千九百二十二年以前,不到苏俄去看"大政治试验",若有这个事实,胡先生所说"可以过渡到社会主义"几个字,就要替他改为"可以由共产主义过渡到非共产主义之社会主义"。诸君不看见徐志摩先生已经替他改了,"由俄国式共产主义过渡英国工党"了吗?老实说,现在赤化二字,应该作为"苏俄新经济政策"之赤化解释,不能作为"苏俄共产主义"之赤化解释。反赤化三个字,在一千九百二十二年前,可作为反对共产主义解释,现在只能作为反对新经济政策解释。中国人不明白的人狠多,以为赤化就是共产,共产就是赤化,但是讲学问的人,不应该这样附和雷同的。博士头衔之胡先生所说的,"反赤化的讨论,不愿加入的。"不知道是指的反对共产的讨论，还是反对新经济政策的讨论。反对新经济政策的讨论，我在中国尚未听见过，博士先生把反对共产讨论的，轻轻加上一个"反赤化"三字，好像连新经济政策也是反对的。这种反赤化的人，完全是"共产主义的社会主义"与"非共产主义的社会主义"，都是反对的了，简直是大资本主义了。胡先生不可如此轻看人，我趁此机会，要声明的，就是赤化与反赤化解释，大家要注意，须先问他说的共产主义，还是新经济政策，我们总能下批评。胡先生未说明白，恐怕冤枉他不少，但是他先冤枉人了，把反对共产的人，都冤枉作为反赤化的了。总之苏俄"大政治试验"是他们的权利，无待胡先生要求我们承认，我替胡先生说，是应该要求大家注意的，但是注意之点，大大不同。第一是共产主义已经过渡到非共产主义了，第二非共产主义将来过渡到什么地方去（新经济生何种变化，难到再回头到共产主义吗），第三党治如何过渡到民治，第四民治是共产主义的真民治，还是代表制度的假民治，这是我们很有趣味的研究。不过如胡先生所说："社会主义的民治制度"，简单贯串的字，大家少用，不明白得很，英国的工党，法国的社会党，简直说凡研究社会主义的人，都可挂这个招牌的，不是苏俄或是布鲁西倭克党专有的。

话又说回头，我的理想政治，是革天命，倘若是大家认为万无成功之理，那么我们在天然的不平等范围内，想那人为的平等办法，是不能极端的，所以精神上完全平等（不要国家之民治），及物质上完全平等（废去私有权之共产），那一种理想政治，我认为是革天命一样的。我劝大家，在天然的不平等范围，想一条路走罢，这一条路是什么路，世界上学者都在竭力发明，政治家都在努力试验，我们中国是个古国，又是个弱国，是个大国，又是个乱国，这条路径，与各国还有许多不同，所以我劝告大家，且慢主张仿照各国办法，先研究本国办法，大家拿出来讨论讨论，也许有别的理想政治发现，若忙忙慌慌拿别人理想政治来试验，那就是我们元旦日子在北京常看见的官僚，胡乱借一套洋装穿上，往新华宫朝贺的样子了。国家事不可那样儿戏的，我与胡先生暨老敢先生，均素昧平生，一时高兴，随便说说，冒昧冒昧，得罪得罪。

浙人治浙

《大公报》（天津）1926 年 10 月 22 日

　　主帅督帅，留守独立，在昔日诚为非常之变，在今日转为意中之举，连年所见，不一而足。吾人雅不欲多所论列，有伤风化，内争靡已，师出无名，上下争利，不夺不餍。北军之先例不少，南军之成事亦多。前乎孙夏者大有人，后乎孙夏者正未已。良以内乱异乎外患，私斗别于公争，舆论人心，莫衷一是，号召假借，不患无辞也。浙局变动，不外此例。见仁见智，吾人何关。惟其假借"浙人治浙"名义，以相号召，实令吾人有不能不明其区别之点者在。夏超反对孙传芳，一事也，浙人反对孙传芳，一事也，浙人因主张浙人治浙，因以反对孙传芳，又一事也。第一事，千真万确。第二事，毫无影响。浙人对于孙传芳，除与之有利害冲突者，殊少恶感之人。历任军事当局浙人或非浙人中，孙传芳纵使未能拔类出群，何尝不可比肩齐背。第三事，全属假借。民国以来，浙人治浙之日虽少，而浙人自残之祸亦因之少，较之川人治川、滇人治滇、黔人治黔、粤人治粤、桂人治桂、湘人治湘、鄂人治鄂、豫人治豫、鲁人治鲁、直人治直、晋人治晋、奉人治奉各省分已往及现在之事实，未见得浙人所受之苦痛触独多。而本省人治本省，征诸已往成绩，事实上仍以其人之贤不肖而分，并未见得一为本省人，即有特殊治绩之可言。予浙人也，智识虽浅薄，然欢迎贤者为治之心，不让他人，绝无本省外

省之分。本省人之贤者可,外省人之贤者亦可。若夫本省人之不
肖者,固与外省人之不肖者,同一看待也。至于省自治主张,又别
为一事。假定吾人承认省自治,究竟军民当局,将来法律上之规
定,应否有本省人外省人之分,大有研究余地。在世界思想发达之
时,急剧开倒车转入部落思想主张,吾人诚不能不多所怀疑。故绝
对否认省自治之理论上,含有排斥外省人之性质,总之在"省治"法
律,未经研究规定以前,吾人不愿以省自治名义,供人假借,开各省
互相排挤之风,且深恐此风一开,万一将各省军阀仇视之局,辗转
启各省人民仇视之心,实非国家之福,民族之幸也。故吾人以为夏
超反对孙传芳,系单独问题,与浙人反对孙传芳及省自治问题无
关。浙人与非浙人,均不可不注意及之。

社会上最大危机

《大公报》(天津)1926 年 11 月 2 日

△学生无路可走

△解决生计问题先于思想问题

民国以来,国内外大学专门毕业学生,岁以数千计。各省中学
毕业学生,岁以数万计。大学专门之毕业学生,一部分欲进为学者
之生活,作高深之研究,希于世界学艺界中,占一地位,以谋国家社
会精神上物质上两方之进步发明,则国家无最高学府以养成之,社
会无学艺机关以奖进之,甚至以教员终身,亦复为饥寒交迫。其大
部分欲投身社会者,则政府机关,肥美重要之差缺,大小人员,概都
与军政要人有连,绝无容纳学校出身人才之余地,闲散职员,为数
无几,幸而得之,亦复枵腹从公,等于坐毙。至私人机关,本属寥

窭,而当事人物,大都脑筋陈旧,厌恶学生,不但非技术人员,不肯
录取学生,即技术人员,亦不乐用专门,故每年国内外大学专门毕
业学生,除有父兄特别关系者外,欲循正当轨道,以求容纳于社会
者,百不得一。若夫中学毕业学生除一部分进入专门大学者外,更
无消纳之处。试问此每年递增数万以上之毕业学生,欲求学不可
得,欲作事不可能,生机断绝,路路不通,予以相当之知识,迫以及
身之饥寒,当年富力强之时,正心粗气浮之际,其心理若何,其愤慨
若何? 故在今日学校出身之失业青年,对于现在社会上政治经济
之组织,咸怀极端不满之意。苟有可乘,便思破坏者,与其谓为思
想所激,勿宁谓为生计所迫。近来南北学生,纷纷投效革军,冒白
刃而不辞者,其数日多。吾人一考其动机,实不胜同情之感,而深
为国家社会惜者也。

自今日起,吾人敢断言政府与社会两方之有力者,苟不敢倒行
逆施,立罢全国之教育机关,又不能因势利导,速辟学生之出身途
径,则每年加增数万智识阶级之失业者,即无异每年加赠数万智识
阶级之革命者。民国十五年矣,以抽象的统计,此种智识阶级因生
计而迫于过激者,已在数十万以上。今后数目,再与年俱增。今后
势力,即与年俱长。加以无智识阶级之失业者,因战事关系,数亦
猛进,智识阶级者,利用于上,无智识阶级者,奔走于下,大势所趋。
无论当局压迫之武力,如何强固,现在社会之组织,必有根本破坏
之一日,诚为人类之大不幸也。故吾人认为智识阶级失业者,每年
增加,为今日社会上最大危机,断非杀二三校长十百学生所能抑
制,根本解决,在乎生计。吾人研究之余,以为在今日亟应毅然举
办者,约有三事:

一、设立最高研究学府 附设图书馆,科学实验所,优予在学膳
养费,严定入学资格,俾形上形下两部分学者,有从容讲学之地。

二、限制政府机关用人资格 除少数政务官外,勿论大小差缺,
上下职员,以后缺额,均应一律限制用学校出身人才。(当然另订

各级考试章程）

三限制实业公司用人资格　除公司董事及当局者外，勿论技术人员非技术人员，以后缺额，均应一律限制用学校出身人才。（当然由各公司各定考验章程）

照此办法，则每年毕业学生，或求学，或作事，均可由正当轨道，觅一出路。吾人惜不能为精密统计，但全国上列机关，大小人员每年腾出二三万缺额，或非难事。吾人认为此种计划，用以消灭破坏社会组织之革命，必较之练兵百万为有力也。以上所述，吾人明知对于现今政府与社会，均不生何种效力。吾人所希望者，仍系教育界之自身。若全国教育界，注重建设，不注重破坏，应速采纳吾人建议，合全力为学生谋一出路，发起全国教育界大规模运动，向各省政府及社会有力者，作正当之要求，迟早虽不可知，终有达到目的之一日，可断言也。现在教育界一听自然，逼令学生无路可走，不得不挺而冒险，贼夫人子，至可痛心。虽可诿过政府与社会，然教育界人物，亦不能不先任其责。

三民主义评论

《国闻周报》第三卷第四十一期，1926 年 10 月 24 日

提起笔来，放大胆子，要评论孙中山先生的三民主义了。但是著书的人，总希望有人读的，更希望有人读后加以批评的。即如那吕不韦先生，本是商人出身，著一部吕氏春秋尚知布诸咸阳市门，增损一字，重赏千金。不是尽如明清八股先生们，号称代圣立言，只准恭维，不许评论，只可发挥，不能反驳的。所以我想以世界人物自命之孙中山先生，著书出来，必不愿意那个八股办法，替他宣

传。且必不是仅如那昌不韦办法,布诸咸阳市门求增损而已,中国人乃至世界人,都可以任意批评,孙先生决不会生气的。孙先生意思我们狠明白,那么孙先生以外的人,就可不必管了。老实说,孙先生的三民主义,确有价值,可任听世界人评论的,比列宁的《国家与革命》不见得差了好多。

孙先生三民主义次序:(一)民族主义,(二)民权主义,(三)民生主义。我的评论次序,确实倒过来了,第一,个人饭碗要紧,第二,个人权利要紧,第三,才轮着大家的饭碗权利了。孙先生是先公后私的,我是先私后公的,所以我的评论次序:(一)民生主义,(二)民权主义,(三)民族主义。但是我们变更次序,与孙先生意思,并不违背。孙先生述马克思之言曰:

"世界一切历史,都是集中于物质,物质有变动,世界也随之变动。人类行为,都是由物质的境遇所决定,故人类文明史,只可说是随物质境遇的变迁史。"

述美国学者威廉之言曰:

"社会问题,是历史的重心,而社会问题中,又以生存为重心。"

照这样的说法,我的先私后公先饭碗后权利的意见,是与孙先生所述学说相合的。说句玩笑话,孙先生是总统,当然应该先公后私,先权利后饭碗,我们是平民,当然应该先私后公先饭碗后权利。说句老实话,学理上说起来,我的次序,或者比较来得切实一点,叙述上便利得多。闲话少说,书归正传。

第一章 民生主义

我们要读民生主义,先须知道孙先生立言困难地点。(一)孙

先生是党魁,且是政见未统一的政党党魁,又是正与苏俄携手的政
党党魁,故他立言必须将党内共产党非共产党双方意见笼罩。所
以他说"民生主义,就是社会主义,又名共产主义,就是大同主义"
(第一讲),又说"民生主义,就是共产主义,就是社会主义,所以我
对于共产主义,不能说是和民生主义相冲突,并且是一个好朋友"
(第二讲)。实在他的民生主义,与共产主义,不知差了若干里。孙
先生一面又说,社会主义"有五十七种",可见得这民生主义,就是
社会主义这句话,究竟是社会主义那一种,不明不白,全凭读者替
他归类,确是孙先生苦痛之处,我们应该原谅的。(二)孙先生是政
治家,且是即身要做政治领袖的政治家。他又不愿意因共产字样
引动现在资本家无谓的反感,生出许多障碍,所以他说:"我们所主
张的共产,是共将来不共现在。"(第二讲)又说:"中国的顶大资本
家,和外国资本家比较,不过是一个小贫。"(第二讲)又说:"用革命
手段,解决政治问题,在俄国可算是成功,但是说到用革命手段,来
解决经济问题,在俄国还不能说是成功,俄国近日改变一种新经济
政策,还在试验之中。由此便知,纯用革命手段,不能完全解决经
济问题。"(第二讲)又说:"我们主张解决民生问题方法,不是先提
出一种毫不合时用的剧烈办法,是要用一种思想预防的办法,来阻
止私人的大资本,防备将来社会贫富不均的大毛病。这种办法,才
是正当解决。"(第二讲)又说:"资本家改良工人的生活,增加工人
的生产力,工人有了大生产力,便为资本家多生产,在资本家一方
面,可以多得出产,在工人一方面,也可以多得工资。这是资本家
和工人的利益相调和,不是相冲突。"(第一讲)以上皆声明不排斥
现在所谓资本家,并不损害其现在利益,只防范将来流弊而已。且
说资本家与工人,利益是调和的不是冲突的,并声明不以革命手段
剧烈方法,对付现在资本家,以期免去现在资本家之误会,用意极
为周到,与学者单纯在学理上立论者不同,这也是我们应该原
谅的。

　　明白这两点立言之困难，孙先生"民生主义"，确是极贯串的，有条理的，我们现分两层来说明。

一、学说

　　马克思论"社会问题"，主张"物质"为重心（马说见前），是静的观察。威廉论"社会问题"主张"生存"为重心（威说见前），是动的观察。人类是活的，故静的观察，事实上便有许多不符之点，孙先生（第一讲）中，说明甚详，所以孙先生观察，是以威说为然，马说为非的。他标题为"民生主义"，明明白白，表示他立论之点。所以他对于马说，两个重要原则，均加以否认，条举如下：

　　（甲）"人类求生存，才是社会进化的原因。阶级战争，不是社会进化的原因。阶级战争是社会当进化的时候，所发生一样病症，这种病症的原因，是人类不能生存。因为人类不能生存，所以这种病症的结果，便起战争。"（第一讲）此说完全反驳马氏"阶级战争为进化之原则"。

　　（乙）"工业生产的盈余价值，不专是工厂内工人劳动的结果，凡是社会上各种有用有能力的份子，无论是直接间接，在生产方面，或者在消费方面，都有多少贡献。这种有用有能力的份子，在社会要占大多数。"引证了许多事实（第一讲）。又说："照马克思的研究，他说资本家要能够多得盈余价值，必须有三个条件：一是减少工人的工钱，二是延长工作时间，三是抬高出品的价格。"孙先生引美国福特汽车行多得盈余事实，完全在增加工钱，减少时间，放低价格，来证明与马氏三个条件完全相反。所以他说马氏"所知道的都是已往的事实，至于后来的事实，他一点都没有料到。"（第一讲）此说完全反驳马氏余剩价值学说立脚之点。

　　马氏所主张的，资本家与商人应该消灭议论，孙先生亦一一予以反证，驳斥其与事实不符。（第一讲）总之，马学根据，在"余剩价值"，马学主张，在"阶级战争"，孙先生已予以根本的反对，其余枝节，孙先生当然一一加以驳斥的了。故吾人认为孙先生学说，与其谓为与马克思不同，勿宁谓为与马克思反对。孙先生是主张以威廉氏"生存为重心"学说的，人类争生存，是人类的进化。争生存的法则，不是必要用苏俄革命手段的，不是必要用不合时用剧烈方法的（说引前）。阶级战争，是进化中病症，人类无别的法则，能生存时，方发生的（说引前）。

　　许多人不看见"民生主义"这部书，或有只看前一页，"民生主义即社会主义即是共产主义"，那种不明不白的话，以为民生主义学说，即是马克思学说，即是共产主义学说。孙先生又不便反对，我实在为之呼冤不已。但是孙先生说了许多反对马克思的话，那马克思嫡派之列宁学说，孙先生竟未加以批评。想想看，现在要讨论这种学问，岂能避开列宁，专说马克思吗？专说马克思不涉及列宁，这是孙先生最苦痛的地方，但是避开列宁，而不回护马克思，这正是孙先生圣之时者的优点。所谓孔子作春秋，隐桓之世则彰，定哀之际则微者，就是这个道理。

　　孙先生研究社会主义学说最早，我二十年前会见孙先生，他就同我讲社会主义，总算在中国，是讲社会主义的鼻祖了。民生主义第一二讲中，评论马学，极为精当，非读书极多，研究其久之人，不能说出来的。以威廉氏"生存重心"之说，代马氏"物质重心"之说，那是很进步的眼光，也许比列宁见解高得多。我是很佩服的，本想多引几种学说，与他比较比较，学说多了，议论沉闷，恐读者不耐烦，就此进论民生主义所主张的办法罢。

　　二、办法
　　说到民生主义办法，孙先生有几句话，要注意的。他说："共产主义，是民生的理想，民生主义是共产的实行，所以两种主义，没有什么分别。要分别的，还是在方法。"（第二讲）又说："民生主义，就是社会主义，也就是共产主义，不过办法，各有不同。"（第二讲）这是孙先生措辞巧妙的地方，在不得罪"共产主义者"条件下，表示他"民生主义方法"，与"共产主义方法"是有分别的，所以他主张的办法,当然与马克思不同,与列宁更不同。孙先生有一段极明白的话,他说:"讲到民生主义,虽然是很崇拜马克思的学问,但是不能用马克思的办法到中国来实行,这个道理很容易明白,就是俄国实行马克思的办法,革命以后,对于经济问题,还是要改用新经济政策。就是由于他们的社会经济程度,还比不上英国美国那样的发达,还是不够实行马克思的办法。俄国的社会经济程度,尚且比不上英国美国,我们中国的社会经济程度,怎么能够比得上呢?又怎么能够实行马克思办法呢?所以照马克思的党徒,用马克思的办法,来解决中国的社会问题,是不可能的。"(第二讲)兹将孙先生主张办法,条举于下:

(甲)平均地权

政府令地主各将所有地,照现在市价,报告政府注册一次,少报价格者,政府有按价收买之权(杜绝地主少报地价方法),以后按价缴税。以后地价增涨,其增涨价格,归政府所有。(按:以上办法,实行时尚须多少补充。例如地价跌时,如何评价,如何减税,地价涨时,如何评价,涨价归公,是令原地主缴出的,还是俟其卖出时,再征收的,都须另外规定。孙先生只举出大纲而已。)

照这个办法,孙先生已经说明:"把现在所定的地价,还是归地主私有",是土地私有权,不废的了。现在地主所损失的,不过将来之涨价而已,不过按价增税,地税较多而已。我想这个办法行后,一时地价必稍跌,因为做地皮生意的人,少希望了。我个人对于这个办法,认为极温和而易行的,认为反对的人不必过虑的。现在欧美各国(非共产主义的国家),大都用增价增税的法则。(就是中国租界内地皮,也是随时评价,按价增税)孙先生不过主张增价归公而已,并非什么激烈主张。

但是这一条办法,已明明白白,与共产主义主张,土地全归公有的,大大反对了。所以孙先生又说明了一段,其言曰:"这种把以后涨高的地价,将归众人公有的办法,才是国民党所主张的平均地权,才是民生主义。这种民生主义,就是共产主义,所以国民党既是赞成了三民主义,便不应该反对共产主义。因为三民主义之中的民生主义,大目的就是要众人能够共产。不过我们所主张的共产,是共将来不是共现在。这种将来的共产,是很公道的办法。"孙先生真算苦心孤诣的调和党派了。但是事实上,学理上,财产私有权存在,那共产主义,是讲不通的。

再须声明者,孙先生所说的平均地权,引的例,都是说的都会土地,那都会以外的土地,是否一律照此办理,或另有特殊办法,孙先生并未说明。我看见民生主义第三讲内,所说的"将来民生主义,真是达到目的,农民问题,真是完全解决,是要耕者有其田"。又说:"中国现在虽然没有大地主,但是一般农民,有九成都是没有田的。"按民国七年统计,全国有田农民占百分之五十三,孙先生所说或是广东特别情形。又说:"农民耕田所得的粮食,据最近我们在乡下的调查,十分之六,是归地主,农民自己所得的,不过十分之四。这是很不公平的。"又说:"这是一种很重大的问题,我们应该马上用政治和法律来解决。如果不能解决这个问题,民生问题,便无从解决。"可见得孙先生对于耕种土地,是要另想办法的。若是照孙先生说的"平均地权"办法,地主权利,除涨价归公外,其它权利,并无损失的,那"耕者有其田"主张,是不能达到的了。但孙先生另用什么政治和法律来解决,孙先生却并未道及。孙先生还是有办法,怕反对的人多,不肯说吗? 还是无办法,还须研究的吗? 可惜孙先生不能说话了,我们无从请教。要之,土地区别甚多,都会土地,耕种土地外,尚有许多种类(例如村庄、山林、池沼、沙漠之类)性质都不同,若果照共产主义"土地归功"简单主张,是用不着多费心思的了,若果照民生主义所说的,"共将来不共现在","还是归地主私有",那两个原则,附带一个"耕者有其田"主张,那就要很费心思来想的了。孙先生对于土地办法,若果不附带"耕者有其田"条件,大纲上总算完整的,不过细目有了区别而已。有这个附带条件,大纲上就要发生变动了。孙先生不能请教了,甚盼信奉三民主义的人,多多见教。

(乙)节制资本

这节制资本办法,孙先生却是分两层说的。一是节制私人资本,一是制造国家资本。节制私人资本,孙先生只说了一句,用现在外国所行的所得税法则。所得税是直接税,用累进税率,多征资本家的所得税和遗产税,资本愈多的,纳税愈多。比征收钱粮关税那种贫富一律的间接税,自然好得多。现在非共产主义之国家,大概都用了这种法则(但是税率不同),并不是新发明。这个税法成功,当然要看国家行政与法令势力若何(户籍及各种登记要精密,管理机关之考核要公允),人民之道德程度若何(人民要不愿意说假话,但是中国人的习惯,对于私人说假话,是大家以为羞说的,对于公家说假话,是公然以为应该的,与外国习惯相反,甚为实行所得税时之障碍)。我们中国当然应该用这种税法,但是恐怕要用许多工夫,方有成效的。除了这个老法则外,孙先生对于节制私人资本,并未说出别的新法来。但是我想,只是一种法则,就能完全节制私人资本,我尚不敢相信。现在欧美各国,哪一个国不是用这个法则,何尝能完全节制私人的资本?我可以说,民生主义中,节制私人资本法则,恐怕不是完全的,恐怕有许多忌讳,不愿意多说的。恐怕连所得税,在中国实行起来,也要下多少年工夫的。所以孙先生只说一个老法则,不愿意多说"不合时用的剧烈办法",我们是原谅的。但是照学理上说,我们应该声明一声明,这个法则,不是完全能节制私人资本的。

制造国家资本,孙先生却大有发挥了。孙先生主张用国家资本办的事业:(一)大规模的交通事业,(二)大规模的矿业,(三)大规模的工业,主张由国家借外资创办(参观建国方略第二讲),发展国家的生产力,对内民生困难之问题,可以解决,对外国际贸易之失败,可以挽回,而一面使大资本家不易发生。孙先生说的"全国

人民得享有资本的利，不受资本的害"却是极有效力的。我以为这
个法则，对于节制私人资本，亦必生极大的效力。但是有两种困
难，一是普通的，就是官营事业在欧美成绩便不佳，在中国历来官
营事业腐败的国家，更多可虑。所以孙先生国家资本主张，欧美的
"国家社会主义"学者，大都抱同一见解。现在除交通事业，原则上
以国家办理为便利的，现在官营的国家不少了。那交通事业以外
的事业，实行官营的国家还少（除市政外），就是这个道理。我们中
国能否多办官营事业，实有讨论余地。也许还要一面试试，一面养
成官营人才之道德，随时斟酌进行的。若率性尽量主张起来，也许
一塌糊涂，个个亏空。我们还要主张快快国民间承领，那岂不是笑
话吗？总之主张我也是极赞成的，就是实行为难的踌躇了。一个
是特别的，借外资不是容易的，不是无流弊的，不是一时能办到的，
主张是主张，实行是实行，恐怕有许多周折了。但是孙先生毅然提
出借外资办法，只要办法好，我是极赞成的。若是别人的主张，那
大大的卖国贼头衔，不能免的了。

　　上述"平均地权"、"节制资本"，是三民主义根本办法。孙先生
说："只要照这两个办法，便可以解决中国民生问题。"（第二讲）可
见得孙先生认为这两个办法之重要。但我觉得孙先生说的，稍为
武断一点，稍为大胆一点，因为就是这两个办法，孙先生说的也不
甚完全，我们就引孙先生的话来证明。孙先生不是说"耕者有其
田"，这个"重大的问题，我们应该马上用政治和法律来解决。如果
不能够解决这个问题，民生问题，便无从解决"吗？但是这个解决
办法，孙先生并未说明。可见得"照这两个办法，便可以解决中国
民生问题"那句话，孙先生自己也要认为不妥当的。我并非故意要
反驳孙先生的话，我是想社会上以孙先生这两个办法为然的人，还
要注意用心思想种种办法来补充他的，不能照八股先生的办法，颂
扬颂扬就可了事。

　　此外孙先生还说了许多附属办法，列举如下：

（丙）发展农业（解决吃饭问题）

主张"耕者有其田"，如何能使耕者有其田，孙先生并未说明，对于农业上应改良之"机器""肥料""换种""除害""制造""运送""防灾"七个问题，孙先生却一一有所发挥（第三讲）。我以为是农业科学技术方面问题，发达农业，当然应该办的事，可不必为之代为说明了。

（丁）发达丝麻棉毛业（解决穿衣问题）

主张很普通的，简单言之，一方主张"技术改良"，一方主张"关税保护"，都是人人知道的，都是无论什么主义之国家，已经实行的，不必多费说明了。

（戊）分配制度

民生主义中，并未明白主张何种分配制度，但这个问题，我认为很要紧的。孙先生关于"共产主义"的分配办法，未曾提及，对于偏重"国家社会主义"的欧美所主张分配制度，孙先生在第一讲中却说了两次，认为是"社会化"，认为是"新发明"，只有称赞并无反驳。我想民生主义一部书，对于分配制度，毫无主张，讲民生主义的学说上，万万说不通的。我认为是大大缺点，所以我将孙先生所述的欧美办法，略举于下。孙先生未述的办法，并未添加，以示分别。我以为纵不是孙先生所主张的，亦是孙先生所不反对的。

（一）团体分配　即是社会各个合组一种购买团体，人生必需品，由此团体汇总直接向生产者购买分配，以免经过商人，受间接损失。现在欧美各国所谓消费合作社，日益增加，虽名目不同，用意则一。

（二）政府支配　政府支配，本是难办之事，但如水电煤气必需品，及面包牛奶牛油等食品，现在各国有委托市政机关办理者，由该机关以廉价支配人民，以免私人的机关把持垄断，亦颇通行。

综观以上所述之学说及办法，我归纳这民生主义，是偏重在国家社会主义，纵不必说他是反对共产主义，至少也可说是与共产主义无关。如果说他是赤化，也不能说他是共产主义的赤化，只可说略带新经济政策色彩的赤化，但是比新经济政策那种限制的范围，却宽大了许多，甚至有许多并未加以限制，不过注意在预防大资本家发生一点而已，就这点而论，不讲社会主义则已，若讲社会主义，无论是何种谁能不在这一点下功夫，所以无论何种社会主义，均可谓之带新经济政策色彩的赤化，不过在限制宽严一点而已。老实说，照论理讲，民生主义，谓之为赤化，则欧美资本主义之国家，大概都可以说是赤化。因为民生主义所述的办法，大都是由欧美资本国家抄来的，不是由共产主义国家抄来的。只有那地皮涨价归公一点，资本主义国家，尚少实行的而已。"耕者有其田"办法，孙先生尚未说出，我不敢断定他是什么主义。就已说出的办法，我硬断定他不是共产主义，是国家社会主义，也并不踌躇。我不是孙先生的辩护人，要知道我说的话，孙先生一派以外的人，必有许多不以为然的，自在意中。孙先生一派以内的人，更有许多，要大大反对的了。但是我照书说话，并没有成见的，这点意思，总要原谅原谅。还要声明的，民生主义所说的主张，不是赤化，不是共产，号称奉行民生主义人的办法，是否赤化，是否共产，我是不担保的，诸君尽可将他们的办法，他们的手段，与民生主义所说的办法，所说的手段，比较比较。他们万一是挂的民生主义假招牌，诸君尽可责备他，不能质问我，我是说的"民生主义"那部书，不是说的奉行"民生主义"的人。

　　我还有一事，要大家注意的，就是"民生主义"那部书，把中国关于"民生"的现行习惯，太未注意了。所有办法，大都是洋货，很少土产。比方说预防大资本家发生一点而论，我们中国子孙平均相续的习惯，家族朋友有互助义务的习惯，富贫家庭组织的习惯，施衣施粥施药施水施棺育婴养老那种慈善习惯，为富不仁责备的习惯，都是一种预防大资本家发生有力量的武器。虽然说物质文明进步了，要参用洋货，但对于这种土货，也大有采用之余地。易言之，中国旧日之相续制度、家庭组织、社交习惯，对于均富上，大有精义在内，很有"研究""保存""发挥"之必要。我想那民生主义，总要冠上"中国"两个字才好。可惜孙先生不能著书了，否则，我们当请求他改版时，洋货中参用点土货，著一部完全"中国的"民生主义，以嘉惠吾人。后生可畏，焉知来者之不如今？我们大家勉励勉励若何？

三民主义评论(续一)

《国闻周报》第三卷第四十二期，1926年10月31日

第二章　民权主义

无论何人，读民权主义，必自然发生一种感想，其感想为何？即是觉得著书的人，当总统及大元帅时，许多政务，受了那主张极端平等自由的牵掣不少，当同盟会及国民党首领时，许多党务，亦受了那主张极端平等自由的麻烦不少，所以他对于自由平等之流弊，言之极为痛切，非我们始终是平民身份的人，始终未尝过党滋味的人，说得出来的，即说出来，亦未必有人相信的，所以"民权主义"中经验的话，比理论的话多，与其说他注重民权主义上之发挥，毋宁谓他注重民权实行上之限制，这是民权主义一部书精神贯注之点，不可作为单纯学者议论，确是要想实行的。换一句话说，是把"民权"二字，定一种界限，教他不妨碍"官权"之行使。（官权二字，是我的命名，不免大胆，但所谓政府之权，就是官权，官不是恶名词，官权与民权，是对待的，犹之政府之权，与人民之权为对待，是一样的。）我不是凭空构造的话，读者一读"民权主义"便可代为证明了，我评论"民权主义"也分两层来说。

一、学说

孙先生对于"民权主义"之学说，是反对卢梭的，他认为"民权不是天生出来的，是时势和潮流所造就出来的"。其言如下：

> "民约论中立论之根据，是说人民的权利是生而自由平等的，各人都有天赋的权利。不过人民后来把天赋的权利都放弃了，所以这种言论，可以说民权是天生出来的，但就历史上进化的道理说，民权不是天生出来的，是时势和潮流所造就出来的。"（第一讲）

孙先生更进一步，对于民权中"自由""平等"两原则，加以详细之批评，谨严之限制。

第二讲中，专论"自由"精要之点，是说中国人太自由了，成了散沙了。"自由"二字，在中国与外国不同，不是重要的，不是要提倡的，所以他在那英国学者弥勒氏"个人的自由，以不侵犯他人的自由为范围"学说外，更加了一个解释。他说"自由这个名词，究竟要怎么样应用呢，如果用到个人，就成一片散沙，万不可再用到个人上去，要用到国家上去。个人不可太过自由，国家要得完全自由。"明明白白说，国家有完全自由，个人无完全自由，且为谋国家自由，应该牺牲个人自由的。所以他说，学生要牺牲自由，专心用功，军人要牺牲自由，服从命令，否则就算放任放荡了。又说："我们同党之内，大家都是讲自由，没有团体，譬如在西南，无论那一省之内，自师长旅长以致兵士，没有不说各有各的自由"。又说："中国现在因为自由太多，发生自由的毛病，所以从前推倒满清之后，至今无法建设民国，就是错用了自由之过也"。这种话，都是孙先生把他所受的苦痛，尽情发挥了，所以他定出一个"国家自由"与"个人自由"的区别来。老实说，我们如果主张"不要国家"的学说，自然要反对孙先生的话，否则我以为这个区别，是正当的。

第三讲中,专论平等。孙先生认为天生万物,"除了水面以外,无平等的",所以孙先生对于政治上之平等,提出一个原则来,叫做"平脚不平头"。政治上权利,立脚点是要平的(例如大总统人人都准做的),出头点不要平的(例如大总统只有一个,不是能做的人,不准做的),犹之乎赛跑,那出发点是要公平的,以后跑得快跑得慢,那就凭各人腿脚本事了,这就是"平脚不平头"的解释。说句玩笑话,国民党员的权利,是一样的,总理及干部职员,人人都准做的,但是总理究竟非孙先生不能□罩的,干部非汪胡廖谭诸位本事大的,不能当的。我们不是说刻薄话,这是天然的道理,天然是不平等的,只要把人为不平等的障碍基础去掉(如前清满人做官比汉人容易那种制度之类),都在一片平地上,立起来,就是平等了。平地立起来后,再分出高矮,那是天然的障碍去不掉的,要是硬用人力去掉,转觉得不平等了。譬如孙先生尚在,国民党随便举一位党员,去当总理,那必然有许多不平的呼声了,所以孙先生说:"把平等地位,不放在立足点,要放在平头点,那是假平等"。卢梭天赋平等之说,孙先生是竭力反对的,他说人类得之天赋者,"约分三种,有先知先觉者,有后知后觉者,有不知不觉者",自然他们职务不同,他们的权利也不同了。这"平脚不平头"主张,我是不反对的,并不是不反对,舍此以外,是别无法则的。我更可进一步说,平脚也不是能严格的。比方说,孙先生的儿子的才智,与普通人的儿子,纵使一样,别人也许对于孙先生儿子政治上立脚地,自然而然比普通人立脚点,高视一点。这是人类人情上,极寻常的道理,所以我解释"平等"两个字,还比孙先生来得活动,我以为,平等者,那个时候多数人,并不感觉不平等,激动他们作不平之鸣者,就算是平等了。比方说,同等才智之子弟,孙先生的儿子们政治立脚点,觉得比别人稍高些,现在那一个也以为应该之至,决不会有不平之感,这就是平等了。人类不能专讲理,有情的关系在内(中国人必外国人,含的分量,似多一点),人类的平等,要情理两方看的。孙先生的话,理的方面,道理甚足,情的方面,不无欠缺,我所以替他补充一补充。要之,人类平等的道理,是随时稍有出入的,并不是二五一十算学上的道理。我并不是反对孙先生"平脚不平头"主张,我是说将来实行起来,还有许多人情上出入而已。以上所述,是孙先生对于卢梭先生"人民的权利,是生而自由平等的"原则,根本予以反对,认为"民权"不过是时势和潮流所造出,不能反抗的而已。照这个论理上说,与"民权"立于正反对之"君权",当然也是一样的道理,不是天生的,即当然不是天生可恶的制度,随时势需要而来的,所以主张"民权"之孙先生,其批评极为公道,他说:"中国所受君权影响,可以说是利害参半"(第一讲)。又说:欧洲君主专制之害,"比之中国历朝人民所受专制的痛苦,还要更利害"(第二讲)。又说:"秦以后,历朝政治,大都对于人民,取宽大态度,人民纳了税之外,几乎与官吏没有关系,欧洲的专制,却一一直接到人民"(第二讲)。这种话都是见到之言,胸襟极宽大的态度。

　　学说上还有一个要紧声明,德谟克拉西(Democracy)这个字,普通有两个解释:一是 Government by people(民治意思),一是 a form of government in which the Supereme power is retained and directly exercised by people(民主意思),那字尾 Cracy 虽是有权力意思,但普通均多译为民治(或译为民主),孙先生译为民权。(第二讲),似乎是孙先生重言其体,轻言其用,权是一事,用是一事,孙先生以为权是人民自己的,用是可以委托人的。民权主义办法,都根据这点,注重在"民权他治"与世界言"民治"学者,注重在"民权自治"的不同。故"民权主义"中,关于无政府主义的"不要国家"学说,共产主义的"国家自然消灭"学说,概未引用,简直连"民治"的话,也未提起。世界学者普通表示的,如何如何,可以过渡到"民治"那种希望,民权主义书中,亦概未表示,他是认为"欧美的民权政治,至今还是没有办法。民权的真理,还是没有发明"(第五讲)。又说:外国人解决民权问题,"在学理一方面,根本上也没有好发明，也没有得到一个好解决方法。"明明白白，表示不赞成外国人"民治学说"想别图发明了。孙先生标题，用"民权"不用"民治"，我认为是孙先生在学理上别树一帜的表示。究竟"德谟克拉西"这个字，应该译为"民权"或"民治"，另是问题。孙先生不用"民治"两个字，用"民权"两个字，毕竟孙先生是政治实行家，所以那乌托邦理想不愿意多说的。这一点，是研究"德谟克拉西"学者，应该大大注意的。

二、办法

孙先生的"民权主义"学理上，已根本不赞成外国的主张，办法当然亦不同。所以他说"外国的民权办法，不能做我们的标准，不足为我们的师导"，那不同的要点，是主张"民权他治"的，不主张"民权自治"的，我已略述于前，所以他陈述的办法，首先提出一个原则，叫做"权能分别"，说是有权的未必有能，无能的应该授权，有能的为治，权是权，能是能，权是一样的，能不是一样的，主持政权的，是权，运用政权的，是能。他引了一个例，譬如阿斗是有权的，孔明是有能的，阿斗授权孔明为治，所以西蜀便成立了好政府。现在中国四万万有权的人能力若何，孙先生有一段极露骨的批评，其言曰：

> "大家请看看这四万万人，是那一种人呢？这四万万人，当然不能都是先知先觉的人，多数的人也不是后知后觉的人，大多数都是不知不觉的人。现在民权政治，是要靠人民做主的，所以这四万万人都是狠有权的，全国狠有权力能够管理政治的人，就是这四万万人，大家想想现在的四万万人，就政权一方面说，是像什么人呢？照我看起来，这四万万人，都是像阿斗，中国现在有四万万个阿斗，人人都是很有权的，阿斗本是无能的，但是诸葛亮有能，所以刘备死了以后，西蜀还能够治理。"

这一段话，或者颇伤人的感情，"四万万人都是像阿斗"，那句话，自然是未便承认，但是四万万人政治能力之有无大小，当然有区别的。现在的中国人，当然无的多，有的少，小的多，大的少，也是实在情形。无的授权与有的，小的让权与大的，去成立政府，办理政务，我是以为极平易近情的主张。说句笑话罢，就是那"诸葛亮"难找了。孙先生所谓"诸葛亮"，指者何人？孙先生不能说话了。我们大家猜猜若何，不必说笑话。孙先生这"权能分别"主张，我认为大家应该加以研究的。

孙先生在这"权能分别"条件下，他的民权办法，分了两类，一类是人民应该保留的，一类是人民可以委托的，前者孙先生名为"政权"，后者孙先生名为"治权"，人民应该保留的"政权"有四种：

（一）选举权（就是选举人出来，办政府的事）。

（二）罢免权（政府人办得不好，便可罢免他）。

（三）创制权（制定法律）。

（四）复决权（修改法律）。

人民可以委托的"治权"有五种：

（一）行政权

（二）立法权

（三）司法权

（四）考试权

（五）检察权

这"政权"与"治权"四字，好难分别。因为政治两个字，狠难分讲的，要最明白的字样，那"政权"二字，可以改为"民权"、"治权"二字，可以改为"官权"。官权是由民权中委托的，民权是人民保留的。若嫌其触目，便老实一点。"政权"改为"国民之权"，"治权"改为"政府之权"。

孙先生以为政府当局人物，人民有权选举，有权罢免，政府施行法律，人民有权创制，有权修改，这"民权"就算充分了，过此，政府便要掣肘不能办事了,明白说罢,就找着诸葛亮也无办法了。

孙先生又说,这四种权,瑞士已经实行了三种(无罢免权),美国有四分之一的省分,已经实行过了四种。孙先生说:"他们有了很周密的办法,得了很好的成绩,就是这四个民权,实在是经验中的事实,不是假设来的理想,我们现在来采用,是很稳健的。"

这四个民权之行使,孙先生说要"选举法"、"罢免法"、"创制法"、"复决法"规定之后,就明白真相了。我理想理想,行使这个权,总是那国民选举大会,国民普通大会,这种名词的机关,若果孙先生的"四万万人都是像阿斗",那句话是有几分真的,仅仅这四个权,行起来也狠费事了,还是要想别的变通办法的。孙先生在民权主义书中,说了中国仿行"代议制度",许多流弊,那"代议制度",孙先生似乎不以为然的,所以孙先生要主张先"训政"了,划一个时期,来教训这四万万阿斗教他自己认识诸葛亮,至少刘备一套本事要有的。否则,不认识诸葛亮,阿斗只认识阿斗,竟举出一个阿斗,来当大总统的事就不能免了。在中国讲民权的苦痛,就在这种地方(人民程度问题),孙先生的话,我是原谅的,大家研究研究罢。

孙先生所说的"政府五权",三种洋货之中(行政权,立法权,司法权),夹了两种土货(考试权,监察权),这是孙先生极有眼光之处,我也极为同情,就是那行使五权的诸葛亮,如何找法的问题了。我这句话说出来,好像我是主张"有治人而后有治法"那种腐败思想的学说,但是这句话,就是孙先生的意思,四万万阿斗,无论四权五权,都难行使的。否则,孙先生何不主张马上实行,还要什么训政时间吗? 不过那个配训政,又是一个问题了,但是这个问题,很容易解决,因为事实问题了,比方说,我有这个"训政本事",我没有这个"训政力量",也是枉然。诸葛亮不遇着阿斗授权,他有什么办法呢? 可见得力量在先,本事在后,有力量有本事,就站稳了,有力量无本事,站不稳,仍旧要让别人的,有本事无力量的人,与无本事无力量的人,是一样的。那有他的事,顶多也不过来批评批评而已。一个不小心，还要惹出祸来，这也是"平脚不平头"的原则。历史上这种事，多得很，是应该有的事，千万不必发牢骚，要发起牢骚来，孙先生第一个应该发。想想看，孙先生比蒋先生资格若何，本事若何，目下要论其训政力量来，恐怕蒋先生比孙先生，大得多了。

总之，"民权主义"是孙先生将来想实行的主义，照现在说，还是要"训政"的。就此结束，改天再谈谈"训政"办法罢。

三民主义评论(续二)

《国闻周报》第三卷第四十三期，1926 年 11 月 7 日

第三章　民族主义

民族主义一书，可以"国家主义"四字简单之批评尽之，并不是要发挥"五族"共同精神，尤不是要单发挥"汉族"特别精神，乃是要发挥中国"国家"精神，力争中国"国家"之生存。所以我认为"民族主义"，就是"国家主义"。不名"国家主义"而名"民族主义"者，大约就为那"三民主义"四字，容易连贯起见，便于号召起见，我恐怕专看书名不读书的人，疑心孙先生在那里讲"种族主义"，所以我要先替他声明。孙先生自己也有声明，他说："民族主义"就是"国族主义"，国族团体，是什么东西，当然是"国家"了。"民族"与"国家"不尽是一个团体，"国族"与"国家"，是一个团体，"国族主义"与"国家主义"当然很少区别了。

孙先生主张的是"国家主义"，所以孙先生对于中国旧有的"家族主义"，主张放大，旧有之"天下主义"主张缩小。世界上现在流行之"世界主义"，主张等中国"国家主义"发挥后再说，完全在引四万万人视线集中"国家主义"一点。

孙先生这种主张,不是根据学说来的,是根据事实来的。孙先生有几句话,我认为可以表明他的主张。他说:"大凡一种思想,不能说是好不好,只看他合我们用,不合我们用。"孙先生因根据事实,认为中国"国家"已发生不能存在的危险。国家不能存在,民族即无所附托。在这个时候,中国旧日之"家族主义"纵使好,是不合用的。因为再讲"家族主义",国家要亡了。旧日之"天下主义"纵使好,是不合用的,因为国家已无力量了,天下主义无从发挥的。今日流行之"世界主义"纵使好,是不合用的,因为今日讲帝国主义的国家尚多,我们国家已发生危险。若先讲世界主义,不能以国家力量,抵抗帝国主义,国家先要不存在了,还有什么资格来讲世界主义。"民族主义"一部书,以力争"国家生存"为前提,当然以"国家主义"为合用,这是孙先生全副精神贯注之点。所以孙先生说:"欲平天下者,先治其国",就是这很明白的道理了。

孙先生认为中国国家发生危险系根据三种事实,一、政治压迫,二、经济压迫,三、人口压迫。兹分三段说明之。

一、政治压迫

孙先生说,中国国家,本是强盛的。因受外国政治力量压迫,将及百年。此百年中失去属国及领土如下:高丽、缅甸、安南、琉球、暹罗、蒲鲁尼、苏绿、爪哇、锡兰、尼泊尔、不丹、威海卫、旅顺、大连、青岛(现已退还)、九龙(香港)、广州湾、台湾(澎湖)、黑龙江乌苏里、伊犁流域霍罕及黑龙江以北诸地,(注意:蒙古、西藏,孙先生未列入。照现在情形,两处是否中国土地,尚是问题。又孙先生对于外国政治力造成的租界,未列入,我们应代他加入。因为租界政治力力量,在中国关系不小。)简直成一瓜分中国之局面。现在政治力瓜分中国之议不成者,"并不是中国自身有力可以抵抗,是由于列强都想亡中国,彼此都来窥伺,彼此不肯相让。各国在中国的势力,成了平衡状态,所以中国还可以存在。"但是中国人以为"政治上武力",不能瓜分中国了,便可凭这种"华盛顿会议"力量,可以保存中国，可以增高国家地位，是大大不然的。孙先生有一段话，我们应该注意的，其言曰："华盛顿散会不久，各国报纸，便有共管之说发生。此共管之说，以后必一日进步一日，各国之处心积虑，必想一个很完全的方法，来亡中国。他们以后的方法，不必要动陆军，要开兵船，只要用一张纸和一支笔，彼此妥协，便可以亡中国。如果动陆军，开兵船，还要十天，或者四五十天，方可以亡中国。至于用妥协的方法，只要各国外交官，坐在一处，各人签一个字，便可以亡中国。签字只是一朝，所以用妥协的方法，来亡中国，只要一朝。一朝可以亡人国家，从前不是没有先例的。譬如从前的波兰，是俄德美瓜分了的，他们从前瓜分波兰的情形，是由于彼此一朝协商停妥之后，波兰便亡。照这个先例，如果英法美日几个强国，一朝妥协之后，中国也要灭亡。故就政治力亡人国家的情形讲，中国现在所处的低位，是很危险的。"

　　各国政治力不能亡中国，完全在那"不妥协"一点，这是我们中国四万万人，人人应该天天放在脑筋中的。在未妥协前，中国人应该自想办法的，不能始终希望人家不妥协的，我完全与孙先生同感。

二、经济压迫

　　孙先生对于各国经济上之压迫，开出来每年所损失的一篇账单，抄录于左：

　　计开

　　一　洋货侵入损失（即进口货物超过出口货物每年平均数）

　　　　　　　　　　　　　　　五万万元

　　二　外国银行侵占利益　　　约一万万元

　　三　外国运轮业侵占利益　　约一万万元

　　四　（割地租界）赋税地租地价　约四五万万元

　　五　特权营业（如南满公司之类）　一万万元

　　六　外国投机事业　　　　　约数千万元

每年总共不下十二万万元

（按：这张账单，数目上，性质上，我们当然有许多斟酌的地方，但是无关宏旨，不必多事。）

孙先生断定的话如下："这六项之经济压迫，令我们所受的损失，总共不下十二万万元。此每年十二万万元之大损失，如果无法挽救，以后只有年年加多，断没有自然减少之理。所以中国已经到了民穷财尽的地位了。若不玩就，必至受经济之压迫，至于国亡种灭而后已。"

孙先生可谓见之明了，言之痛切了。我们看那张单子，不必说别的，就是第一项，每年进口货，超过出口货，那四五万万元总数，回想前百年来的积数，再预想以后每年自然增加的未来数，我敢断定我们不想办法来阻止他们的进行，已比那世界最新武器毒气炮之毒，还来得利害。就这一笔账而论，孙先生所说的"国亡种灭"，已不是过甚的话。所以孙先生认为比政治压迫利害得多，加上了一个名号，名之为"列强次殖民地"，实在中国经济情形，比列强待遇殖民地之经济情形不如，我与孙先生完全同感的。

三、人口压迫

孙先生说，近百年之内，各国人口，均有增加。

美国　增加十倍

英国　增加三倍

日本　增加三倍

俄国　增加四倍

德国　增加两倍半

法国　增加四分之一

中国人口"四万万"数目，是乾隆年调查的，至今将近二百年，都未调查。据美公使"麦克里耳"调查，说最多不过三万万人（按最近北京总邮务司发表中国邮区以内人口推算为四万万三千万人）。

孙先生说："我们人口，到底有多少呢？在乾隆时候，已经有四

万万,若照美公使调查,已减少四分之一。就说是现在还是四万
万,以此类推,则百年之后,恐怕还是四万万。"

　　我们假定两项,第一项是乾隆年调查人口四万万数目是确的,
第二项是最近邮局发表人口四万万三千万数目亦是确的,可以断
定这二百年人口增减情形,与列强相比,实在是可怕得很。这是什
么缘故?因为有两个相反的理由。

　　(甲)列强因为人口增加,世界上少发展之地,不能不竭力以政
治上经济上力量来压迫我,为有形的无形的殖民。

　　(乙)中国因列强政治上经济上之压迫,生机日促,自然发生人
口减少之结果。(按:外患、内乱、天灾、时疫,均是人口的减少原
因,不过那是特别的,我们说的是普通的。)

　　一方增加,一方减少,那个结果,就不堪设想了。我们现在中
国,所以存在世界者,人多是一个大原因。要是人少地大,恐怕种
族生存上,有大问题发生了。中国人向来恃人多,以为别的种族,
侵入中国,必然同化,我们不必怕的。孙先生举出例来,说是从前
"元""满",是少数民族,可以同化的。如果以后侵入的,是多数民
族,不能以"元""满"为例,恐怕我们的民族,要同化别人,或逐渐消
灭的。孙先生举出这个例,实在对于中国人一般思想上,有大大替
他宣传之必要。孙先生有几句名言,我们应该注意的,其言曰:"这
次欧洲大战,便有人说是'打太阳'的地位,因为欧洲列强多半近于
寒带,所以起战争的原故,都是由于互争赤道和温带的土地,可以
说是要争太阳之光。中国是全世界气候最温和的地方,物产顶丰
富的地方,各国人所以一时不能来吞并的原因,是由他们的人口和
中国的人口比较,还是太少。到一百年以后,如是我们的人口不增
加,他们的人口增加到很多,他们便用多数来征服少数,一定要并
吞中国,到了那个时候,中国不但是失去主权,要亡国,中国人并且
要被他们民所消化,还要灭种。像从前蒙古满洲征服中国,是用少
数征服多数,想利用多数的中国人,做他们的奴隶,如果列强将来

征服中国，是用多数征服少数，他们便不要我们做奴隶，我们中国人，到那个时候，连奴隶也做不成了。"

外国压迫我们中国人，孙先生在那"政治压迫""经济压迫"之外，举出一个"人口压迫"，这是极大极远的眼光，应该佩服的。人口问题，本是世界上大大应该研究的问题，究竟节制好，不节制好，节制用什么方法好，都是未经解决的。然而我们可下一个断语，在列强未经实行节制以前，我们中国万万不可提倡节制学说的。

现在我们要说孙先生主张的办法了。孙先生第一步是想以中国旧有之家族宗族的团体为单位，合成一个国族大团体。百家姓不过一百个姓，因年代太久同姓或有不同宗的，然至多不过四百族，所以孙先生说："譬如中国现有四百族，好像对于四百人做功夫一样，在每一姓中，用其原来宗族的组织，拿同宗的名义，先从一乡一县联络起，再扩充到一省一国，各姓便可以成一个很大的团体。譬如姓陈的人，因其原有组织，在一乡一县一省中，专向姓陈的人去联络，我想不过两三年，姓陈的人便有很大的团体。到了各姓有很大的团体之后，再由有关系的各姓，互相联络起来，成许多极大的团体。更令各姓的团体，都知道大祸临头，死期将至，都结合起来，便可以成一个极大中华民国的国族团体。有了国族团体，还怕什么外患，还怕不能兴邦吗？"

这个法则，有无效果，当然要看做起来的毅力如何，不是一时能下断语的。不过孙先生这个主张，何以国民党人不先发起来试试（或者我未听见，然其少可知，国民党人，大约百家姓上的人，总应该都有的了）？我是很疑惑的。

我以为发起后，纵使无效，何尝有害？但是国民党人，国民党以外的人，百年来都是感受这种压迫的，虽未照孙先生法则做，却是在教育上舆论上，用了许多工夫，总算是一致主张，这"国家主义"，比较前清时，发达多了，我可以说照此做下去，一年效力必大一年。照从前那种压迫，中国人是决不能忍受的了，并且可以说，团体的反抗举动，必一天多一天，总有一日要收成效的。但是"教育""舆论"外，如果有办法，不管他有效无效，总是多做一个好一个。孙先生这个联络"家族及宗族为国族"的主张，国民党人，不首先发起，我是认为他们信奉"三民主义"不诚的。

孙先生提倡结成国族团体后，进行办法如何，孙先生只说有积极的，有消极的，并无具体的表示。我想只要四万万人，大家脑筋中，充满"国家主义"结起团体来，一致对外，争"国家之生存"，什么办法，都可采用。譬如最激烈的，不过宣战而已。办法本事随时斟酌的，不能胶柱鼓瑟。孙先生不说出来的意思，我是明白的。但我在孙先生"民族主义"书中，也找出两条大纲来，一条是积极的，一条是消极的。

积极的是"靠俄国帮助，联合弱小民族，一致反抗列强的帝国主义"（第一讲）。

我们要知道"反抗帝国主义"那句话，是包含那政治上经济上一切之压迫而言，所谓"不平等条约"要取消，就是第一件事。这种条约一一取消，当然司法关税，均可完全自主了，当然租界租地，均可自然收回了。进一步，那各种特权（如驻兵、内河航权，内地路权），那侵略土地，也可逐渐商量了。政治经济之压迫，逐一解脱，我们自己方有力量来发展。说句玩笑话，我们反抗帝国主义成功后，只要有力量者不争地盘，引动内争，大家按部就班做去，中国国家，是大有希望的。我所以对于这主张，甚为赞成。

"联合弱小民族"那句话，我是赞成的，但仍需要自己争气。专靠联合别人，是不成的。土耳其何尝联合我们中国，他也成功了，这就是先例。靠自己力量，是第一要紧的事。

"靠俄国帮助"那句话我也是不反对的，但是要等他把蒙古土地及中东铁路交还我们后，我们才可相信的。现在我劝大家小心一点，"帝国主义"四个字，不一定是"资本主义"的国家专有的，这是一可虑。他们利用我们反对别人，我们也当然要利用他反对我们反对的人。我看见他对我们反对的人中,已经携手了个把了,这是二可虑。总之,帮助两个字,要作为利用解,并且要双方的,那才少流弊。然究不如靠自己的好,专利用别人,是不行的,但这是指对外而言,若对内,则我的主张,却大大不同了,连利用我也不敢赞成。就是孙先生所说的"靠俄国帮助"那句话,也是明明白白指的对外,并非指的对内,大家不要误会。内政无论请哪一国来干涉,我想中国人总是应该说不好的,那提倡"民族主义"的孙先生,更不消说的了。

消极的是"印度甘地先生主张的不合作的法则",中国普通说是"经济绝交",简单说,就是不与之"做买卖"。不与"做工作"广东已经实行了许久,是很有成绩的。但是他们总不免借政府力量,不是人民根本上自动结合,所以政府可以取消的。甘地主张的是人民自动结合,这种办法,当然我们自己苦痛也不少,我们能忍着这个苦痛,自动的结合起来,万不得已的时候用用他,也是很好的武器。老实说,这个武器,恐怕不能持久,如果国民忿恨之极,有一天真能忍耐,持久做去,只要这个武器,也是必胜之道。外国人不要以为中国人办不到,就看那相逼程度如何,如果逼得无路可走,也不见得中国人不能忍耐持久的。

"民族主义"一部书,我想是中国人必不反对的。纵使有异议者,亦不能在那办法进行上,略有点胆小意思而已。我是劝大家不必害怕,已经做了中国人,难道不愿意中国国家存在吗?至少那土耳其人的胆子,四万万人,人人不可少的了。

结论

这"民生主义""民权主义""民族主义"三部书,我综论他,似乎都根据"国家主义"而来。"民族主义"的议论,是最显明的。"民权主义"的议论,也在"国家主义"范围内立论,不是主张发达民权,来消灭国家,是想规定民权,来巩固国家的。"民生主义"的议论,我说他是"国家社会主义",纵使有人反对,总不能说是完全的"共产

主义",不是完全的"共产主义",就是证明带"国家主义"了。只看
这三部书,所发生的效力,也可知道。就社会说,反对不平等条约,
现在已成一致的舆论,孙先生功劳不小。这三部书效力甚大,可见
得这三部书,主张"国家主义"最力之点,是在社会上,最容易发生
效力的。就国民党说,孙先生反对个人无限制之平等自由,主张为
国家牺牲,为国家团结,在国民党实发生很大影响,散沙居然渐有
团结性质,这党治先声,不能不说是这三部书,有很大的力量。党
治好不好,我们不敢轻易表示赞成,另作一个问题来讨论他。却是
这党治法则,自然是像从苏俄学来的,也可说步伊大利"法西斯底"
的后尘。国家情形不同,一党专制办法,于中国人性情,是否相宜,
我颇怀疑的,恐怕还有详细讨论余地。现在我只说这三部书中"国
家主义"精神,在党中,也发生很大的效力了。更进一步说,我们不
必管他三民主义,是什么主义,我们只须讨论他的办法,他那许多
办法,大都采自欧美来的,不是采自苏俄来的,我却要汇总替他声
明一声明,办法如何,我是不愿意像那做八股的办法,或用代圣立
言论调,专事颂扬,或用排斥异端笔法,专事攻击的,这就是我做评
论的主张了。如果有人说我是替他宣传我也可以承认,但是我的
宣传,与众不同,好的说他好,不好的说他不好,是真宣传,不是假
宣传。我写到此处,看见报上登出了蒋先生的三十三条了,我想就
此收局。有功夫时,再来评论评论"三民主义"与"三十三条"罢。

智识阶级与革命

《国闻周报》第三卷第四十四期,1926 年 11 月 14 日

　　著者曾以《社会上最大危机》标题,论智识阶级失业者日众,社

会上潜伏之危险日多，刊登天津大公报，颇为世人所注意，兹事体大，特再引申其说，甚盼有识者予以精密之研究。

夫所谓国家社会之安宁者，民安其生，人乐其业是也。苟无生可安，无业可乐，则此安宁秩序，断无幸存之理，此古今中外言治者所同感。孔子所谓生众食寡，管子所谓衣食足然后知荣辱，马学所谓物质为人类历史之重心，其议皆不外此。近世各国政学名人，所腐心绞脑朝夕孳孳者，亦无一非社会失业者之救济问题，内尽全力以谋农工事业及其科学之进步，外尽全力以谋国际贸易与夫海外殖民之发展。凡所以为人民辟生机者，即所以为社会保安宁也。

中国社会上失业者若干人，因无精确统计，吾人莫可举其数。要之自清季以来，吾人耳所闻，目所见，则实日增月异而岁不同，综其原因，当然在政治不良，政公家事业与私人事业，两者均不能发展。然政治不良，由于内争，而内争之多，又由于失业之众，故今日欲谈政治，非弭内争不可，欲弭内争，非救济失业者不可。如其不然，今后趋势，必补旧日中国历史上久乱后治之轨道，延长内争，以消灭人口，使失业者，因一般人口之减少，自然发生救济之途，而后政治始有转机，势须经历极长之岁月，莫大之浩劫也。苟欲免此浩劫，速求治理，则今日有识者，所应急起以谋之者，当为何事？窃以为除救济失业者外，别无弭乱之方也。

社会上之失业者，约分两类，一为智识阶级，一为非智识阶级，吾人济救方法，应先从何者着手？窃以为先应救济智识阶级之失业者。智识阶级，有所安顿，则非智识阶级者，无所付托，所谓擒贼擒王是也，历代帝王治国平天下之要诀在此。且智识阶级者，苟有安顿之方，则政治已有转机之望，公私事业，自然发展，无智识阶级容纳之途，亦自因之开辟也。

智识阶级中，又分两类，一为新智识阶级，一为旧智识阶级，吾人救济方法，又应先从何者着手？窃以为先应救济新智识阶级之失业者。吾人非重新轻旧，盖自清季教育制度变更以来，垂廿年，旧教育制度造出之人物日少,新教育制度造出之人物日多也。故救济智识阶级失业者之方针,应以学校出身者为主体。吾人窃信今日以后,学校出身之人才,一一得以安居乐业,则天下乱机,必可大转也。兹将前著,节录后方,言治者,盖注意及之。民国以来,国内外大学专门毕业学生,岁以数千计,各省中学毕业学生,岁以数万计。大学专门之毕业学生,一部分欲进为学者之生活,作高深之研究,希于世界学术界中,占一地位,以谋国家社会精神上物质上两方之进步发明,则国家无最高学府以养成之,社会无学艺机关以奖进之,甚至以教员终身,亦复为饥寒交迫。其大部分欲投身社会者,则政府机关,肥美重要之差缺,大小人员,概都与军政要人又连,绝无容纳学校出身人才之余地,闲散职员,为数无几,幸而得之,亦复□腹从公,等于坐毙,至私人机关,本属寥寥,而当事人物,大都脑筋陈旧,厌恶学生,不但非技术人员,不肯录取学生,即技术人员,亦不乐用专门,故每年国内外大学专门毕业学生,除有父兄及其他特别关系者外,欲循正当轨道,以求容纳于社会者,百不得一。若夫中学毕业学生,除一部分进入专门大学者外,更无消纳之处。试问此每年递增数万以上之毕业学生,欲求学不可得,欲作事不可能,生机断绝,路路不通予以相当之智识,迫以及身之饥寒,当年富力强之时,正心粗气浮之际,其心理若何,其愤慨若何,故在今日学校出身之失业青年,对于现在社会上政治经济之组织,咸怀极端不满之意。苟有可乘,便思破坏者,与其谓为思想所激,勿宁谓为生计所迫。近来南北学生,纷纷投效革军,冒白刃而不辞者,为数日多。吾人一考其动机,实不胜同情之感,而深为国家社会惜者也。

　　自今日起,吾人敢断言政府与社会两方之有力者,苟不敢倒行逆施,立罢全国之教育机关,又不能因势利导,速辟学生之出身途径,则每年加增数万智识阶级之失业者,即无异每年加增数万智识阶级之革命者。民国十五年矣,以抽象的统计,此种智识阶级因生计而迫于过激者，已在数十万以上，今后数目，再与年俱增，今后势力，即与年俱长。加以无智识阶级之失业者，因战事关系，数亦猛进。智识阶级者，利用于上，无智识阶级者，奔走于下，大势所趋，无论当局压迫之武力，如何强固，现在社会之组织，必有根本破坏之一日，诚为人类之大不幸也。故吾人认为智识阶级失业者，每年增加，为今日社会上最大危机，断非杀二三校长十百学生所能抑制，根本解决，在乎生计。吾人研究之余，以为在今日亟应毅然举办者，约有三事：

一设立最高研究学府。附设图书馆，科学实验所，优予在学膳食费，严定入学资格，俾形上形下两部分学者，有从容讲学之地。

二限制政府机关用人资格。除少数政务官外，勿论大小差缺，上下职员，以后缺额，均应一律限制用学校出身人才（当然另订各级考试章程）。

三限制实业公司用人资格。除公司董事及当局者外，勿论技术人员非技术人员，以后缺额，均应一律限制用学校出身人才（当然由各公司各定考验章程）。

照此办法，则每年毕业学生，或求学，或作事，均可由正常轨道，觅一出路。吾人惜不能为精密统计，但全国上列机关，大小人员，每年腾出二三万缺额，或非难事。吾人认为此种计划，用以消灭"破坏社会组织之革命"，必较之练兵百万有力也。以上所述，吾人明知对于现今政府与社会，均不生何种效力。吾人所希望者，仍系教育界之自身，若全国教育界，注重建设，不注重破坏，应速采纳吾人建议，合全力为学生谋一出路，发起全国教育界大规模运动，向各省政府及社会有力者，作正当之要求，迟早虽不可知，终有达到目的之一日，可断言也。凡我教育界人物曷奋起图之，非仅教育发展之关系，实国家治乱之根本也。

中外经济合作问题

《国闻周报》第六卷第五十期,1929 年 12 月 22 日

此文系吴君在第三届太平洋国交讨论会提出,有华文英文两稿,英文稿刊印有单行本。兹觅得其华文稿,登载如下。

一

民国十八年以来,中国国家经济事业,迄未着手,只有破坏,并无建设,一切政治,遂受经济影响,无力设施,且因此日增政治之纷扰,引起不断之内争,故自辛亥年(一九一二年)民主政治革命成功后,未能早日树立健全之政治完成巩固之政府者,皆由于此。夫在经济早经落后之中国,应从事经济建设之力,勿宁较从事政治建设之力,需要尤多且急者,为当然之理。中国人在今日,苟尚不能明了认识之,从速设定经济建设计划,用全力着手,以辅助政治之进行,则政治工作,无论尽力至若何程度,终无由达于健全之点,所谓巩固政府,自无从实现。因之,一切可怖之政治的经济的革命,或将有层出不穷之虑也。

著者本上述观察,认为研究及解决中国国家经济问题,不应在政治问题之后。兹特分陈三项关于中国国家经济有关联而重要之点,为事实上之研究,期得一合理的可能的解决方案焉。

(甲)关于国家行政经费

按民国十八年(一九二九年)一日财政部长宋子文在编遣会议中报告民国十八年(一九二九年)中央政府收支预算如下:

收入	
盐税	一一六、五七〇、〇〇〇元
关税	一九二、三三〇、〇〇〇元
厘金	七六、二八〇、〇〇〇元
烟酒税	四七、〇四〇、〇〇〇元
印花税	一二、九三〇、〇〇〇元
其它	一二、五七〇、〇〇〇元
不敷之数	五〇、一三〇、〇〇〇元
共计	五〇七、八七〇、〇〇〇元
支出	
党费	四、八〇〇、〇〇〇元
政费	九五、四二〇、〇〇〇元
军费	一九二、〇〇〇、〇〇〇元
地方费(云、贵、川、新等省区中央税收划拨各本省)	四一、四三〇、〇〇〇元
国债本息	一五五、七九〇、〇〇〇元
其它	一八、四三〇、〇〇〇元
共计	五〇七、八七〇、〇〇〇元

宋子文部长同时声明军费系根据全国经济会议全国财政会议议定每月一千六百万元计算者,本年八月间,编遣实施会议又议定改为每月一千八百八十四万元,每年又应加三千四百零八万元。军费支出为二万二千六百零八万元。又宋子文报告五院成立后,每月经费一百万元,俟通过预算会后,即须追加,故政费总数每年应再增一千二百万元,共为一〇七、〇〇〇、〇〇〇元,故总支出不敷之数,应增为九六、二一〇、〇〇〇元。故十八年(一九二九年)中,照宋子文部长报告之收支预算,除一年中因特别事故发生另需特别费用不计外,至少总支出不敷之额,自必超过九六、二一〇、〇〇元之数。可以断言,此中央政府财政情形也。

　　至地方省政府之财政,惜不能得公布之精确材料,可为根据的陈述,只河北省政府于十八年(一九二九年)九月十一日,由徐永昌主席发表公开谈话云:河北省每月收入一百四十万元,支出经现在裁减后,每月仍须一百七十五万元,每月不足之数为三十五万元,每年即为四百二十万元。其它各省,即此种有责任者简单之公开报告亦殊少。然无论何省政府,未闻有收支适合或收过于支者,则为事实。不过比较河北省之差额,或多或少而已。

　　照上述中央政府及地方政府今日之财政情形,已感觉财政基础上之危险,非从速着手于收入上支出上之整理不可。其无余力以从事整理债务,从事建设事业,自可断言也。

　　(乙)关于国家债务基金

　　中国国家所负内外债中,除已有确实基金能如期照付本息者外(其每年本息支出数目已列在甲节预算中支出项下),其无确实基金不能照付本息者(其本息支出数目未列入甲项预算中支出项下,本年一月中已由宋子文部长声明在案),为数甚巨。兹根据财政整理会十六年(一九二七年)报告书,分列如下:

　　(1)财政部部分　截至十四年(一九二五年)底本息

外债　　　　四八六、六四六、〇〇〇元、三八　(以每英金一
　　　　　　镑合洋十二元每美金一元合银二元四角折合)

内债　　　　二六六、一五〇、八〇〇元、三八

共计　　　　七五二、七九六、八〇〇元、七六

　　(2)铁道部及交通部部分　截至十四年(一九二五年)底本息

外债　　　　五六一、九六七、七六五元、三七　(以每英金一
　　　　　　镑合银十元每美金一元合银二元折合)

内债　　　　八七、三五八、六二一元、九三

共计　　　　六四九、三二六、三八七元、三〇

　　　　注:此部分铁道外债内有约十分之二三,由铁路收入项下

能如期付本息者。

以上列两项总计为一、四〇二、一二三、一九一元、〇六,系截至十四年(一九二五年)底本息之总额,至现在,尚应加增四年间之利息。故除去铁道外债中一部分能照付本息者外,现在应筹措基金整理之内外债,本息至少当在十六万万元以上也。

　　　　注:各省地方政府所负债额,迄今并无公开精确之报告,可为根据的陈述,据著者所知,确无可惊人之巨数债额也。

中央政府整理此项债务基金,据甲节所述情形,当然不能在行政经费中筹出。从前世人所希望在关税增加项下筹划基金谋整理者,乃自十六年(一九二七年)以来,中央政府先后专指关税项下拨付基金发行之库券及公债,为数已至三万六千四百万元。截至现在,除已还本若干外,未还本余额,尚在三万万元以上。故欲指定近数年中关税增收,为整理此项债款基金,已为不可能之事。是以政府早有设立整理内外债委员会之议,迄今尚未得成立也。

(丙)关于国家建设资金

中国已为经济落后之国家,故需要经济建设之资金,为数无量。且著者犹有一事,应先为陈述,即在言新经济建设之前,须知因战事影响,目前需要恢复旧经济建设之资金,尤为刻不容缓。举其大者如下:

(一)现在国有铁路恢复费用。

(二)各种大实业恢复用费。如招商局、汉冶萍公司、中兴煤矿公司、六河沟煤矿公司及龙烟制铁公司及各地纺织公司之类。

第一项费用,据铁道部部长孙科本年八月二十二日在南京公开谈话云:约需六千万元,方能恢复旧状。第二项所列,现虽非政府事业,然其恢复费用,已非各本公司本身之力所能筹措,必须政府予以设法补助者,其数目若干,主管政府机关,迄今尚无精确之报告发表,可资为根据的陈述也。

至整个之新经济建设,政府现虽无完全具体之计划发表,然将来自应根据孙中山先生《建国方略》,次第进行。《建国方略》中有七项计划,总括之为十类,照录原文于下:

(一)交通之开发

(A)铁道一十万英里

(B)碎石路一百万英里

(C)修浚现有运河

(1)杭州天津间运河

(2)西江扬子江间运河

(D)新开运河

(1)辽河松花江间运河

(2)其它运河

(E)治河

(1)扬子江筑堤浚水路起汉口迄于海,以便航洋船达该港,无间冬夏

(2)黄河筑堤浚水路以免洪水

(3)导西江

(4)导淮

(5)导其它河流

(F)增设电报线路及无线电等,以便遍布于全国

(二)商港之开辟

(A)于中国中部、北部、南部各建一大洋港口,如纽约港者

(B)沿海岸建种种之商业港及渔业港

(三)铁路中心及终点并商港地,设新式市街,各具公用设备

(四)水力之发展

(五)设冶铁制铜并造士敏土之大工厂,以供上列各项·
之需

(六)矿业之发展

(七)农业之发展

(八)蒙古新疆之灌溉

(九)于中国北部及中部建造森林

(十)移民于东三省、蒙古、新疆、青海、西藏

　　照《建国方略》之计划,完全实施,自然需极长之时日及莫大之
资金,势须经专门家研究,先择若干部分次第着手,譬如建筑铁道
一事,无论何人皆认为应最先举办若干部分者。然所需资金将何
出,照甲节所述情形,此项资金自不能由行政经费内筹措,照乙节
所述情形,国债未经整理以前,又不能再行募债,充作资金。即如
铁道恢复费一项,仅仅需六千万元,国民政府统一全国已一年余,
尚无法募债办理,即事实上之明证也。

二

　　著者根据上例(甲)(乙)(丙)三节所述事实,综合其关联要点,
分陈如下。

　　(一)行政经费不足,则政治不能健全,即政府不能巩固。除应
在收入支出两项加以整理外,非从速努力于经济建设,充足人民之
负担力,以增加税源不可。若不此之图,徒滥加税捐,滥发公债,实
为经济上之自杀,亦即为政治上之自杀也。

　　(二)已负国债不加整理以昭示信用,则经济建设资金,无从募
集,已陈述于前。然欲使中国偿付已负国债能力,日渐充足,以如
期清了,则又非先着手于经济建设事业,以增加其能力不可。故着
手整理国债办法,应同时具有从事经济建设之计划。

　　(三)经济建设资金募集之前,苟行政经费不能整理,投资者对于政府之巩固必怀疑,旧债不能整理,投资者对于政府之信用必怀疑,皆无募债之可能性。故设定经济建设计划中,必须同时有整理行政经费办法,及整理旧债办法,方使投资者得明了之认识,而有成功之希望。

　　依据此三点之观察,著者可判定近日应着手之点。即在将上列(甲)(乙)(丙)三节所述事实,通盘合计,设定切实可行之经济建设计划,筹募资金,严格奉行,则一切经济上之困难问题立决矣。健全之政治,即巩固之政府,然后始有希望焉。

　　此项计划,由何人设定为宜? 著者以为应先研究此项资金,向何人募集,然后始能作切实之答复。此项巨额资金,中国人自身富力,能否完全担任之问题,著者以为假使中国早有良好之币制,能增加货币之效用,假使中国早有普遍银行组织,能号召现金之集中,则以具有业经开辟耕种土地至十五万七千万亩[根据三年(一九一四年)农商部统计]大农业国之资格,著者实不敢轻言中国自身绝对无此独力担负之富力,然非所论于现在币制银行组织不完全之时。著者即举一简单之事实为证。近年中政府各种公债之市价,合算利率,总在月息一分以上,业实上之放款,其利率亦不能在年息一分以下。以如此高利率之市场,欲募集巨额之经济建设资金,姑无论经济上合算与否,在事实上乃绝不可能者也,故著者认为非假国际资本之力与中国资本之力合作不可。孙中山先生建国方略中,主张建设资金有待于国际协助者,实至当之论也。如必倚赖中国自身单独之力量进行,则著者不敢断言中国整个之经济建设,遂永远不能着手。然不知待至若干年月之后,始有可能性发生也。因之,著者认为不速假国际经济合作之力,早日从事经济建设,实为中国民族莫大之损失也。

　　然用何种方法,始能达到国际经济合作之目的? 在过去历史上,凡政治经济双方未臻巩固之国家,苟欲引诱国际之投资,大都不外以让与政治的或经济的权利为交换。中国过去之一部外债史,十九皆属于此类。此种方法,已非今日任何国家之人民所能忍受。中国人民至今对于国际经济合作问题怀疑莫进者,即因此种恶例,深印其脑海中,不能须臾忘也。

然自欧战后,此种旧式国际投资方法,已不适用,另有一新式途径开辟。其途径为何?即由希望国际投资者之国家,信任国际经济专家,调查精密事实,设定确实方案,以号召国际上之投资是也。如德国如奥国如希腊者皆是。中国之地位及环境,与诸国各不相同,自不必一一按照其成例进行,然其号召国际投资之新式途径,自可备中国事实上之参考也。

著者以为中国经济建设事业之投资,无论中国人外国人皆所欢迎。然第一,必须先有明了的经济建设计划,为中外所认识者;第二,必须其计划中,对投资者安全而有利;第三,必须其计划中,有可能的实行之保障。此又无论中国人外国人皆应具同一之心理者也。中国经济建设,既须有赖于国际经济合作之力,则此项计划,必须先组织国际经济专家团体设定之(中国专家当然参加团体之内),方足以昭示国际之信仰,以资投资之号召,固为无可疑之步骤也。孙中山先生在七年(一九一八年)所著建国方略中,对于希望国际协助以实行其计划一节文,曾有明了之言曰:

"欲使此计划举行顺利,余以为必分三步以进。第一,投资之各政府,务须共同行动,统一政策,组成一国际团,用其战争时任组织管理等人才及种种熟练之技师,令其设计有统,系用物有准度,以免浪费以便工作。第二,必须设法得中国人民之信仰,使其热心匡助此举。如使上述两层已经办到,则第三步即为与中国政府开正式会议,以议此计划之最后契约。"(照录原文)

孙中山先生建国方略,系发表于七年(一九一八年)十二月,其时欧战甫停,所有国际联盟机关及关系于国际投资新方式,惜均未发现,未及供孙先生书中之批评及研究。然孙先生主张之步骤,实

与以后国际间所发生之事实暗合。所谓先组织国际团设计，次求
人民信仰两端，皆达到国际经济合作目的所必经之阶级也。惜十
一年来，中国尚未根据孙先生主张，参考国际上投资新事实，成立
一种有效之方案，实莫大之遗憾。著者本此，特为下述之主张。

三

著者为欲使中国经济建设计划能得中国人及外国人之信仰，
俾藉国际经济合作之力，早日见诸实行起见，特提出方案如下：

由中国政府商允国际联盟，指定国际间社会上及银行界均有
信仰之若干经济专家，组织中国经济建设国际委员会，在一定期间
内，调查事实，设定计划，将此计划征求中国人之同意，募集外国及
中国之资本，迅速见诸实行。

上述经济专家，当然中国专家以主体委员资格参加在内，且不
以参加国际联盟国人为限，当然希望美国经济专家之参加也。

上述方案之旨趣，特申述之。夫中国之经济建设计划，若完全
专由中国专家设定，或专由中国政府指定国际经济专家设定，恐事
实上均难得国际间之信仰，达到国际经济合作之目的。故著者主
张由国际联盟指定，因国际联盟机关，中国本参加在内，为其主体
之一，而此机关之性质，为国际间企图和平之道义的机关，不含侵
略性质。故由此中国自身加入之国际和平机关指定专家，可免误
会，可增信仰，较之任何一国或数国之政府选员组织为宜，自不待
论。著者并不坚持非国际联盟不可，倘能发现比国际联盟尤为有
力而足资安全信仰之国际机构，自无不可，惟现在国际机关，能主
持国际经济事务已著成绩者，除国际联盟外，尚无其它机关存在
耳。至于专家之资格，一须社会上有信仰者，以期中外人民易于谅
解，一须银行界有信仰者，以期中外投资者，易于见信。故著者预
料若照此组织，幸使能成立一切实可行良好而安全有系统有步骤
之中国经济建设计划，著者相信中外人民，必一致信仰，立见施行。

此著者本孙中山先生主张之步骤,参考欧战后国际投资之事实,而提出上述方案者也。虽然,著者方案,能否见诸采用,著者尚有声明数端,列举如下,若幸而先蒙中外人民谅解,则此方案当有加以考虑容纳之希望也。

(一)中国人须知国际经济合作,绝对不是国际经济侵略。

(二)中国人须知国际联盟机关,中国国家参加在内,是国际和平道义的机关,不是中国外含有侵略性质之一个或数个国家之政府,故由国际联盟主持设计者,绝对不是经济共管,亦不是财政共管,且有奥希之先例,可为事实上之证明也。

(三)中国人须知中国经济破坏,已达于极点,故经济建设,实不容稍缓。而其资金非得国际经济合作之力不可,故人民须坦率的表示合作之精神,诚恳的讨论可能之计划,国际投资,不是空言所能招来者也。

(四)中国人须具有信仰专家计划切实监督政府按照计划实行之决心,故计划实行时,应同时组织人民监督机关,以尽人民应尽之责。

(五)外国人须知中国人民虽反对含有政治性质之外资,然实欢迎纯粹经济性质之外资。

(六)外国人须知中国人对于国家之经济建设,无安全保障计划之投资,并不赞成,因其有害于投资者,亦有害于国家。

(七)外国人须知中国近年中政治上之纷扰,是暂时的,不是永久的。一读五千年来继续之历史,自然可以证明。倘有良好之经济建设计划,次第实施,藉以促进政治之健全,成立巩固之政府,为绝对可能之事。

(八)外国人须知以国际经济合作精神,帮助中国整个之经济建设,是于世界和平,尤其于太平洋和平,有极大之贡献。凡爱和平之人类,应不吝同情共同努力者也。

凡上所陈,著者自信为诚恳的坦率的述其所见,毫无虚饰,希望中外人士予以同情的谅解焉。

金银价变动大问题

《国闻周报》第七卷第四期,1930 年 1 月 20 日

旬月中金价飞骤,由规元每两合英金二先令三便士上下之市价,竟突然打破二先令之关(十九年一月九日跌至一先令十一便士十六分之九,为历来所未所),加以日本金元未决定出口解禁前,本不随金银价为涨跌,日金与银之比率,当然在真金与银之比率之下,乃忽然决定解禁,日金变为真金,与英镑美金占同一地位。八月间日金一元仅约合华银一元一角零之市价者,短期间涨至日金一元约合华银一元四角以上,几飞涨十分之三。中国与日本贸易关系,最为密切,而作金银投机买卖者复多以日金为标准,乃短期间一因世界的金价之猛涨,二因日金解禁日金特别之猛涨,二者巧合之一短期间内,所以从事国际贸易事业与夫从事金银投机事业者,手足无所谓,损失几不知底止。因而间接及于一般商业,政府亦感觉海关收入上外债支付上大受影响,遂骤呈一恐慌状态,朝野骚然,咸奋起而思有以补救。在吾人观之,中国人知有研究金银问题之必要,诚为社会上智识之进步,惜乎其感觉太迟缓,更惜乎其议论太幼稚,试略举之。或曰:速行废两为元,试问废两为元,于金银市价何关? 或曰:从速将上海所存银条广铸银元消纳,试问银条变成银元,同一多银而已,于金银价何补? 或曰:禁止生银元入口,试问禁银入口,世界银条少一出路,银价是否应更跌? 或曰:海关税收入,改银为金,试问所收之金,一部分仍以金还外债,一部分仍须易银还内债,有何余数可以保存? 不过海关收入之损失较少,而

于金银市价何关？以一用银之国，而主张海关收金，以他国之货币如美金如英镑，替代海关两，未免笑话，且其事亦不易行。或曰：速禁止标金投机买卖，试问无论何种投机买卖，无不应早加限制，何待今日？何止标金？然限制标金投机买卖，不过减少今后金融市面若干之扰乱，于世界上金银市价何关？或曰：从速实行金本位，试问如何从速？如何实行？在银贵金贱之当年（一九二零年一盎斯八十九便士半为最高之时），最利于改金本位之时，不知从速，不知实行，而在金贵银贱之今日（一月八日一盎斯二十便士十六分之五），而曰即可从速，而曰即可实行，是必根本的不知金本位为何物者也。以英国之富力，改革印度银本位为汇兑金本位，计划准备在一八九三年前早经着手，今日方得次第实行，岂咄嗟可能之事乎？吾人颇觉国人对于金银问题普通知识太少，欲藉此机会，一一为浅显之陈述，且为一般了解起见，力避学术上之用语，以期易于明了。惟吾人对于此种专门学问知识亦谫陋，加以篇幅所限，不能尽量说明，不过聊供读者一时之参考而已。

　　（一）世界金银之趋势。本位货币材料，宜用其本身质量数变化最少者为宜，银与金比，当然金优，一旦多数国家用金之后，则仅为国际经济便利一点，用银之国，亦不能不改用金，犹之乎用阴历国家不能不改用阳历，虽利害关系绝不相类，而为世界大势所趋不能不改辕易辙之理则一也。则固货币学上极浅显理论，应先行说明者也。世界产银之数，在五十年前，每年约为七千四百万盎斯，近年则约为二万五千万盎斯。据统计报告，此项银产消纳之地，中国与印度占十分之八，需用银地方如此之少，金贵银贱已久成当然之趋势。故在十九世纪中，银价常保持每盎斯约值五十便士至六十便士之市价者，至二十世纪之始，已逐渐跌至每盎斯约值三十便士以下矣。而一八九三年美国废止休门购银条例，又同年印度废止银本位着手金本位两事，尤为十九世纪至廿世纪银价日趋下落之大原因也。不意欧战一起，金银价忽生极大变化，其原由于世界各国金本位一律破坏（英美法意德日及其它欧洲各国均先后禁止金出口，事实上普通金本位一律变为其各个纸本位），完全变成一纸本位世界，国际汇率完全不能以所含金地金为标准，一听其贸易额相差数为自然之升降，国内亦当然不能兑现，自不能不多铸银辅币以维持其纸本位在国内之效用。人民不知其本位之纸，将来低至若何地位，亦自不能不争藏银辅币，银之用途，遂一日千丈，向金本位之国家发展，呈极奇特之怪现象，一千九百二十年银价逐高至每盎斯至八十九便士半，为近世纪以来所未有。犹之乎今日（一九三零年一月八日）银价贱至每盎斯至二十便士十六分之五，亦为近世纪以来所未有也。不到十年之间，银价每盎斯由八十九便士半，跌至二十便士十六分之五，约四分之三以上，可谓沧桑之大变。然中国人在一九二零年每盎斯由八十九便士半跌至一九二九年一月约二十四便士，九年之中，六十五便士余之多，均无一人予以多大注意。乃自一九二九年九月平均约二十三便士半，至一九三零年一月八日跌至二十便士十六分之五，四个月之间，生三便士余之差，忽然全国朝野大为注意，真俗所谓"牛大眼睛看不见，虫子虽小偏偏砸着了。"中国人平常之不留意世界经济大势，可笑至此。而在每盎斯八十九便士半银价时代，最利于用银国改金本位之时，大家不知道从速实行金本位（记者在欧战期内力为主张，游说彼时政府，曾被采纳，颁布金币条例，无如金融界实业界与夫一般商业界，及社会人士均冷落视之，不愿奉行，遂等于废纸。至今思之，殊为可惜），现在每盎斯廿便士十六分之五银价时代，最不利于用银国改金本位时，大家忽然主张从速实行金本位，除有点石成金之特别法术外，记者恐今日着手金本位准备，较之欧战时着手金本位准备，其难易有不可以道里计者。速之一字，记者盼世人千万以勿出口为佳，否则将为世界专门家笑话不已也。一九二零年后，银价逐日趋跌落者，即世界重要国家，如美如英，首先解金禁，由纸本位恢复其原来金本位，德国俄国另颁布一种新马克新罗布制度，将旧者完全取消，其它欧洲各国均竭力趋于恢复金本位，昨日日本亦复正式恢复金本位。综世界全体大势而论，世界将逐渐恢复欧战前金本位之旧观。故此九年中，金本位国家在欧战中所吸收之银货，遂一一仍还诸用银之国。且因战后币制之各有改革，银辅币之需要，已日见减少，而可容纳银货之中印两国，不幸印度又严厉实行金本位，已有之银，尚需陆续出售，新产之银，更何能予以消纳？而惟一尾闾，只有中国，又不幸中国连年战事，出口货物不能增进，外人投资，又复停止，政府借外债之事亦不可能，一般国民经济力均有退无进。故中国消纳银货之力量，转较从前为减少，源源而来之外银，遂无法承受，更足以促成银价之大落，自属当然之理。内地之银且集中通商口岸无法运用，吾人苟能明了此世界金银之金银大势情形，则知金贵银贱之变化，为世界经济之大势所趋，而金贵银贱变化情形如此之骤者，又为印度与中国经济之特别情形所迫，吾人因此更可明了，此种情势，绝非上陈改两为元等等策略所能挽救万一者也。

（二）中国所受之影响。金银变化之影响，不独用银国感受之，凡与用银国贸易之用金国，同一感受。就中国国际经济情形而论，当然日为第一，英为第二，美为第三，其余各国更次之，而以日本之苦痛为最甚。盖就日本现在与将来全输出论，中国当始终占第一位，与各国输出全额上对于中国之地位，完全不同也。但吾人为篇幅所限，不能详叙用金国所受之影响若何，兹专就用银国之中国而论，其影响之佳者，举其大端，约有二点：即中国原料品输出容易，足以发展国内产业，外国工艺品，输入困难，足以发展本国工业。然因战事天灾匪祸与夫厘税交通之关系，第一好影响，未必便能享受，工潮不止，资金缺乏，捐税有加，近两年中已绝对未闻有人敢投资办工厂者。第二好影响，恐亦未必能享受，此固有普通常识者，所能判断，勿待记者赘陈也。所受影响之恶者甚多，有暂时的，有永久的，暂时者即今日一般所最认为大不了者，在吾人观之，则其事甚小。不过贸易商人,以金订货,而不预先补金(照贸易常轨凡用银国人以金订货者,应预先购存期金抵补之,否则甘自冒金价危险,非正当买卖,但中国人买外货往往不先结金价),受此汇总之损失(对于日货此次损失尤大),此外则为投机者之损失,甲投机者破产,乙投机者发财而已。此等赌徒之扰乱市面,只觉可恨,别无可惜。然二者虽皆咎由自取,而间接波及与之往来正当商家,于经济市场,不无多少关系。吾人未知其确数,不敢断其影响若何,然以意度之,或不过大,若干银号商家之倒闭,或不能免,究为一时之事,无甚大关系也。且已成之事,无可补救,政府社会用全力注意及此,大可不必。吾人以为政府社会应以全力注意之事,应在此永久之影响。试列举其大者有三:(1)银价值之减少,即物价值之腾贵,此虽二语,实为一事。盖此方之价值减少,对方之价值,自然腾贵也。中国为用银之国,银价日落,则已有之银,其价值自然减少。譬如本来用银四元,易美金若干,可买美面一包。因银价之跌,金价之涨,须用五元,折合美金,方可购买美面一包,则银价之跌,金价之涨,须用五元,折合美金,方可购买美面一包,则银之价值,勿异落四分之一,物之价值即无异涨四分之一。现在世界,物价皆具世界的性质,美面既涨中国面当然随之涨,仅使必须美国面输入,始足供求相应者,则结果(当然有必须之时日)中国面必与美面为同额之增价。世人往往认为金贵银贱,不过外货涨价,不知内货随之涨价。假使进口外货为国人生活所必需者,内货涨价之程度,将与外货无甚差异,故进口货物因金贵银贱抬高之价值,其影响当然应及国内一般物价。易言之,国人现存手中之银价值,日日减少,而所需要之物价值,日日增加,俗所谓"物价腾贵生活困难"八字,为金贵银贱之及于用银国影响最好之形容词。此项理由,说明最感困难,兹再引一简单明了之例以喻之。譬如在金银比率为一与十时,中国已有五十万万元之银,一旦金银比率落至一与二十之比时,五十万万元之银,即对于世界之物(中国物当然可包含在世界物之中)只有二十五万万元之价值,明明白白少了二十五万元效用矣(犹之乎十年前封存奉票若干,现在取用,数目依然而价值大差矣)。故中国所存之银(究于若干,惜无统计,记者心算,大约总在四五十万万元左右),每遇银价落十分之一时,即无异对世界比例国富时,减少十分之一之价值也。故国人须明白进口货涨价,在中国国内物价有极密切之影响,进口货中因国内无替代物,有绝对不能因涨价排斥者,其能因涨价排斥若干者,其替代物之国内品必随之涨价,乃当然之理也。此项影响,对于国计民生关系为最大。(2)财政上之影响。中国若为债权国,则金贵银贱,只有利益,无如中国为债务国,当然支付本息之银,自需加增。由海关项下付出之外债本息,一九二九年较一九二八年多付银约七百万两,因一九二八年平均金价与一九二九年之增差,每两约三便士零,是每年银价落一便士,便应多付二百万两以上。其它有担保无担保外债当然照此比例,国家财政当然受此影响不少。(3)改金本位之困难。以已有之银,变易金准备,照现在金银趋势,大有不可能之势,因世界上已无国家消纳此银货矣。况中国若真正决定改用金本位,世界上银价,必更将大落。有人戏言,假使中国今日有力量能改用真正金本位,世界上银价,或者立刻将落在铜之下。其言或过,然中国若有改行金本位之一日,则银价必更大落,是无可疑者也。譬如近日宣传政府将实行金本位一事,假使中国为一有力量之国家,此种宣传,近日当更使世界银价一落千丈,幸而国家力量不充足,世界上认为空言,银价不因之立刻再生影响耳。故吾人认为宣传实行金本位之说,不但不足以补救恐慌,反足增加恐慌,即以吾人而论,假使信为中国政府可即行金本位,吾人所有之银,大家必争先恐后,立易为金。因中国若实行金本位后,银价更必大落无疑,势不能不先避其损失,恐全国经济界之扰乱,将更至不堪。故宣传实行金本位,为评定金贵银贱风潮之计,恐未加细思,幸而国人不相信,幸而国人少明白币制之人,否则岂不成为全国笑话。须知金本位中国自须采用，但只宜准备，不宜宣传，而空准备无用。在金银变化最激烈之时，岂但准备不可着手，且不能着手，应讨论者为如何准备之方法，将分若干年实行，方可使有银最多之中国，经济上不生扰乱，皆宜专门研究，不可仓仓促促或用精畸文章，或用开麦纳计划，便可说是适用于中国。记者敢大言数语，此辈对于中国复杂币制情形，知道甚少，竟将印度或南洋各殖民地比中国，不知中国是一独立国家，而币制上尚为无本位之国家。银本位迄今未办到。故在中国改用金本位，自有中国应取之步骤，不是诸位博士所能主持者，诸位博士始终只能立于顾问地位，其根本计划非中国专门家设定不可，且设定此计划并不困难，特国人未予以专门研究而已。

（三）中国今日应取之方针。凡上所陈，读者当知用银国之中国，对于世界经济趋势上，已失去机会，在此金银价剧烈变化之时，当镇定神经，从学理上历史上及现在事实上，加以慎重之研究，不必乱动。第一须认定一时的地方市面扰乱，不足为虑，而永久的全国生活安定，乃为主要。第二须认定金银价变化趋势是世界的，不是用一时策略所能阻止，尤其不是用中国式所谓改两为元，禁止投机等等策略所能阻止。第三须知金贵银贱，只要应付得法，不是不能转祸为福的。第四须知实行金本位当然为中国最后解决金银问题之正当办法，但以蓄银最多之国在此金银变化最剧烈之时，不是轻易采用任何外人办法，可以随便作为宣传的，应从实际研究，根本计划，以长久之时间，谋多方之准备，为次第之设施，方是国家应取之正当手段也。吾人再具体言之，最先最先之第一条件，在不打仗，若战事不能停止，凡百经济事物，无一计划可言。金银问题，听其自然可也。且听其自然，或者较多事为佳。在此不打仗条件之下，应即着手者：（1）减轻厘税，便利交通，务使以农业立国之原料品，趁金贵银贱机会，得大量输出。（2）保护工厂，提倡企业，务使外国加工品在国内发现多量替代品，趁金贵银贱机会，得自给自足。（3）将铁道矿山等大建设计划规定，优予保障，输入外资。此

三项若行,然后金贵银贱影响之佳者,中国可先收之利益,影响之
恶者,中国可力谋其缓和,然后输出入之现象转佳,外人之投资渐
增,可进行金本位之准备。在此着手之前,第一须先统一银本位
(吾人最不解者,为改两为元问题。试问银元准自由铸造,不生市
价,两之名词,当然取消。实行银本位问题若办到,改两为元尚成
何问题,不能办到,则又如何能改两为元),第二须规定发行纸币办
法,第三,须完备各种银行组织。此三者相当准备,然后将彼时国
际贸易进出口之差额,及贸易外各种关系进出之差额(例如外债本
息等之支出及外人资本之吸入之类),得一历年平均之统计,国际
上需用现金支付若干,或收入若干,有一相当标准,然后始知准备
须若干数目,方可应汇兑差额之需。如此,第一步汇兑的金本位始
可试行,而同时中国所蓄存多数之银,如何使之行汇兑金本位时,
以何等地位,仍能保存其流通之效力,以免经济之剧变,皆有一相
当办法。一如今日之印度,金银双方皆兼顾,而在兼顾之中,推行
金本位也。然能到此地位,中国亦不能满足,尤须立时准备废止汇
兑金本位,为真正金本位。因中国系独立国家,非印度之比,焉能
久行汇兑金本位(印度将金准备存之伦敦,别无危险,中国系独立
国家,焉能将全数金准备,常存国外)。凡行汇兑金本位之地方,大
都为殖民地区域,有一母国可以存储金准备,中国焉可学之? 仅能
作一时之过渡,而同时必须计划真正金本位办法,此乃中国学者为
中国计划,所应预为深谋远虑者也。

　　总之,世界金银大势,若无特别世界的非常变化,自必渐趋于
金贵银贱之途,已无可疑义。而在唯一用银之中国,当然为利害关
系之焦点,能善用之,或未尝不是中国经济上之一大转机,不能概
作悲观。惟希望不必因一时影响乱动,先解决内战问题,内战不能
停止,尤无须乱动。一切经济问题,皆日陷绝地。万一停止有可
能,吾人上陈着手之次序,或不无一二之可采也。

新银行法之研究

《国闻周报》第八卷第十四期,1931 年 4 月 13 日

　　新近公布之银行法(原文已见第十期本报),与全国金融事业关系甚大,颇为社会人士所注意,日前前溪君应北平银行公会之嘱托,予以研究,撰成此文,曾发表于天津大公报,本文更经作者加以订正,并附有致某报书。录记于次,以供参考。

银行法业经公布,惟施行日期尚未以命令规定,兹将个人研究所得,录供公会参考。

一

　　第一条规定,凡营(一)"收受存款及放款"(二)"票据贴现"(三)"汇兑或押汇"业务之一者为银行,或视同银行。可见包括范围之广,除专以兑换为业之小钱摊外,所有全国内城市乡镇之大小银行银号钱庄等种种金融机关,无不应遵守此法,在成立时,即有五种限制如左。

　　(一)须为公司组织。(第二条)

　　(二)须定章程,按手续,经财政部核准。(第三条)

　　(三)须具备法定条件,呈经财政部验资。(第六条)

　　(四)股份有限公司、两合公司、股份两合公司组织之银行,资本至少须五十万元。无限公司组织之银行,资本至少须二十万元。商业简单地方经财政部核准,前者至少不得在二十五万元以下,后者至少不得在五万元以下。(第五条)

（五）股份有限公司之股东及两合公司股份、两合公司之有限责任股东，应负所认股额加倍之责任。（第五条）

按在此数条之规定下，事实上发现极大之困难，（第一）不开通地方之商人，大概不晓法令，欲责令按照（一）（二）（三）项手续成立，大感困难。况成立后复有种种法令上应行遵守之事（见其它各条，如呈报如检查之类），必至动辄违法，不胜其扰。且全国小金融机关用人甚少，一一责令按公司法及本法办理各种法定手续，为事实上不可能之事。（第二）现在全国银钱号，资本不满二十五万元或五万元者，不知多少，除商埠及较大都会外，几以此等小组织为唯一之金融机关。今必责令无限责任者资本至少非五万元不可，股份有限、两合及股份两合者，资本至少非二十五万元不可，全国大部分地方金融机关，将不能存在。虽依第三十七条之规定，得三年内之通融，但三年后认为全国普遍的即可无须二十五万元或五万元以下之金融机关，恐过于奢望。（第三）第五条内规定股份有限公司之股东及两合公司、股份两合公司之有限责任股东，应负有认股额加倍之责任。查前三项股东，依公司法之规定，其所负责任，均以所认股额为限。今银行法忽令其加倍负责，不但原理上与公司法不相贯串，且事实上吾国新式银行大多数为股份有限公司组织，其责任均系根据公司法，今新法如是规定，忽然加重股东之责任，势必震撼现有银行之根基，使现有一般银行股票市价，大受影响，流通更加困难，且于将来募股卡比按银行之事，尤多阻碍。

个人意见以为第五条内关于资本之规定，在商埠都会以外之地方，应再予缩小，全法外亦应另设附则。凡商埠都会以外之地方，资本若干元以下，负无限责任者，准其专在地方官厅立案，别定简单手续，免去本法繁重之规定。且为奖励投资金融业起见，股份有限公司、两合公司及股份两合公司之有限股东责任，一律仍照公司法办理，无特别加重之必要。特别加重，无异阻碍金融事业之发展，盖先使人视投资金融为畏途也。此条若修改，第八条当然应随之修改，一律照公司法办理。

二

银行资本，收足总额二分之一时始能开业（第六条），三年内应十足收齐（第七条）。本法施行前业已开始营业之银行，其额定或认定而未收齐之资本，应于本法施行后三年内收齐之（第三十八条）。

按此数条，于理论上有不合之点一，事实上有不合之点一。理论上，银行资本，与其它工商业不同，重在负责之人，不重在实收之数。故定额宜大，而实取可小，应实收若干，一随其营业之发展，自行解决，法令只宜规定最少之限制。今规定实收二分之一始能开业，已不为少，而责令三年内必须十足收齐，不问其需要与否，于理论不合。世界上开始营业即收足资本二分之一，三年内即将资本总额十足收齐之银行，恐为例甚少也。事实上，续收股本，第一要看市面情形，第二须问本身需要。今一切不顾，责令新设及已设银行，未收资本，一律于三年内收齐，其结果非使认资者急于移权转利，致所有股票及凭证市价大落，即银行自行减少资本，损失对外信用，二者均足以动摇金融基础，于政府维持及发展金融事业之意，恐多未合。

个人意见以为中国一般事业，不无资额多而实收少之恶习。今规定收足二分之一始得开始营业，藉资矫正，不无正当之理由。至其余额，窃以为应一律照公司法办理，不必特别为第七条及第三十八条之规定也。

三

银行除（一）买卖生金银及有价证券，（二）代募公债及公司债，（三）仓库业，（四）保管贵重物品，（五）代理收付款项五项附业外，不得兼营他业（第九条）。已兼营者，本法施行后，只能继续三年

（第三十九条），银行不得为商店或他银行他公司之股东，其在本法施行前已经出资入股者，应于本法施行后三年内退出之，逾期不退出者，应按入股之数，核减其资本总额（第十条）。

按此数条，理论上事实上，亦须详加研究。就理论言，各国经济政策，对于银行业务，有取严格的者，凡非法令所规定者，不得兼营。有取非严格的者，法令所规定外，经政府许可者，得兼营之。两种主张，本各有利害，大致尚待开发之地方，均以后者为有利。照中国现在经济情形，毋宁宜取后者，惟政府应保留许可之权，慎重审查行之耳。故第九条之规定，似少弹性，未免过严。且事实上有若干银行已兼营他业多年者（例如兼营旅行运轮与典当保险之类），今限定继续年限只有三年，未免太促，难免纷扰也。

第十条亦系第九条之意，不同之点有二：（一）包括他银行业务在内，（二）出资为入股形式耳。一银行为有必要之他银行之股东，只要经政府许可，甚或由政府规定，并非绝对不可，各国先例甚多。至银行为商店或他公司之股东，可否是非，其理论同于前项，不再赘述。然假定政府取严格方针，而对于已出资入股者，仅限期三年一律退出，亦未免过促，就事实言，亦难免纷扰。

又事实上一银行往往因抵押预过户或没收后过户之关系，一时为商店或他银行他公司名义上股东者，是否应予以区别，并无明文。故本法施行后，一切股票，银行将皆不能作押，因不敢请求过户，犯第十条之规定也。若不加以修正，经济界必滋纷扰。

个人意见认为此三条，事实上理论上均须再加考虑，最好政府取非严格主义，而保留许可权，纵决定取严格主义，对于已往者，或分别作为例外，或宽定其处置年限，而条文尤应规定明了，勿使一切股票不能向银行作押也。

四

银行不得收买本银行股票并以本银行股票作借款之抵押品，

除营业上必需之不动产外,不得买入或承受不动产。因清偿债务受领之本银行股票,应于四个月内处分,受领之不动产,应于一年内处分(第十一条)。

此条分两层研究:(一)银行不得收买本银行股票并以本银行股票作借款之抵押品,此为当然应行严禁之事,勿待说明。惟因清偿债务受领之本银行股票,规定应于四个月内处分,未免过促。因有市场关系,理应从宽。盖银行对于自身之股票,决无愿意久留者,稍宽日限,可少损失而并无妨碍也。(二)关于不动产之限制一节,一般理论上,似属当然。而在中国目前经济状况之事实上,乃绝对不可者,其关系甚大,特申叙之。中国全国内城市乡镇,并无专门之不动产银行,大都商业的金融机关以余力兼营之。而除上海一域外,其他地方,尤其内地城市乡镇,尤其一般农田,几完全变成死物。全国农业之困苦者以此,内地金融之不发展者以此。以经济原理论,凡以农立国之国家,政府经济政策,应时刻注重不动产之活动,全国金融,方有发展之望,故应在法律上规定不动产抵押规定之便利公允办法(例如法庭对于不动产诉讼,裁判特别迅速,处分特别认真,估价特别公允之类)。财政上减轻移转登记之税率,使全国土地,皆变为如上海之土地,多含流动之性质,一面提倡多设不动产银行,尤其应提倡广布地方的不动产银行,在不动产专门银行未足数以前,对于普通银行,只应奖励其兼营,决不应限制其投资。且事实上除上海一域外,各地之金融机关,均不喜为不动产之抵押。今新银行法,一则曰:营业上必需之不动产外,不得买入或承受不动产;再则曰:因清偿债务受领之不动产应于一年内处分,试问新法实行后,银行孰肯为不动产之抵押,致受此严格之限制,于中国目前之经济状况,将来之经济发展,岂不大受影响耶?

个人意见对于本条中关于不动产一节,甚盼望政府予以根本上之考虑,为进一步之设施,须知以农立国之国家经济,关系于土地者甚大也。

五

银行放款,收受他银行股票为抵押品时,不得超过银行股票总额百分之一。如对该银行另有放款,其所放款额,连同上项受押股票数额合计,不得超过本银行实收资本及公积金百分之十。(第十二条)

按此条规定,抵押他银行股票,以该银行股票总额百分之一为限,计算上尚属可能。惟规定应与放与该银行款项合计,不得超过本银行实收资本及公积金百分之十一节,乃计算上不可能者。盖银行总分支行不聚在一处,甲行对于乙行借贷数目,同时各地不能周知。而在一地点银行间之彼此往来,一日间有不断之进出。试问在一地点之甲银行,何以能时时刻刻知悉各地间甲行对于各地间乙行放款之数目,而能合计其总数,恰好在所谓合计之百分之十以内耶?故势必动辄违法。欲避免违法,只有同业间不相往来,岂立法者之意耶?且同业者间之放款,种类甚多,以时间言之,有往来,有定期,以性质言之,有抵押,有信用。假定甲乙银行间,有极好抵押品之借贷,初无丝毫之危险,而因此法之限制,转减少流通之效力,失却金融界互相调剂之用。在平时经济上已多损失,在金融恐慌之时,恐更多危险,又岂立法者之意耶?

个人意见以为本条中关于放款合计限制一节,乃计算上不可能之事,势须加以修改者。

六

无限责任组织之银行,应于其出资总额外,照实收资本缴纳百分之二十现金,为保证金,存储中央银行。前项保证金,实收资本总额超过五十万元以上时,其超过之部分,得按百分之十缴纳,已达到三十万元为限。前二项保证金,非呈财政部核准,不得提取(第十四条)。前条保证金,虽经财政部核准,得按市价扣足,用国家债券或财政部认可之债券，抵充全部或一部保证金，为维持该银行信用起见，得由财政部处分之（第十五条）。

银行资本贵在流通运用，今提资本百分之二十及百分之十为保证金，另行存储，岂不使该行失去流通运用之效用？第十五条虽准通融以债券缴纳，而又规定得由财政部处分之，该银行既未破产，有何必要，而须先处分其保证品？意义殊不明了。

个人意见认为本条用意，无非为保护社会公众之利益起见，对于无限责任之银行，特予以严格规定。但无限责任之意义，本以责任者对于其投资额及其他全部之财产为责任，非仅限于投资额。今区区以投资额百分之二十，及百分之十为保证，且满三十万元即免予再提，在事实上以保证力言之，可谓微乎其微，万一出事，直无济于事。而一方面在理论上，转失却无限责任之意旨。窃以为不如在无限责任者全体其他之全部财产上，予以严格之规定（例如无限责任组织之银行，如倒闭时，无限责任者，不立时提出充分之财产时，法庭得立时查封无限责任者全体全部财产备抵，其人均以破产者论，或规定倒闭前若干时日内，无限责任者，若故意有处分其财产之行为，以不法论，予以相当之罪名之类），以代替此两条，或较为合理也。

七

银行营业年度为一月至六月及七月至十二月（第十七条）。

按此条在商埠之交易上，无甚关系。新式银行会计年度，本来如此，尤无关系。惟对于内地，尤其对于农业上旧式金融机关，不无有多少应加考虑之处。以农立国之国家，借贷决算，以适合农业经济为主，初不必过于拘泥。且借贷决算日期不同，不能即谓为不遵奉国历，将小题大做也，新法似以暂不规定为宜。

八

财政部得随时命令银行报告营业情形及提出文书账簿（第二

十二条)。

按提出二字,作何解释? 假定作提交解释,则事实上不可能。因银行文书账簿及随时需用之物,提出于财政部,将发生种种困难,况全国银行不皆在京师耶,且依第二十三条规定,财部固得派员检查银行,又何须令银行另提出文书账簿耶?

个人意见认为此条应再予以明白之规定。

九

银行经营信托业务之资本,不得以银行之资本与法定公积金抵充(第三十条)。

按依本法第二十九条,银行经财部核准,得许其兼营信托业务。既许可其兼营,当然即可运用其银行之资本与公积金,若许其兼营而又限令其另筹资本,岂不等于另设一公司,若不另设公司名义,不知此项资本,可用何种方法募集。本条立法之意,不甚明了,且对于已兼营者,不宽定年限使其遵改,亦难免事实上之困难。

十

财政部得于必要情形派员或委托所在地主管官署,检查银行之营业情形及财产状况(第二十三条)。

按财部于必要时,派员检查银行,自属当然应有之事。惟在中国之检查银行,与在外国情形不同。因中国有资产之人,其存放款项,最畏人知,尤不愿公家方面知之,已成数千年来之习惯。财部自行派员或委托派员检查,至少应规定关于存款者,只查总数账簿,而不查及存款部分户名账簿为度(法庭检察当然另一问题),方足以维系存款,不使动摇。存款户名,银行例不能在总数外,自行增减,使与总数不合。只查总数,不查花户,于检查职务,亦并无不完全之虑。虽二十五条中,对于检查员有严守秘密之规定,然究于数千年来国情不合,似应加以考虑也。

个人意见,对于检查职权,在检查无妨碍范围内,希望有一个最小之限制,免人民存款者,视外国银行比中国银行为秘密稳妥也。

十一

银行违反法令,或其行为有害公益时,财政部得令停止其业务,撤换其职员,或撤销其营业证书,银行于撤销营业证书时,解散之(第四十五条)。

按违反法令,而不分别规定违反何种,处以何罚;有害公益,而不分别规定,斟酌程度,予以处罚,均概括言之,而其处罚乃竟予以停止业务撤换职员撤销营业证书之重惩。在此严重规定下,银行基础,将时时刻刻在动摇之中。例如一种报告,遵法令应于七日内提出者,银行因事实上或其它关系,非故意的迟延,而于八日始行提出者,本系偶然过失,若依此条规定,轻则可以撤换总经理,或其他重要职员,重则可以停止其营业,撤销其营业证书。因舍此之外,别无他项惩罚,否则政府只有自行违法,不予以处分耳,恐于执行时有种种困难。现在法令甚多,社会公益种类亦不少,若予以此种概括规定,银行必时时刻刻在社会攻击中政府处罚中也。

个人意见认为此条,应予以明白分别之规定。

十二

银行之重要职员,如有左列各款行为之一时,得处以一年以下之徒刑,并千元以下之罚金。(一)于营业报告中,为不实之记载,或为虚伪之公告,或以其他方法欺蒙官署及公众时,(二)于检查时隐蔽文书账簿,或为不实之陈述,或以其它方法妨碍检查时(第四十七条)。

按此条所列之辞句,亦嫌笼统,至少应加以(为利自己或利第三者起见故意的)字样,方成刑事罪名。若职员别无所图,出于无意的之行为,本是行政上处分,不至犯及刑事。如第一项所谓不实,所谓虚伪,所谓欺蒙,皆有程度问题,不能一概而论。例如报告,如公告,如对官厅及公众,银行自称信用甚好,而不日即行倒闭,是否认为犯罪?窃以为至少,必须有故意捏造之事实或数目字,方成罪名。又如第二项所谓隐蔽,所谓不实,所谓妨碍,更须出于故意,方成罪名。因银行文书账簿甚多,检查人员不要时,职员未必须一一提呈,似此情形,不能即认为隐蔽。银行事务曲折甚多,检查人员未询及之点,职员未必须一一不漏,似此情形,不能即认为不实。其它方法妨碍检查字样,亦欠明了。假使其职员确有事故如疾病婚丧之类,而非出于故意的,不能即认为犯罪也。

又所谓重要职员,在第四十九条中,以股份公司论,系规定为经理人、董事、监察、分支行办事处或代理处之代表人,人数甚多。上列之人,事实上对于银行全体事务,文书账簿不能一一明了,而使之皆同一负责,乃不可能之事。例如检查人对于董事查问某项营业,董事因不明了,不能为完全答复,是否即认为不实之陈述,该董事即须犯一年以下徒刑千元以下罚金之罪名也。

个人意见对于此条希望再予以分别明白之规定,否则妨害公务伪造文书等项,刑法中本有专条,银行职员如有此种行为,当然适用,似勿须在银行法中另定专条,转生误会也。

以上列举十二款,个人认为不无研究之余地。一般经济界亟希望政府颁布银行法,以整理发展金融事业,但必须含充分可能性,万一条文中有一二不可能之事实存在,必致敷衍奉行,恐将损法律之威信,殊非人民奉法之本意。故不能不希望政府,于事实上理论上再从长加以考虑也。

再者承公会嘱托研究此法,并令即日交卷,会在病中,勉强伏案五小时,拉杂草成,聊备参考,自不免疏漏之虞,尚乞公会诸先生,赐予教正为荷。

附录前溪君致某报书

启者，鄙人养病北平，顷有友人自津来云，贵报对于拙作《银行法之研究》有所奖饰，惭惶无似。惟关于有限责任股东应负所认股额加倍责任一节，有承贵报指教之点，谨将鄙意简单说明如下。

（一）普通法与特别法之区别，为国民应有之常识。特别法对于普通法之规定，当然可以变通。故拙文中未云"不可"或"不能"，只云"原理上不贯串"。何以说"原理上不贯串"？因公司法对于"股份有限公司""两合公司""股份两合公司""无限公司"各种出资人所定之责任，皆系就出资人自己认负之责任。为保护社会公众之利益起见，特予以分别明了之规定，以资遵守。例如有限者之责任，系以出资人自己认负若干之责任为责任；无限者之责任，系以出资人未声明有限，认负无限之责任为责任，并非在其自愿承认责任外别为规定，皆是一个原则贯串。各国公司法亦复如此，特别法忽破其例，对于自认有限责任者，另加一种法定责任，似不贯串一也。必欲破例，公司法中似应添设根据条文，且或须因此附加若干条文。例如法定的"加倍责任"，性质上等于"未缴股本"之责任，因公司倒闭，可以追问其责任，与"未缴股本"性质同也。但执行此责任时，是否适用关于"未缴股本"一切条文，抑须别为规定，似应附加条文定明。又如"未缴股本"，公司法中准许其连同"已缴股本"作为资额，如已缴未缴股本各二百五十万之公司，对外可以称为五百万元之股份有限公司。今法定之"加倍责任"，性质上与"未缴股本"同，却不能得未缴股本之同一权利。如五百万元股份有限公司之银行股东，虽另负五百万元加倍责任，对外却不能称为一千万元之股份有限公司也。平允与否，姑置不问，就法言法，此种有限责任之公司，与不负"加倍责任"之他种有限责任公司，是否应有区别，条文中似不能不有规定。今银行法中只有"股份有限公司之股东及两合公司股份两合公司之有限责任股东应负所认股额加倍之责任"一语,并无其它规定。特别法无规定者,自当求诸普通法之公司法中。乃一检公司法,不但与通体之原则不合,且亦无例外之根据条文,更无因此附加之条文,似不贯串又一也。总之,特别法对于普通法虽然可以变通,而论理上不能不求贯串。此鄙人所以认为值得研究者,未知高明以为何如?

（二）贵报认为金融事业之责任应科以特别责任一节,鄙人亦甚同感。政府在公司法普通法外,别定银行法特别法,亦未尝不是此意。但鄙人以为其责任应加重于办事人,（股东兼办事者当然在内）,不应加重于一般股东。因事实上银行之倒闭非一般股东直接之过失,负以加倍责任,似失其平。理论上银行股东较其它事业之股东并无加倍之权利,不能使之负加倍之义务也。未知高明又以为何如?

鄙人本在病中,拙作仅五小时勉强草成,不明了不正确之点恐甚多,如蒙贵报暨社会人士多所指教,藉以匡正,实为欣幸之至。

如何救中国

《国闻周报》第十卷第一期,1933 年 1 月 1 日

如何能够救中国? 这个问题,悬了数十年,经过君主民主党治三个时代的试验,失败又失败,使一般忧国之士,个个失却了自信力,早经鼓不起勇气来,作一篇聊可自信的文章。有人深刻的讲:这个答案,假若不必期其有效的话,题目狠宽泛,倒也有不少的话

可讲。假若是想语不虚发,恐怕只有交白卷了。我们已经看见了听见了许多答案,略举一二,简单分辨之如下:

(一)有的说"国际共管"就有救了。能不能姑不必论。事实上各国现在自己管自己,还管不好,共管中国便会好吗?有数千年历史的中华大民族,能如此简单,甘于受外国人管理不捣乱的吗?这个答案,可以说是亡中国,不是救中国,尽可勿庸讨论的了。

(二)有的说"苏维埃化"就有救了。未免太相信中国共产党,便是苏俄共产党。事实上我们调查现在中国共党占领区域内的政治,是可相信其比较的好的吗?可以救中国的吗?

(三)有的说"法西斯化"就有救了。但事实上北洋系当国时,何尝不是一种中国式法西斯政治?以后万一有法西斯政治再出现,我们能够相信比北洋系好许多的吗?可以救中国的吗?

(四)有的说"废除党治实行民治"就有救了。但事实上国民党政府未成立以前,何尝不是已经号称民治?废除党治后,我们能够相信真正的民治出现的吗?可以救中国的吗?

(五)有的更说到各方面具体问题。甚么"教育救国","体育救国","经济救国","农业救国","工业救国","交通救国","联邦救国","职业救国","外交救国","国防救国",乃至"化学救国","飞机救国"。这种种答案,就各个发挥言,固皆各存其是,就全体关系言,又何尝单独可能?

我们看了这无算的答案,都抱着无限的怀疑,结果下来,便变成一无答案,只好交白卷了。但是我们想一想,这不能不怀疑的原因,在甚么地方?恐怕有一个先决问题在。这先决问题是甚么?著者无犹疑的敢断定是在"如何能够成立一个好政府了。"勿论甚么好主义,好组织,好方案,假使无把握成立一个好政府的话,那所有的救国答案,皆等于废纸。所以我们是不能不怀疑的了。前清末年之君主政治,假使能成立一个好政府,何尝不可变成明治之维新?北洋系时代之民主政治,假使能够成立一个好政府,何尝不可变成克玛尔之独立？即如现在之党治政治，五六年来，假使有一个好政府，努力做去，恐怕现在全国人，无不讴歌墨索里尼之功，赞颂列宁之德了。所以我们无成见的放开眼光看，救中国之失败，不是甚么政治主义上之失败，乃是各种政治下，皆不能成立一个好政府的失败，种种救国具体方案之不能实行，不是因为政治主义上的关系，亦不是因为方案本身上的关系，乃是始终成立不了一个好政府，没法选择着手，没法继续努力。

照这样打穿厚壁的看法，我们不尚空论，只讲实行，则一方面可以说救中国的法则，是很简单的了。只要成立一个好政府，便有办法的。一方面可以说救中国的法则，是狠困难的了。经过君主民主党治三个长久的时期，所谓好政府者，始终尚不能使一般人民，有所认识。以后或者继续党治，或者改用他种政治，这好政府岂是即能实现的吗？没有好政府，我们救国计划，纵使想得如何完全，如何精妙，那个实行起点，将从何处说起？我们须知道一个好政府之要素，第一是需要好领袖人物。尤其在具有"弱国""乱国""古国""大国"四个难治条件下的现在中国，要成立一个好政府，需要好的领袖，更非寻常可比。加以数十年中，已往的领袖，滥发了无算的空头支票，使社会上认为所谓政治领袖者，皆疑是信用破产人，早将社会上崇拜领袖之心理，完全消灭。在这种环境之下，要造成一种好政治领袖资格，更难乎其难。已决非凭个人空言，党徒宣传，所能向民众骗取到手的。必须从事实上造出来。且造出来而能使其成功的，更必须是一种绝对光明的人物，有勇气诚意智力而能洁身力行者。在数十年的黑暗政界中，须照上千万个探海灯，放出绝大的光明，使这种领袖人物的毛发心窍，人人得认识清楚，根本信仰。将所有从前政治上一切阴谋策动肮脏恶浊种种黑暗风气，概予革除，重新建设社会上绝对崇拜领袖之心理，庶几乎我们民众所希望救国的好政府，方有确实出现之可能。我们要认清楚，救中国的有效方法，专讲甚么主义，都是假的。甚么主义之下，必须有一个好政府,乃是真的。要建设好政府,非造成好领袖人物不可。这个好领袖人物之出现,必须事实的而非宣传的。必须光明的,而非黑暗的。勿论用甚么政治方法,只要事实上能造成四万万人共同信仰之光明领袖,成立一个好政府,都是足以救中国的,都是一般人民所赞成的。如其不然,徒把世界上各种主义组织,与夫一切的救国方案,个个来讨论试验,那于救中国,有甚么相干?

　　我们悬了这样一个目的,来希望构成救国的好政府,究竟是可能的,还是不可能的? 现在的政治领袖,及将来的政治领袖,是往这条路走的,还是不往这条路走的? 我们一考察社会上情形,也许便要发生悲观。因为现在社会上一切的一切,都是空虚的,我们偏要他重事实,都是黑暗的,我们偏要他放光明。这是"反其道而行之",不是一件容易的事。但是风气转移,速如水之就下,也不是绝对不能变的。我们现在已经看见社会风气,有多少转移之机。第一个证据,便是现在社会一般人心中,绝对没有他自己良心上崇拜的领袖。无论何界,都如散沙,绝无一个领袖,能真正指导起见,团结起来。尤其对于政界,一无信仰。除了少数有成见或私见者外,我们试诉诸社会公论,请他们一致的举几个政治领袖出来,我们敢断言是绝对无回答的。可见一般人心理,已大有进步,绝对不肯再盲从瞎捧,必定要领袖人物,拿事实出来看了。第二个证据,便是现在社会一般人心中,最厌恶的是有黑幕。无论对何人,无论对何事,他们都先取一种怀疑态度,绝对不肯随便参加,随便附和。假使以后出来做事的领袖,没有事实拿出来证明他人格上的光明,恐怕要得一般人民的信仰,拥护他成功,是很难的事了。这两个证据,虽然是消极的,于现在国家社会各种事业上之进行,足以发生种种障碍的。但是不能不认为这是社会上一个进步的必经阶段,换一句话说,一般民众已被人骗够了,渐渐觉悟了,不愿专用耳朵,想用用眼睛,睁开看看了。我们即此可以看出来,这完全是一个风气转移之暗示。所以我们敢说,现在及将来,除了有成见或私见者外，一般人所希望的政治领袖，就中国人物说，是"鞠躬尽瘁死而后已"之事实的领袖，是"约法三章豁达大度"之简单明瞭的领袖，绝不希望再出现"假仁假义""使贪使诈"一流人材。就外国人物说，不一定要顶礼民主主义之华盛顿，不一定要讴歌法西斯主义之墨索利尼，更不一定要膜拜苏维埃主义之列宁。老老实实的，只希望真心爱国，不讲甚么高深主义，坚苦卓绝，洁身力行，如像甘地那样光明的事实的人物多出来几个。这个意见，我们敢代表现在中国大多数人说，是人同此心，心同此理的。社会空虚极了，我们希望的是事实。社会黑暗极了，我们希望的是光明。走这条路来的政治领袖，便可成功，不走这条路来的政治领袖，必然失败。我们敢在此断言的。这种人物，何时出现，好政府即何时成功，而促成的责任，便是全国人民应该负起的。尤其所谓士大夫，尤其所谓舆论界，负的责任更重。我们一定要提倡养成这种风气，奖励人材往事实的光明的路走。无论甚么人，讲的甚么主义，我们不能只听演说，读文章，便算了事。一定要他拿做出的事实来看，一定要他拿事实证明人格的光明来看。所有政治上相沿的一切空虚言论，一切黑暗行为，我们是应该绝对排斥的。我们应该趁现在社会风气有点转移机会，努力将这风气快快的转移过来，俾好领袖人物早日出现，好政府早日成立，我们救国目的，方有达到起点。虽然这个主张，近于消极，但是我以为或者经甚么积极方法有效。我们看看历史，所谓"拨乱反正"者，未有不从转移风气开始的。风气若不转移，国家绝无办法。所以著者认为救中国，除了这条路，是颇少终南捷径的了。假使现在已有政治力量的人，能翻然觉悟，改从这事实的光明的路上走来，那更是事半功倍了。

　　本报今届十年纪念之期，这十年中，我们介绍的救国文章与方案不少。但是这内忧外患，却比十年前更加严重。同人费了十年心力，于救国事业，有甚么相干？我想凡招笔之人，都必与我们同感，抱着一样的痛苦。可见得空有救国文字，没有救国人物，是只增痛苦而少效力的。我们实在忧虑之极，烦闷之极。趁这个纪念机会，把著者数十年来想救国的痛苦经验上，得到的简单结果，老老实实的说出来，所谓骨鲠在喉，吐之为快了。

找不着题目

《国闻周报》第十一卷第一期，1934 年 1 月 1 日

一年容易！国闻周报第十一卷的新年号又要发刊了。照例编辑先生是要摊派我一篇稿子，不肯放松的，一个月前早就来了一个警告，接连又提醒过我三五回，我总说还早，还早。近年来我心头早决定不著文章，口头亦常说不写稿子，但是朋友逼得紧，老是没办法搪塞！一个不凑巧，一星期内也许还要榨出几千字来？！但是写惯了日报的稿子，一两个短促钟头，千余个杂凑熟字，便可草草交卷，要逼着写周报的文字，更觉得有点费事。因为千多字的文章，放在二十来行五号字长长的宽宽的光光的纸上，填不满一个整页，实在难看，别人读着，怪像写不出来的样子！因此要写周报的稿子，总得发点狠，多凑两个字才好。我的生活，本是开的杂货店，天天杂事太多，拿到我那里来的，更多少要绞点我的脑汁。不能不会的客又不少，十之八九都不是为应酬来的，不能只说一点寒喧的话。偏偏我还有嗜好，却不是抽大烟，打麻雀，第一是喜欢喝两杯，每天傍晚，自斟自酌的，平均要白费一个小时。第二就是有人骂我"谬讬风雅"，我自己也的确承认一个"谬"字，不过看书厌了，说话腻了，事情麻烦了，总是拿一本诗卷来遮遮眼，清楚清楚脑筋，这样便养成了个谬习惯；有时候不知不觉地跟着那个调儿哼两句，恰和北方街头上看惯了的伧夫一样，不管人家讨厌不讨厌，拉开嗓子学

谭叫天,怪喊两声空城计的"我本是"四不像的调门,那里说得上"风雅"两字?! 但是又谬费了时间不少。的确我并不懒,假使我能够懒的话,也许是我的一生福气?! 老实说若果家中不是儿女们放学的关系,我是不知道有礼拜的,我从来很少自动的放过自己的学,同他们去做礼拜! 生活是这样的情形,要逼我写稿子的朋友们,不多画两道"急急如勒令"的符,加紧来催,那总是对不住了。馆中大家的脾味儿,编辑先生早就摸透了,他晓得一个月来,下的几回警告,是白下的,不会老早就有稿子送去。一直挨到十三日夜里,他便不客气地告诉我:"新年号二十五日发行,稿子多,十八日就要发刊,文章至迟十七日要交来,万一还要挨一天两天呢,请先将题目说出来,因为是新年号,题目在十八日是要预先发表的"。我真是好笑,我们的老毛病,不提起笔来,那里会有题目? 有时候文章凑好,题目还没有,随便安上一个的例子不少,文章虽是自己著的,题目却是请人捉刀的也不少。向我先要题目,岂不比向我要文章还缺德吗? 我只得苦笑地答应道:"十七日题目与文章一齐交卷。"编辑先生好认真,十四十五两夜里,他还叽咕了好几声,我好像发誓的一样,断然答复道:"十六是礼拜六,准定动手。"却难怪他,我们的脾味儿,真教人不能放心!

　　今天是十六日了,大清早就提起笔来,第一件事,当然一面写,一面想题目,题目在哪里? 写甚么? 姑且先说些闲话。但写到这里,非入题不可了,只好拿笔杆敲脑袋,敲了十分钟,忽然回想到国闻周报民国二十二年的新年号,我著的文章题目,是《如何救中国》? 这题目真大得利害,但是我失败了,我所说的一切希望,这一年中连影子都没有看见,也许这种庄严宽泛的题目,别人看了就头痛,甚至于还要发牢骚骂两声:"救中国的人生了没有? 少说废话吧!"管你说的甚么? 压根儿就不会过眼,白糟蹋了几页好纸! 我又联想到大公报二十二年元旦辞了,我引发英国太子威尔斯亲王说的话,他说:"世界的一九三二年真是一个会议年度。"言外之意,是发的"世界会议太多成功太少"的牢骚。我引这话来希望中国的二十二年，也不要再成为一个会议年度，总得做出几件有益于国计民生的事才好。这篇文章的希望，不料竟中了一半。二十二年中的确会议真少。最重要会议，是七月一日开的临时全国代表大会，为的是讨论结束训政的大问题，等到了六月一日，忽然展期，改为十一月十二日，又等到了九月廿八日，忽然又展期，一大踏步改为二十三年十一月了。第二个重要会议，是十二月二十日要开的第四次中央执行委员会全体会议，前两天临时又展期一个月，也归入来年去了。第三个重要会议，是全国经济委员会会议，天天听说要开，仍旧再省略一年过去了。此外不过是农村复兴会议内蒙会议之类，不足引起全国人十分注意的，来点缀点缀。我们不愿意说的，并且想整个忘掉的，倒是还有一个全国人连世界人都来十分注意的会议，的确在中国二十二年中开过的，那便是最倒霉的塘沽会议！！！我们把二十二年与廿一年相比，会议的数字的确减少，不过实行的事件，也并未加增，因为会议太少，好像故意的腾出地位来，让了一个最倒霉的会议，出出风头！我们那篇文章的希望，虽说中了一半，反而触动我们无算的伤感！记得年高有经验的老先生老太太常常劝人不要看相算命，说是："说你好的，是不验的。说你坏的，却灵得很。"这样微妙的警告，是值得我们反省的。这个年头儿，好容易碰着一个新年，不犯着再来作些甚么希望的预言，好的不验，坏的却灵，教我们明年这个时候，又来伤感！我写到这里，便决定了一个找题目的条件，无论如何，只谈过去，不要说到将来，最好"利市"一点，于新年号合式的。

我赶快地从已过的就近的廿二年一月一日想起头，看有甚么题目没有？念头还没有转过来，这一月一日第一件忘记不了的事，已经自动的跑上来笔尖来了，就是本年元旦那天，日本兵又在山海关开炮了！从此送掉东三省之外，又饶上一个热河！我记得那天各机关都放了假，馆中连人影儿也没有，我是到第二天早上，馆中朋友方打电话来告诉我的,并说元旦傍晚的时候,一个日本兵喝醉了酒,闹起来的事。他们一个兵喝醉了,就要我们的一省! 日本兵的情形,大家都知道,向来是爱喝的,爱醉的,我们只剩十几省了,经得住他们几个人醉! 经得住他们几天醉! 我听完了电话,便明白是预备计划,热河的祸事又发生了,那里是酒的毛病?! 我已经自白过我是好酒贪杯的人,向来肯替酒作辩护的,许多朋友生了病,总干干净净乖乖的推在酒身上,我是常常当面提出严重抗议的,自己做坏了别的事,惹起毛病来,把我喜欢的酒,载上赃去,欺他只会醉人,不能说话,任意诬告他,我的义务律师是一年四季做定的了,决不肯听人诬陷我的酒。我觉得天下最不公平的事,莫过于说酒的坏话! 山海关的事件,更是铁证,假使他们兵儿真是在那里喝酒过年,怎么便会开炮跋城呢? 恐怕那天的毛病儿,就是他们忙着脱炮衣,忘记洗酒壶了?! 我替我的酒辩了许多话,但是这样倒霉的事件,终究不能拿来作新年号题目的,我便想到二月里去了。这二月中的确热闹得很,宋子文先生十一日飞来了北平,十七日便同张学良先生冒寒跑到热河去视察,各方面由承德发生了许多激烈慷慨的电报。我那个时候正在上海,记得黄浦滩上许多生活怪舒服的好朋友们都义愤填膺,大家想出来挤一条富命,成群结队地在大寒天气中,由温暖的南方向严冷北方出发,间接的来帮助打仗,有几位还跟着跑到承德去的,实在比没饭吃没衣穿的义勇队朋友,还来得义勇,太太丢不开的,连太太也捎上,作为娘子军一路出发,好不威风。上海繁华地方中头等安佚的社会,到了这时候,尚有这样的情形,那全国各地方各社会中悲壮的事件,更不知还有多少? 我觉得这种表示国民性生动的状态,的确是一个好题目,值得我们拿来整个写写,不过没有甚么结果,自然不是捧场的他们不出力,却是白白的出了力,空辜负朋友们那样的热心! 他们都是唉声叹气的回了上海,好像不多愿意再提这件事,我今天拿来做题目,万一上海朋友们看见,也许说我是开玩笑;我虽然是五体投地

的佩服他们,但是别人不愿意再受的恭维,总是不说的好。这二月
中还有一件国联十九国委员会议决不承认"满洲国"的大案,可惜
也是不下雨的雷,震散不了热河的狼烟!果然!果然!三月三日
到了!我本定这天夜里由上海起身,作长江短期的旅行,车票船票
都买好了,晚饭后正想收拾行李;这晚恰是一位老先生六十九岁暖
寿的良宵,我向来惯会忘掉别人生日的,也照例未曾理会,忽然这
个老先生家里来了一个电话,说是老先生知道我今夜要离开上海,
希望去谈谈,我便同一位朋友一路去了。谈了几句话,在坐另外有
一位朋友,向我们两人挤了一个眼,说道还有事没有?我们另外到
一个地方去去如何?我知道话中有话,说声好,就立刻一同上车,
上了车,他告诉车夫说:"到市长公馆去。"我知道不好了,接着我便
问有坏消息吗?他说:"刚才市长的电话,好像承德完了,此间客
多,不便多问,我们去采个详细。"三个人在一个车上坐着,暗中苦
脸相对,都是一言不能再发,我只模糊的叫了两声丢得好快呀!到
了市长公馆,让进了书房,市长在请外国客吃饭,穿的晚餐服,匆匆
离席而入,我们也不暇寒暄,出口便问:"你的消息哪里来的?真的
吗?"他说是南京转来承德党部中友人发出的电报,说汤玉麟已经
跑了,热河不是完了是甚么?我们四个人又在那电光明亮中,苦脸
相对,也一言不能再发,市长忘记了让客人的茶,我们也忘记了抽
主人的烟。最后我苦笑道:"也许汤玉麟不是真跑?!我们打个电
话,问问宋部长如何?白天我曾劝他明天再飞往北平,鼓励鼓励士
气,他已经答应我七八成了的哟!"主人说问过了,他说:"尚没有消
息来,也许会出这样情形!"如此!如此!我们还说甚么?三个人
不期然地一齐站起来,说道主人陪外国客吃饭罢,提起脚便走,各
上了各的车,两位朋友竟忘了问我还旅行不旅行?我自己也忘了
问自己?上了车一看表已经是十点半了,我好像缓了一口气,脑筋
一动,立时决定仍旧走,至少今夜在车上,明天大早到南京一直上
船,看不见这两天的报纸,少难过点,也是好的。真是那两天的消

息,我全不知道,不过车上一夜,船上又一夜,我两个眼睛是看着电灯光过的,不曾眨得下来,确实留下了一个不能忘掉的印象!我不久即回到天津,仗愈打愈近了,已经不是热河问题了,听说商宋两军得着一点便宜,吐了一口气,的确不是谣言,举国都欢喜若狂。但是大刀的威风,步枪的勇气,抵得住飞机炸弹,唐克大炮,是我的知识上不许可的,忧虑又忧虑,这三月匆匆过去。四月一日我们看见报上一个大消息,便是关于三月三十日中常会决定七月一日开临时代表大会的一切详细情形,说是要结束训政,还政国民,举国一致的大家负责来抵御外侮了,传闻是蒋先生在保定下了决心后,于三月二十五日飞回南京与汪先生诸位商量定议的。这的确是一年经过中的一个大题目,放在新年号上叙述经过的成绩,真再合式没有了,省得我还瞎找题目,无如现在已推到明年十二月里去了。四月中华北情形日见不好,更加上新疆的民变,金树仁出走的消息也来了,一到五月后,古北口方面的中央军作战,虽然已博到了内外不少的赞扬,但是日本兵却一步一步的压迫到了北平附近,何况北宁线日兵又渡过滦河,平津的汉奸们已增加了不少的活动,我记得四月秒至五月初中间,大公报发表了许多攻击汉奸的文字,可见当时情形的严重。有一天傍晚七点多钟,报馆竟吃了一个小小的炸弹,我还没有到馆中,八点多钟赶到了,一个南方的工友先告诉我,"炸弹小来稀,没有啥价损失。"我还说我的福气好,去年上海打仗,我在天津,前年天津闹便衣队,我在上海,馆中挨炸弹,我在家中喝酒。话犹未了,第二个炸弹又光降了,他们说比头一个大,由边门投进,地下炸了一个大窟窿,一面房子的玻璃窗都震碎了,幸而一个人也还是没有伤,不过声音比头一个大得多了。第一个炸弹的声音我本没有听见,我不知道怎么比较,我并且是从来没有听见过,毫无一点经验的,当我听见第二个炸弹响时,老实说我还以为是我们运报汽车的胶皮轮爆了。办报馆的遇着这类事,本来是平当得很,值不得大惊小怪,也不必追问原因如何?现在想到了,写出来,不过证明那个时候平津乱糟糟的样子已出现了。我本来规定乘第二天早车赴北平,那天在车中还哼了二十八个字,作了这件事的纪念,题目是《津平道中》四字,诗是"望见杨村第一程,市声渐远柳轻明,车中忘却宵来事,一路看花到北平。"四句。北平这时候,各街头已经砂袋垒垒,,车马廖廖,我的家中妇稚,又暂时避往上海去了,间间都是空屋子,实在一切的一切,有点失常态的样儿!听说城外园中海棠盛开,我还勉强闲情逸致地去赏花,又在花下哼了几句,寄与我将近五十岁的太太,开了一个小小的玩笑。诗是这样写的:"别时话到五更残,乱世携家去住难,今过故园身是客,好花伴我当聊看。"北平住了四五天,又向平汉线上,作一度短期的旅行,我的五十岁生日,就在这客中过的,我向来出门是不带用人的,没有一个人知道我的生日是那一天,真到了生日那天晚上,碰巧有人请我吃饭,我到了一看主客的样儿,大都是不喝酒的,连壤酒恐怕也预备得很少,我实在忍不住了,再不说出来,准得吃眼前亏,记得正正的八点钟,我即席正式起来发表了我的生日,主人客人立时起哄,都叫拿酒来,一个半小时内,足足灌了我十几大碗酸溜溜的酒,总算会利用机会,在这个国难紧急万分中,痛痛快快做了一个五十大庆,没有白花去我的半个铜板。我再回到北方来,已经是五月中旬,情形更坏了,天上有敌人的飞机,地下有我们自己人放的手枪炸弹。五月十五日黄郛先生赶来了,但是敌人也在这边过了唐山,那边快过通州了,十九日天津老套头的便衣队也起来了。到了二十二这天晚上,已经感觉到北平的巷战,在第二天也许不能避免了,十一点左右我自己打了一个电话到北平,问问消息,仍说是无路可走了,我在馆中挨到深夜里,方精疲力尽的回家,奇怪得很,偏偏这夜倒上床就入梦了。六点多钟忽然床头电话机大响,我惊醒起来,心头倒也坦然,以为一定是北平有巷战了。那知道完全相反,说是昨夜十二点钟左右起至五点钟左右止,在东城某地点,中日两方已商定停战初步办法五条了。意外之至,赶快穿了一半衣服，便打电话与一位馆友，也把他从床上叫了起来，请他到馆中去，准备发号外。慢慢的再穿好衣服洗脸，不多时听见天上飞机又光降了，南市靠近日本租界的地方，也大大的响了几个炸弹，这个时候，炸弹的声音我却是早经听惯了，天津的情形还是危险得很。又不多时我们的号外已经发出来，在街上乱叫，似乎生了一点奇效，便衣队好像减了勇气，炸弹手枪的声音，也不大听见了。午后知道我们的号外撞了祸，说是这是秘密的事，我们泄漏了，日本方面的人大不答应。我们忙忙慌慌地得着的消息，那知道是秘密，就冒昧的发表，真是要抱歉也来不及。五月三十一日，中日两方代表便正式的在塘沽会议，签订了停战协定。自元旦起至五月三十一日止，我想得起来的情形，是这样经过的，那里会我得出新年号的题目来！虽然已经写得不少了，题目还是没有，今天暂且搁笔，明日再说。

　　昨天没有找着题目，今天午后稿子即须依限投到，不能不马上加鞭，又提起笔来赶着走，赶着想，赶着写，记得六月初确有两件大事，第一件是张家口宣布独立，成立了民众抗日同盟军总司令部，冯玉祥先生本是五月二十六日发的就职通电，二十五日曾有蒋光鼐蔡廷锴两先生反对休战的通电在前，我们本认为这都是塘沽会议前后，南北应有的余波，未必真正的了不得。不料到六月初，福建虽没有甚么影子出现，张家口确证明成为事实，大大的宣传起来了。足足的闹到八月六日，冯玉祥先生才通电下野。方振武先生又继续的在察北撑持，渐渐的逼到北平附近，日本兵也跟着赶，一直到十月十六日，方振武虽未发通电，确也下野了，五月中塘沽协定余波，整整的将近五个月，华北方面才告了一个段落。这都是与前五个月中的事件，应该并案叙述的，值不得我们特别提出来，回头讨论。第二件大事，便是六月四日行政院发表宋财长的来电，宣布美金五千万之棉麦借款告成了。这确是一个新鲜题目，可以说许多话的。但是我这几年来，著文章本是不得已的打补钉，每次打补钉的时候,都声明决不著财政的文章,那天大公报上偶尔发表的财政文字,许多人认为是我著的,实在是掠美得很,这简直是牛头不对马嘴的错误。我这几年的确不作财政的谈话,不上财政的条陈,更不著财政的论说。为的甚么?老实说,我是不懂中国财政的一个大外行,顶多我只能一知半解地谈谈外国的财政,中国的财政是我整个永远明白不了的,何必找这苦头吃,叫内行人看了笑话。这棉麦借款的题目虽好,可惜是我不能著的。一交七月,我匆匆在上海嫁了女儿,就跑上山避暑去了,直到了九月底,我才慢慢的由山上跑到海上,转回这七十二沽的滩上来了。对不住这三个月中出的小事,我固然没有知道,就是出的大事,我在山上也当作云烟。一定要我在这三个月中想题目,只有写几首纪游的诗,那又成何事体?

　　下山之后,一看南北内外的情形,确是大大的不同了,人心大变,大变人心!五六月以前中国抗日的情形,却在外国发现了,五六月前外国畏日的情形,转而又在中国看见了。记得五六月前苏俄的恐惧日本,总算到了极点,连出了数十年血汗经营的中东铁路,都想拍卖与日本了,那知道那柔驯猫儿的笑面孔一变,真是和狰狞怒号的老虎一样,十月八日首先发表了日本的秘密文书,戳穿西洋镜,把满洲一切的把戏,都认为是日本耍的,叫世界上十七八万万人,都看个明白。接着又在苏联革命十六周纪念大会上,由人民委员会委员长莫洛托夫先生,当着各国的代表面前,作了一个狮子吼,说是要扑灭敌人。我当时看见这种消息传来,捏了一把大汗,因为日本向来对于中国,一点不合式,就要"膺惩"这个,"膺惩"那个,苏联这样抢白的情形,日本准定是要大张挞伐的,又那知道日本反而变成柔驯的猫儿,尽管你呵斥,她还是乖乖的不响。连那极弱的我们中国,也许受了这种侮辱,不管有效无效,总空空提个抗议来遮盖遮盖面孔的举动,她都不做。荒木先生喝稀饭的精神,好像吃了干饭噎着,说不出话来了。当然苏俄是暗中先有了准备,才这样发作,拮拮虎须。日本又岂真是一个柔驯猫儿,当然也是敲过算盘,算了又算,权且忍住的。欧洲方面,英国议院中,也出来攻击现政府从来袒日的不对。美国方面,一年多没有说话的,更来一个突飞的活动,爽爽快快与苏俄复交,好像宣传的是为保持远东的和平,来了一个太平洋海陆包围的和平威胁。这还不在话下,我们中国有名无实的排挤日货的举动,欧美也乖乖的学会。日印商约,首先废除,协商了两三个月,日本愿意受若干物品数量的限制,到现在还没有商量好。那南洋群岛澳洲非洲以及其他英国所属的殖民地,都渐渐的一齐动手排斥日货,据日本方面自己发表的话,说一九三三年下半年的输出,受了英领属地排货的影响不少。意大利在地中海方面,也感觉到非排日货不可了。美国更闹到罐头铅笔两项小事业都受日货倾销的影响,已请政府设法取缔维持。日本人真利害,中国人固受不了,外国人又何尝受得了?这种情形发生后,日本乖巧得很,一面从外交上釜底抽薪,想中国自己分化,来了一个“多边”的外交,叫各国看看,满洲问题的主人翁,破碎得是个甚么样儿?一面对各国十分百分地忍耐,说是我自己要统制输出,不让日本货物多销各国,对美国还说除经济外,更要谋文化上的联合哟。宣传了好几个月的一九三五年是日本最大危机的话,自十一月中日本膨胀作战的预算经阁议决定,他们可以暗中加紧准备后,就把这套话儿完全收拾起来了,我们已少看见了这种宣传,好像现在日本是一个世界最爱和平的第一个国家一样,他们真是会耍把戏哟!这是我九月底下山后看见变化的国际情形。至于我们中国的变化,恰恰相反,我们不必说我们自己如何看法,我们看看日本报纸的宣传,他说对华输出,一天一天的恢复原状,中日亲善得多了,中国人觉悟不少了,华北排日货的影子,早就没有看见,华南骂日本人的新闻已经一律不登,广州日本违约在中国地方滥捕鲜人的事件,报纸上都不作有刺激的宣传,向来日本最恨的十九路军,日本报纸现在也不骂了,在“多边”外交之下,台湾对过的福建也许独立了,日本最恨的共产党,在有不准割让条约存在的福建,日本认为是她的势力范围的地方,稍为出入出入,活动活动,她也认为是她的暂时帮忙的好朋友。真是人心大变,大变人心!我想到上山以前经过的事件,我固然悲观,我现在想到下山以后看见的情形,连悲观也说不上!今天已是十二月十七日,一年剩不了几天,我想在二十二年中找一个好题目来著新年号的文章,是无希望的了。我又想起来在二十二年中,还有几件大事,我只顾随着笔一气的写下来,却忘记叙入。一件是新疆金树仁出走后,又来了一个盛马之争。贵州的你争我夺,又继续闹了一年。四川因为家庭比武,酿成了一个赤白大战。粤桂最客气,这一年中,只有几个空电报嚷嚷,到了这腊头岁尾,还算仍在统一国家范围之内。江西的剿匪仍旧受了时局不少的影响,蒋先生恐怕还要在前线过新年。国外于我们有关的大事,也忘记了两件,一件是国际经济会议与裁兵会议的失败。一件是国联要改组。前两个会议的失败,是他们大家的失败,但是影响到了我们中国却不少,因为欧美多事,照例是亚洲日本人的好机会。国联要改组的原因,当然是受了我们中国很多的牵累。十余年来毫无破绽的一个国际好机关,倒霉的中国拉着了她不放手,日本狠狠的一个拳头,便打开花了!希特拉先生趋势小小的加上一脚,国联这个机关几乎变成了中国的情形,有点七零八落的样儿!但是外国人也许比中国人傻一点,另有一股傻劲,将来硬想出一个转湾补救的方法来也难说。日本且慢高兴,国联不承认满洲国那篇旧账,遇着机会,也许还是要清算清算的!此外二十二年中还有甚么大事?一时想不起来,姑且对不住,一概抹杀。

　　想来想去,二十年中经过的事件,能拿来作新年号题目的,实在没有。再往二十一年想去呢?现刻已经要快吃午饭的时候,午后整理整理稿子,就得要交卷,若再从二十一年除日起,想到民国元年元旦,除非再宽一个月的限期。话又说回头,我回想这一年的大事,已经够腻味了,别罚我再想,编辑先生是慈善的菩萨,决不会如此忍心的吧?! 但是闲话写了这样多,题目还是没有,便想交卷,这样的闲话,又安上一个甚么题目去交卷呢? 真又是一个大大的难题。我福至心灵地忽然想起了古人的吟诗,许多没有题目的,不知道他有意的还是无意的,他便安上一个"无题"二字作题目,这也许是一个救我的法门? 我是著不惯白话文的,去年只著了一篇,今年也一独一无二,"无题"二字,能不能拿来作白话文的题目,著白话文的外行,不敢下这断语,我便大胆的把"无题"二字,译成"找不着题目"五字,觉得也怪有意思的,大大的就写在我稿子的前行,拿来交卷了。

青年的朋友

《国闻周报》第十一卷第十三期,1934 年 4 月 2 日

　　我不客气的想来做一个青年的朋友,再不客气一点说,不是想做,事实上是已经试做了不少的时候。我自交四十岁中年以后,觉得渐与青年们另外划了一个世界,这世界与那世界一天和一天的远了起来,我心中有点不服;不止一点,我的个性古怪,有时候冲动到十分地不服,决心想回过头来赶上前去,除了那些激烈运动,幼稚言行,摩登娱乐,夸大气概,我绝对学不来的而外,差不多我样样在探险。酒多喝,饭多吃,路多走,话多说,凡是青年们活泼地一切行为,我还能够勉强跟得上的,我总是跟着后面跑,尤其喜欢的是与好学有志的青年做朋友。每天愿意做和不愿意做的事忙过了后,能够腾出功夫来,总是想找青年人谈话,话匣子开了,争辩得刺刺不休,津津有味,消磨去一两个钟头,并不感觉到丝毫疲倦,好像

我自己也年轻了多少岁似的,这样已经十余年如一日了。起初我是怀疑的,我虽然想与青年们做朋友,那青年们是不是愿意与非青年人做朋友,还是一个疑问。经过这十余年试探的结果,我敢下一个断语,凡是好青年除了玩耍事外,没有一个不愿意与有相当知识的非青年人谈话,讨论学识,研究言行的。我的知识自己明白是有限得很,我就从来没有碰过好青年拒绝我的钉子,有时候尽管话不投机,也从来没有过不欢而散的。非青年人与青年人能够做朋友,在外国本是寻常的事,中国却比较的少见,依我的偏见看来,这个少结合的原因也许非青年人应该多摊一点。还有要声明的,我喜欢与青年们做朋友,并不是要想博"奖掖后进"的美名,老实说,这种交往谈话,与其说与青年人有益,勿宁说是于非青年人更有益,至少也是彼此有益的,说不上那一个奖掖那一个。就以我而论,我的思想至今还没有如何消极,我的行动至今还带着几分勇气,可以说是得着常与青年朋友们谈话的好处不少。时常接触着青年们的朝气,时常刺激着青年们的快论,我认为是于非青年的人生观有莫大益处的。我常说我的人生观好像进了跑马厂,明知道到了这时候一匹老马——驽马——与那甚么锦标是不会发生缘分的,但是我总要跟着跑,人家笑我也好骂我也好,迟十分迟百分那目标地我总慢腾腾地要想跑到,永远要与那些壮马——快马作个伴儿,不肯离开了这个圈子。不客气的我始终是要想来与青年做朋友的。我以青年的朋友资格,时常与青年朋友说了许多话,我觉得我的见解也许有与别人不同的地方,略略写点作个介绍,介绍与我不认识的一般青年朋友:

(一)我碰着青年朋友,不管他是工也好,商也好,农也好,学任何科学也好,就任何职业也好,我总普通的劝他们研究政治。有许多人批评我是害了青年;这个时代不劝青年们专心学问和职业,偏要教他们旁涉政治,岂不是误了青年吗?这种议论我实在不服,我倒要问问这个时代的中国,政治先弄不好,什么事会弄得好?一般人政治知识到不了相当的水平线,这现代式的政治又如何弄得好?
我认为救中国的第一要着,是养成一般人的政治知识。无论学任
何科学执任何职业的青年,假使我们不想把将来的中国当作犹太
的话,这相当的政治知识是必要盼望他们养成的。我近来看见许
多专心好学做事的青年,他们听见政治上的消息和谈话,便十分厌
烦,每天读报,专看社会新闻,世界的国家的许多大事齐当作"风马
牛",漠不关心,好像与他毫不相干似的,这样现象不改变改变,我
实在为国家民族感觉到极度的悲观。所以我常劝青年们至少限度
每天政治新闻是必要读的,弄不清楚的问题是必要向人请教的,世
界政治的大势,中国政治的大势,要随时关心,中央及地方政治的
人物与设施,大体的是非要粗有辨别,我们并不是要人人当政治
家,我们尽可各当各的科学家事业家,但是必须各个都要具有政治
的公民资格,中国国家民族的将来,方能有整个的建设希望。我们
要知道现代的国家与从前不同,不是能够靠皇帝一个的圣明,登庸
几个贤良宰辅,便可"反乱为治"的,政治上领袖都是要由一般社会
中认识出来,假使社会人士的政治知识太不充足,这好领袖是不会
容他成长的。现代世界上新出的各派领袖,如苏俄的列宁史丹林,
土耳其的凯玛尔,意大利的墨索利尼,印度的甘地,德意志的希特
拉,乃至如英国的麦克唐纳,美国的罗斯福等等,假使这种人们生
在中国,也许早就短了寿命,也许终究软了骨头,因为中国人一般
政治知识太浅了,未必能够认识这种特出的领袖,容他作这样的发
展。人人都知道中国现在正需要这种特出的人才,却偏偏多年来
都看不见,依我的偏见看来不一定是中国完全没有,就许是我上面
所说的社会人们认识不出来,不能够容这种人物有这样地位。所
以我认为中国社会中政治知识不够,是一件最可怕的事。一般中
年以上的人我们虽然想劝他修养点政治知识,但是恐怕来不及了,
或许劝起来更费事,我特地诚心诚意的碰着青年就劝他研究政治。
但请莫误会了,我说的是研究,不是劝人人都当政治家去实行政

治。研究是人人应该的,实行是另要一种政治才能与担当的。现在有少数青年,政治上研究功夫还不曾升堂入室,他便想施展起来,去作实行的政治家,那本不是我所希望的;还有很少数的青年,根本不知政治为何物,听着什么便盲从什么,因而得着地位的,因而丢却生命的,更实在与研究政治何干。现在许多人听见青年们研究政治,便觉得可怕,不知道青年们若不研究政治便去办政治,那是更为可怕,这并不是政治误了青年,是青年误了政治。

（二）现在的青年还有一个极普通的毛病,就是大多数自从在学校读书时起,便没有志气。他所烦闷的焦虑的踌躇的始终离不开个人的生活出路,生活当然是人生第一件事,但不是人生唯一的事,比个人生活还要紧的,便是要国家如何存在,如何强盛。况当了现在的中国公民,没有一种救国的高尚志气,恐怕这公民资格不待在法庭上来剥夺,早已自己在精神上宣布取消了,因为中国的现代公民,对于国家所负的公民责任,比哪一个国公民还来得重,要得急,他们是谋强盛,我们是救危亡,无论学的甚么科学,做的甚么事业,都是当要求他负起这种救国责任来的,倘若没有这种志气,不客气的说那便不是中国的公民。我不是反对现代青年急于谋生活,我是反对现代青年不在抱救国的高尚志气下谋生活。假使抱这种志气来谋生活,这生活本是极易解决的,因为有这种志气,精神上有了慰藉,物质上自然看轻,一口苦饭便可为活,我从来不信且从来没有看见过具有普通青年能力的青年饿过饭。我更不是反对青年不应该过高级生活,我是反对青年不能过低级生活。假使青年有志气,把志气看得重,生活看得轻,我认为也许他过低级生活比高级生活还快乐。现在多数青年的所谓谋生活,大都以比较的高级生活为目标,我认为这便是没有志气的一个大象征。中年以上的人不必管了,现在及以后的青年倘若不将志气看重,生活看轻,能够勉强活着,便奋勇的求学做事,我们物质落后的中国前途是可悲观得很的了。我近来常听人说某某到满洲国做官去了,要原谅他那是生活的关系,好像这便是理由十足,我实在痛心得很!青年们不要再注重生活了!我们可怜的中国人能够存在到在的,就是全靠祖宗教我们不要讲究生活那一点美德,请看看那四乡的老百姓,尤其边省的,过的是什么生活?!现在及以后的青年倘若把生活的程度一步一步的看重起来,看高起来,是要把我们子孙一齐引上亡国的大道去了。我又不是反对中国人不应该提高生活,我是反对还不能提高时候先去提高生活。这是我们中国经济特殊的现象,青年们万不可忽略过去的。以我的现在环境论,本来不配与青年们说这种话,连我对家里的儿女说,都缺乏了现身说法的效力。但是我三十年前的环境确是一个寒士,我回想我的从前,我敢说:志气看得重生活看得轻,虽然现在没有什么成就,我的人生路径确是由这样走来的,无论什么时候身心都安泰得很。所以我现在看见青年,我总是激发他的志气,只要有志气,无论遇着甚么困难,都能抵抗环境,安慰自己的。

(三)中国现代的青年十九皆感觉烦闷,感觉苦恼,有许多人都对他们表示同情,以为青年们遇着中国这样时代,政治、经济,乃至社会一切一切的路径都是暗礁,都是荆棘,青天白日都可随处遇着"魑魅魍魉",初入世途的青年碰着这样环境,如何能不烦闷,如何能不苦恼,是应该同情的。我确是大大的不以为然,我从来对这样的青年没有表示过丝毫的同情。我认为现代的青年生到中国,就是他特别的幸福,假使不幸的生在外国,科学上是早有人发明许多了,事业是早有人建设许多了,极有为的青年也不过跟着老科学家老事业家来熬熬资格,毕生费尽"九牛二虎"的力量,白了头发,豁了牙齿,也未必能够在一枝一切上得着若何的表现;能力次一等的青年更是"没世而名不彰"。那能得到中国这样的好机会,门门科学都少专门,件件事业都少基础,有相当能力的青年无论求什么学问做那样职业,人人都可以当先进的人物,至少也比外国科学家事业家求名求利容易得多。即如我这样仅仅具有普通知识的非青年人,若生在外国,那还配提笔写文字议论这样议论那样,这都是侥幸生在中国,得了世界上人得不着的好机会,何况青年,何况受了比我那青年时代进步的教育出来的青年,中国现代的青年得着这样机会,有许多人还不知道感谢上帝,拼命努力,反而要烦闷要苦恼,衰弱了神经,损坏了身体,弄得二三十岁的青年志趣勇气往往比我这五十岁以上的人还不如,这真是自暴自弃。我是真正的不敢同情,是十分的不忍同情的。我常听见青年朋友们说烦闷苦恼的话,我总是笑他,笑他没出息;我有时候笑笑的答复道:"把生活看轻点,志气看重点,中国还是一座未经开发的宝山,俯拾便是宝贝,你生在中国还烦闷甚么,还苦恼甚么,我从来没有听见二百余年前到美洲的各国青年有这样的感慨,我更没有看见两三年来到满洲的日本青年发这样的牢骚。"

(四)但是我虽然与青年们如此的互相勉励,我却从来没有以"成功"两字期望过青年,期望过自己。有许多青年求学做事,都是急于成功,小小失败便垂头丧气,断送了无限的前程,一般看待青年的人也是如此的,看见他小不得意,对他便轻了分量,这样主观客观的社会不知道毁掉了多少青年?! 我第一认为社会上的一切成功皆是侥幸的,圣贤豪杰都没有把握。历史上产生了多少圣贤豪杰,成功了几个圣贤豪杰,埋没的圣贤豪杰何处去叫冤枉! 近代成名的科学家事业家那一个不是侥幸以"一箭"之力,窃了无名埋没过去的许多科学家事业家"九仞"之功。记得安迪生曾说过:发明的成功是要"九分汗下一分神来",我们想想岂但是发明的事,社会上那一件事的成功,能够不要安迪生所说的这样经过? 九分汗下是人力,一分神来是天功,我们只能尽人力,不能"攘天功以为己力",九分汗不下是我们的罪,一分神不来不是我们的罪,所以我们尽管努力,不一定便要期其成功。第二尤其在中国这样环境中,讲科学设备不完,讲事业凭藉更少,加以人事的复杂,时局的纷扰,无论什么事,成功皆是例外,失败变成当然。我们中国人在中国现在要"立身行事",假使怕失败,我们只有不做事;假使一定要勉强期其成功,那就只有专说空话不做实事,也许"及身"博得到若干成功的虚名;这岂是我们所期望于现在及将来青年的?所以我勉励青年,勉励自己,都是说的不要怕失败,失败便是成功,失败后还是努力前进更是成功,回回失败得光明也许便是大成功,人人眼睛中看得见的成功,我们不必先拿来期之"及身",我们只要九分汗下便完了。我们的臭汗不是白下的,都可以当作祝贺将来的青年成功的香槟酒。老实说,几千年的老大中国我们要弄到在现代的新世界上获得国家民族整个的成功,中年以上的人看不见,已经是算就了的命,也许现在的青年朋友未必就看得见,但是不要让将来的青年也看不见,这全靠现在青年的努力,努力是我们的,成功是他们的,在我们求学做事的出发时,这个前提总要认得清清楚楚,明明白白。

我与青年朋友们说的话当然很多,我勿须乎全写;我看见别人们对青年说的话更不少,我不应该抄袭,上面写出来的几段话,专是别人少说我常说的,也许青年朋友们读着,另有一番感想。

开岁后工作方针

《大公报》(天津)1936年1月1日

各报新年特刊,征稿于不佞,当此初负行政实际责任之时,公私栗六,不暇尽述所怀,爰就感想所及,略为一言。

本人此次出长实业,国事如斯,万端待理,益觉责任重大,"为政不在多言",只须埋头苦干,且国民政府之建设计划,本为整个姿态的展开,实业建设不过其中一部分,而在现阶段我国情势之下,因种种关系，计划与实行之间，每每不免有若干之距离，至少实施方面，不能不受环境之影响，故关于空洞计划方面不欲多言。

我国国营事业，寥若晨星，什九衰败，民营事业日益不振，四伏危机，国人怵于经济破产之来临，多误认行政当局应全负办理企业之任务，其实本部乃实业行政机关，非各种企业均须本部自行创办。盖行政机关之任务，端在以系统的政治机构，对国营事业民营事业为有力之指导与推进。是故不佞以为横的方面，如全国经济委员会，建设委员会及其他机关等，与本部性质虽有若干点类似，然事业推进，重在分工合作，各机关所办事业，本部应不吝以合作或分划之精神，分明责任，避免重复，决不斤斤为权限等无益之争，藉收殊途同归之效。纵的方面，如各省政府之建设事业，自当予以便利，力助其成，决不为部营省营之争。人民自营大小企业，更当减其痛苦，予以保障，并助其发展，本部决不与民争利。本部应负责任，只在实业行政，尽指导推进之责而已。至关于一般的基本工作，与夫本部已办之事业，如中国经济年鉴及各省实业志之刊行，一方面收集各种统计资料，一方面分省实地调查，此项基本工作乃一切建设研究上之先决问题，为现代任何国家所重视。我国土地广阔，匪共未清，不免有若干之困难，然必当努力完成，如酒精厂、造纸厂、机器厂、硫酸铔厂及工业农业试验实验所等。或由官商合办，或由官营，或已完成，或正在进行中，均当本原来计划，切实推行，其他各种新建设，则当视客观需要与主观力量之许可，努力迈进。

不佞来自民间，自信对于民间疾苦，尚为明白，深信我国民营事业之不能发展，民族资本之不能抬头，国际之影响，当然严重，而内在的原因，亦所在多有，吾人虽不能谓用政府短时期之力量，将民众痛苦，可完全解除。但深觉行政上，对民营事业，苟能随时注重此点，则民间必将受益不少，而政府与民间之关系，亦必日臻密切，实民营事业与民族资本发展之契机，故对于兹事，将来必当求具体的实现。今当岁首，谨略述不佞今后开始工作之微意以献。

二、演　讲

中国民族传统的经济思想及其组织

——三月廿四日在北平政治学会演讲

《国闻周报》第七卷第十二期,1930 年 3 月 31 日

　　今日得机会,与诸君谈话,至为荣幸。但诸君系久经研究中国政治经济之名人,不应以泛泛议论,耗费诸君精神,故鄙人特将个人研究所及,认为"中国民族传统的经济思想及其组织"是什么,这个问题,尚为中外书籍所未经详细叙述者,在时间可能范围内,简单陈述,或者有少许可供参考之处,抑未可知。但此系鄙人个人初步之研究,未经名人指正,不敢认为确当,尚盼诸君予以切实之指教。凡一民族社会上所有之思想及其组织,无论何种,皆应受其民族传统的精神之影响,皆应受其民族根据传统精神信仰一种或多种有"不灭势力"学说之支配,此为当然之理。世界上任何民族间之社会情形,皆不能外此原则。而在有最长历史之中国,且文化发展最早之中国,社会上各种思想及其组织,所感受传统的影响尤大,自不待言。故在中国历史上,君主异姓,政府改组,都会变迁,无论若干次,甚至一时代中,异族人入主中原,制度典章,衣冠文物,多所改革,而社会上各种传统的思想及其组织,初未尝能予以推翻,且其力量,转足使之同化。故鄙人认为研究中国社会上某种之思想及其组织,皆应先对其民族整个传统的精神及其学说,有明白之认识,方能取得途径也。中国民族传统的精神,在鄙人研究之所得,认为系注重一个"安"字,不是注重一个"强"字,即个人注重在"自安",人与人间注重在"相安",整个之国家,注重在"治安",与个人注重在"自强",人与人间注重在"互强",整个之国家,注重在

"强盛"之民族精神迥异。所以在历史上自有典籍可考以来,上治之时,称为唐虞(纪元前二千三百五十七年至二千二百五十五年);尚书尧典中,首称"钦明文思安安"。安安者,安其所安。上治成绩,明明白白,说是在"安"。字孔子言治(孔子生于纪元前五百五十五年没于四百七十九年),祖述尧舜,曰:"修己以安百姓,尧舜其犹病诸",亦认为"安"字是尧舜竭尽心力以期待者,足以证明中国民族最古之精神,早已在一"安"字,非根据此精神,不能施治也。故中国传统的哲学,亦必须根据此精神,方能发生不灭之势力,自属当然之结果。老子以前之人物,惜吾人不能得其所学说之详细,今可确切陈述者,第一为"道家",即老子哲学(老子生于何时,其说不一,然老子学说在孔子学说之前,则为事实),认为顺应自然,不用认为的设施,方可求安。所谓"无为"者,少事可相安也。第二为"儒家",即孔子哲学,亦认为顺应自然,须用人为设施,方可求安。所谓"仁"者,爱人以相安也。老孔书中,寻不着主张强字意味文句,且无宁反对强字意味为多。其他继起学者,虽不免因一时环境关系,间有陈述富国强兵之说者,然其学说旨趣,不偏于老,则偏于儒,颇少特殊之点。但鄙人在此非欲与诸君讨论中国先哲学说之是非及其派别,不过就历史上之事实论,所谓"墨家""法家""名家"种种学说,皆远不及"道家""儒家"学说影响于社会之大,流传之久,则吾人实不能为事实上之否认。且道家学说,影响于社会者,往往在人中年以后,不及少壮。而社会上有力者之阶级,又大都本儒家学说,以立身行事,间有参杂老子学说于其中者,究居少数,亦系事实,吾人亦不能否认。故鄙人认为中国民族社会上之各种思想及其组织,受儒家学说影响最大最广且最久也。

儒家学说,根据在一"仁"字,二人为仁,即言人与人之关系,其意义训为"爱人"。盖认为人类不相爱,则不能相安也。就爱人一点论,与耶教、佛教均有极端类似之处。然有极端不同者,儒家之言爱人,别有一种精神与其组织是也。盖儒家系顺应自然理论以言爱,不是根据宗教信仰以言爱。根据理论,则爱有等差,根据信仰,则爱无等差。儒家之言爱人,乃由"近而及远","由亲及疏",非泛爱博爱无所分别也。其顺应自然发端之点,认为人之初生,爱其父母,本出自然,毫无强勉,以此作为爱人根据,及其渐长,推而及于兄弟,推而及于夫妇,推而及于朋友,推而及于君臣。(广义解释为上下之别,即用者与被用者之关系)故儒家认"孝"字为百行之先,爱人由父母始也,然后再分别其亲疏远近,孟子所谓"老吾老以及人之老,幼吾幼以及人之幼",老吾老在前,及人之老在后,幼吾幼在前,及人之幼在后,亲疏远近不同也。此为儒家言爱精神之所在,本此精神,别为组织,其组织根据,亦远溯于最古时流传之家族主义。唐虞是已有"九族"之说,尧典中所云:"九族既睦,平章百姓。"可见大家族组织发生最早。至周其风更盛(纪元前一千一百三十四年至二百四十七年),左传所谓"周之宗盟,异姓为后。"儒家学说,始于周时,故亦以家族组织为推爱之基础,创父子、兄弟、夫妇、朋友、君臣五伦之说,以维系其关系。故在中国社会中,家族组织,最富于传统的精神,且其范围甚大。父母兄弟夫妇为最亲近家族,当然应互爱。同高祖同曾祖同祖之伯叔兄弟子侄,乃至于同姓,乃至于亲戚,皆可以家族意义分远近亲疏之别,推爱及之。再进一步,推其爱以及于家族外之朋友(广义的君臣一伦可包含在内),更进一步,推其爱以及于朋友外之一般人,所谓"四海之内皆兄弟也"。故鄙人认为中国社会之组织,完全由儒家本已往历史上民族"安"字精神,所创成一种伦理的社会之组织,至今二千余年,虽随时代小有变化,而未尝遇根本之破坏,吾人不可不首先认明者也。

吾人既认明中国民族精神,在一"安"字而有势力之学说,亦复如此。乃本此精神,观察中国社会一般之事实,实无一不可藉以证明,略举数例。譬如以种族论,无论任何异族之来,只要相安,不居原来中国人之上,以势力压制之,中国人皆可容纳,且皆可使之同化。故现在中国民族，为一极复杂混合之种族，相处相安，习于同化。即以近年中，南北间各省间战事而论，其原因皆别有所在，与人民不相干，各战区间之人民，仍旧彼此相安，毫无仇视之意也。譬如以宗教论，无论任何异教，只要相安，皆可容纳，皆可听其流传。故现在中国民族，所供奉之神，不可数计，所信仰之神，亦绝无国界也。以政治论，对于"君"之地位，主张揖让最早，以力争得之者，只在附条件之下，为不得已之赞成。对于臣之地位，反对"世卿"最早，向持"王侯将相无种"之说，人人皆可起为卿相。对于一般政治之设施，法令制度，向以不扰民为主，力求简单，以期与民相安。以外交论，向持怀柔主义，以彼此相安为原则，孔子所谓"远人不服，则修文德以来之，既来之则安之"，故历史上对外除抵抗之战争外，少数野心君主，对外征伐之事，彼时及后世人民，均未有不以为非者。以其它各种习惯论，更无一不含礼让之意味，以期彼此相安。因近日谈话，继在经济范围内，以上各种关系之事实，未便多所敷陈，不过略举其大概耳。

鄙人至此，可以为诸君陈述中国民族传统的经济思想及其组织，亦当然不外此原则。所有经济思想，始终在一"安"字，不在"强"字。孔子所谓"不患寡而患不均，不患贫而患不安"，不注重"寡""贫"而注重"均""安"，其思想即完全为"安"字精神之表现。盖不均，则不安。纵使人民众多，物产丰富，苟人民不相安，则必致乱也。所以在中国数千年历史中，考查其经济思想表现之事实，则无论国家社会个人，盖莫不以"安丨"字为目的，而以"均"字为达到"安"字目的之途径，极为明白，吾人不可不先行认识者也。因此吾也可以知道中国经济组织，自当完全注重在一"均"字，盖藉以达"安"字之目的也。

经济组织，既注重在"均"字，而如何使之均，乃鄙人所欲为诸君继续详述者。其组织法，系仍以家族为单位，而适用推爱办法，使其互相发生，"共财""分财""通财"之关系（通财之意义，在可以求偿,分财之意义,在不必求偿)。家族中之父子夫妇,互相有"共财"之权利义务,兄弟互相有"分财""通财"之权利义务,且兄弟对于遗产之分财办法,勿论兄弟多少,皆以平均为原则,含均字意义极富,中国少巨富之人,其原因多在此。同高祖同尊祖同祖之伯叔兄弟子侄,乃至于同姓,乃至于亲戚,各以亲疏远近,互有若干相当"分财""通财"之权利义务,再推而及于朋友,亦认为有通财之义,更推而及于朋友外之一般人,富者亦有施财之义,否则必受社会上"为富不仁"之讥。此种均富关系,不一定皆有法律上之根据,而确有习惯上道德上之制裁。假使父子不相顾,夫妻不相顾,兄弟不相顾,对于其它家族及亲戚朋友,皆相难余力者,不分亲疏远近之别,相当顾及,在法律上不必皆有惩罚,而社会上则一一可有指摘,使其人在社会上失其道德的名誉的地位,乃中国民族间极明显之事实也。故凡中国人,其经济上义务,首先应尽仰事(养亲)、俯蓄(养妻子)之责,不能专图个人生活。稍可仰事俯蓄者,即应分其财力,以亲疏远近关系,次第推爱及于家族亲戚朋友,不如此,将失其为中国人之国民的特性。所以苟能自活之中国人,其每年支出,决不止于个人生活费,止于父母妻子生活费,必有若干用于此外之人。资产愈多者,分其财力之人亦愈多,此又社会上极明显之事实也。此种均富式家族组织,其彰著之特点,试述于下。

(一)有财力者之担负,随其财力之大小,增加其程度,俗语称为"蛇大窟窿大",不易蓄积,成为巨富。

(二)因遗产由子孙平均分配之结果,个人财富,随其死亡而分散,不易保存原数,更不易继续增加。

(三)社会上之无能力者,无业者,及失业者,随时得赖有财力者,因家族亲戚朋友关系,互相救济,减轻乱源。故历史上苟非因天灾兵祸之影响,无须政府特别拨款救济,然因之养成人类之惰性及依赖性,且使公私各机关及个人家庭,有多养闲人之事实。

(四)此组织能使贫富阶级,不至悬殊过远,有过远者,亦不能持久,完全贯彻均字精神,然因之富力分散,而不能集中。

上举四者,为极彰著事实,诸君在中国社会上,随时可躬历目睹者。而此种组织,能流传数千年之久者,国家社会方面,更有种种有形的无形的之维持,试述其大者于下。

(甲)国家财政,数千年来始终主张藏富于民。大学所谓"财散则民聚,财聚则民散",认聚财为致乱之道,故不敢多取于民,增加捐税。且谓"与其有聚敛之臣,宁有盗臣",凡有聚敛能力之财政家,历史上皆非议之,更不主张办理官营业,与民争利。凡所用意,皆在藏富于民,使人民得有余裕,互相救济,而政府官吏,亦不难与民争利,兼营民业,防其利用官权侵害民业。

(乙)政府及社会,均始终采取小资本主义。凡各种企业之资本,由个人或家族亲戚朋友之自由契约集合,并无股份公司之组织。由国家以法律规定,使其具有法人之资本,保存长久之寿命,号召巨大之资本。(现在中国股份公司组织,乃近年中发生之新事实。)

(丙)对于农业,最赞美"井田"制度。一夫"一家"受田百亩,完全本家族主义,使其平均分耕。自周以后,虽事实上不能举行,然精神上仍惟小农主义是尚。兼并之事,历代皆取禁阻方针,不使有多数之大地主发生。

(丁)对于工业,不提倡机械工作。历代对于"奇技淫巧",皆在禁阻之列,故只有家庭式工业,颇少工厂式工业。

(戊)对于商业,历代皆取贱商主义。商人阶级,在社会中处于较低地位,历代皆有种种不利于商人之法令,而垄断之事,尤干严禁。

(己)社会上始终崇尚儒教,遵守五伦,并设定五种"服制",以维持大家族主义之精神。

(庚)社会上一面提倡"为富不仁"之说,使富者不得不分财以惠人,一面提倡"安贫"之说,使贫者能甘于最低之生活。

（辛）社会上尽力提倡分财养人之习惯，多妻妾、多家族、多亲戚、多朋友、多仆役。财力愈大者，此种分食之人亦愈多，习惯不以为非，转引为美谈，故在中国中下级以上家庭，即颇少以妻子为限之小家庭，大都有此外之人同居分食。

以上种种，其用意皆在维持均富或经济组织，所以能流传数千年之久，少所变更，故鄙人认为中国传统的经济思想为一"安"字，组织为一"均"字。具体言之，更可谓之为"伦理思想"，"家族组织"。以近代经济学上意义言之，可以谓之为注重"分配"，而不注重生产，又可谓之为注重贫富阶级之"减差"，而不注重一般生活之"向上"也。但鄙人非欲在此讨论此种思想及其组织之是非，不过陈述其事实，如此如彼而已。且现在世界上，并未发明何种经济思想，何种经济组织，行之在任何国家，皆为尽善尽美者，大都互有利害，各采用其比较于其民族适宜者行之而已。假使今日之中国，事实上此种传统的思想及其组织，尚无些须变更之必要，则尽可完全保存之，无如事实上有许多不可能之点。盖现在国家，不能闭关，与世界绝缘，一国之经济状况，已不能不随世界之经济状况而变更，故无论任何传统的思想及其组织，必须有多少改革，乃当然之事。譬如就物质而言，科学之进步，世界各国，久已尽全力于大量生产，中国苟尚不注重采用新式生产方法，国家与民族均将无以自存。就精神而言，教育之普及，中国人民多数渐不能安于人类最低之生活，必求向上之发展，在今日已不能专以"安贫"之空言，满足其物质之欲望。凡此皆近世发生之新事实，已不容为是非之讨论。故注重"分配"不注重生产注重"减差"不注重"向上"之经济组织，必须有若干变化，已成为事实问题，非是非问题矣。然谓中国即可，或即应完全抛弃传统的思想及其组织，一从欧美各国中任何一国之习惯及其制度，未免轻视历史之力量，且不知理论上可以不必，而事实上绝对不能者也。或者更以为不如采用苏俄式共产主义，为最新之主张，不知共产主义，注重在"分配"，就中国言之，乃为最旧之主张,而非最新之主张。盖中国数千年来,早已专重分配矣,不过一为伦理的,一非伦理的而已,而其用意与夫收效则一。中国数千年中,只有中小资产家并无大资产家,即其明证。故即使将来物质文明发展,旧日经济思想及组织,苟能相当保存,大资本家亦绝不能产生,此鄙人在今日敢预为明白之推断者。要之,今日中国之病状在"生产",而不在"分配",是均而不富,不是富而不均,是无可均,不是不能均,贫之为患,非富之为患也。故鄙人认为中国今日之急务,即在"中国民族传统的经济思想及其组织"之下,予以若何必要而相当之变更,使之能容纳物质文明之发展,得尽力于大量生产之工作而已。陈述此种研究,非短时间所可许,鄙人曾著有《中国新经济政策》一书,言之较详,诸君读之,可予以指教也。最后鄙人尚有一言,近年来研究中国经济状况之中外朋友,大都富于世界新知识,而未详细研究中国旧事实。鄙人认为富于世界新知识者,非从研究中国旧事实入手,颇难发现合于中国民族社会上情形之途径,而运用适宜也。甚盼研究中国经济状况之人士,注意及之。

三民主义中经济理论

《大公报》(天津)1930 年 3 月 29 日

国立清华大学经济学会前日(二十六日)请吴鼎昌君演讲,题为《三民主义中经济理论》,由季廉君笔记,演词如下。

贵会给我三个题目,第一是中国财政整理的方策,第二是三民主义中的经济理论,第三是赋税整理问题。第一、第三虽然在目前很切要,不过都有政治的先决条件,所以我就选定《三民主义中的经济理论》来同大家讨论讨论。

　　三民主义中的经济主张，都详述于民生主义一书中，我们要研究三民主义中经济理论，自然就是研究民生主义。三民主义是一贯的，所以我们对于整个的三民主义，应该先有相当的认识，才能彻底明了。

　　第一要认识的，三民主义的次序，一民族、二民权、三民生，很明白告诉我们，这三部书是以民族为单位，讨论一民族内的政治经济，换句话说，就是讨论适合于中国民族的政治经济，不是无种界无国界的广泛主张，乃是想造成中国民族独立的自由的政治经济，希望同世界各国并驾齐驱，不受任何种的压迫与侵略。

　　第二要认识的，三民主义，皆以民字为立脚点，处处以人民为前提，所以他的政治经济主张，不是单纯的国家主义，而是要在社会主义上着眼，陈述中山先生对于中国整个民族的经济计划。

　　第三要认识的，三民主义，当然是讲政治经济的革命，希望中国能随着世界潮流发展，获得独立自由。但是在这两个问题中间，采取的办法，却有不同。政治方面，认为可以完全用革命方法，经济方面，认为不能完全用革命方法。民生主义第二讲说"用革命手段来解决政治经济问题的办法，俄国革命时候，已经采用过了，不过俄国革命六年以来，我们所看见的，是他们用革命手段，只解决政治问题。用革命手段，解决政治问题，在俄国可算是完全成功，但是说到用革命手段来解决经济问题，在俄国还不能说是成功，俄国近日改变一种新经济政策，还是在试验之中，由此便知纯用革命手段，不能完全解决经济问题。"民生主义认定解决经济问题，用缓进的方法。

　　第四要认识的，三民主义是政治家的言论，不是学者的言论。民生主义第一讲说"故民生主义，就是社会主义，又名共产主义，即是大同主义。"这是当时容共的一种政策。兹完全拿学者眼光，作学理上的观察，自然有许多格格不入的地方，所以我们在三民主义中寻求经济理论,当然应先知道著者的地位,不能作为学者的著作,可以按学理吹毛求疵。

我们明瞭上述四点,然后在三民主义中寻觅经济理论,详细研究民生主义以后,我们可以得到下面两个结论:

(一)三民主义的经济主张,是国家的经济主义。

(二)三民主义的经济主张,是社会的经济主义。

把二者合并起来说,就是"国家社会主义",换一句说,三民主义的经济理论,不是单纯的国家主义,也不是单纯的社会主义,尤其不是共产主义,乃是在以国家为前提之下,不用剧烈方法,循序改革发展社会经济。民生主义第二讲说"我们主张解决民生问题方法,不是先提出一种毫不合时用剧烈办法,是须用一种思想预防的办法,来阻止私人的大资本,防备将来社会贫富不均的大毛病,这种办法,才是正当的解决。"这几句话表示得很明白,完全是国家社会主义的普通主张,所以鄙人认为三民主义中的经济理论,及其办法,皆不出国家社会主义范围之外,现在将民生主义摘要分析证明如下。

第一、民生主义中对于马克思学说的要点,如阶级战争、剩余价值,都有怀疑的言论。民生主义第一讲中,引证许多证明"阶级战争,不是社会进化的原因,阶级战争,是社会当进化的时候所发生的一种病症。"又引证美国福特汽车公司的发达,所持的工业经济原理与马克思的剩余价值理论比较,恰恰相反。

第二、民生主义中对于马克思的办法,有很明白的表示,民生主义第二讲说"用马克思办法来解决中国的社会问题是不可能的。"

第三、民生主义中所主张的办法,为平均地权、节制资本,二大政策,都是国家社会主义的普通主张,不是共产主义的特殊办法,凡有经济常识的人,大概都能区别得很清楚。

我们再进一步,分析民生主义中所载平均地权、节制资本的详细办法,更可明瞭三民主义中所主张的经济理论了。

(甲)平均地权办法　民生第二讲说,政府命令地主,各将所有土地,照现在市值,报告政府,注册一次,政府即按价征税,如果少报价格,政府有按价收买之权,如果以后地价增涨,所增涨的价格,应归政府所有。这明明白白承认土地的私有权,不过加上按价征税同涨价归公的两个限制而已。按价征税一事,世界各国,早已通行,中国各处租界地中,很多采用这个办法。涨价归公,现在世界上实行者尚少,然而这都不是共产主义办法,则极为明瞭。

(乙)节制资本办法　节制资本可以分为两层,一方面为节制私人资本,用所得税同遗产税办法,以累进税率征收之,使私人资本不得膨胀;一方面为制造国家资本,凡大规模的交通事业,大规模的矿业,大规模的工业,均由国家借外国资本来创办(参见建国方略第二卷),把大的生产力量集中于国家,国家的事业发展,私人资本自然缩小,所以民生主义中说“全国人民得享资本的利,不受资本的害。”

这明明白白在承认土地私有权外,更承认了各种财产的私有权,不过用所得税及遗产税来限制之,这都是世界各国现在已经实行的,所有差别,只是累进率的大小而已,并非共产主义的主张。更极为明白,至于大规模的生产事业,主张由国家资本创办,又是国家社会主义普通主张。

还有一层,鄙人已经声明在前,三民主义乃是政治家著作,不是学者的著作,政治家的言论只略举大纲,有许多地方须待他人的研究补充,自属当然之事。所以我们对于平均地权节制资本的办法,应有若干补充说明,兹就鄙人所见略述如下:

(一)一个国家的土地,虽然分类的方法很多,但至少可分为三种:一居住土地(如都会城镇的土地),二耕种土地,三非居住耕种土地(如荒野、森林、沙漠、山海川泽、道路及一切古迹、名胜、陵寝之类)。民生主义的按价征税与涨价归公两项办法,不能一一适用,就假定可以适用,亦当随各种情形另行规定办法。举一个例,在耕种土地,涨价归公的办法即不适用,比方有一个农人,以一百元购买土地一块,用肥料人工来改良,于是地价增高,如果强迫施行涨价归公,谁还来改良土地呢?所以耕种土地很难施行这种办法。至于都市土地,或则比较容易施行,但是要把房屋同土地分开,详细办法可参阅拙著中国新经济政策第二章第一节。

(二)节制个人资本,专用所得税及遗产税办法,在中国社会习惯,收效难而迟缓。欧美人的习惯,认对公家说假话,极不道德,对私人说假话以为尚可原谅,中国人的习惯则恰恰相反,认对公家说假话倒没有什么,对私人说假话以为很不道德。所得税在欧美最初施行的时候,已经很困难,在中国更不用说了。征所得税时,各人收入,如何估计,非常困。例如一个人有五万元收入,他只说有三千,你如何去调查呢?所以除去学校教员容易知道他们的收入,别处实在很难。讲到施行遗产税,在中国也有相当的困难。西方人对于父母的去世,比较没有中国人重视,所以在父母逝后,征以很重的遗产税,比较能够施行,中国人对于父母去世,极为重视,一个人本只有一万元的遗产,他可以用去五千,或则一半以上来治丧事,没有钱的,借债来办理丧事,而亲戚朋友不能不借,所以中国人父母逝世后,是他经济情形最不好的时候,若征以重税,事实上如何办得到呢?鄙人认为节制资本,当保存中国固有的分产方法,把遗产平均分配给几个儿子,再加上一层,女子也可以平分遗产,在相续法民刑法中规定,女子承继遗产。现在政府已有规定,照顾家族,也是一个分产的最好方法。

至于制造国家资本,亦应分别事业的性质,何者宜于公营,何者不宜于公营。分类方法,有依效用来分,如烟酒奢侈品之类,有按地域来分,有按独占性质来分,如此来定公营私营的范围,详细情形,鄙人曾分为八类,皆载在拙著中国新经济政策第二章第二节中。

　　此外民生主义，尚有一最大之目的，就是"耕者有其田"的主张。民生主义中，认为非达到此目的，中国经济问题，不能算解决，作到这一层，实为农业国一大进步。但是实现耕者有其田的办法，民生主义书中，毫未言及。鄙人在拙著中国新经济政策第二章第一节甲项中曾条陈一办法，诸君可参考之。

　　总起来说，三民主义中的经济理论，鄙人认为不出国家社会主义的范围。这种断论的当否，诸君对于各国名人经济原理著作，想已有精深之研究，必能予以指正。鄙人更有一事实可以奉告，前二十六年夏（清光绪三十一年乙巳），鄙人在日本读书，曾与孙先生在东京锦町敝寓明光馆中，作长夜的谈话，孙先生即陈述平均地权的办法，历数小时之久，数日后即成立同盟会，平均地权四字，即载在入会誓书中。事实上可以证明三民主义中的经济理论，至少为二十六年以前，孙先生已经确信之主张，并不是在苏俄共产主义革命后仿行他们，将耕者有其田的主张采入三民主义的经济理论中，这是要声明的。

在天津银行公会宴请德国实业团席上的演说

《大公报》（天津）1930 年 6 月 5 日

　　昨午一时，天津银行公会在西湖饭店欢宴德国实业团，德国方面，实业团全体，天津德总领事，及天津重要德商均到。中国方面，市长、各参事、局长、秘书、技正，及商会、各公司、各工厂、各银行代表，亦均出席，宾主约有百余人。首由卞白眉君致欢迎词，赞美德国人民在欧战后之困难境遇中，能忍耐奋斗，突破难关，致有今日之盛，中国现亦在此困难奋斗之中，盼望德国实业团诸君，对于中国贸易上金融上多所指教云云。

词毕，复由卞君介绍吴鼎昌君演说（词长录后），继复由高君简
单陈述贸易情形毕，团长赖斯蔓即起立致答谢之词，并云席上
所演说之词，归国后均将举告我国人，表示极满意之态度。至
四时左右，始尽欢而散。

吴鼎昌君之肫挚演说，演词如下。

自 1919 年起，中德贸易关系复活以来，姑以截止 1928 年之十
年间，作为一段落，予以比较的观察，便知其进步其速，不但恢复旧
状，且更有增加，据 1928 年海关表册所载，举以比较中德贸易关系
未断绝时之 1913 年及 1914 年之数目，进口在旧数上，约增加二千
七百三十余万两及三千五百八万两，出口在旧数上，约增加五百八
十余万两及一千零八十余万两。中德贸易总额，在中国国际贸易
总额上，已恢复至百分之三点五九地位。当中国国内多事之秋，中
德贸易进步能如此之速者，其原因安在？鄙人可简单答复曰：无
他，中国海上之贸易，不挟军舰以俱来者，必迅获成功之铁证也。
盖二十世纪之中国人早经觉悟，凡中国海上之贸易，中国人已不许
挟军舰以俱来。此十年间中德贸易能恢复旧状且日有增加者，此
十年间，中国海上无德国军舰盘踞示威之效也，中国人民对于德国
人民多好感之效也。凡两国间之贸易，必基于两国人民和好之意
志，方能为永久的发展，此为当然之理。故凡挟军舰而来中国海上
之贸易，鄙人敢断定其将来必多悲观，而中德贸易之前途，果能长
保此和平的贸易方式，其进步正未可限量，此诚堪为两国人民庆幸
者也。虽然，中国国际贸易庄严伟大之前程，极为辽远，因国内产
业，尚属于胎儿婴儿之时代，国际贸易自何能举少年壮年之成绩？
半月前有美国著名记者，视察中国回美后，对美国商界演说中国贸
易前途之情形，曾有一比喻曰："有如采金矿"。鄙人深感其言之有
味，但回视中国国际贸易已往之情形，仅如在地面上捡拾零碎浮
金，数量较为有限，各国在中国并未尽力采矿工作。倘欲使此伟大

之金矿,贡献于世界人类,鄙人认为各国须一尽其采矿工作之力,其工作为何,即尽力帮助中国国内产业之发展是也。盖国内产业不发达,国际贸易无由进步,鄙人关于此点,欲为诸君一言之。发达产业之要素,一为资本,一为土地,一为劳力,土地、劳力两项,世人皆知中国富有,不必赘陈,资本一项,世人或认为中国缺乏,在鄙人观察,以为此特政治不安定时代一时之现象耳。倘使政治纷扰告一段落,财政预算成立,币制制度及金融组织完成,中国人资本自源源而出。现在中国人资本情形,不是无的问题,是不能聚的问题,一至能聚之时,其问题自然解决,况政治一安定,外国资本亦不招自来,才足以辅助其进行。目前中国资本不能聚,外国资本亦不能来也,故鄙人认为中国政治纷扰,能早告一段落,不但土地、劳力不必忧,即资本亦勿虑。至鄙人认为中国缺乏之点,足以为现在及将来产业发展之大阻力,而希望各国今日即着手赞助者,还是资本、土地、劳力等问题,乃是运用及支配此资本、土地、劳力三者之科学的智识是也。中国一般的及精深的科学智识,现在均未能举相当之成绩,随地随事,皆可证明。诸君在各地考察中国实业机关已多,对于管理上技术上缺乏科学智识之点,必然有所觉察,或亦与鄙人抱同一之感,似此情形,即使今日中国政治即能安定,而无运用及支配资本、土地、劳力多数科学的人材,中国国内产业之发展,亦绝不能举显著迅速之成绩,乃极明白之事。故鄙人认为准备科学人材,乃为中国今日唯一之急务,而希望各国帮助者在此。环顾世界,可以为我助之国难甚多,故而第一不能不希望德国,因德国之科学进步,固为学界所公认者也。鄙人提出三项意见,盼望诸君回国后,转告德国教育机关及实业机关,一商榷之。(一)对于求精深科学之中国留学生有特别待遇,关于学校方面、工场方面,予以特殊之便利及指导,凡在其他外国中国学生所不能得之便宜,在德国皆可得之,以赏其深造,俾得提倡奖励在中国或在其他外国得有相当学历之中国青年赴德作精深之研究。(二)各种工场,设立特别见习名额,招集中国已从事工场职业相当之职员□师工头,前往实地见习,予以特殊之便利及指导。(三)希望组织一定机关,负责介绍供给德国极高等之科学人材于中国,且预先予以相当训练,使其在中国服务,能服从中国管理人之命令,与中国人之在职者,立于同等地位,杜绝中国人机关不得用外国人之口实。以上三者,苟德国方面能有一个□□之组织与办法,鄙人当尽其力之所及,在各方面加以提倡,以期其成。在表面上,此等协助中国科学进步之举动,似于中德贸易无关,而实际上,中德贸易之将来,能否较他国举特殊之进步,确大有关系。即举电学化学一二项而论,倘使得假德国之力,造成多数中国之电学家化学家,则关于电学化学之贸易,中德间必可举特殊之成绩,实无可疑之事。此种关系,诸君自然明瞭,勿待鄙人赘述者也。总之,中国海上之贸易,不是多派几艘军舰所能成功的,亦不是多借若干金钱所能成功的,乃是帮助中国多造成若干科学人材,使其自身能发达国内产业,则国际贸易自然有显著迅速之进步,此为鄙人确信不疑之见解,今得此良好机会,特与诸君一陈述之,希望诸君指教及之。

甚么是国耻

——吴鼎昌昨在南开大学演辞

《大公报》(天津)1930 年 6 月 29 日

今天是诸君毕业的好日子,校长张伯苓先生嘱托鄙人在这庄严的毕业式席上说几句话,这是何等荣幸的事。毕业式照例说的话,自然是吉庆的话,勉励的话,就是恭喜诸君努力前程这种套话。但是我想校长先生嘱托的盛意,也许不是这样浅的意思,或者借这

个毕业纪念机会,要想我说点可以作诸君永久纪念的话。因此我
想到诸君在学校读书的这几年中,甚么是诸君纪念最多的事,甚么
是诸君纪念中影响最大的事。我敢大胆说,也许是那"国耻纪念",
不必说别的日子,就是最近的一个五月中,甚么"五七"、"五九"、
"五卅",就有好几次国耻纪念,那"帝国主义侵略"、"军阀势力割
据",这种可耻的事,在诸君脑筋中必然影响甚深。我想一个积弱
的民族,要振兴起总的精神来,在中国旧日历史上方法,本来也是
从"明耻"二字着手,所以拿这种种国耻,作为青年的纪念,本是精
神教育上最好的事,我是很赞成的。不过我觉得有点将国耻认错
了,"明"字工夫做得太不明白。这句话,诸君必然要大大奇怪,必
然要问,那"帝国主义侵略""军阀势力割据",不是国耻是甚么,我
可以答复诸君,那是已成国耻之结果,不是造成国耻之原因。那造
成国耻原因,不是"帝国主义侵略",不是"军阀势力割据",乃是"科
学权威不振"。换一句话说,就是科学的知识太少,科学人材太少,
所以那帝国主义和军阀势力,便可以侵略,便可以割据了。假使我
们各种科学,已经造成多数有权威之科学学者,各种事业已经造成
多数有权威之科学专家,我可以断定,帝国主义、军阀势力,是万万
站不稳的,所以我认为"科学权威不振"乃是我们真正的国耻。通
俗的话说,"不学无术"四个字,就是我们中华民族四万万人现在真
正的耻辱。我们拿一个证据来说,譬如德国,欧战打败了,割地赔
款,限制军备,屯扎联军,那种情形,比我们中国差不多,那种程度,
比我们中国还要利害一点,但是他们有的是科学权威,科学学者
多,科学专家多,拼命在科学上树立权威,拿科学来救国,于是那一
个也不敢欺侮他。凡尔登不平等的条约束缚,渐渐解放了,赔款也
有办法了,联军也撤退干净了,不过十年,仍旧是一个强国,帝国主
义何尝侵略得了。兴登堡是一个大军人,做了大总统几年了,因为
全国学问事业都是受科学权威支配,何尝能够乱用军人,滥用武
力,且亦不能有此思想,一切政事都依法循规办理,何尝能成立一

点军阀势力,这便是最好最近的证据。再放开看,无论甚么民族,都可以在他的科学权威上考察,科学学者多,专家多,帝国主义、军阀势力自然少,反之,则帝国主义、军阀势力自然多。印度、安南、埃及、朝鲜等等,都是极好的证据。就是在那各强国中,也是如此看法,看他科学权威程度如何,便可知他那两种程度如何了。我们就近再拿一个日本来看,日本科学权威一天大一天,所以他们军阀势力,一天便小一天了。可见得只要一国中能够树立科学权威,那帝国主义、军阀势力,是最怕科学权威的,不必打倒他,他自然会逃走的。所以我看帝国主义、军阀势力,在中国站得住,为害如此之大,我便知道中国真正国耻,是在那"科学权威不振"了。再从事实上说起来,真是可羞之至。我们中国应该造就科学人材,在前清时代,曾国藩、李鸿章两先生,早经看到了,他们就主张派人出洋学科学,与日本差不多是同时的事,以后的人更渐渐明白了。但是至今六七十年,中外大学毕业的学生,少说一点,现在生存的,也应该有数万人之多,任何一种科学上有权威之学者,诸君试举举看,究竟有几人可以为世界学术界上所公认的。试拿化学来说,有机化学权威学者是何人,无机化学权威学者是何人,研究毒器的,研究染料的,研究造纸造革及其他种种的有权威专家又是何人。拿医学来说,内科有权威学者是何人,外科有权威学者是何人,研究肺病的,研究胃病的,研究皮肤骨节的,研究耳目口鼻及其他种种的权威专家又是何人。我想诸君的答案,一定考一个零点,因为诸君一定会举不出人来,就是勉强举出一个两个来,恐怕都还是为全国或世界所未经公认半生半熟的学者。照这样情形看起来,这是不是最大的国耻,是不是真正的国耻?四万万人的大民族,在今日尚举不出若干有权威之科学学者来,诸君看看那可耻的程度,到了甚么地位,那全国人民不学无术的程度,到了甚么地位。在这种无知识的社会中,不必说帝国主义、军阀势力,当然可以侵略、可以割据,就是凡舶来品之种种,如"无政府主义"、"共产主义"、"资本主义"

及其他，都是可以随便占据地盘的；就是土产品之种种，如"流氓"、"痞棍"、"绑匪"、"流寇"及其他，都是随便可以猖獗的，这种国家民族，实在不成国家民族了。总原因都在"科学权威不振"，所以我希望诸君"明耻"，认明国耻，不是打倒帝国主义、打倒军阀势力，可以救国的，必须"树立科学权威"，才可以救国，且须知道科学权威不能树立，不但帝国主义、军阀势力打不倒的，凡其他新旧恶势力日均是打不倒的。既明耻之后，希望诸君"雪耻"。用甚么方法雪耻，就是大家个个努力造成有权威之科学学者与专家是也。鄙人当然也算一个，但是鄙人已经自误了，因为从前认识国耻不清楚，时时刻刻，为时局时事奔走，不能专心一意研究学问，到了现在岁数，来不及了。虽然我现在明白，还是拼命追赶，但是我知道有权威的科学学者与专家地位，我是无分的了，所以更希望青年诸君，认明国耻，不可自误，劝诸君不必问时局时事若何，各就所喜欢的科学，专心一意读书研究，各自造就一个有权威的学者专家地位。如此大家努力，若干年后，各种科学学者专家日多，科学权威自然可以树立，帝国主义、军阀势力，不必打倒他，他自然就会倒了。但是诸君必然有一个疑问，说是我劝青年诸君不必问时局时事，专心读书，研究科学，岂不是劝青年变成"书呆子"了吗？我可以答复诸君"正是如此"。诸君须知道中国的"书呆子"三个字，便是外国的"科学家"三个字，读书的方法，今昔虽然不同，但是不成书呆的，绝对没有能够成就有权威科学学者的道理。我们在外国看见的科学家，可以说十个中九个半是带了中国书呆子气味的。所以照科学式方法读书，变成一个书呆子，就是造成一个科学家。中国现在若果真有多数书呆子，前途的光明，指日可以看见了。所以我想把"书呆子"三个字，藉这个毕业的日子，奉赠诸君，作为诸君一生可珍贵的纪念品，希望诸君哂纳哟。

废止内战大同盟

——吴鼎昌先生在南开大学讲演

《大公报》(天津)1932 年 6 月 10 日

昨日吴鼎昌先生在南开大学讲演《废止内战大同盟》,其原稿如下。

内战是甚么? 简单说,不是一种"叛乱",就是一种"革命"。叛乱是要武力解决的,革命也是要武力解决的,这本来为一个国家历史上所不能免的事。所以无论任何国家,无所谓废止内战,无论任何国家之人民,更无所谓废止内战之运动。不过他们随时注意的,是善用政治改革方法,来消灭内战于无形,使"叛乱""革命"不致发生。故一个治国,可以说他们无内战,不可以说他们废止内战,废止内战四字,根本的似乎不通。但此是说一般国家的常例,而非所论于今日之中国。我们不必引别的证据,专看近日有人提倡废止内战运动,居然引起国民普遍之同情,若似乎不通的主张,可以通于中国,这便是中国特殊之情形,可怜的状态,与一般国家不同,不可以常例论之者。我们试看民国二十一年来内战之历史,武昌之起义,云南马厂之伐叛,广州之北征,本来无人表示不赞成之意,更无人倡废止之说,然而其结果,均等于零点。此种有意义之内战,人民尚只受其祸,未蒙其福。此外内战之次数,更指不胜屈,表面上无一不标榜政治意义之存在,事实上无一不暴露国人权利竞争,小军阀变成大军阀,乙军阀代替甲军阀,换汤不换药,变本而加厉。故有人主张,中国"内战"二字,应改为"私战",因中国内战之历史,暗幕中大都为私战，与一般国家内战之意义，不能强同也，其言至可痛心。然而全国人民，确为了这百十个私战，打得落花流水，家破人亡，结果招强邻乘隙而入，以少数之兵，占据三省之土地人民，而莫可若何，摧残大通商口岸之生命财产，而莫可若何，天天在中国地方，派浪人挑□，演巷战示威，而又莫可若何，民族自己打得不成民族，国家自己打得不成国家，这都是受了二十一年来百十次私战之赐。鄙人这两个月中，旅行平浦沪汉一带。第一、亲眼看见的，是老百姓无饭吃者，一天多一天。第二、亲眼看见的，是丘八爷有饭吃者，一天少一天。第三、不是亲眼看见，是揣测来的，恐怕匪大爷吃的饭，也跟着一天难一天了。甚么是民？甚么是兵？甚么是匪？快都要变成一个个人的兼差了，民兵匪之分别，差不多要没有了，将来演成甚么现象？我们不必拿外国例子来说，就是中国历史上黄巢赤眉张献忠李自成朝代之情形，恐怕一天一天的近了。在北平天津上海及各大都会住的朋友们，可惜没有机会到各地方去看一看，看了之后，一定要说鄙人的话，丝毫未过火。我们更有进一步可怕的，这样行将大崩溃之民族，假使这个大崩溃，在九一八事件，未结束前，或者在敌人经济未崩溃前，先发生了，那不利于我们的国际情形，不知要生若何变化，万一变化到竟须教敌人来收拾我们的大崩溃，那我们真活该万死了。鄙人就这样民生状况而论，敢说是无意义的内战，现在固然打不得了，就是那有意义的内战，当然也打不得了，恐怕结果，都是为敌人打的啊！鄙人还可以说，我的调查结果，就中国现在构成的环境而论，不管他们拿出甚么标帜来内战，恐怕都离不开私战范围，就是真正热心政治改革的人，他们要仍想一战而达目的，他们亦必从私的方面来运动军阀，作为他们的手段，但是手段一旦达到，我可以断定他们目的，必全盘牺牲，民国二十一年来，这样事实太多了，政治家要想利用军人，结果下来，都是军人利用了政治家，这个迷梦，万万再做不得了，所以鄙人希望无政治思想的人，有政治思想的人，大家同时觉悟，不必抄袭老文章,另辟一条新道路,鉴于内忧外患之严重,大家不必专谈理论,讲根本,应集中力量,先从一般国民所希望的废止内战这一条简单治标的路上开步走。废止内战大同盟章程,定的存在期限,为五年,并愿提早解散,他们何尝不知道这不是根本办法,不过病人病到这样虚弱地位,恐怕输血灌盐水的治标救急方法,比根本治疗,还要紧哟!

　　鄙人自九一八以来,即抱此感想,且坚信这个运动,是一切运动共同之点。这次到了上海,听见教育界一部分人,正在提倡此事,认为时机渐熟,(现在有许多人认为是财商两界之觉悟举动,事实上是不对的。)同了几位讲教育政治的朋友们谈及,他们嘱托鄙人起草试试,鄙人适赴长江一带旅行,所见所闻,更触目惊心,遂在江轮中,匆匆执笔起草,时予女儿随行,见而笑曰:"父亲又要做傻子了。"予为之哑然搁笔,凄然语之曰:"聪明看穿的人太多了,奈何!"稿仅成十之七八而罢。抵沪后鄙人即未拟整理交出,一日有老友谈及,竭力怂恿,并云:"此事我绝对加入,横署吾名,直署吾名均可。"这位朋友,平生与鄙人有一点相同的毛病,就是怕拿名字来风头,他这回居然肯牺牲大名,我大大的受了冲动,遂将残稿补成,分送知友,并且假两次机会,与上海名流十数人详为讨论,又将稿子修改一次,起初原想约若干个人发起的,所以又寄了若干与北平朋友请教。后来知道的人多了,有友人热心将稿子分送上海地方维持会同人,因有召鄙人于四月十七日夜在维持会讲演之事,这维持会本是此次上海事变发生以来,最有成绩最有力量之机关,鄙人无意中得了这个好机会,演讲毕,商会会长王晓籁君即席声明,商会可以发起,实在出鄙人意外。十九日午即在银行公会俱乐部聚集商联会、商会、银会、钱会、维持会同人,讨论一次,决定由四机关发动,完全采用拙稿,由四机关分别开大会通过发起,鄙人即于二十日起程北返,二十六日在津,看见四机关通电,始知四机关大会果已通过矣。所有废止内战大同盟发起经过,事实如此,极为简单,并非财商两种团体两种人物单独之主张,各界人物均有莫大之主动力奔走力在内,鄙人不过其中"罚苦力"者之一,因许多人不知经过情形,似有一述之必要。在上海讨论之焦点,都重在"效力如何"四字,鄙人曾经说过,"效力之多少,系于加入人数之多少。"我们的运动办法,定在章程上的是:

(一)平时本会应发布公开之文字或演说,陈述内战之罪恶,阐发和平之功效。

(二)如有政治纠纷发生足以引起内战时,本会应劝告双方信任若何民意机关(正式国民代表机关未成立前法定民间职业团体可替代之)调处之,任何一方,绝对不得以武力解决。

(三)不幸内战竟发生时,本会团体会员及个人会员,应一致拒绝合作,更得采用和平适宜方法制止之。

第一、二项是值不得多大的讨论,尤其第二项,在现在政府法令之下,是只能说交结他们否认的团体调处的,我们的实在精神,完全在第三项,并不是注重在消极的"不合作"积极的"制止"作用发动后,乃注重在"不合作"与"制止"作用发动前之声威。少数人不合作,他们是不理的,有法则收拾他的,至于制止,是更要看我们的力量,能做到那里,方可说明到那里,若果是少数人,这制止的话,是白说的,若果是多数人,那制止的办法,愈不说出来愈好,凡不用武力所有之和平适宜办法,皆是我们可以采取的,假使真有多数人加入的话,他们想打仗的人,不知道我们如何"不合作",不知道我们如何"制止",至少事前是不能不踌躇审慎的,他们绝对不能视为从前运动和平者之仅仅打两个电报举动的。固然我们这个运动,可以视为一种"道德的制裁力",我们的希望,确也只想就此生效,但是我们民众确不能不有示威之预备的。所以鄙人说,"效力之多少,系于加入人数之多少"。章程第四条规定"凡赞成本会宗旨者,不论个人团体性别职业党派,勿须介绍均得签名入会,并得由本会公开发表之"者,就是这个道理。有许多人议论上述三项办法不完全，鄙人自当承认，不过再说详细点，加入人数少，也是无办法的，加入人数若多，这种办法，恐怕还是愈简单说愈好，也未可知，这是希望大家原谅的。

话又说回头，这一个运动，虽然可以望多数人赞成，但若仍旧是中国传统的老脾味，赞成尽管赞成，连一个大名儿都舍不得牺牲，写一个加入名字之劳，都不肯费事，专凭上海举出若干常务委员，罚他们的苦力，那就绝对无效的，恐怕，都应了我女儿的话，"又做了一回傻子了"。近来我听见人说，只要财界人加入，不借钱打仗，这内战就可以免了，我们不必费事。实在不知道各界不加入，组织成一个民众大机关，来监督保护他们，那捧算盘的朋友们，是最不能单独抵抗的，其他各界，工也好，农也好，商也好，各种自由职业也好，那一个团体，那一个人，我恐怕单独抵抗，均是不可能的。又有人说，只要运动军人不打，便可生效，我们不必费事。实在不知道我们民众若果不能大家加入，成一个有力大团体，我们如何配向军界说话？在上海的讨论，是认为我们民众加入，到了若千万之时，我们再正式公开的同时请求各地军事长官之谅解，要求他们将校兵士愿意加入者加入，不欲分别办理，不欲秘密办理，免得他们误解。还有人说，只要各界各机关领袖加入，其余的人，可以不必了，这句话也错了，因为这个责任，大家是一样的，大家都应该互相监督保护，然后才能抵抗他们。故鄙人敢判断多数人若果仍旧是老脾吐，吝情写一个姓名之劳，去加入这个运动，恐怕此举是失败的居多数了，因为这种民众运动，固然要注重精神，确是更要注重形式，少数加入，是无效的。鄙人不嫌重复，还想把各方议论最重要三点，列举下面，说说明白。

（一）有人说"内战的原因不能消灭，内战的事实，是不能消灭的。"这个道理，我们是绝对承认的。但民众力量，是否能消灭内政的原因？如其不能，我们是否应该听他们内战？现在民众既然忍受不了，我们要消灭内战原因，又一时办不到，则我们何若即时团结力量,迳行来阻止内战之事实？如其仍不能也,是民众消极的力量都没有,活该受有枪阶级之支配,那积极的消灭内战的原因之事,更不必谈。如其能也,是民众消极的尚有力量,各军阀或踌躇不敢打仗,或觉悟不可打仗,然后民众希望改良政治消灭内战的原因之事,方有一条商榷之路可走。我们须知道:凡事"倒果以为因"固然是不可的,"治标以治本"不是绝对不可的。

　　(二)有人说"打倒不良政治树立良政治之内战,是不应该废止,宜予以区别的。"这句话,也是我们绝对承认的。各国历史上有许多事实,告诉我们,确是如此的,可惜民国二十一年来之事实,告诉我们,不是如此了,鄙人已述于前。现在鄙人要问民众可以仰仗之武力,确信其一战或数战可以达到树立良政治之目的者安在?可怜哟! 这个希望,我们抱了二十一年了。假使民生状况,还可以忍耐着等候,鄙人并无异议,如其不然,是要想办法的,否则结果太惨了。

　　(三)有人说"不打仗中国就会好了吗? 这个运动太简单了。"我们也绝对承认这个理由的。但是老打仗,中国是永远不会好的,恐怕亦不能否认。废止内战大同盟,专作一个简单运动,并不是忘记了别的。因为普遍运动,下层运动,是要愈简单愈好,夹杂许多政治目的,就不便进行。所以章程内声明不作他种政治运动,免得一般人误会,或会员意见分歧,这个立意,不能说一定是错误的。至于就其他整个政治运动说,如主张党治的,民宪的,法西斯的,苏维埃的等等,就各个政治运动说,如主张先着手自治的,建设的,教育的,裁兵的等等,本来可以各信其主张,各为单独之运动,废止内战大同盟并没有说不应该运动,亦没有说不准人运动,不过他替各种主张,先做一种清尘扫地工作,以便他们好来陈设,那个主张相宜,便是那个成功,若果仍旧一天天打仗,人民一天天饿死,国难一天天扩大,甚么主张恐怕都难成功了,所以鄙人认这个运动,为各种运动之共同点。但是假若有人认为他们主张,必须内战,方能成功，必须人民饿死得多，国难来得利害，他们主张，方能促其成功，这是我们人类不忍心想像的。假若有人如此想像，鄙人认为他们是应该反对废止内战运动的，否则无论何种政治主张之人物，鄙人均希望他来加入此共同运动。

鄙人最后还要声明的，鄙人不是一个简单的慈善家，故作悲天悯人之论，来博弥兵止戈之名，实在是因外患紧张，从各地民生方面考察，认为再要内战，民族国家均要大崩溃了，所以才来参加这上海四团体的运动，如蒙各界团体或个人，对于鄙人说的话，表示同情，鄙人敢作极诚恳之请求，希望费一举手之劳，快快将大名写去上海，加入发起。

统制经济问题

——为上海银行学会讲

《国闻周报》第十卷第三十九期，1933 年 10 月 2 日

统制经济四字，是最近四五年中经济学上新名词，完全是事实要求出来的，所以在学理上，并无确定明瞭之意义。鄙人综合各种学说及各国事实，为一般人易于了解起见，可陈述一最明瞭之解释如下：

"统制经济者，各个国家，各在其国某种经济主义之下，平时或临时，为某种目的，作成一种整个有系统之经济计划，在某种经济组织中，而以其国家统治之权力施行之"是也。我们本此，须注意者四点。

一、某种主义，是一个 X，不是一定的。资本主义也好，共产主义也好，社会主义也好，国家主义也好，其他各国固有或新发明任

何主义也好,只要这个国家认为适宜,是可自由选择的,并且将来可以改变的。不过至少在一个作计划施行时期中,是非定一种主义不可的,不然,这计划是难为有系统之规定的。世人往往认为非共产国家,不能实行统制经济,这是错误的,须知苏俄实行共产主义时,这统制经济学说,尚未发生,此学说完全是非共产主义之国家提倡出来的。

二、某种目的,也是一个 X,不是一定的。譬如这个国家,注重国防,这时期经济目的,当然趋重在利于国防;这个国家,已在战时,这时期经济目的当然趋重在利于应战;又如这个国家,生产过剩,这时期经济目的,应趋重在推广消费以谋调和;这个国家,生产落后,这时期经济目的,又应趋重在扩充生产以资救济。完全各视其国家政治经济之环境,而各抱种种不同之目的,各按此目的规定计划的。世人往往认为统制经济,系发生于欧美各国生产过剩之时期中,以为其目的,专在推广消费,或节制生产,不知生产落后之国家,其目的适应相反,况一个国家,经济上目的,绝不如此单纯,是复杂的,是多种的,是变化的,我们倘若予以研究,是应先以一个现代的某一国家为标准,而论其适宜与否,不是完全跟着世界走的,更不是完全跟着那一个国家走的。

三、以其国家统治之权力施行之一语,更是一个 X,例如法西斯的统治权,苏维埃的统治权,希特拉的统治权,英法美日的统治权,是各个不同的,施行时当然是有事业上区别的,程度上差异的。又譬如我们中国,虽然现在号称党治,统治权未必彻底的及于人民,号称党治的中央,统治权未必彻底的及于地方,号称独立国家,统治权未必彻底的及于外人与租界,号称廉洁政治,运用统治权之人物,未必彻底的能抗衡欧美,尤其与经济有关之官营事业,未必彻底的比民营事业高明了许多,也许有若干还较为腐败,所以这个统治权的 X 问题,是要认清楚的。有许多人认为非苏维埃或法西斯这种政治,不能实行统制经济的,这固然是错误,然认为中国现在这样统治权，便可仿照苏维埃或法西斯的统制经济，抑或仿照美法英日之任何一国，这也是很大的错误。假使中国人能够明白我们的统制权弱点，在统制事业上有区别，程度上有斟酌，拟定整个计划，以可怜的统制权，逐步的谨慎施行，鄙人是以为然的。不过中国统治者，不是整个中国脑筋，便是整个外国脑筋，食古固不化，食今也不化，也许统制经济起来，比自由经济还坏，所以鄙人在学理上，是附条件赞成的，在事实上便不敢多发言了。

四、在某种经济组织中一语，又是一个 X。譬如苏俄，完全是共产经济之组织，故统制经济，可以只在几个政府设立之委员会中，来设计的，来执行的。如义大利统制经济之运用上，就不能不以劳资双方及其他阶级职业构成之各个新底克托，为设计及执行之基础。譬如英国基尔特制度未破坏前，要实行经济统制，是不能不以之作基础的。譬如美国，是不能不在议会授权范围内，在现在资本主义经济组织中，来实施统制的。譬如日本，事实上是非在军权容许范围内，在现在帝国的资本主义经济组织中，来实施经济统制不可的。鄙人并非谓经济统制，不应打破固有经济之组织，但固有之经济组织，是只有经济主义打破的。例如资本主义之组织，用共产主义来可以打坏的，若专用国家统治力来统制经济，也许固有组织发生若干变化，但是绝对不能根本取消其固有组织的，所以一个国家，讲到经济统制，当时之经济组织，是不能不认清楚的。譬如我们中国，历史上只是个人经济组织，并非团体的经济组织，现在经济的团体组织，虽然名称甚多，但事实上一个团体，能统制其团体内之意志行动者，尚属少见。假使我们用共产主义来统制经济，那另是一说，假使用非共产主义来统制经济，在中国是比较各国更感困难的，所以何种事业可以统制，统制到若何程度，更与各国不同了。

鄙人举出这轻薄的四点来，说了许多话，只解释了经济统制四个字，我想诸位经济专门先生，必然感觉倦听。但是我为普通一般人明瞭起见,也许听了鄙人的话,不至认为最时髦的经济统制四字,便是现在救济任何国经济困难之一种万应散,照方买来一剂,一服便可起死回生的;一方不至认为是绝对的毒药,一入口便要命的。鄙人再将这"经济统制完全是事实要求来的"一语,次第述明,一般人便知道这经济统制四字,实在是平淡无奇,不过凡是现在国家,都需要定一种经济政策及经济计划而已。

统制经济名词,虽然是近年才有的,统制经济之事实,在历史上却是早经看见过的。我们中国一般人最容易记忆的,莫过于管仲之治齐,商鞅之治秦,王安石之治宋,那时许多经济设施,不能说不是一种统制经济。外国的事,中国一般人最容易记得的,莫过于欧战,东自俄国起,西至美国止,若干种类之事业,若干程度之范围,也实行了一种战时之经济统制。这皆是经济统制学说未曾发现以前之事实,至于一般人难于记忆或者毫不经意者,更是无时不有,无国不有。所谓禁止金出口也,所谓禁止某种粮食或货物出口或进口也,所谓禁止某种事业人民经营也,诸如此类,不胜举例。凡国家对于一切自由经济颁布一种限制之法律或命令,不能不谓之含有统制经济之意义。故若就广义言之,历史上恐绝对无自由经济之国家,盖无论何国,均有一种统治力,加以若干限制也。不过就狭义言,这统制经济学说,与历史上事实有若干不同之点:(1)是有系统计划的,不是片段处分的;(2)不仅临时的,且要平时的;(3)不是消极的,且要积极的。这三种意义同时并具之统制计划,在今日方得谓之统制经济。所以历史上虽有统制经济之事实,然不得便谓之是今日统制经济。惟如苏维埃之经济状态,法西斯之经济状态,虽成长在统制经济学说发生以前,而按其实际则实为今日之统制经济无疑。至于英美法德日等国,现在只在往此方面进行中,不得便谓之已完全实行统制经济也。至于中国今日,我们始终并未看见政府的经济计划,更谈不到统制。近年中耳目所闻见者,不过忽然来一个限于武汉区域不彻底的集中现金令,忽然来一个不准人民贩金出口而公家机关却尽量外运不彻底的禁金出口令,这个地方,禁止运现,那个地方,禁止运粮,这样事要官办而官不办,那样事中央与地方或地方与地方均争办,而结果皆不办,有许多中央及地方事业已经官办者,而又归民办,甚或从前主张事业国营极力之人,现在反觉得民营为好,开倒车已经开到铁路事业准许人民经营了,但是我们良心上又不能说民营不好,因为"办"究竟比"不办"的好,况且民营成绩,也许胜过国营,更有许多事实可证明的,但是一方面统制经济之呼声,却高唱入云,我们真不知如何主张才好。

　　总之,近年来所谓统制经济者,应具备之条件,已如上述,所以历史上若干事实,不能认为是今日之统制经济。近年来中国政府对于经济上若干行动,亦不能认为是统制经济,这种情形,我们明白了,我们便知道统制经济现在世界各国事实上需要的道理了。我的看法,需要的原因,不一定如现在学者所说,是由于欧战后之经济状况,因产业合理化运动之失败,进一步需要统制经济的。我认为物质文明发达之结果,当然是需要统制经济的,因为自由经济,实不足应付物质文明构成之环境也。盖大量生产之事业发生,如何使消费与之适宜,如何使分配对之公允,如何使价值能够安定,如何使金融可以呼应,且至少限度,更如何使一民族一国家能够自谋经济生存,在国际上站得住,且因之国防外交及一切政治,与经济均发生更密切变化之关系,不能不兼顾并筹。故在这种物质文明发达后之经济状况中,岂是旧日之自由经济制度所能应付的,势必须由国家因时制定一种整个有系统的经济计划,而以国家统治权力控制施行之。所以鄙人以为统制经济,是物质文明发达后事实上所当然需要者,欧战后之经济状况,不过促其成耳,产业合理化运动之失败,不过更予以确实之证明耳,且苏维埃与法西斯式政治,早已在统制经济名词未发生前,具有这样感觉,尤其苏俄之新经济政策,五年计划,逐步成功,更予英美各国刺激不少,均认为现代式国家，非有一种经济政策及计划，用统治力控制不可。这样感觉，我认为凡研究经济学者，在物质文明发达后之经济社会，是当然应皆发生的。即如鄙人，亦在统制经济学说未发生前，早已认为国家非定一种经济政策及计划以国力推行之不可者，于民国十六年间，曾著《中国新经济政策》一文发表，虽未用统制经济之名，而其意初无二致也。且鄙人尤盼望一般人注意者，这个经济学上新名词，在英美大都用计划经济四字（Planned Economy），日本专在经济统制一点注意（Economi Control），竟呼为统制经济，且复强为分辨。就实际说，没有计划，那里说得到统制，没有计划之统制，那能成立一种理论的学说？一个是体，一个是用，用统制经济四字，是不通的，且流弊甚多，在中国尤甚。所以有许多人认为要实行经济统制，非专政不可了。用名词之不慎，发生了误会不少。无如中国人专喜欢用日本名词，故许多人只知道有统制经济四字，颇少知道有计划经济四字者，故鄙人今日演题，仍只得用统制经济四字，但是颇希望经济学会，予以研究，负责纠正，定一正确名词，以免沿用过久，积重难返也。

以上所述，皆关于统制经济吾人所必须知道之要点，至于一国内各种经济事业，应如何分别统制，完全视其国之情形，类别研究，统定计划，固不可强而同之，非短时间所能一一详述矣。

最后，想诸君也许还要问鄙人，在今日之中国，究竟统制经济，是否可行？我也不妨再简单答复诸君。我已经在前面声明了，在学理上是附条件赞成的，不过在事实上，我并没有看见计划，我是不愿多发言的。但是假使我们统治者，自己知道我们统治力之弱点，又知道我们现在经济社会组织之散漫，在这种环境下，分别事业，斟酌程度，拟定一种可能的具体计划，逐步进行，我是愿附在赞成之列的。再具体一点说，譬如以水利交通农产为先，而以工商及金融等事业次之，只要统制程度，斟酌得宜，我想绝不致有大害的。假使我们统治者，忘记了今日国家地位，与夫今日人才能力，以为一实行经济统制,件件事可办,个个都可以做斯他林,做墨索利尼,做希特拉,定出一种不可实行的计划,而滥用官权来尝试尝试,这样统制经济,就恐怕有百害而无一益了。更可怕者,连计划都没有,公然挂起统制经济招牌来,零零碎碎的统制法令,忽然的今天公布若干,明天又公布若干,甚或今天公布,明天便取消,抑或公布而不实行,实行而不彻底,养了无算统制官吏,费了无算统制经费,只得一个扰乱经济之结果,造成一种摧残经济之事实而已。所以我们于统制经济是否可行于今日之中国这个答案,是有一个前提的,这前提便是请求将具体计划先与我们看看。

我再举一个例来说,现在棉麦借款用途之研究,议论纷纷,莫衷一是,这就是国家预先没有经济计划的原因。假使有了计划,则缓急先后,层次井然,何必再费无聊之争论。现在颇闻有若干用诸盐垦,若干用诸纱业之说。所谓棉麦来的款,仍用之棉麦,买酱油的钱不买醋,买醋的钱不买酱油,主持者可谓忠实极了,但是假使我们要定一种整个具体的经济计划,依照我们各个心里所想的计划来说,这用途是否合轻重缓急之宜,恐怕不能不有多少怀疑的。例如我个人的私案,假使要定一个计划,我认为现在经济事业最重而急者,莫如农业,莫如交通,而农业尤以维持旧农业为先,开垦次之,交通又以维持旧交通事业为先,新办者次之。所以假使我的计划成立的话,我一定先尽量用之于设立全国的农业银行,以农田或农产物或农具为抵押,低利借诸农民,以恢复农村之经济,若尚有余,又必尽量用诸买车辆,买枕木,以扩充固有之车运,新筑路,新辟荒,又其次焉。我主张之理由甚多,非此刻所能详言,我所以附带及此者,并非来与诸君讨论棉麦借款用途问题,不过用以证明国家没有一确定之经济计划,则见仁见智,各有不同,每一问题,议论百出,更如何谈得到统制经济耳。鄙人于上星期六日,承银行学会嘱托,指定演讲统制经济问题,旅居中未带书籍,仅三日间,百忙中匆匆构思,敷衍交卷,希望诸君原谅并有以指正之。

国难中之衣食住问题

—— 三月二十一日首都讲演会演说稿

《大公报》(天津)1936 年 3 月 27 日

世界上人人都以为中国地大物博,中国人也以此自夸,信以为真。不知中国虽有土地四百余万方哩之大,除去蒙古高原西藏高原,及其他三千呎以上高地外,在三千呎以下之土地,不过总面积百分之三十五,再除去大部雨量年不及二十吋之土地外,据专家估计可耕种之地,仅约七十万方哩,不过占全面积约六分之一,在此面积中,至少约有三万六千万人密集居住,平均每方哩人口密者八百人以上(扬子江下游),次者六百人以上(冀鲁豫皖川等省),再次者亦三百人以上(鲁苏赣湘等丘陵地及东南滨海诸省),密者与欧洲人口最密国家(如英比等)不相上下,故做到"经济自给"四字,亟须为极大不断之努力,并非听命天然足以自给之国家,此中国人须自猛省者一也。中国不但一般经济自给须要努力,即人民必要生活根据如衣食住三者,多年来已显然不足,每年关于衣食住主要次要物品,须求诸他国者,详查最近三年(二十二、二十三、二十四)海关贸易册所昭示者平均入超约为三万六千万元,以数千年来号称地大物博之中国,其现状如此,就是仅仅衣食住三项都不能自给,此中国人须早自猛省者二也。自九一八事变后,中国向用以抵偿食量入超大部分之大豆类输出,已不复存在。而向为我习惯的天然的移民地预算足以再容纳我民族四千万人口之东三省,即破产有大希望,农业有大希望,林业有大希望之东三省,亦随热河而去,自入此国难时期后,我们中国人衣食住之自给,更成一严重问题,此中国人应早自猛省者三也。现在世界国家，竞争军备，风雨之来，不知何时，我们至少亦须谋最低限度之自卫，故我们不能不为国家为民族想到"军储"，使卫护我们的武士，有衣穿，有饭吃，有适宜于卫生之房屋可住，故在此国难期中，我们对于衣食住问题，更不可须臾忘怀，此中国应早自猛省者四也。因此四者，现在中国人，人人对于中国衣食住情形，应有充分之认识，尤其妇女界，俾得时刻警醒，各图补救也。兹将衣食住三项问题，略为陈述：

衣食住自给方案纲要

壹、精神方面

应为普遍的经济建设运动，以左列二项文字为标语：

（一）生产工具，欢迎外货。

（二）消费物品，专用国产。

运动方法，利用新生活运动之组织，作普遍的宣传。

实行方法，先自党务人员，公务人员，军事人员，教育人员做起，分年实施于各界。

贰、物质方面

一、衣之问题

（一）棉纱布之产销及不足数额。

（甲）棉花

（1）生产量最近三年平均数，年约九百七十万担，棉田每亩平均收量为二十三斤九，约计每田四亩，产棉一担。

（2）销费量约计如左：

纱厂用花约九百余万担。

手工纺织用花约五十万至一百万担。

衣服被絮用约二百五十万担。

共约一千二百五十万担。

目前之生产与销费相抵，原棉不足约计三百万担左右。

（乙）纱

(1)销费量　年约八百万担。

(2)生产量　相近。

(3)输入量　最近三年平均年约一万七千余包,合三万公担或六万市担,(如欲自纺)需棉六万余担。

(丙)布

(1)销费量　年约九百万担。

(2)生产量　八百余万担。

(3)三年内平均每年输入六千六百万元(合布一千四百万余疋,合纱二十四万包约八十余万担,合棉八十四万担)。

(丁)棉纱布之不足数

以上共计缺少:

原棉(三百万担加六十万担再加八十余万担)共约四百万担(需自产)

纱(六万担加八十余万担)共约九十余万担(需自纺)

布　一千四百余万疋(需自织)

(戊)补救方法

第一先将原棉产量补足,品质改良:

(a)以中央农业实验所及中央棉产改进所,为改良棉种研究肥料及防除虫害之机关。现已发现适用于中国南北地方两种棉种如下:

品种名称	试验经过	产量增加率	以后进行
斯字棉纯系第四号	于华北各省成熟极早不受春旱及蚜虫之害	产量比现用美种脱字棉高百分之三至百分之六十四丝长一英寸又八分之一寸	棉统会已向美国订购此种棉子四万磅为本年分发华北各省试验场繁殖之用明年即可推广于农民

品种名称	试验经过	产量增加率	以后进行
德字棉纯系第五百卅一号	试验于长江流域极佳黄河流域亦可种植	产量比现用美种爱字棉高百分之六至百分之八十六纤维长达一英寸又四分之一寸可纺四十二支细纱去年市价比最佳之灵宝棉为高	去年在中央棉产改进所繁殖百余亩今年即可供给各地试验场繁殖明年即可推广于农民

(b)以棉业统制委员会及华北棉业改进会,为推广棉种棉区机关。前者成绩已渐著,后者新在华北成立。推广改良棉种,扩充适宜棉区,均按预定计划进行。二者并进,每年增加一二百万担原棉,颇有可能性,预计三五年,准可补足而有余,并可以进一步推销国外矣。原棉问题若解决,纵使纱布不足,须待外求,而我有其所含原棉,补救一部分损失,漏卮有限,再进一步为第二步计划。

第二增加纱布锭

自纺不足之纱,应在内地分添纱锭一百万枚。

自织所需之布,应在内地分添布机三万台。

预算以上纱锭布机,约需资本九千四百万元,如分五年进行,每年需款一千八百余万元。(未完)

国难中之衣食住问题(续)

《大公报》(天津)1936 年 3 月 28 日

(二)丝织品

(甲)丝织品之输入情形

(1)丝织品及人造丝,二十四年输入总数,约八百余万元。

(2)其中以人造丝占最大部分约七百余万元。

(3)输入国:二十三年日本由百分之六而增至百分之四六,已占首位。

（乙）自给方法

（1）人造丝 依照进口年约三四万担以上之估计，应设立每日生产十五吨规模之人造丝厂，但为利用纱厂废花为原料计，宜暂以设立日产三吨规模之厂为起点，以后逐谋扩充，其营业计划大致如下

建筑设备资本	约四五百万元
制造方法	采用黏液法
技术	与欧洲厂家合作
成本每吨	约在一千八百元以下（较低于输入品之价值）

（2）蚕丝

（子）改良目标 蚕丝本为我国之重要输出品，最近产额年约十五万担左右，去年输出七万六七千担，约值四千万元以上。兹拟积极加以改良，使品质产量均行推进。数年之内能年产价廉品优之生丝，达三十万担以上，则不独输出可以增加，而内销丝织品所用之人造丝原料，亦可取而代之矣。

（丑）实施办法 关于改良事业，依上述目标，按目前状况，自应注重改良蚕种之研究与推广及生丝之改进与检验等工作，其设施如次：

（a）关于蚕种及其他技术上之改进，以中央农业实验所，全国经委会，蚕丝改良厂，中国合众蚕桑改良会，江浙等省立蚕丝试验机关，各国立及省立蚕丝教育机关，合作分任其资。最近改良程度，从前由五六百担干茧治丝一担者，现在只需要三百余担至四百担，质之进步，约为三分之一。从前每年需用二百万张 改良蚕种者，现在需要已两倍之，预料将来有四五倍之增加。

（b）关于育蚕治丝技术上之改进，以全国经委会，蚕丝改良委员会，中国合众蚕桑改良会，江浙等省主管机关，合作分任其资。对于改良蚕种，分任推广，土种日减，几已过半，改良种日增，并关于治丝技术之改进，从事指导。从前每部机车日治丝八两者，现可

治丝二十余两至四十两。

(c)关于取缔检验,以商品检验局为实施公量及品质之检验机关。并由实业部另定蚕种取缔规则为根本之取缔。

(寅)加工制造,应用新式机械改良织染,使出品新美,成本低廉,设立模范织染厂,并派员赴欧美研究深造,指导民营事业之推进。

(三)毛制品

(甲)毛制品输入数值(二十二、二十三两年平均数值)

进口呢绒哗叽(以重量计者)五·三四五·〇四四(公斤),二六·六五六·七二九(国币元)

进口呢绒哗叽(不以重量计者)三·三二三·一七七(元)。

以重量计之输入品,每公斤约合五元,依此计算未以重量计之输入品应得六六四·二三五公斤,两项共计六·〇〇九·二七九公斤、二九·九七九·八六〇元。

(乙)补救方法(一)

应添置纺锭五七·八六七枚,织机六七〇台。

预算固定及流动资本共八·四〇〇·〇〇〇元。

原料需纯毛七·八一二·〇六二公斤,就现状论,吾国羊毛每年输出数量颇巨,而毛绒不整齐,国内呢厂,反须采用外货,兹查国内现有制呢工厂,以军政部北平制呢厂,及章华毛绒纺织公司为较大,北平制呢厂,有锭五·四〇〇枚,绢机五十六台,每年约出租细呢三八四·二六三公尺(四二〇·〇〇〇码)。章华有锭一·七五〇枚,织机六十台,年出细呢绒八二·〇二四公尺,粗呢绒五三·七七三公尺,驼绒一八四·〇七〇公尺,驼绒纱八一·七四五公斤,毛绒线等五七·三七二公斤,其他如上海之上海毛绒纺织厂,中国毛绒纺织厂(外人经营者,有博德运·怡和纱厂、上海纱厂),天津之东亚仁立(外人经营者,有海京倪克等,海京有纺机五部,织机四十部,年产毛毯二万条,呢绒六万码,细毛线一万磅,毛衣二万件,骆驼絮一万磅,地毯线二十万磅)等,除仁立年出呢绒约四五·七四五公尺(约五万码)外,皆以纺制毛绒线(即所谓毛冷业)为业,不制呢绒哔叽。此外上海之安乐棉毛纺织厂,系专纺驼绒纱,华东、纬轮、胜达、天翔、惟一等毛绒纺织厂,则皆规模不大(此类工厂上海有三十余家),专织驼绒以为衣？之用,惟仍供不应求,驼绒纱来自欧美者,为数不少。

国内制呢厂所出之呢绒哔叽(军政部北平制呢厂及章华所织哔叽,皆系购买欧美各国已纺成之纱),皆系内销,并无出口,故依海关册,毛制品进口所估计之纺锭五七·八六七枚,织机六七〇台,皆为应添设之数,不过制呢与制哔叽所用机器不同,国内现尚无制呢哔叽工厂,所估计之锭子及织机,应以五分之三为制哔叽之用。

附列二十四年出口羊毛数量如下

绵羊毛　一九·九八七·〇八〇(公斤),一四·二四五·七三七(元)。

山羊绒毛　一·一九四·九〇九(公斤),一·二一五·三四五(元)。

山羊毛　一·三五九·一〇〇(公斤),七二三·六八三(元)。

毛织品输入与羊毛输出相比,每年漏卮约一千四百万元。

(丙)补救方法(二)

我国羊毛,据专门家最近发现,各种羊毛所含极优良之细毛,大都在百分之五十以上,假使选用适宜之分毛机器,照现在毛之产量,已可年增七百万元之价格,若能扩充产量,就输出入差额言,不难相抵,苟辅以毛织品,工业之发展,自给一层,当不成问题。

衣之自给问题,以棉丝毛为主要品,而以中国情形论,棉尤为重要,因四万万人民,除极少数外,皆以棉织品为唯一之衣料,毛次之,丝则本占有利地位,只人造丝一项,须亟谋自给办法,又毛织品需要之趋势,日益增加,故改良羊毛,增加毛织品产量,皆为必要。

再就全国人民现状论,衣之供给,极不充分,有多数人民,衣不被体,故前项预计不足之数,乃就现状而言,假使欲为充分供给,其数必须再有相当之增加也。(未完)

国难中之衣食住问题(续)

《大公报》(天津)1936 年 3 月 29 日

二、食之问题

(一)我国粮食为米、麦、杂粮(米占百分之二十八,麦占百分之十七,杂粮占百分之五十五)。

(甲)粮食生产量(民国二十四年份中央农业实验所估计,单位市担)

稻 九六〇·七九三·〇〇〇(粳稻八七〇·五三七·〇〇〇,糯稻九〇·二五六·〇〇〇)

小麦 四二六·〇五二·〇〇〇

杂粮 (小米一三六·二四七·〇〇〇,大麦一五八·一一二·〇〇〇,高粱一三·五五一·〇〇〇,玉蜀黍一三六·八八九·〇〇〇,大豆一〇〇·三七九·〇〇〇,甘薯三七·一六二·〇〇〇,粟子三二·五二三·〇〇〇,燕麦一七·四四四·〇〇〇,豌豆六六·九〇一·〇〇〇,黑豆六三·四四二·〇〇〇)

稻米产于长江区皖、赣、湘、鄂、川,沿海区冀、鲁、江、浙、闽、粤各省,约百分之九十以上,西南区桂、黔、滇各省仅约百分之六七,黄河区豫、陕、晋、察、绥五省,及西北区新、宁、甘、青四省,所产不过百分之二三而已。

小麦产于沿海区及黄河区各省,约占百分之七十,长江区约百分之二十以上,其余二区为数有限。杂粮亦以沿海区及长江区各省为最盛。故全国主要食粮米麦两项总产量,此两区所产约占米之百分之九十左右,麦百分之七十左右也。

(乙)粮食进出口数量(二十四年海关贸易统计,公担)

米　　　　　入超一二·八九八·七九二。

小麦　　　　入超五·一一四·三二一。

杂粮　　　　出超一·六五六·五一四。

面粉　　　　入超五〇五·六三三。

(二)我国粮食缺少之状况

(甲)米　米之入超,六七十年来,自一倍十倍增至五十余倍,民十后,进口以数猛进,竟达一二千万担以上,其原因甚多,米产不足而外,内部之失调,衣种种处理之不当,实有重大关系。洋米之入超平均数,比之最近产量之平均数,为百分之四左右。

(乙)小麦　小麦在民十一以前,出口入口相抵均属出超,为数都在一二百万担以上,可见足能自给。民十二以后,遂转为入超,其原因盖由于面粉食用量增加,及改良机制面粉者之增多,洋麦品优适于机用。且以前进口无税,运费又廉,国麦品杂,不适机用,并以运输困难,运费昂贵,捐税繁重,以致成本较重,而使一般面粉厂商,均趋于乐购洋麦,弃用国产。故机制面粉业发达,洋麦进口,亦随之而增加矣!惟小麦进口数额,比之生产额,亦仅及百分之五左右。

(丙)面粉　面粉亦自民十以后遂由出超而转为入超。其原因盖由于自制数量,不足供给,工业原料二者均不敷用之故耳。

(丁)杂粮　杂粮向为出超,但近三年平均数不过一二百万担左右,为数殊多也。我国食粮就人口需要与生产数量比较,统计家将各种粮食热力折合稻米计,实不足二万万余市担,合全国粮食生产量百分之十以上。平均近三四年输入各种抵补粮食热力合计,尚不过抵不足之额约五分之一,是我国食粮不足之额,远过于输出之额,供不应求,足证有若干人民,生活极艰,营养不足也。

以上专就主要食品而言,如糖、茶、海产品等类未并入。

(三)补救办法

(甲)关于改良种子改造肥料,及防除虫害等技术上设施。

以中央农业实验所全国稻麦改进所,及各省地方农场合作分任其资。

改良麦种已有发现,其成绩如下:

品种名称	推行区域	产量增加率	以后进行
金大南京二九〇五号	长江流域由上海至汉口一带	百分之七至百分之三十二	已繁殖二万余亩二十五年可推广至十六万亩
小红芒及火燎芒(江苏省立麦作试验场育成)	徐州至山东一带	同	已繁殖六千余亩二十五年可推广至六万亩
金大南宿州六十一号	南宿州至归德一带	同	已繁殖二万余亩二十五年可推广至二十五万亩
金大开封一二四号	开封至洛阳一带	同	已繁殖一万三千余亩二十五年可推广至十三万亩
			总共已繁殖六万亩二十五年可推广至六十万亩

稻种改进,正在全国稻麦改进所努力中。

杂粮改进,正在中央农业实验所努力中。

(乙)关于农业已改良种子之推广,金融之调剂,仓库之设备,运销之便宜,现虽有各种力量不大之合作社,就地分任若干分责任。但中央必须设立一大规模之农本局,联合金融界,统率合作社,以相当之财力,整个之计划进行之。

(丙)施行检验及分级办法,使国产食粮标准化,而能适合国内外购买需要,现正设国产检验委员会进行中。

（丁）整顿水利，工程大者由全国经济委员会与各省合作办理，工程小者，应由各省责成各地方分负其资。

（戊）扩充耕种面积，西北殖民另一大问题，姑置不论。在黄河区长江区沿海区西南区各省，可耕种而未耕种之地，为数尚不少。各种统计，惟不确实。现中央拟责成各省转饬各级实地整理开辟之。

食粮问题，现在正照上开办法，谋一自给解决。天时有关系，政治有关系，远效虽不可期，然在四五年之中，欲强勉抵制入超之数，固确信其可能也。（未完）

国难中之衣食住问题（续）

天津《大公报》1936 年 3 月 30 日

三、住之问题

住之问题，在中国过去，幸不严重。因人民生活太低，大多数人民居住为草房灰房，甚至不改穴居之习，最高者亦为普通瓦房，均可就地取材。但姑不论有无提高人民一般住之生活之必要，而新式房屋之需要，为事实上所不能避免（如工厂学校公务机关，及地价高昂之都会住宅等），故木材洋灰铜料砖料，乃渐成为住之必需品也。

（一）关于木材问题

（甲）木材输入之近况

最近四年，平均年约输入三千四百万元左右，以轻木材占多数，大部分供建筑之用，铁路枕木数亦不少，且年有增加。

（乙）木材自给方法

(1)开放森林

调查长江一带天然林,在川湘赣闽等省,开设锯木厂若干处。六年内每厂制材约七万二千立方公尺,设备费每厂约三十万元。以七厂计,共需洋二百一十万元,每年可制材五十余万立方公尺。约当近日普通用材之半,其余所缺半数,可奖励民营木业,以补充之。惟对于国产木材之运输捐税等项,政府须积极设法,予以便利,或减免。务使国产木材价格低于外材,以便推销。

(2)培养天然森林

严禁烧山——厉行保护森林——严禁滥伐,由各省主管机关彻底饬所属奉行关于林业之法令。

(3)厉行造林

增设国有林区——督促各省市育苗造林——建设西北五省大规模之林区——奖励私有林业,依照以上办法,切实施行,十年树木,为期不远,国产木材,必可自给。

(二)关于水泥问题

(甲)中国水泥产销情形

销费量年约六百万桶,国人自营水泥厂之生产量四百余万桶,不足之数,由外输入。

(乙)外国水泥输入情形

民国二十二年以前,输入水泥约在三百万担以上。自二十二年及二十三年水泥进口税率,增加一倍有余,其进口数量,即减至六十余万公担,短少几三分之一。同时国营水泥业,亦日见扩充,以后旧厂增加产量,随时可能。四川及其他省分又有添设新厂之计划。故水泥事业,只须政府切实加以保护,自给目的极易达到。

(三)关于铜料砖料问题

砖料问题,不甚严重。因中国仿造洋砖之工厂,已有成绩,现在新式房屋,多数均采用在中国制造之砖料。今后进步,可望与年俱增,不待外求。至铜料乃为一整个问题,不独房屋需要之铜料而已，大规模之炼铜厂未成立前，铜之自给问题，无从解决也。

我将这三个问题大概情形叙述过了，虽然我们各有积极的力谋自给的办法，但是均需要相当时日，不是今天就做得到的，所以我们必须各个人在消极方面，有一个极大的决心，极大的忍耐，拿这样决心与忍耐，表现一桩事，就是：

"吃得少，穿得少，住得少，拿多的材料去换外国的生产机器"；"吃得坏，穿得坏，住得坏，拿好的材料去换外国的生产机器"，这就是苏联在国难中复兴的妙诀，这就是苏联两个五年计划成功的秘方，我们能不能？我想数千年来民族生活抱"自由主义"之中国人，也许受不了这样束缚，调子高了，实行困难。所以我想了第二个办法就是：

"生产工具欢迎外货"

"消费物品专用国货"

我想这是绝对不难的事，因为中国食品材料，衣服材料，房屋材料，均不是极下等的，连毛织物及其他服用杂品之国货，近来都有进步，故衣食住用国产，不是不舒服的事，我们不排斥外国的货，不但不排斥，并且欢迎，只是民族最低限度生活根据之衣食住，在国难期中，不能不力谋自给，我想无论任何国家，都应同情我们的，因为我们长此以往，衣食住都不能自给，那有购买力，去买外国货，这个道理，是很明白的。

我们抱此决心，作一个新经济运动，由上而下，由近及远，大家消费品概用国产，自足以促进国产品之增加，国产品之进步，本来预备相当期间方可以自给者，不难缩短为一二年也。我们可以饱暖之中国人，不要忘了一事：中华民族至今能不亡灭者，全靠大多数同胞能为最低之生活，食不果腹，衣不蔽体，卧不兼席，而仍日出而作，日入而息，做终年不休之劳动生活。此等同胞事实上实为中华民国唯一救亡之无名英雄，我们可以温饱之人，若连"消费物品专用国产"之信条都不能守，何以对得注凌寒受饿大多数同胞？在国难中之中下级以上人民，能不猛省？

国民经济建设运动之意义

——吴鼎昌在中央广播电台讲演

《国闻周报》第十三卷第二十五期，1936 年 6 月 29 日

今天本人很欣幸，得有机会对全国民众讨论关于国民经济建设运动的问题，这个运动的意义，蒋院长除去年八月中在成都发通电说明外，又于去年双十节在首都有极明白之文字发表。我们试举出其中重要之点有三：

一曰："国民经济建设运动与新生活运动二者实相表里，故必须相辅而行，盖新生活运动为民族的，为修身的，着重于道德与精神方面为主，实为国民经济建设运动之体。而国民经济建设运动为民生的，为生产的，着重于行动与物质方面为主，实亦为新生活运动之用。新生活运动所以奠立民族之精神的基础，而国民经济建设运动则所以充实民族之物质的基础。故二者实缺一不可。"

二曰："欲谋中国国民经济之更生，非先唤起广大之自觉不可；非使人才或或人力与天然资源发生极密切之关系不可；非使各种人力与生产要素为全体适当之配置与全国共同之结合，而使为有效之发挥不可；非改变一切旧观念而消除有形无形之障碍不可；尤非调剂供求，使生产状况与消费状况相应不可。在此运动中政府固有种种应为之事业，然尤非使人民积极参加成为推进此运动主力不可也。其在另一方面，则此运动又非如其他之社会运动，仅由人民团体鼓吹倡导，或其团体之分子遵守约束，各自努力而即可以收效；以其往往关系于国家之法令与政策，且其间有许多事项，又

必赖国家机关之政治力量以推行，故又必集合政府人民各种公私集团一切之力量，而后始能推行尽利也。"

　　三曰："国民经济建设运动者，为促起人民以自动改善国民之经济，即为集合全国社会与生产机关各部分之努力，以建设健全之国民经济，政府则以所有之力量为之排除障碍，且与以种种之助力与便利者也。国民经济建设运动者以建设国民经济，及解决民生问题为目的，与国家经济政策范围有广狭之殊。盖国家经济政策于民生而外，更须注重国计；而国民经济建设运动之本位，则为国民也，其对象由惟民生也。总理以民生主义为三民主义之中心，国民经济建设运动者，实三民主义之基点，亦即民生主义实现之初步也。"

　　明乎这三点意义，便知国民经济建设运动实须政府与人民合作，联为一气，合为一体，共谋中华民族经济之自存与其发展，"民族的经济复兴之一大运动"，五千年来超历史的破天荒之举也。关系之大，自不待言。

　　现在国民经济建设运动委员会总章已由蒋院长通电公布，并自任总会会长重责。一年来举国期待之"民族的经济复兴之一大运动"，不日即可见诸事实。本人藉此机会，再为全国民众一述总章内所包含之要点，俾意义更加明瞭，或于运动进行，不无裨益也。

　　总章内所包含最重要之点有二：

　　一为第一条所载，其文曰：

　　"本会以中央地方官民一致合作运动，协助政府，倡导社会发展经济建设事业为宗旨"。

　　这条意义就是前方所举的蒋院长发表文字中重要三点之总括，希望四万万人，人人都负一分发展经济建设事业之责任，即人人应该照蒋院长发表文字中所谓：

　　"在积极方面：甲、增加生产总量，解决生活需要。乙、增加工作机会，解决失业问题。丙、增加输出产品，藉谋贸易平衡。丁、保障投资安全,鼓励生产活动。在消极方面:甲、解除阻碍生产发展之外面的原因(如捐税,产业法规,劳资关系等)。乙、解除阻碍经济发展之内在的原因(如缺乏经营方法与人才等等)。丙、解除阻滞货物流通之障碍(如交通、金融、运销、制度等)。丁、解除妨碍生产建设之心理的因素(如愚昧、迷信、保守、缺乏劳动民习惯、漠视经济等等)。"尽力运动,以达到蒋院长所谓"尽人力,辟地利,均供求,畅流通,以谋国民经济之健全发展"之总目标。

二为第三条所载,其文曰:

"本会办理左列各项事务:

(一)协助推行中央及地方政府经济建设计划;

(二)倡导社会各种经济建设事业;

(三)培养训练及介绍各种经济建设人才;

(四)研究发展全国农工副业及地方特殊产品;

(五)倡导节约推行国货。"

这一条很重要,就是国民经济建设运动委员会具体的要做的事,第一第二两项就是说政府要做的经济建设,人民协力去推行之;人民要做的经济建设,政府也协力去倡导之。从前政府的经济建设,人民不与闻,推行困难;人民的经济建设,政府不与闻,倡导不易,现在这个机关联络一气,将隔阂弊病,根本扫除;人力财力可作通盘之计算,共同之努力也。但所谓政府人民之经济建设,是指什么?蒋院长已经在去年八月十日两次电文中指出了八项:(一)振兴农业,(二)鼓励垦牧,(三)开发矿产,(四)提倡征工,(五)促进工业,(六)调节消费,(七)流畅货物,(八)调整金融。所包含至为广大,今后皆当尽政府人民之人力、财力,速起图之者也。

第三项培养训练及介绍经济建设人才一事,尤关重要,中国人才本少,加以培养不得法,训练不充分,难得适才适所。又以介绍机关不完全,一方事求人不得,一方人求事不得;故人才运用,极不经济。今以此机关将培养、训练、介绍经济建设人才一事,作条理的整个之计划,尽力实施之,务使经济建设人才无失业之苦,经济建设事业无乏人之叹。

第四项研究发展全国农工副业及地方特殊产品一事,在第一二项所包含事业外,特别举出者。因为农民占全国人口百分之八十,而农民工作季节,大都为四个月至六个月,其余均属空闲时间。而农民利用闲时可做的农业的副业,工业的副业,近年来又大都衰颓;故认为振兴农业本业外,同时必须振兴其副业。又各地方特殊产品,大都为利用其他之特殊产物而成立之各种手工艺品,近年来为机器制品所压倒,亦复不振,有改良其艺术推广其销路之必要。故特举出此二者,作为恢复一般农村经济必要之计划也。

第五项提倡节约,推行国货。推行国货,乃在国民经济建设经过途程中,消极方面必须一致奋起努力之重要工作。本人本年三月中曾在首都讲演会讲演《国难中之衣食住问题》(载实业部月刊第一卷第一期中),指出中华民族生活根据衣食住三项,不足之数目甚巨,须亟谋补救之方,否则必无以自存。其末段云:

"我们必须各个人在消极方面有一个极大的决心,极大的忍耐表现一种事,就是:'吃得少,穿得少,住得少,拿多的材料去换外国的生产机器';'吃得坏,穿得坏,住得坏,拿好的材料去换外国的生产机器'。这就是苏联在国难中复兴的妙诀,这就是苏联两个五年计划成功的秘方,我们能不能?我想数千年来,民族生活抱'自由主义'之中国人,也许受不了这样束缚。调子高了,实行困难,所以我想了第二个办法,就是:

'生产工具欢迎外货'

'消费物品专用国货'

我想这是绝对不难的事,因为中国食品材料,衣服材料,房屋材料,均不是极下等的。连毛织物,及其他服用杂品之国货,近来都有进步,故衣食住用国产不是不舒服的事。我们不排斥外国的货,不但不排斥,并且欢迎。只是民族最低限度生活根据之衣食住,在国难期中,不能不力谋自给。我想无论任何国家都应同情我们的,因为我们长此以往,衣食住都不能自给,那有购买力去买外国货? 这个道理,是很明白的。

我们抱此决心,作一个新经济运动,由上而下,由近及远,大家消费品概用国产,自足以促进国产品之增加。本来预备相当期间,方可以自给者,不难缩短为一二年也。我们可以饱暖之中国人,不要忘了一事:中华民族至今能不亡灭者,全靠大多数同胞能为最低之生活,食不果腹,衣不蔽体,卧不兼席,而仍日出而作,日入而息,做终年不休之劳动生活。此等同胞,事实上实为中华民国唯一救亡之无名英雄。我们可以温饱之人,若连'消费物品专用国产'之信条,都不能守,何以对得注凌寒受饿大多数同胞? 在国难中之中下级以上人民,能不猛省?”

这段话就是第五项运动,官民全体,必须一致进行的,详细说明了。

以上的话,是简单报告国民经济建设运动发起之由来,及以后之职志,不日全国总分支会,即将次第成立。本人恳望全国官民在蒋院长领导之下,一致努力做去。谨先在此预祝国民经济建设运动之成功。

谈改进合作事业方针

《大公报》(天津)1936 年 9 月 10 日

实业部长吴鼎昌此次冒暑视察赣、湘、鄂、皖四省合作事业返京后,记者特别访谒,叩询关于此次视察之观感及今后对于改进全国合作事业之方针,承其发表谈话如左。

余此次偕合作司司长章元善、科长郑达生两君视察，系于八月二十二日由牯岭出发，迄返京日止，为期十七日，历赣鄂湘皖四省，于访晤各地当局及参观工商业暨各省特产外，大部时间均在乡间，就地视察合作事业，惟时间短促，所得仅一般的印象而已，试略举大端。（一）合作法令必须统一，而事业则随地方情形，由地方妥实办理，中央自当尽力为各省主持方针暨予以必需之协助。余向来所抱此种主张，经事业上验证，并未错误。（二）至合作社之业务法令上，本分"信用""供给""生产""运销""消费""公用""保险"等类，此项业务，一社可否兼营数种，颇为内外人讨论之点。余以为合作社之组织，本系应人民之需要，故其业务种类如何，应视其社员需要而定，论者雅不宜以个人主观为之断，但据此次短期视察所及，深信必须办好一种，再办第二种，不宜强勉多办。譬如信用合作基础并未筑稳，便认为信用合作少意义，而转办运销生产供给等业务者有之，在此种情形之下，余敢断定其他业务亦难获成绩。盖余深信信用合作社乃第一步之基础也，须知金融枯滞为农村间一种普遍现象，又凡加入合作社者，大都皆系中小农人及佃农，其需要是资金之供给，尤其是供给之条件，务与其招致资金运用资金之能力相称。换言之，农人希望信用放款，以之充生产之用途甚切，据各地事实考察，已往信用放款成绩甚佳，吾人民素重信义，光宣之交，都市金融尚重信用，此种良好习惯，近今渐衰。日前在长江商会招待席上，尚有主张恢复都市信用放款者。盖人民之有资产足任举债者为数究属有限，个人信义及智能及所谓无形之资产，自有其特殊之价值。故如何发展信用放款，确为国人今日应予研究之问题。（三）合作社之联合组织在所必需，吾人于指导人民组织合作社之外，并注意组织联合社，自属正办，然有时或因火候不到，开始过早，颇多流弊。盖联合合作社之组成分子是单独的合作社，若各个单独的合作社基础未固，即以之组织联合社，其能力不够，自无待言，吾人似应先将力量集中于合作社，使其组织健全，单位强固，联合社始克有力，并可以联合社的力量，充实合作社的力量，勉强为之，联合社能力薄弱，其恶影响并将及于各个合作社之健全，是不可不特别慎重于始者。（四）合作事业本为普通的基础的改进人民经济生活之组织，故推行合作，处处应为人民经济生活本身设想，不得有其他意义参杂其间。设或有人利用合作组织为与合作无关之活动，则殊非合作前途之福。此次视察所及，此种流弊似尚未能根本扫除，此值得警戒者。（五）一地合作事业之是否纯正，前途是否有望，悉在各地方办理合作事业干部之是否得人，若其人未具深切诚笃之事业心，视办理合作职业为其终身事业，其所表征往往近于形式，此层关系整个运动之前途甚大，亟应注意，而各个合作社社内之首领人选尤为重要。明白事理者往往其人之品行德性不足以引导同侪，而一般年高德迈者又无虑事能力，不耐烦琐，故推行合作，宜耐着性子，发现相当首领，甚或进一步为之训练相当人员，以之充实合作社之内容，故各个合作社之理监事是否合乎理想的首领之资格，应值得吾人之特别注意。（六）合作事业是永久事业，图功心切，基础弄坏，非但南辕北辙，得不到可期之效果，并且一经失败，农人一度失望之后，再想进行当更感困难，此又从事合作者不可不知者也。现在合作事业已为举国人士所注意，有若干人对合作事业之前途尤抱有极伟大之期望，以为将来全国农工事业，积极的发展，均唯此是赖，甚或认为将来地方的政治经济打成一片进行，亦唯有利用此机关可以胜任愉快。然据余视察所得，认为吾国合作事业方在萌芽，农民一般智识未可遽语及此，尤其合作社首领人材，求其简单明白者向不易得，更难涉及复杂。故吾人虽不可不存伟大之期望，然决不可领此伟大之期望遽然欲见诸事实，仍须脚踏实地，由"简单明瞭"四字做起，将纯粹的农民下级经济机关步步筑稳，随其智识能力之发展，逐渐扩张，自可收水到渠成之效。若不量力而行，恐不免半途而废之虞，故仍拟抱定稳进之宗旨，与各地方当局协商进行也。

节约运动

—— 吴鼎昌在京广播演讲

《大公报》(天津)1936 年 10 月 1 日

　　二十九日下午六时三十分实业部长吴鼎昌,应首都节约运动委员会之请,在中央广播台演讲,题为《节约运动》,原文如次。

　　节约两个字,说起来很容易,行起来却甚困难,非有很大的决心,与很大的勇气,能时时刻刻自己节制自己,充分的发挥自治力,是办不到的,就是勉强做到,亦不免"一曝十寒",所以兄弟在谈节约运动意义之前先要提起大家的注意。

　　大家要知道,节约意义虽很浅,而实行功夫却要得独多,不是单单发表一段极短的演讲,当时彼此感动奋发一番,便算了事,一定要说的人们听的人们,自己身体力行,下断然实行的功夫,持久做去,否则将等于空言,何裨实际。在外国社会上有一种普遍习惯,即无论公家费用,私人生活,均先各有一个预算,某项费用若干,某项消耗若干,先有规定,故实行节约时,比较易得有规则之限制。假使某项费用已经超过应减之数,便立时可以发觉,加以限制。而在中国社会向无此习惯,尤其私人方面,更少预算,所以要实行节约,便发生困难,即立意要节约之人,往往不知不觉间,自己破坏了自己的约束,而难于发觉,迨至发觉时,为日已久,无可挽救,只好听其自然。此种经济的放任习惯,大家在要节约之先,非警醒不可,非痛改不可。虽然兄弟不敢要求大家立时各各定一详细预算,但至少要希望将可以节约之费用,各个人有一确定数目。

例如应酬费要确定每月减至若干，烟酒费奢侈品及与营养无关之
衣食住多余费用减至若干，均应详为开列，天天查考一次，每月总
结一次，然后才可以得一个具议的准绳，来束缚自己，行之既久，自
成一个牢不可破之节约习惯。否则漫无限制，又无稽考，口倡节
约，而并未能实践，实无异自己欺骗自己。

　　以中国现在的经济情形论，亟须国民警觉，从事节俭无益浪
费，以资挽救，其理论自无庸多说，就关于衣食住物品而论，每年输
入已达三万五六千万元，食粮衣着及房屋材料，本国所产，都不够
用。就此一点而论，中国经济落后，致国家社会危险情形，已可想
见。本人曾有《国难中之衣食住问题》一文，将数字一一详列，载在
实业部月刊第一卷第一期中，诸位可购取阅看，便知详细。所以我
们在国难严重期中，人人尤须节省物力，以发展国力，物力能节省
若干，国力即可增加若干，爱国之道，莫急于此。譬如我们倘能每
人平均一年中节约一元之费，则年可达四万万元，无论如何，对外
国力可增加四万万元。然本人知道，一般低级生活者，要他年省一
元，难如登天，故所谓一人省一元者，至少有四分之三不能省，即三
万万人无钱可省，但其他之一万万人中，每年省一元，并非难事，且
其中若干千万人，每年省三五元，亦非难事，其在首都及通商口岸
高等生活之居民，每人每年即节省数十元，兄弟亦敢信其个人生活
舒适程度并不因之减少，所以本人主张有力者多省，无力者少省，
平均数姑以每人一元计，实并非过大的期望。我们回想欧战后苏
俄人民，所过之生活，与德国人民所过之生活，即可知节约二字，不
是不能做的事，且节约的结果，证以俄德现在成绩之优异，尤不能
不令人赞叹羡慕。故我们在国民经济建设开始之时，一方面固须
发展生产，一方面更须实行节约，本人并以为非先行节约，则发展
生产无望，因为我们无多余之物力，为生产之资力，如不能节约，则
生产亦无资力发展，两者实互相关联。故甚愿国人皆能注意此节
约运动的重要，而有以实行之。

三、通讯、翻译及其他

南行杂录

《国闻周报》第五卷第四十九期,1928 年 12 月 26 日

车中闻见

记者于十一月廿六早乘平浦通车视察长江情形,上车后第一感觉苦痛者,即车头因汽力不足,暖气管不敢放汽,奇冷异常。然此号称之快车初不觉因此加速,摇摇摆摆,安步徐行。平汉线枕木已完全腐朽,枕钉与枕木,脱离关系,车行所至,万头攒动,有若特起立鞠躬以表示敬意于过客者然,过客则咸惴惴大有不敢当之意。平原旅行与绝巘登高,冒同一之险,亦咄咄怪事,全线皆然。初不必过黄河桥而始有戒心,故旅客对于车行之缓,车中之冷,均不敢偶语腹非,盖惟恐过速肇事,祸在眉睫。平浦车通后,平浦外人南下者,至今尚乐于航海,怯于乘车,谓坐中国之火车,险于乘外国之飞机,记者得此两日经验,亦相当表同情焉。计离北平三小时,抵高碑店,饭车轴火镕,不得已卸去饭车,旅客大感不便。又数小时后,车头不走,复停留修理车头。至郑州已迟误两小时,转入汴洛陇海两线,轨枕较好,惜所换车头仍不佳。达徐州又迟误半小时,由徐州转入津浦线,又换车头,因与沪宁车联络关系(每早九时半由京开),加力赶者至南宿州车头又坏,停留修理一小时,达浦口已二十八早十时半,约误三小时。沪宁车已不及待,直接赴沪旅客,徒叹奈何,不能不留待午后慢车或夜间快车,白费一日光阴矣。然两日行程,车头虽毁坏两次,饭车虽焚卸中途,粗食冷屋,种种不便,然幸平安无事,不过迟数小时而已。较之沿途所见之慢车,人满敞车顶,露宿烈风中,实有天壤之别,不得不令人心满意足矣。

闻平汉路枕木，已全部毁坏，苟非中国人富于冒险性者，实不敢再用，亦不忍再用。至四路之火车头，则车中执事者云：四路已无一良好者，快车所用车头，比较精选，然肺结核症，亦皆人第三期云。车中有由津赴松者，自夸费洋百元左右，得乘中国七大路，即平奉平汉汴洛陇海津浦沪宁沪杭，费时约五日，亦极合算，可谓善于自解者矣。车中之人，半数以上，均为谋事南下，所可异者，冯焕章夫人李德全女士，携小儿女三人，购二等卧车票三张，屋中尚杂入不认识之女客一人（二等卧车，一室四票），并未包房，亦无随带护兵，车中鲜有识之者，此不认识之女客，适为记者亲类，因得知之，可谓实做平民化矣。此种风气，深望军政领袖，大家提倡，不可闻之一笑。凡是均由强勉而成习惯，强勉也好，习惯也好，在位者能提倡此种风气，确是社会上好事，较之占专车一列，派护兵一营，供如夫人往还驰驱于道中者，不亦相去甚远乎。

此外闻见，尚有足记者，为开封车站之标语，车站墙壁，满书标语，各路各站皆然，陈陈相因，本不足纪。记者独言开封站者，因有"厉行党的专政""建设民主政治"两标语，恰大字对书于车站进出墙柱之上，如看联焉。旅客中颇有讶其语意矛盾者，遂引记者之注意。而转觉其标语之真切一部国民党容共反共纷纠之历史，尽在此二语包含中。做上一句工作中，能时时刻刻注意下一句目的，则为宪政而训政之苦衷，自可昭然于天下，焉得不为之解释宣传乎。

车过徐州，偶与车中执事者杂谈，询以平浦通车，何以规定早七时由平起程，间日早七时半抵浦过江，严冬之际，两方均过早，使旅客至感不便。答曰此有故，因陇海路上，匪祸犹炽，为重视乘车之旅客起见，以白昼通过陇海路为妥，故由平行者须早七时起程，翌晨可达郑州，由浦行者，须晚五时起程，翌晨可达徐州。如此来往通车均可于白昼通过陇海。因由平起程，通车到着时间，均不能不在早七时左右，实不得已也，此亦旅行中应知之事。车过滁州，绿叶青草，渐入望中，犹是重阳天气，南北气候，约相差一月也。

过江之后

记者抵浦后，即过江暂在下关旅舍休息，未即入城访友，宁事尚少知者。然二十八日一日之中闻见，亦有可述者，最痛快之事，即为禁赌禁烟禁娼之严厉。从前下关旅舍中，触目皆粉白黛绿之人，盈耳皆麻雀胡琴之声，扑鼻皆广土云膏之味，尘嚣杂乱，不可一日居。今则旅社寂如僧舍矣，实为最可赞美之事。赌烟之禁，勿得费词，禁娼一事，下关旅馆饮食菜馆，受影响最大，咸有怨言，过客中，亦多以此为非。一则谓公娼绝而私娼兴，只有害处，一则谓不禁全国而禁一处，有何益处？记者则颇为之辩护，盖觅公娼易而觅私娼难，禁公娼后只须严禁私娼，犯者自少，不能谓为因不驰绝私娼，遂云公娼亦不应废。盖只须问娼之应否废除，若认为宜废，则先绝公娼，严查私娼，自是正办，绝一途，好一途，不能因不能堵塞甲途，而并开放乙途也。至全国既不能一时禁止，而先禁一处，以为之倡，亦未尝不可，更不能谓全国不能禁，而禁一处不该禁也。故记者对于现政府在首都厉行禁烟禁赌禁娼三事，实深表同情。今日能静坐旅舍中，休息一日，已先受惠不少，为从前过下关时所不可得者也。其感觉不痛快者，亦有数事。第一浦站下车上轮时之杂乱，倍于昔时，浦站脚夫之强横无礼，站上执事之漠不关心，对旅客毫无丝厘关切招呼之意，听其混乱，由来已久，定都南京后，吾人以为必有所整理，不意此次乃觉其凌乱程度，有过之无不及也。第二记者抵浦之前一日（二十六晚起至二十七早），军警大举搜索下关旅馆一次，捕去嫌疑犯七十余人，审讯后扣留未开释者，有五十余人之多。因京城今日屡出劫案，故有此举，然市面上不免有不安之意，闻在泰安栈，有青年旅客二男一女，同睡一床，亦被捕去，二男一女同卧，自属奇怪可疑，然在法律上，并无犯禁明文。假使有二女一男同卧，将视为世俗所或有未必被捕，高唱男女平等之首都空气中，仍不免为习惯所拘束，可见习惯力之大，打破实不易也。

第三位拆房造路之怨声,此时远近皆早有所闻,勿庸多述,惟马路
线竟至测量错误,无故将不必拆者拆去,又须另拆,违言尤多,从前
只闻得错误一次,今阅报知有两次之多,无故被拆者真太冤枉矣。
兹将今日京报所载录下:

〔**本报特讯**〕市工务局,前为中山路第二段路线内,三十三
标中线,稍向东拆,而成一度之交角,致路线欠直,曾被市长发
觉,议处。旋经测量股主任张连科,向市长解释,称系仪器有
一架陈旧不准,因此议处作罢,仅将负责人员,略加记过。不
料近又发觉第四段路线内,大行宫至幼幼小学一段,路线忽向
北稍偏,因此不相衔接,大受市民指摘。经刘市长发觉,又大
为震怒。闻昨日已将工务局长陈扬杰,记大过一次,该局设计
科科长马轶群,技正唐英,亦各记一大过,测量股主任张连科,
负责测量员金泳深,温连华,黄文兴,吴观海,崔云岫,王锦树,
邢丕绪一概撤差云。

京市一瞥

记者于二十九日午驱车入城,最易感觉者为汽车之多。由下
关起至中正街一段,扼要地点,汽车往往鱼贯而行,有如上海之大
马路,加以南京旧有之多数马车,人力车与夫运货大车,上海新运
来庞然大物之公共汽车,夹杂其间,拥挤不堪。街道又狭,仪凤门
口,复施以不必要之检查,昔年北平前门口"义车"之事,遂日见于
今日之南京,往往义车有至半小时之久者,亦云盛矣。沿途时见测
量队小旗,尘污满面之青年测量技师等,持器具努力工作于街头者
亦不少,惟其动作,由外行者观之,颇感觉其不甚敏捷熟练,故迎榇
路测量有错误至数丈或十余丈者,旧日泥瓦匠手垂一线,用肉眼
瞄准测量者,其错误之最大限度,或远不及此。然积以岁月,科学

仪器运用纯熟，不难藉此造成多数之测量技师。以首都实地的之建设，供学校实验的之运用，虽觉胆大，然科学人才本少，不足怪也。且在此各种人才极乏之时，推之其他建设事业，恐亦不免有此情形。凡百政务，似无一不在试验中也。已成臭油大马路，最堂皇者，仅为国民政府门前三四十丈一段，市民戏称之为"长度与宽度相等"，盖极宽而极短。驱车而过，不无此感，现正在拆房加长中。此外则正在兴工之迎榇大道，横亘于南京市中，世人已多所记载，勿庸赘述。其他各处街道，亦较昔整理，多所修缮，惜街道本狭，无显著之改观。若以北平宽阔街道，供其回旋，显其身手，当早已大可观矣。下关街道情形尚如故，闻即将划归京市统一管理。故首都建设如何，尚须待全盘之计划，相当之岁月，此刻所努力者，不过枝枝节节而已。城中市面情形，当然较前繁盛。崭新油漆之公家衙署，阔人寓所，杂货店，洋服店，饮食店，触处得见。惟空地虽多而私人从事建筑买卖土地者，尚少闻焉。市区计划未定，拆房经验可怕，"平均地权"四字，亦不无多少怀疑之关系，而要人又多数以上海为根据地，尤不足以安市民之心。故房主商店，大都仅粉饰门面，视为赶会牟利之机会，未及作长久计议也。记者略观街市情形后，更鼓勇出朝阳门，进谒孙陵，登高一望，诚洋洋大观也。孙陵工程情形，世人已多所记载，亦勿庸赘述。惟以外行观察其工程进行，恐明年三月十二日奉安之期太促，迎榇路太长，未必能完全竣事耳。记者在孙陵台基上，见有游客数人，高声谈论云：此陵与路之工程费，多需千万上，少亦须数百万，当此民穷财尽之时，百般建设事业待兴之际，何不稍减工程，移若干为民生有益之用，言下若不胜其感慨者。记者笑语之曰：与其节省此费，移作军用，勿宁为此。现在军费正不足，诸君知之乎，当局者不因军费不足，而核减工程，已至足佳，何可尚腹非偶语乎？游客闻之，亦为之嫣然失笑。孙灵奉安大殿辟三门，中门题额曰"民生"，左门题额曰"民族"，右门题额曰"民权"。记者颇有异感，三民主义书之次序，第一曰民族,第二曰民权,第三曰民生,若按此门题额次序,则似易为民生民族民权,即就由左而右之次序,亦似易为民族民生民权,与原来次第不同,不知何故。然以民生列为第一,记者应举双手在赞成,盖吃饭问题,较任何事,皆应最先解决也。此题额事尚未见他记载中述及,故赘叙之。拜别孙陵,已夕阳西下,正反照孙陵右方巍然独立之明陵红色墙上,不觉生无穷之感。五百年前打到异族之君主,与五百年后打到异族之民主,竟不约而卜邻,岂偶然哉,岂偶然哉?

半日间匆匆游览,觉京市表面情形,实有一种方新之气,无论其设施当否,办法如何,大家都在开步走,往前进。较之北平旧都近年来奄奄无生气者,固自不同。近日北平天津改为特别市后,日日专以局薪警饷为虑,不遑其他者,更不可以道里计。凡游南京者,动辄因灯不明,水不好,及其他设施不能满人意者,予以种种之批评。记者因触处见其勇猛之精神,自应予以特别之原谅。欲保留此批评与异日焉,不独市政然也,所谓院都会各种机关之设施,据友人所述大概,亦复与昨日市中所见表明情形相等,走错路与否,姑不必论,而开步走之精神十足,此种朝气,实不可少,此固不可不大书特书,以告平津人士者也。

访冯将军

记者不见冯玉祥将军有年矣。晚走访之,一见觉其丰采如故,毫无老态,且精神十足,笑容满面,而快言状语,不似从前之沈默。冯询曰:何日来京?答曰:昨日通车来。冯曰:昨日余亦亲过江接内人,在站竟有人询曰:总司令离京返豫乎?可笑可笑(昨夜沪宁间确有谣传,可见世人对冯未免神经过敏)。自是冯遂历述地方人民之疾苦,已至不堪,且谓大家对外国人之商务债务,颇知保护,而对本国人之商务债务则反是。如何能提倡民间企业,解决民生问题,举凡记者在民间所知,欲向将军所言者,将军已先知之,先言之矣。记者无从开口,且其吁嗟叹息无可如何之情形,亦复与无权无位之记者相似,此真是中国人今日之特别情形。次谈及时局,记者随口言曰:"僵局"多耳。冯随口答曰:"将军"多耳。僵局与将军音近,而将军二字,在棋局中作动词用,即僵局之意,颇饶趣味,较多包含,记者不觉为之大笑,初不料冯口才之敏捷若是也。次言及西北,冯曰豫陕甘一带,本汉族发祥之地,近年来掘发古墓中,多工艺上精致之品,足征吾辈祖宗当年在文化上物质上之努力,惜历史上被北族经过无数之侵略破坏,致有今日之堕落。故今日吾人所言经营西北者,非轫始也,直如在樗蒲场中,所谓下注翻本而已。惜今年又遇大旱,至难着手,然一面办赈,一面仍在着手实业计划,遂谈及其将经营之具体案焉。谈毕,记者遂兴辞而别,临行慰问其胃病若何,答曰:尚未完全好,盖时方在请假中,记者幸得破例见之也。闻冯近为豫陕甘赈灾委员会事,在京异常热心努力,甚至效社会上穷酸寒士之所为,由人代为登报,卖字助赈,对联一副,最低价,无上款者五十元,有上款者,一百元,不惜宝贵光阴,做此零星买卖焉。冯幕中郭春涛黄少谷两君,均呈请出洋,现已赴沪,虽未成行,已不任事。总司令部秘书长,易魏兰田君,幕中老人也,人极谨慎,与外间亦少周旋,似极合今日冯在京应付之时宜。至冯能否在京常住任职,人颇怀疑,记者颇觉其有常住之可能。盖欲开发西北,必须借助中央,方多便宜,冯之住京,系践宿诺,藉副中央与地方合作之旨,双方均觉合算,时局若无变化,冯氏以后或时时常住京师也。

党务问题

连日与各方人士晤谈,对于军事问题,党务问题,政治问题,略有所闻,杂录于次。以极短时间之观察,言之不足自信,更何可以之求信于人,不过又不能白花旅费,无所报告,幸读者不必以记者所述之是非为是非,各自判断其是非可耳。

　　党务问题,在今日政治组织之下,当然是第一个重大问题,而其内容之复杂,变化之神奇,任何人不能测其究竟,记者自不应随便发言,然事实上明白证明者,即国民党只做到"党外无党"四字,尚未做到"党内无派"四字。国民党打来之天下,成一党训政之局面,放手做去,何事不可为,乃因党内无派四字一做不到,竟至党外无党四字白费工夫。且惟其党外无党也,党内之派争乃更烈,故凡百政事,在一党专政之下,应极可放手者,乃较诸异党竞政之局,转更为掣肘,此实中国之特别情形,而为国家之大不幸者也。因之国民党内之派别,自反共以后,理不应别有名称者,乃国民党党内之党员自身,辗转留存,更创造种种名称,或冠以地名,或冠以姓名,或冠以校名,或冠以国名,或称为同盟,或别其倾向,世人之失意于国民党者,又因而附和之,于是一党内之派争,较之异党间之党争,更为激烈。吾人为国家计,希望国民党训政期内,实做到党内无派四字,以便协力进行者,雅不欲列举名称与任务,以惑世人之观听,为叙述便利计,妨采世俗普通称谓,大别之为左右派而已。国民党反共之初,右派固然拘捕共党分子于长江下游,左派又何尝不拘捕共党分子于长江上游,故反共以来,理论上不应再有共产党党员在党内。所谓右派左派者,当然皆应认为国民党员,左右派自不应即认为国民党与共产党之别。然左者既攻击其所谓右,自不能不渐趋其所谓左,以求立场,以树旗帜,以号召青年,以筹划费用,故左右之差,初为五十步百步之别者,终或至真为极左极右之反向而驰,亦未可知。此则固有待于将来之变化,目下尚难语预言,在目前表面之事实言之,所谓右派者,不过指国民党内大多数在朝之派别,左派者国民党内大多数在野之派别而已。左右之争,多少带朝野之争臭味,此则又为目前不可掩之事实也。右派势力多在中央党部,左派势力,除数省在例外,又多在地方党部,为已成局面。此实目前将开国民党代表大会时,右派最窘之局,右派多推尊老辈,左派将反其道而行之,多容纳猛进青年,故将来局面,正自难言。

宜乎中年之有实力者,个人若无坚决主张,则为其政治生涯之长久计,对于老辈固认为不可得罪,对于青年,又何尝遽认为可得罪哉?然此皆为一种变化上之推测,目前中央事实上之窘,即在代表大会业已展期,势难再展,而三月十五日开会之期,转瞬即到,将如何应付之耳?于是月前中执会毅然采取指派代表特别登记及展期登记之三种办法,而地方党部遂发生轩然大波,群起而反对中执会之主张矣。三项办法之中,展期登记,其权仍操之地方党部之登记者,无大关系。特别登记一事,于左右代表大会之影响亦有限,传闻有按特别登记法请求登记于地方党部者,已仍以普通登记程序通融办理之,或可相安过去。惟指派代表一项,关系代表大会全局,左右派胜负之争,一决于此,故反对最力。决定此三项办法时,当然经过中执会主要任务蒋胡诸君之磋商,而反对者,乃集矢于文派领袖之胡汉民等,而避去武派领袖,不予激烈之攻击,固然是留回旋余力,而亦认识枪杆之力,大于笔杆也。故此次地方党部对于中央党部之风潮,攻击办法则舍轻就重,攻击人物则避实就虚,策略上亦颇得妙用。故指派选举法,势不能不加以修改,以资缓和。所以未决者,因蒋出巡,必须待之,现蒋已归来,解决当在目前(据闻本月十五日前,必须解决宣布)。此实现在党务中之最大问题,值得举天下人之注意者也(编者按:此事已于十二月七日中执会临时会议决定变通办法矣)。蒋对于党之态度,由来已久,宜于各派之共有,未必宜于一派之专有,总有调和过去之策。万一代表大会,左胜于右,世人神经过敏,疑必发生若何大变化者,或亦未必尽然。故推测政局完全将由左派主持,汪精卫可款段入都,为唯一领袖之事,在深知党内情形者,尚未能想像及之,国民党内目前固然无墨索利尼之人物,能统一全党意志于始终,然亦无列宁史丹林之人物,能以极毒辣手段,排斥异党异派之领袖,使之一致不可复振者,将来如何,不得而知。目下情形,要不外此。故此次代表大会,纵有变迁,而遽苏俄列克之争,史杜之争,作为推测材料者,似尚嫌过早。中国之事，毕竟为中国之事也。

以上专就党之本身而论，而各方环境，亦大有牵连，外交内政，固有关系，军人意志，更多影响，目前军事领袖多数均在观望。然观望不可认为倾左，在思想上勿宁认为全数均无左倾之痕迹。所谓观望者，在利害上言之，非在思想上言之，故在京右派文领袖，虽多麻烦，绝无危险。仅有纵容奋斗之余地，将来武领袖是否因利害上而别有变迁，目前实不必要妄为之推测。要之，左派思想，似侵入教育劳工方面者多，侵入军队方面者尚少，则固目前之事实，将来如何，正未可知。假使此方面之思想上，一旦打通，尚复有何人敢问鼎之轻重哉？要之，党之组织仿苏俄，党之主张反苏俄。苟无墨索里尼其人，则回旋运用戞戞乎其难，固在人人意料中也。

军事问题

军事问题，吾人未便多言，世人所注意者，第一为裁兵问题。中央已屡有公式报告，而民间别无考察机关。然表面上有一最优美之成绩，可以告慰人民者，即无论何方，目下不敢公然添兵购械是也。舆论上若仍努力督促，长保此效力下去，未尝不是国家之福。机会到来，随时可逐步进行。第二为统一军权问题。世人见总司令总指挥名目尚如故，多所怀疑，实则不应重视名目，而应注意事实。事实上可以告慰者，即在国民党唯一金字招牌之下，苟无绝大之利害冲突，似无兴兵之可能，此种算盘各方打得极精，转是人民之福。吾人现在希望，即盼执政者能保持此利害不冲突局面于若干年，俾人民稍事休息，只要不发生内战，目前军权能否统一，无多大关系，以较之急求统一，因而发生冲突者，在人民方面，转为合算，且三五年中，能绝内战，逐步统一，更易着手，无须乎欲速不达也。第三为统一训练。中央总监部业已成立，大致当然从第一集团入手，何日达到东南，何日达到西南，更何日达到西北与东北，此刻一一为之预算，未免过早，亦可不必也。第四为统筹国防问题。第五为统一军饷问题。此刻在中央,亦进成为一问题而已,尚无具体文章可做,自无新奇报告可言。总之,各军事领袖之出身经历与夫其思想志趣,本自不同,即起居饮食之末节,交际应酬之小事,家庭环境之新旧,亦复各各相去甚远。全靠一块国民党金字招牌,笼罩一起,同床共被,本是一件极难之事,因之世人往往随时乘机造谣,以施其离间。宁沪间时有种种传闻,记者各方调查,大都为莫须有之事。故吾人观察,仍如前述,即在国民党唯一招牌下,别无名义可假,苟无绝大厉害冲突发生时,自可相安于无事。至于绝大厉害冲突之事是否发生,目前毫无所闻,将来又谁能断定,唱空城计戏词中有曰:"望先帝大显威灵"。吾人对于军事问题之将来,亦唯有向空中默祝曰:"望先总理大显威灵"而已。(未完)

南行杂录(续前卷)

《国闻周报》第六卷第二期,1929 年 1 月 6 日

首都状况一斑

记者亟欲调查首都生活情形,社会状况,多方探询,苦不能搜集得统计的性质之报告,以告读者。约略言之,上级社会之生活,一部分奢侈习惯,初无异于远昔之北平,近今之上海,无论如何,估计其应有之收入,不足敷其不应有之支出。所异者不能作公然之嫖赌,而无谓之宴会亦少,与上海情形不同,与北平昔日之盛况,亦有显然之区别。此种人物,无论在朝者,在野者,或官或商,或文或武,大致均往来于京沪间,其本人京沪间之生活,两地亦各自不同。常于星期四五六日,习闻人语曰:要到上海"写意"二三日了。然一部分上级人物,则刻苦异常,自诩其生活简单,在中级人士之下,不

吸烟,不渴酒,更不嫖不赌,不但上海不去,即时髦之汤山沐浴,亦不轻易一行,粗衣冷食,惟日日忙于开会办公。此种人物,从前在北平,不过偶一见之,今则较多,且无不以此自夸。在此两极端之生活,而能取得其中,在第三者认为不奢不俭者,盖少见焉。在上级人物之中地位重要者,尤其由新闻记者出身有最不喜接见新闻记者,但有时非利用不可之际,则欢然招请,笑容可掬,甚或自诩其为新闻记者之前辈。故在京之记者地位,只有被渠辈利用,为宣传之机会,绝少被我辈利用,为采访之机会焉。至其自视地位身份之高,远过于从前之北平,以同一之官比较其态度,今日新都之官比旧都之官,至少高三级也。至于对于社会之交际,无论其思想如何陈旧,举止如何古板,亦莫不自诩其新。大庭广众中,时见有携同极不愿意与生人见面之夫人随行,以表示其我亦犹人之意。即此一端,可以推知其他之趋势。至于处世接物,情理二字成分渐少,势力二字程度日增。从前仕途,打官话者不打私话,打私话者不打官话。今则一方面打官话十足,一方面又打私话十足,双管齐下,仕途更觉艰难。泛泛为之属官者,或私人与人言事者,斟酌其应付公私之间,辄致手足无所措焉。至于中级社会之生活,官吏部分,所入较丰,然十九皆各为其旅舍生活,鲜有为家庭部署者。一因现在京官,与昔日不同,地位随长官喜怒,时生摇动,已成习惯。一因首都房屋,既少且贵,时局谣言,随断随续,故咸不敢为长久之计划。所入虽较旧日京官为多,而本人及家属两地之支出,皆随物价而增高,奉公守法者,仍只觉较从前生活为苦。而社会上之应付,公之方面,则牺牲己见,一随长官意旨,从前北平习闻某司某科员司不署稿拟稿之事,此间绝无其例。私之方面,惟日日筹划如何与党政要人长官私人谋接近,希以自固,且谋发展。至有渊源而来之中级官吏,尤其以军方枪杆党方笔杆作靠臂者,长官转须时予敷衍,亦不乏其人,此则与北平前状况无异也。中级社会中商民部分,有产者(最好房产),有业者(最好公司工厂外之普通营业),收入加增,支出亦加增。然就首都小范围论,因人口及消费数量日增,收支相抵,仍日见有盈无绌。至其社会上之应付,新旧仍各为习惯,且勿宁旧者居十之八九,凡旧日一切娱乐习惯,仍然秘密流行,公开大会,仍少光降者,惟不敢訾议新者,且进而联络一二新派人物,以通声气,藉谋保全。此则因风气之变迁,而不得不然者也。下级社会,除一部分因拆房不给钱失生活根据,叫苦连天,甚或因而自杀者,一部分鳏寡孤独无能力,革命后慈善观念日减,无人救济者外,凡能卖力者,收入均约倍于昔日,生活程度虽增高,然尚有盈无绌。至其社会上之地位,自视虽觉增高,然在第三者观之,甚至在标榜劳动运动平民主义者之眼光中,其待遇亦一如昔日。如苏俄加纳罕大使越飞代表昔日在北平时,往往与仆人侍者泥匠瓦夫,同餐共坐之趣闻,不特未目见,亦且未耳闻也。不过有利用之时,在第三者之演说辞中,尤其在劳动运动专家之演说辞中,颇觉得其地位高过于皇帝大总统而已。此则记者在首都中日日所冷眼观察而心领神会者也。要之,本来南京,除缎子板鸭外,无所谓工业,除杂粮杂货买卖与夫秦淮皮肉生意外,无所谓商业。首都定南京后,南京市民大体言之,生活上均沾光不少,不能不谓其受首都莫大之恩惠。然除南京人外,所谓江苏人者,其感想适反,颇以首都移南京,苏省受影响不少为言。事实上苏省因首都所在,财政上自然加增负担不少,宜乎由地方而来之人士,屡与记者为此言,“这山有雨那山晴”,世界上那有绝对公平办法。首都南移,北平如何耶?北省又如何耶?须知北平市区首都所在之恩惠,而北省却并未减去首都所在之影响。捐税有加,负担日重,或转甚于首都所在时也。又复可向何人诉苦哉?江南人还要说话,河北人岂不更难过乎?首都治安,总算很好,至地方情形,与北省恍惚。本报另一记者,从前已有所报告,业经刊告读者。前日晤无锡友人云:无锡在前清时,为苏省中最平安殷实地方,命盗案二三年中始一见,因其少也。每一见县官且必因此去职,今则县官命令,勉强及全县之三,其四分之一,已成化外,不必说寻常命盗案,即电影中凶恶情形之杀人放火案,且时有所闻,所谓共产分子者,在地方之活动,正如今日蝗虫之种子(去秋蝗虫由江北飞过江南,即近冬令,遂在江南田间满布种子,人目可睹,故现在江南民间,希望今年大雪甚切,借此扑灭,否则明年江南蝗虫之祸,不堪闻也,此为近日江南人一般忧虑),以此推之,江南地方之情形可想见也。

首都社会三多

首都政治上社会上有三多,即纪念多演说多会议多是也。唯其多也,而成效自觉其少,亦唯其少也,而纪念演说会议,更不能不多。有人告记者曰,在首都办新闻,若欲将此三项事件,一一为之详记,大约须日发专刊十张,聘外勤记者二十人也。先就纪念情形而论,法定之纪念周,当然为最盛之日,各级党部,大小衙署,公众机关,均各各举行,其热心程度,纯粹党部机关,当然第一,其余则彼此不同。大约主持之人,对党之资格关系浅者,最认真,对党之关系深者,稍随便。即以外财两部而论,外极认真,三长必有一到,部员更无论矣。财稍随便,三长大都不到,部员亦随意矣。非两部办法,故意不同,实宋王党资,不无小差。以此例诸他处,其情形十得八九。纪念周外,如各惨案纪念,各国耻纪念,各胜利纪念,各成立纪念,各先圣先贤先烈纪念,与夫人民久经忘怀,全靠一二人费尽心思想出来之特别纪念,夹杂以社会上各学校各商店及各公私机关,应时而生之各种纪念,更点缀以最时髦之新婚银婚金婚马蹄婚等香艳纪念,故恭读遗嘱"静默三分钟"之仪式,虽乳臭小儿,皆习而知之,世人称之曰:党化彻底。亦有少数观察不同者,竟腹诽之曰,开倒车三百年,厉行宗教化也。次就演说情形而论,然中央党部及国府两处每纪念周之演说,最为人所注意。而蒋胡两君之言论,尤为十目十手所指视,大约全国新闻记者,因消耗电报费者,为数至巨。苟无特别事件发生时,欲藉以窥探其意旨者,不能供若何精深研究之用。盖大都一篇忠实党国之议论，为吾人所习知之习闻之者也。于地方党部之演说，颇为世人所注意，现亦视为故常。盖近月来，大都以批评中央政治与党之措施，而表示不满为归结也。其他每日各种宴会场中，各种公会场中，乃至广播电机上，游息公园内，十字路口，工人游民聚集所，军人警士训练场，均得时闻演说之声，大抵有责任者词语平和，无责任者论调激烈，然雄辩之余，仍以拥护党国为结束。一种有意味之群众演说中，虽时闻打倒某某派之声，然必赶快继以拥护蒋主席之高呼，毕竟枪杆可怕，眼前亏谁都吃不起也。世人多以美国人喜欢演说为言，以今日情形论，似南京不在华盛顿之下，不亦壮哉。至于会议之多，更不胜举。每星期二之行政会议，星期三之政治会议，星期四之中常会议，星期五之国府会议，皆系例会，尚有临时之增加。此等会议，当然为世人所注意。而一般官僚，希望自己名字，与夫有关系者名字，见诸命令者。尤于近日各项会议结果，所发表如春笋爆发之任官命令中感觉特殊之趣味。记者曾听人说，某人名字，已两见命令矣，且系特派，某人名字，仅一见命令，可惜都是赈灾委员，真令人笑得牙痛。四种大会议之例会临时会外，每星期中尚有某院某院会议，某部某部会议，某会某会会议，无论京中熟习政情之任何人，鲜有能毕举其名者。此外更有临时扩大之会议，如已过之第五次中央执监委员大会，全国教育会议，全国经济会议，全国财政会议，全国交通会议，开会之初，颇为中外人士所注目，无如会议一了，会议之事即随之了，有失信仰，中外人咸大呼其观察上当。故近日中所开之盐务会议，五省民政会议，五省裁厘会议，已不复为人所重视，记者亦不愿多所述及。但有两事可报告者，裁厘又展期六个月（原定一月一日），仅减少若干种类（减去者以米麦为主，然米麦本不应在百货厘金之内，浙江即向不征米麦厘金，其余者为零星货物，凡大宗出产，皆未减去，且仅限于五省，而五省中闻福建财厅徐桴颇有勇气愿担认，余尚无表示，其约减三分之一之收入而已），易厘金之名为特种消费税,且前因裁厘所办之各种特税,更复一一如故,与吾人从前所预料,新税尽管照加,事实上厘金仍旧不裁者,竟不幸言中。筹款要紧,那顾得对外信用,更谁管对内信用,尤说不到民生问题。现在社会上高唱关税自主,不注意裁厘问题,正合当局口味。目前所颁布之进口税则,因为外交关税,尚系沿习北平关税会议时协商之七级税则,并非真正自主。假使可以真正自主,若干年中一步一步加上去,也许国际上"经济绝交"四个字,自然而言可以做到。其余一事可报告者,为五省民政会议及五省裁厘会议,皆以五省为限,比较有实事求是量力而行之意。惟所谓五省者,为苏浙闽皖赣,恰恰与五省联军总司令孙传芳时代同一范围,不觉令人生异样之感。而五省外地盘之首领,多数均为国府委员,同时在京者亦不少,亦不觉得面子难过,请求将所属地方加入,又令人感觉中国统一局面,毕竟大方,与外国不同,已过及现在之各种会议,姑且不谈,马上要来之编遣会议,及第三次全国国民党代表大会,令人一闻其名,虽欲不注意而不可得。然前者之结果,或约略可想,后者之结果,又或调停而终。而相当伏危机若干于其中,亦自不可过于乐观看过。至会议后如何,更不必预测,国民党第一次代表大会决案之应厉行,固赫然存在先总理遗嘱中,又何常有人一一课其成绩哉?总之,综各种会议之经过而论,在会议前似乎大家都根据"知难行易"之说,先求其知,在会议后,又似乎大家仍感觉到"知易行难"之例,慎重其行。其始也,谁都说拿破仑字典中,无难字,其继也。又谁都觉中国字典中皆难字,此所以会议之少有结果乎?以上皆为公家重要之会议,至于社会上公私机关之会议,秘密者不得而知,公开者亦任何人不能详举其名,统计其数。一言蔽之,多而已矣。然有一奇怪新闻,公司开股东会议,为一极寻常之事,乃招商局请开股东会议,至数月之久,股东代表,几至受"拘票"之待遇,费九牛二虎之力,日前方得工商部之批准,而其他方面,仍未妥协。闻会议能开否,至今就无把握。可见会议虽有时照例可开之会议,亦竟不邀准,在此各种会议盛行风气中,实为珍闻。因此录之,以告读者。至其原因若何,读者自可于近月内沪报所载该局新闻中探讨之,恕不明白奉告矣。

读者如尚欲询记者在京闻见中,其他事物数目字之多少若何,亦可简单答曰:官吏多,学生多,军人多,旅馆多,饮食店多,杂货店多,此首都应有之情形也。洋服多而马褂少,汽车多而洋车少,则风气之变迁也。马路多而房子少,消费者多而生产者少,则创业之艰难也。似不值得多大注意,恕不一一举以告读者矣。

秦淮河近状

记者亟欲视察秦淮河近状,前日游雨花台归途,驱车访之,先谒夫子庙,杂摊杂耍,夹道鳞比,有上古式之卖技卖唱者,有中古式之卖西洋镜及幻术者,有近古式之卖糖卖糕及杂货摊食者,一如故状。所少者惟算命之摊子,看相之招牌而已。所异者尘嚣之中,乃夹杂一最新式宣传三民主义之小学校而已。夫子庙前,秦淮河边,从前极热闹之茶社,作为游客休息待船之所者,现已闭门租客。在中国人眼光中,认为极美丽之花船,则排列停系庙前,占河面之大半部,占桥边之全部。各船头皆接木板,属于桥栏下,桥栏内再接以粗石作凳,桥上人可登石越栏,沿板达船,自由出入焉。船门上大书查讫二字,均租客假厝,作为水上旅馆及公寓私宅焉。未租出者,尚张贴吉房招租之红纸条。闻每船大者可容四人以上之居住,租金每月约三十余元。记者沿桥一一窥探其内容,不复得见红粉佳人青衫司马之双影,唯一二船头鸨母与两三怀刺租客作楚囚对泣而已。秦淮风景,一变至此,为之凄然。然亦有天不变而道不变者,即满河臭水是也。近闻市政府已决议疏浚,诚一大好消息。据闻河身开宽,两岸须拆房六千余户,当然反对纷起。昨传闻此次反对拆房,业已奏效,盖反对拆房者智识增进,当局者无词应付也。当开迎观大道时,传闻市长带消防队亲往拆房,住户老樨结合跪泣以求,其词为"愿市长为子孙修阴功",市长答曰:予预备"绝八代"矣,遂毅然拆之。此次反对拆房者,乃绝不再说功德话,但请公家造若干平民房屋租给平民,造成即遵令拆房,未造成前,无房可住,实为事实,请查明办理。如此措辞,自由名人指点,公家方面,无词应付,闻已不能不稍缓须臾矣。

凡整理市政,必须拆房造路,招怨自在意中。吾人不可随声附和,攻击当局,即以宁市此次拆房造路事而论,有市政经验者过宁,与记者谈及,盛称其计划不错,谓就旧道改宽,不如在扼要居民较少之地点,另开宽阔新道,前者不壮观不适用而全部居民之损失转大,后者壮观适用而全部居民之损失反小。办市政者,为全部计,不能为少数计,改良旧路,实不如另造新路也。此说亦有真理在,故关于拆房造路事,尤其关于拆房疏浚秦淮河事,殊不可非议当局。所惜者不先造房而先拆房,事实上办不通而已。且在此土地政策未具体规定之时,又谁敢造房出租,尤不敢造平民房屋出租。故就首都目前情形而论,除公家自身建造多数平民房屋出租,以解决此困难外,奖励市民之投资造房,实不可能。然则秦淮河拆房疏浚之事,或尚须相当时日,方能解决也。

临行杂闻

连日来首都谣言又多,虽不免面壁立说之机,亦不无空穴来风之感。所以一般人更重视编遣会议之开,非专重视会议也,重视二李之能否来耳。二李若来,谣言自可消除大半,而尤盼望政治分会问题,不必过使地方负责者为难,更希望财政方面,不必多含政治作用,与若干地方,发生无谓之冲突。更进一步,盼望执政之当局,保持各方利害平均之局面,不宜有所抑扬。此种议论,与政局利害无关之京中人士间,颇为流行,足以代表饱尝内战苦痛之一般人民心理。至于甘新乱耗,川黔战闻,虽渐成事实,转少人注意,鞭长莫及,无可如何也。此外则又秘闻连日共党分子,在京颇有活动,暗发传单，密送标语，甚至传言某夜某处对某某人有发枪声者，可谓无稽之至，自不便道听途说，举以惑读者观听。然城内外扼要地点，密布军警，检查行人，则为近日来公开事实。果为何因而起，当局言防盗劫案，而造谣者因之多所附会，究竟谣言起因于共党，抑或起因于非共党，更或真起因于盗劫案，自不得而知之，总之多谣言而已。近日上海认为时局谣言之风雨表，即交易所证券之行市，亦复暴跌，张市长又坚决辞职，人心更不免浮动。然记者各方探访，仍觉其仅为谣言，无论如何，皆尚远事实，不过有多少空穴来风之感耳。上海烟土大案，风传司法院长对人言，苦不得确实证据，自是老实话。从来中国大案，除帝制皇帝大发脾气，硬以上论作裁判者，那一件事能够水落石出，情真罪确。所以只愁案犯小耳，案犯大一点，多牵涉几个人，这便有办法，窃钩者诛，窃国者侯，本是中国道理。这一件事记者实在感觉不痛快，大宗烟土，岂能由天上落下，被这个巡警拿着？就是坐飞机，也有起落地点，岂能无一点行迹证据之可寻？然而不必谈了，等候发表，即便知道，什么陵案，什么盐案，更值不得关心。至于对日外交问题，今日首都中，颇感沉寂，大约因为棘手，暂且束手。然而二月一日应实行之七级税则，只差三十余天了，硬来乎？软来乎？不无多少兴趣。实在说罢，硬来也无妨，能办到二五附加税样子，将安连两关除外，所少有限。若各国都援引最惠国条款，不能按二五附加税成例通融，不过年少二三十万元收入（若一部分允其提拨偿还各种外债，增收余额更有限），饿不死人这要一部分人少阔着一点，却保全中国国家面子不少。外人看见，还认为一个穷硬汉，值得几许敬重的，所以我们始终主张不必迁就，且看近日内分晓若何。因首都风潮，而涉及之外长问题，可报告读者曰：现无问题。不过有一部分人期转伍小博士之归来。至于财长，更是泰山之安，人人都可明白。迎榇专使，业经北上，首都近有应时而生之谈论，即孙夫人宋庆龄女士是否如期归来是也。传闻母族方面，颇望其归，夫族方面，似无成见。

本人并无消息,或将看两方与夫国人欢迎之诚意若何。然记者颇有一感慨可述,民国元二年间,世人只知有宋爱玲女士,重其为先总理秘书也,继则只知有宋庆龄女士,重其为先总理夫人也。今则只知有宋美龄女士,重其为蒋主席夫人也。自有庆龄女士,而爱龄女士,渐少称述于人口,自有美龄女士,而庆龄女士,又渐少称述于人口。世态炎凉,虽妇人女子,姊妹弟兄,亦不免有得时失时之感。北方军政界老人,如段如徐者,宜乎其名字不能吃香于今日之社会矣。近颇闻京中有人秘发欢迎宋庆龄女士归国之传单,事实确否,原因安在,惜密不得闻,要可认为应时应有之举耳。尚有一事,为近日中京沪间议论最盛,而近日尤即待解决者,即招商局问题,约为官办商办官商合办三说,主张极不一致。王部长之辞职,与之亦有多少关连。然该局事务,从前商办,不能满人意,现在官办,又不能满人意,则为事实。商办时官方宣布查账,官办后商方又请求查账,更感觉其积弊之深,习染之易。以此证之,似乎商办不可,官办不可,官商合办亦未必可。然则不办乎?又断断乎不可。该局仅为国内唯一航政上之大机关,亟有整理扩充之必要。故吾人对于三说,均无成见,要盼其得人,内行与否,姑不必论。第一,重要人员之人选,要绝对廉洁,否则积习已深,苟不得以本身作则者若干人,主持干部,绝无整理办法,官办官吃亏,商办商吃亏耳。第二,无论何种办法,对于股本债务,须公允处置,勿令社会上各种公业者,感觉官方不适当之威胁,生种种不安之怀疑耳。

记者余言

　　记者此行,本拟由京而沪而汉,不意在京耽搁过久,即届新年,本馆预定元旦日换机加张盛会,亟须赶回参与,不得已变更预计,即行由京北返,南行杂录,暂告结束。然约略忆计,已二万余言,记者既随手录寄,读者亦过眼辄忘。故特于纸尾,综合数言曰:首都政治状况,不能不认为有精神,有勇气;与近年来北平情形,大大不同。世人每以杂乱少章法,粗疏少经验讥之者。记者则以为国家新创,一时或有之病象,并非不治之症,有某外人南下观政,向人称之曰:"华侨政治",以为绝对非中国人之政治,亦绝对非外国人政治也。因华侨在外国人眼光中,向来不认为中国人,亦向来不认为外国人,故戏以此二字形容,不熟习中国情形亦未看透外国情形者临时难凑综合之一切政治设施,闻者颇韪其言,然记者亦认为新旧冲突青黄不接一时或有之病象,亦非不治之症。记者所认为大病而引为隐忧者,在现在朝野两方多数之重要人物,不肯将其政治生命基础,共同筑于全民意志之上,而各各联络利用全民中若干小部分人,倚为各个政治生命之干城方法,设防布线,从事暗斗,致在一党专政之下,不无同床异梦之感,时有兄弟阋墙之忧。一切政治上之部署,尤其经济上之设施,颇少一贯而鲜明之标准。因之谣言时起,政局不安,公私建设,均不能循序进行,生产不增,苛税无已,生计日绌,人心思乱。殊非新国家应有之好现象,而亦决非国民党全体之利益与夫朝野重要人各个之利益所在。须知国民党之得有今日,实根据全民之意志而成功,非假借全民中若干部分人之意志而成功也。此次革命,应当认为全民革命,不应当认为部分革命,前岁革命军由珠江起义出发,闻枪杆不过四万,两年中竟能涉长江,渡黄河,席卷而有天下者,岂尽枪杆之力哉?全民意志有以助成也明甚。此固朝野重要任务所明白自认而屡以举示吾人者,然则今后国民党之能否始终成功,以为我劝过人民造福者,其当应取之趋势,何得烦言解释,奈之何忘其经过而异其步趋哉?记者盼望国民政府之成綦切,观政之余,不觉兴言及此。(十二月二十一日)

太平洋讨论会特纪

《国闻周报》第六卷第四十四期,1929 年 11 月 10 日

(一)由天津至汉城

记者随同出席太平洋讨论会中国代表诸君,于十月廿日晚由津乘北宁通车出发赴日。一夜无所闻见,惟车中温度忽冷忽热,头等卧车内发现臭虫不少,不能安枕,天明时方入梦,而床被单薄,同人又皆感其冷而醒。今日环境之下,在中国旅行,此种况味,吾人久经饱尝,安之若素,惟同人中有一二人习于西洋式之生活,而不常乘中国国有铁路至头等车者,自不免少见多怪,在车中大骂不已。至同行中之二三外国代表其冷笑不言面孔,更令人不敢仰视也。廿一日早,车出山海关后,同人皆聚饭车中杂谈,随意左右眺览,忘其疲倦。午后七时车抵辽宁南满车站,青年会阎宝航君代表,国闻通信社陈语天君,均来站相迓。阎君代表见告,辽宁有志者已在青年会开会欢迎,嘱代表诸君立即前往,并云已订好车位,可于当夜十时五十分乘安奉通车赴朝鲜。同人当即随阎君代表同车赴会,在车中匆匆一瞥,世人所宣传辽宁繁华情形,表面上亦得几分之认识。其与上海天津各商埠不同之点,即西洋化之中,皆参杂日本化,令人不安之念,油然而生。记者以为此种浅显心理作用,凡是中国人到辽宁者,大都不能免也。车抵青年会,阎宝航君即一一握手招待,导入会场,群众皆起立欢迎,其殷拳盛意,殊可感也。但同人等因夜间在车中未得安眠,匆匆下车时已近八时,尚未晚餐,颇感疲倦,遂公推记者代表致感谢之辞,未能一一演说,请群众多所指教,至为歉然。八时半散会,遂在青年会食堂内晚餐。列

席欢迎会之阎宝航、郭道甫、苏上达三君,王正黼夫妇,暨其它知名之士,均列席会谈。记者向不识郭道甫君,而颇耳其名,终席颇奇其沉默无言,而记者颇思与言,又苦无机会,交臂失之,颇引为憾。食毕,阎君即引至别室,出日本太平洋讨论会新户博士致日本各铁路照发头等免票通函,并附印好行李标识,分送各代表,一一皆准备齐全,记者颇有所触。因出席太平洋讨论会之中国代表,乘中国国有铁路不能免费,而乘日本国有商有铁路,转能免费也。接洽事毕,王、阎、苏诸君即偕赴车站,至十时五十分,车即出发。南满车设备情形,早为诸君所知,勿庸多述。所难为情者,甫下北宁车,即上南满车,比较太近,感觉太切耳。尤难为情者,有二三美国代表,适与吾人同行耳。二十二日早,车已抵安东,即进入朝鲜境,白衣乌帽,渐入望中。朝鲜人历史上着明擅长之水田,较前更觉井井有条。日本人数十年来努力在朝鲜童山中之植林事业,木渐成抱,有百十人家居住之村落,即可发见烟突高耸之工厂。每站皆有产物,整齐堆积以待运。种种表面现象,较诸十余年前记者游朝鲜时所见,皆有进步,唯朝鲜人道貌岸然,而态度闲逸之情形,即今犹如昔耳。一二等客车中,朝鲜乘客殊少,吾人在车中终日,殊未得与鲜人接谈之机会,至为遗憾。晚八时四十分,车抵汉城,同人相约在汉城游览一二日,遂下车寓于日本式之京城旅馆,因汉城适开朝鲜博览会,所有著名欧式大旅馆,早经人满。

(二)汉城一瞥

二十三日早,同人相约先至黎花女子高等学校访金活兰女士。金女士为前次出席檀香山第二次太平洋讨论会之朝鲜代表,与同行中中国代表二人素相识也,相见甚欢,惜此次太平洋讨论会,金女士已不能出席,且因学校课事极忙,记者竟未得与金女士多谈之机会也。

此次太平洋讨论会朝鲜代表不能出席之原因,同人在平已有所闻。太平洋讨论会章程,本以 Nation 为单位。所谓 Nation 者,意义注重在民族,不注重在政治,故朝鲜得独立推举代表参加。第二次会议修改章程,定为以 State 为单位,完全系政治性质,而解释 State 为两种,一为独立国家,如英、如美、如日、如中国者是;一为自治国家,如坎拿大,如澳洲者是。照此解释,朝鲜自不能独立选举代表出席。此次会议,朝鲜如举代表,只能作为日本代表中一部分,而非朝鲜人所愿。朝鲜方面会员,乃提议修改章程,请以一民族为单位,而其势又非日本方面所能容许,故截至现在,交涉一无结果,此次会议,朝鲜方面自不能有代表出席。此后若修改章程之时机不至,太平洋讨论会,恐永无朝鲜独立派代表之日矣,呜呼哀哉。

同人别金女士后,即驱车参观朝鲜博览会。适逢其会,机不可失也。此次日本创办朝鲜博览会者,因一千九百零十年,日本完全取消朝鲜国家名义,将朝鲜全土划入日本版图,至今已届廿年。为纪念此二十年日本统治朝鲜之成绩起见,特开朝鲜博览会,以宣传于世界,表彰日本之能力,故其意味极为深长。而在朝鲜方面言之,即无异亡国二十年之一大纪念,其意味或者更为深长。同人车抵博览会,见朝鲜游客如潮涌,以团体名义参观之众,一小时间有数起之多,似无多大感触者然,异哉异哉。商女不知亡国恨,隔江犹唱后庭花也。然晚间晤鲜友,知不愿往观者亦颇有人在。博览会址即在景福宫与总督府之旁,同人入门,即索案内阅之,因时间关系,择其要者游览。产业北馆与南馆,最有精神,一方在表示朝鲜产物之增加与日本需要之密切,皆有数字表示;一方在表示日本内地工业品之精美,以介绍与朝鲜人,极尽广告宣传之能事。其次可注意者,为社会经济馆,宣扬日本对于朝鲜廿年来如何努力之成绩。社会部分,首将日本对于鲜民之救灾、恤贫及其它关于劳工、贫民救济、共济种种照片陈列,继附以各种表图,各种标识,各种数字表示之,并在极注目之点,陈设活动电影,将各种社会事业之情形,不断的表演,以实况宣示于观众之前,其用意可谓深矣。在鲜民观之,不知当如何感激。即在吾辈外人观之,亦不能不赞许日本施治之周到。记者特别注意,已出门后,又复前往细观,则见其附有一关于此种社会事业,由地方行政费中支出之总经费数目表。大正九年临时经常合计,为日金三万三千三百九十三元,以后每年均增加有限。昭和四年之现在,临时经常合计,亦仅为日金五万八千一百四十二元,以如此区区之经费,举办此各种社会事业,而能得如其宣传之莫大成绩,值得设专馆以宣传世界,诚不能不令人大吃一惊。朝鲜十三道之大,地方行政费中,每月支出总数不足五千元。社会事业之经费,每道实摊分四百元不足也,宜乎晚间询之鲜友,则皆言毫无所觉,始知尽信书则不如无书矣。经济部分,将贸易工业金融各项,以数目字表示,二十年之进步,几莫不以十百倍计之,诚可观矣。至出口处,有一极妙宣传之数目表,时刻以电灯发光表现之,即内地日本人每人负担为日金二十六元零一分,内国税部分为日金十五元零九分,其它部分为日金十元九角二分;朝鲜人每人负担为日金四元二角一分,内国税部分,为日金二元二角三分,其它部分为日金一元九角八分。统观全馆,其用意在表示日本对于朝鲜社会事业经济事业如此努力,而朝鲜人之负担,不及日本六分之一,日本之施治,真可谓仁至义尽矣。记者举以询诸鲜友,其答云:内地之税,在朝鲜应有尽有,鲜人每人之纳税率少者,正足以表示鲜人今日经济上生活上之地位也。同人次加注意者,即为与台湾馆并列,与桦大馆北海道正对列,与陆军馆海军馆斜对之满蒙馆。入门正中,即系地图模型,以电灯发光,表示各种交通之道路与机关,悬挂"超越国境开放共存共荣之花"电灯放光之大字牌,已足令吾人多所领悟。其它陈列,用意均极周,至足已鼓励日人鲜人奋勇之精神。其陈列中有一部分,完全关于间岛者,将山川形势国界,用模型表示,吉敦路未能开通至鲜境一段,特别用双红线勾出,日本领事馆所在地点,用国旗表示,并悬挂一牌云:间岛珲春等

四县驻民,鲜人占十分之八,中国人只有十分之二,更用特别木牌
表示中国人与鲜人历年增加之数目字如次:

明治四十一年	鲜人八万九千人	中国人二万七千八百人
大正元年	鲜人十六万三千人	中国人四万九千人
大正六年	鲜人二十二万零五百九十三人	中国人六万零四十五人
大正十一年	鲜人三十二万四千人	中国人七万一千人
昭和二年	鲜人三十六万九千人	中国人九万五千人
昭和三年	鲜人三十八万三千人	中国人十万人

　　此大段陈列之用意,除专鼓励鲜人放心勇往赴间岛方面外,或
尚有较深之意味存焉。总之,满蒙馆极精,日本之精神存焉。较之
邻接之台湾馆陈列品,专以广告台湾商品为事者大不同也。时已
午后一时,同人遂匆匆出馆午餐,时间所限,惜未能一一游览,陈述
于读者之前也。

　　午餐后,代表诸君决定尽半日之力,遍访华韩友人,记者亦急
于欲得若干简单材料,藉为通信之资,亦遂随行。迄至晚九时半,
始得归寓,将各方谈话与夫同人质询之各种答案归纳言之。第一,
吾人确认识日本统治朝鲜二十年来之能力。第二,关于政治经济
教育三项之日本化。第三,朝鲜人事实上思想上之影响观感若何。
关于第一项,外人与夫华人,一游朝鲜者,多能言之,勿庸赘述。关
于第二项,就政治言,只有日本人之政治,并无朝鲜人之政治,所谓
三四朝鲜人之高等文官,若干极普通下级文官,不过略资点缀而
已,如何施治,如何立法,当然均非朝鲜人所可过问,所得发言,朝
鲜人除李王宫一百名卫队外,别无当兵之权利与义务,唯警察则约
有半数为朝鲜人,概以日本警官统率之而已。就经济言,朝鲜经济
状况,二十年来之发展至为可惊,无论何项事业,进步程率,皆以十
百倍计之,记者已述之于前。所应附陈者,即此种经济事业,十九
以上皆为日人所有,而非朝鲜人所有。朝鲜人资本所成立之银行,
闻不过七八所,最大之资本额,仅三百万元。各种实业机关,亦复
如此。鲜人富力极为薄弱,日本人所办之银行会社,据闻鲜人亦颇

少投资者,甚至鲜人唯一财产之水田与夫各种土地,亦渐渐出售与日人。盖两方国民之富力完全不同,加以鲜人经济常识不充分,不能知经济大势之所趋,所有美产,既不能保存发展,亦不克待价而沽也。至于教育一部分,朝鲜人除勉强得受日本化之中学教育外,日本化之高等教育,已颇少肄业之能力与机会。日本在汉城所设之帝国大学,朝鲜人在学者,闻不过五六十人而已,余皆为在鲜之日本人也。至赴海外留学者,数虽较二十年前稍增,然其父兄大都不愿子弟习政治法律之学,以其归来无所用也。即学农工矿者,闻归来亦颇少进身之阶,故鲜人出受海外高等教育之前途,据鲜人所言,似难乐观也。综政治经济教育三者而言,与其谓之朝鲜人之日本化,毋宁谓之在朝鲜之日本人之日本化。朝鲜人在日本化中,实不能占得何种重要地位也。关于第三项可分述为二。(1)为物质之压迫。(2)为精神上之压迫。物质上之压迫,就记者表明观察,似上中阶级所受影响为大。旧日上中阶级之鲜人,鲜有能保持旧日之经济状况者,且近亦鲜有在中下阶级之鲜人,进而取得上中阶级之资格者。至于中下阶级所受物质压迫影响甚少,观其生活,无论表里,均不得谓之较李朝时代更坏,故鲜人对于日本物质之压迫,上中阶级感受多,中下阶级感受少。鲜人若终甘于作劳动者,似不至特别对日本发上巨大之反抗也。精神上之压迫,当然一般鲜人皆有多少之感受。然凡未受过相当教育者,其感受影响,当然轻微,而有相当教育之人,就鲜人言之,毕竟少数,加以日本警探之得力,不惜巨费,除取缔事实外,并进一步取缔思想,鲜人中之有思想者,当然少活动余地。故吾人闻诸海外鲜人,所谓朝鲜独立运动进行如何如何者,一入朝鲜境,转寂然无所闻知也。然记者有一特别之感想,即日本统治朝鲜政策似不注重鲜人之同化,将鲜人完全置诸日本人下之另一较低阶级,政治法律教育之各种国民的特权,皆不使之与日本人同等,鲜人仍保存期特殊之语言衣冠与夫习惯,数十百年后鲜人当仍为鲜人。夫人之变化莫测,自未可据今日之现状,遽断定鲜人之将来,必至如何如何也。至于在朝鲜华侨情形,闻据中国领馆及日本警署两方调查,平均其数目,约为五万人左右,十分之九以上为劳动者,以木石工作为多,商人不过千百人而已。从前商人,均以贩卖中国货物为主,近则大都代售日本内地货物,一因中国货物海关税加重,二因日本货物精廉而运输便利,中国货自非日本货之敌也。日本货尚可由中国商人代售若干者,因朝鲜人习惯,中国商人熟知之,可以允朝鲜人赊账,而日本商人不能也。劳动者多而商人少,北方人多而南方人少,华侨之经济势力,当然可知,华侨之教育智识,亦当然可知,除领馆附设两级小学,有百余小学生外,华侨中子弟颇少在朝鲜受高等教育者。华侨与现任情感,自上年十一月中因东省韩侨事件,朝鲜中下阶级人,曾有报复的暴动以来,颇多不稳小事件发生,一因鲜人无识,不知东省韩侨事件,不起因于华人之厌韩侨,而起因于华人之畏日警;一因华侨无识,不知向韩人解释,而只知作无聊斗殴,加以华侨不习日语,只知鲜话,日警中半为鲜人,遇有时间发生,遂完全归鲜警任意支配,显有左右袒。故在鲜华侨之现在,颇处于极困难之地位。幸有教育之鲜人,深不以此种举动为然,而日本警官责任所在,鲜警不公平情形,亦颇知之,遇事尚持大化小小化无之态度。若华侨方面,以后智识苟能增进,知向韩人作解释自卫之法,或者将来可望相安无事乎。

(三)由汉城至西京

二十四日早,同人由汉城出发,记者颇惜在汉城滞留时日太少,一切皆系表面观察,接触之华韩友人亦不多,恐所见未尽而所言未当也。由汉城至釜山途中,终日车行山谷间,而无一山不林木苍翠,无一谷不畎亩纵横,过路亦复修整,房屋亦多新筑。此二三十年中日本努力开发之成绩,充量表现。然观其种种建设部署,皆极普通平常。记者自信中国人之能力,可以优为之者,前清时代不必论矣。入民国以来,苟能早日着手,则此十八年中之岁月,举凡在朝鲜所发现之新气象,无不可在中国各地见之,是不为也,非不能也,是非全国人民之咎也,乃历年当局之罪也,在车中不胜感慨之至。晚抵釜山,即时移轮渡海,风浪甚大。二十五早抵下关,即有多数日本新闻记者来访各代表谈话,以中国时局及满洲问题为中心,为种种之询问。车早九时开行,记者得重见二十年前之日本,殊多怀旧之感想。都会情形如何,尚未得考察,仅就车中所见乡间情形,已令人感觉其进步之猛且速。左右眺览,不是洁净之田舍,即是整齐之禾稼,苍翠之森林,土地辟、田野治简单之形容词,不足以尽之,可谓极尽地力与人事,较之在朝鲜境所见,自然有上下床之别。尤其人口之稠密一点,引人注意,记者虽欲不恭维盖不可得矣,以如此有能力之稠密民族,为我中国之近邻,中国人应当如何警悟?不待记者言矣。别来二十一年矣,以二十一年中中国情形,与二十一年中日本情形相比,而记者在车中难过之情形,当不难为读者所谅察也。车七时抵姬路,即有大阪朝日新闻记者知识君上车访问各代表,所询问各事,一如在下关时。知识君随车同抵大阪,即有该馆写真师到站,约各代表下车摄影。至十时车抵西京,同人遂下车分别投诉于京都旅馆及都旅馆两处。

(四)太平洋讨论会前情形

大会开会,定廿八日,赴奈良开预备会之各国代表,均于二十六日同回西京。各国代表亦均于二十六二十七两日纷纷报道,都旅馆为会场所在,各国重要代表大都寓此。此两日中情形,极为紧张而热闹。所有会议中问题,已在奈良决定,各报均有记载。且日本报纸关于此种之记载极详,中国报纸不难转译登载,似勿庸记者重复陈述。记者所注意者,即为一般报纸所未登载之情形,特录之以供读者之参考。

㈠朝鲜代表出席问题。闻已由太平洋讨论会理事会,发出请束,希望此次朝鲜代表仍照现章出席。(即作为日本代表之一部分,非独立的代表,此事经过,已详前函。)出席后,朝鲜代表仅可提议修改章程,如其结果不能满朝鲜人之意,下次不再参加可也。截至本日,朝鲜代表尚未答复。观会中各国代表之意,对于朝鲜不无多少同情,颇思执调停之劳也。

㈡日本方面注意之点,自在满洲问题。各国代表忧虑之点,亦在满洲问题。所谓紧张空气者,会内外人似均以此问题,为包围之中心。故在奈良预备会中,特将此问题置于文化问题及外交问题之后,(十一月四日、五日、六日均议此问题。)以免首起衝突。在此数日中,各方先尽疏解之力。二十七日午后二时,关于此问题,已先开一分组委员会,研究讨论此问题之程序。据闻或将分四段讨论。(1)满洲问题历史上之开展与事实。(2)中日两方主张之意见。(3)各主张不同之点。(4)结论。关于第二项,日本方面已提出七项意见,中国意见,尚未提出,于是随决定明日午后再继续开分组委员会,将中国日本与夫各方意见汇齐,再行决定最后之讨论程序。秘闻日本方面意见,均系质询的,重在引各国注意其特殊之地位,并无具体的陈述也。

㈢二十八日正式开会后,前三日皆讨论文化问题。二十七日亦开分组委员会,研究讨论之程序。此种问题,当然极容易圆满解决。大致在机械时代,所发现之产业化,及于社会上旧文明之影响,与社会上各种之关系,应如何改善,以应付之也,勿庸多述。二十九、三十、三十一日三日中,皆照今日决议之程序讨论,别无问题矣。关于撤销中国治外法权问题案,二十七日未开分组委员会,据闻各国代表中,颇有较良好之主张,一二日中,当可觅得其主张之具体案,以报告读者也。关于取消中国租界问题,二十七日已开分组委员会,研究讨论程序,据闻亦分四段讨论。(1)租界之沿流如何。(2)中国与外国两方不同之意见若何。(3)假使取消租界从前租界中设施办法,有无若干值得保存之点。(4)结论。此问题研究讨论之程序,闻已照此解决矣。

二十七终日大小会议甚多,毫无余时,代表诸君实忙极苦极,而各国代表平均其年龄,似均在中国之上,因大都富于学问经验,有相当地位者,然其工作之勤,较中国方面代表,实有过之无不及,旅馆中到处皆闻打字之声,不能不令记者十分感佩也。

除中、日、英、美、坎拿大、澳洲、纽西兰、菲律宾均派正式代表外,麦、法等国,均派有 Observer 观察旁听者,苏俄方面经理事会接洽之结果,亦念派观察旁听者二人,此甚为会中人所注意之事也。

(五)二十八日正式开会情形

二十八早九时,在日之出馆正式开会,其详细情形,各报均有记载,无庸赘述。简言之,仪式极为整肃而圆满,演说中以英国首席代表 Lord Hailsham 氏为最出色。正午新渡户议长正式招宴,席中各国代表亦有说说。闻 Lord Hailsham 氏亦为第一名,博得拍掌声不少,两次聚会均平稳终局。晚间饭后,又开全体演说会,有涩泽荣一氏演说,由秘书朗诵,其次由各国代表先后为一种报告式之演说,至十时半始完。此次聚会,关于涩泽荣氏之演说,对于日美间问题,引起紧张之空气不少,因其词谁颇厉害。余日章氏之演说,述外交经过,涉及济南与张作霖两案,又引起日方代表之不快。头本氏起而质问,因有人排解,无事而终。故正式开会日之最后一幕,对于日美间中日间国交之将来,不无有多少暗示之影响也。虽然,美代表首席之格林氏,世界的学者萧德尔氏,始终能表示其大国国民之态度,对于日本,对于中国,竭力发挥其能力,先在感情上用十二分功夫,故格林氏之演说,颇能同时受中日两方之好感,甚为难得,此又无异暗示美国对于中日两方将来力量之伟大也。

开会日午后,赶开各分组委员会不少,关于满洲问题之委员会,研究讨论程序,闻大致已有眉目,二十九日再开一次会议,当可为最后之决定也。

本日午后闻理事会已得朝鲜会员之答复,准照理事会之劝告,即派代表六人来会出席矣。

太平洋讨论会特纪(续)

《国闻周报》第六卷第四十六期,1929 年 11 月 24 日

二十九日早九时,即开圆桌会议,共分四组,每组约六十人,皆同时讨论文化问题,即物质文明时代影响于传统的旧文明者若何。二十九日先按照分组委员会规定,讨论影响及于家庭建筑及艺术各点,十二时半,各组将讨论所举出要点,汇总报告委员会,再由委员会整理汇总讨论。明日已决定留两组仍讨论物质文明及于一般之影响,另分两组讨论物质文明时代所发生工业化问题矣。午后除各代表应日本妇女招待会外,又开各组委员会,关于治外法权问题,租界问题,满洲问题,似已将讨论程序规定,不外由历史的述及现状,汇集正反两方意见要点,予以解决方案也。三问题之中,当然满洲问题较为复杂,闻讨论程序中所列条款较多也。晚八时在都旅馆中开演说会,有日本姊崎正治博士、美国萧德尔教授两人讲演,由英首席代表 Lord Hailsham 主席,至十时余始散会。本日会中空气,极为静睦。因文化问题,在一般会员理想中虽重视,而事实上究不甚重视也。三十日、三十一日皆开文化问题之圆桌会议,由工业化讨论及于人口食粮问题。至三十一日午,文化问题遂告一段落,午后会内空气较为紧张,因一日将讨论太平洋外交问题中第一项,即治外法权也。颇以萧德尔案为一讨论中心,萧案系建议于上海、天津、汉口、广州、辽宁等处法庭中,在相当较短年限期内,由中国政府酌用少数外国法官,使外人安心。此案英美两方似认

为可行，中国代表方面，当然不赞成，但认为假使缩短其年限，并附以相当条件，可以即时取消，亦未尝无考虑之余地。乃日本代表方面，转竭力反对，以为中国国民必难应允，有伤中国国民情感，从前日本因采用外国法官之意，大隈一腿为之牺牲，卒未成议，足资证明东方民族不甘受外国法官裁判之事实，不如待时无条件取消之为是，竭力表示好感于中国方面。盖日本方面认定英美不能在现在即允无条件取消治外法权，乐得送人情，且可使萧案无形取消也。中国代表因之对萧案，遂不愿表示极端反对之意，为日本人情感惑，故一部分人颇思在条件上发表意见。此三十一日午后会中各方代表事前准备讨论之状况也。

一日午前即开圆桌会议，讨论治外法权问题。英美人中表示治外法权已无必要之意见者甚多，且有举出德国人在中国法权下生活之情形，代为证明者。日本代表中虽有一二人发反对议论，或谓各国对中国方针，不能一致，所以中国得尺进步者；或谓中国国内自己的政治法律都未办有成绩，专向外面要求权利者；或谓中国反对日货者，均经中国代表一一反驳。然大多数日本代表，均相当表示同情。后言及实行办法，中国代表当然希望无条件取消。萧德尔之案，亦为相当之讨论。日本方面之代表，果然反对甚力。一如预料，大都赞成无条件取消，惟须待时耳。中国代表对于萧案，略有在条件上发言者，并有外人提出用法律顾问之说以为较法官为宜者，因时间已届，讨论终止，遂决次日继续讨论。晚间太平洋会议程序委员会决定在日之出馆，对日本市民开一度公开之大演说会（即听众不以委员为限），选定美国邓苾君，英国麦克唐君前往。记者则代表中国，听众达千人，坐席不能容，见拒者甚多，颇极一时之盛。又本日朝鲜代表七人已莅会报到矣。

二日午前继续讨论治外法权问题。对于取消一节，意见一致。对于实行办法，仍未一致。决定交分组委员会整理意见后再讨论（大约尚须讨论一次）。即继续讨论租界问题。上海租界总董费信惇亦美国代表之一,对于上海租界有详细之说明。中国代表当然亦为种种辩护,希望无条件即时取消。各国代表之意见,原则上均赞成,惟注重在实行办法。故此问题讨论不久,即快交分组委员会整理(大约或须讨论一次)。统观两案,原则上均赞成无问题,惟实行上意见未一致,故须俟分组委员会汇总意见后,再为讨论。三日为星期日,各国代表受大阪市之招待,特赴大阪一行。中国代表并应华商之招待,故会场中寂寞异常。惟代表虽之旅行中,颇有紧张空气,因明日(四日)满洲问题上程也。

　　四日午前讨论满洲问题,当然紧张异常。四圆桌会议中,当然中日两方代表各为针锋相对之议论,不外(1)因日俄战争,牺牲太大,所得权利,为其代价。(2)日本开发满洲经济,极有功效。(3)经济上国防上日本对满洲均有极大之关系,完全在特殊地位一点立论,中国代表当然一一辩论,双方均竭力抑制感情,未生冲突。英美方面,对于中国代表同情者不少,因埴原氏引用美国对于麦西哥之例,麦西哥观察人立起立要求发言,主席允之。该观察人声明在麦西哥美国之经济关系不少,即如铁路一项,美资建筑者,在麦西哥历年革命中,美国并未派军队保护,亦未为政治的干涉,与满洲情形全异等语,其议论极为公正而有力也。综四日四圆桌会议情形而言,日本方面让步最大限度,似只有两点:(1)以前日本对于满洲,不免政治的,以后趋势,可改为经济的,但因治安上不放心,军警仍不肯撤。(2)条约外不合之点,多少可以改正,条约内之权利,不肯放松。在此两点之下,中国方面代表如何能承认,因驻军问题,照约俄国撤退,日本即应撤退;警察问题,毫无条约根据,完全系日本自由派往,至条约权利,中国根本不承认有二十一条,凡由廿一条所来之权利,无论任何中国人,皆不能丝毫承诺也。讨论至正午散会,当然一无结果。五日再继续讨论。记者观察,日方在此次会议满洲问题,注意在敷衍二字,不引起中国及欧美各国之恶感,在原则上可以表示好意,故近日(1)"不侵略条约之订立"(2)

"专由中日两方人员，另设定期会议，每年或每二年开一次，从长讨论满洲问题"之说甚盛。至具体办法，事实上办法皆以日本国民性，紧张顽强为理由，不愿接谈。中国代表方面，当然明白，又何能承诺空言。故以四日之空气观之，恐满洲问题一无结果，不过使欧美人藉此机会，多知满洲之情形而已。午后各国代表全体照片一次，别无他事。

四日讨论满洲问题，不意晚间忽起一绝大风潮，盖是晚预定在食堂中，由中国代表徐淑希氏，日本代表松冈氏，讲演满洲问题。松冈氏先登台发言，历述满洲因日本之势力，得经济上之发展，享其利益者，中国人为多，全世界共同均沾其益，以后继续为进步之发展，当然为全世界人所希望，并云日本所以急于欲建筑吉会铁路者即系为此，因吉林方面农产物甚多，大连一港势不敷用，必须在朝鲜北方另觅一港，以应需要。又云：日本对于中国移民满洲，并未反对，可见日本并无政治野心等语。徐淑希氏即继起演说，针对于松冈氏之演说，一一痛驳，举例甚多，大意归总三点：(1)中国自身力求发展东三省，为日本阻挠而不可能。(2)日本在东三省经济上发展之利益，并非共同的。(3)日本在东三省经济之设施中，无不带政治意味。因徐氏一一均举实例，颇得各国代表及外国新闻界之大拍掌，伤日本方面之感情殊甚，加以闭会时间已到，是演说会，并非讨论会，松冈氏要求发言对徐氏演说，有所辩驳，未蒙主席Lord Halsham许可，于是日本方面大怒，讨论会几有大破裂之势。全夜中紧张空气弥满，对于次日将发生若何重大情形，人人几皆不能预料，可谓开会以来最紧张之一夜也。

五日早英美及各国分组委员，即聚议调停决定在开圆桌会议前，各国代表均齐集大客厅，由松冈氏演说一次，以补报其昨夜之缺憾，各代表均照办。届时松冈氏演说约三十分钟，大致仍不外昨夜之议论，并无新奇之点，且明白承认日本对于满洲，过去实不免政治的之语。各国代表聆之，未见得能发生若何之好影响，当场腹非偶语之人已不少矣。演说毕仍旧开圆桌会议，继续讨论满洲问题。果然不出记者所料，讨论仍一无结果。中日两方代表针锋相对，由二十一条问题争论起，联及于旅大问题、满南问题、军警问题、鲜侨问题、勾结胡匪问题，可谓淋漓尽致。日本方面对于空处放松，对于实处丝毫不让步，甚至人人厌恶之二十一条，尤认为绝对有效，其无诚意恢复中日国民之感情，于此可见，为中日两国国民之将来计，实莫大之憾事也。记者闻此次日本方面代表，加入老官僚甚多，如埴原坂谷之类，藉以主持会务，约束较有新思想各派之代表，因之有新思想之代表，大都有所忌而不能尽量发言，甚至发言时私语干涉之，颇为人所齿冷。此种国民式之会议，渐变为外交式之会议，诚可为太平洋讨论会之前途虑也。

关于日方所提出不侵略条约订立之建议，本日会场中尚未谈及。中方代表以为有华盛顿九国条约在前，非战条约在后，都是不侵略意思，何必再定此同一性质之空约，果日方有诚意当加入事实。易言之，若二十一条存在，满洲驻军设警如故，无论如何，不能表示不侵略之诚意也，日方不过藉以空言遮饰外人之耳目而已。至中日两方单设定期会议，以后从长讨特满洲问题一事，中国代表中认为使日方若不表示诚意，指定可办到之事实，亦属无效。但连日日方代表，约中国代表若干人，在会外择地谈论者，已闻有数次之多。昨夜会谈结果，传闻对于不侵略条约事，已搁起不谈，惟拟定若干实事，由中日两方讨论会，各举若干人，组织委员会，为事实上之研究，以期得见诸实行。因大会开会之期，只有数日，势不能从长研究也。并闻昨夜会外谈论，日方代表似较前稍有若干之诚意表示。

六日早开圆桌会议，共分五组，三组仍为满洲问题，一为租界问题之再讨论，一为中国财政经济问题。满洲问题为最后之一日，当然如记者所料，双方争持，一无结果。不过日方代表中有人表示今后可以磋商改正，但不能急进而已。有一圆桌上，日方代表中已有人提及中日两方另组委员会从长讨论者,满洲问题之空谈,遂告一段落,交由分组委员会整理双方之意见。至会外所谈论者,是否能见诸实行,截止现刻,尚未得知也。

此次讨论满洲问题,中国代表中,以徐淑希君研究最深,圆桌会议中与前夜演讲会中,徐氏言论,皆有根据,博得日人以外之同情不少,即日方亦目为劲敌,诚不愧为满洲问题之专家,为中国代表方面增色不少。

租界问题,本日讨论结果,由上海公共租界总董费信惇氏在最近期内,拟就改善办法,在上海商量解决。外人意见,以为治外法权取消租界当然不成问题。中国方面则认为治外法权取消,租界行政权若不归在中方行政权统一之下,麻烦更多,绝对不可,必须短期中商定办法实行。双方最后意见,已交分组委员会整理,此问题遂告一段落,明日当为治外国权之再讨论矣。中国财政经济问题之圆桌会议,讨论极为简单,对于国际经济合作,均表同情,但因时局变化关系及政府强固程度两点上,英美重要代表均认为现在尚非其时,必须有待云。

七日早圆桌会议,讨论太平洋外交问题,此题目似觉宽泛,然提出目的,则至为简单,非加以说明,读者自不能明了。盖此案用意,在讨论太平洋国际问题,是否在国际联盟外,另设一机关办理是也。其理由因国际联盟远在欧洲,对于太平洋国际间情形,不能明了,而太平洋国际间情形,又至为复杂,倘有临时事件发生,绝非远在欧洲不明太平洋情形之国际联盟,所能应机取适宜之办法者。为太平洋之和平计,自当由太平洋关系国家,另设一国际机关。此种理由,自然堂皇正大,但其动机,实出自美国。美国因不在国际联盟,关于太平洋事件,自不愿国际联盟过问,久思另设一国际机关,与之对抗。而在中国方面,虽在国际联盟,颇觉国际联盟对于东方事件,过于冷淡,不肯出执公正之处置,久颇不满,故对于另设国际机关建议,自表同情。欧洲诸国当然不赞成,尤其英国感觉尤深。东方之日本,亦当然在赞成之列,因此机关如果设置,日本未必能执牛耳,且如遇有东方国际事件发生,此机关近在咫尺,不如国际联盟之容易遮饰应付,自然不愿有此机关,此固会外一般预测之议论也。开会讨论之情形,果然一如预料,中美两国均赞成,日英则表示反对,然又不能驳斥其正当之理由,只云:国际联盟已渐渐注意太平洋问题,日后必不漠视,或云:由国际联盟另设一分机关,以免与国队联盟对抗,故讨论一无结果而散。然此问题颇带国际间重大性质之变化,将来必然有种种酝酿,不过藉此次讨论会开其端绪耳。凡中国人之留意国际情形者,不可视为无关重要也。

满洲问题,讨论三日,一无结果,但英美方面因中国代表种种事实上之陈述,颇获得若干新认识。日方感觉不安,且觉得此次会议决裂后,中日恶感,或将更深,故日来竭力作会外之接洽,思得双方之谅解,故日方对于各国代表放出中日两国自行接洽渐得谅解之空气殊多。然据记者所闻,中日两方代表,在会外接洽,已有五六次之多,近来日方表示较好,然仍在空洞处敷衍,中方亦颇明白。以记者预测,其结果恐未必佳也。

八日早圆桌会议,仍讨论太平洋外交问题。闻其结果,不过陈述正反意见,仍不能发见一致之点。另分一圆桌会议,为租界及治外法权之再讨论,费信惇力言治外法权取消,无异取消租界。中方代表力辩治外法权与租界行政权为两事,费仍不以为然。正午散会,圆桌会议,本日告终,由分组委员会,将各种讨论问题之各方意见予以整理发表,将以供太平洋关系国家之参考矣。九日为闭会之日,太平洋讨论会之各国分机关与夫中央理事均将分别开会,研究以后进行办法。至第四次开会地点(民国二十年),提出请求者为美国、中国、坎拿大、檀香山,已经理事会议决在中国开会。至在中国何处,尚未确定,欧美人士似希望在北平也。理事会会长一人,举定美国格林,副会长二人,举定日本新渡户、澳洲洛伟禄,皆新人。旧会长美人伟尔伯氏,副会长日人井上氏,均因入阁取消资格矣。

朝鲜代表拟独立参加会议一事，亦得一结果，即按照菲律宾夏威夷之例，可以作为一个独立代表团，但对于中央理事会无选推代表之权。按得在中央理事推出代表理事者，为七个独立或者自治国家，计为中国、日本、英国、美国、澳洲、坎拿大、纽西兰各推举一人也。故第四次太平洋讨论会，朝鲜可以照派代表出席矣。

连日闻日方代表举定委员，约会中方代表中委员，聚会甚多，对于中日国际问题，尤其为满洲问题，互相讨论，冀得一谅解之基础，颇为会内外人所注意，日本报纸且讹传颇有希望者。至九日闭会晨间最后之会议，问日方委员仍以笼统空言搪塞，对于具体问题，不愿讨论，已不能继续进行，彼此慊然而散，所有两方连日来会外之洽谈，卒至一无结果，事实上等于完全破裂，毫不能发见一共同谅解之点。盖日方对于中日问题之讨论，只以敷衍应付未目的，并无解决之诚意。记者已述于前，本早会议结果，诚如记者所预料也。日日言中日亲善，而如何亲善之法，则不愿接受。异哉异哉，日本之所谓中日亲善也。然有一事，应附为报告，即日日本青年学者之脑筋，渐与此等顽固老辈思想不同。吾人与青年谈论，多少尚能发现若干诚意之表示，且谈及老辈，青年大都鄙夷之，认为不配代表日本人之思想矣。此诚可注意之点，日本思想界之将来，必大有变化，且可断定必有若干之新思想，将逐渐发现于事实也。

九日正午开最后之午餐会，各国代表中略有演说，并将第四次决定在中国开会之事，报告大众，掌声大起。第三次太平洋讨论会，遂于此欢声中闭幕。

各国代表十日与西京告别或赴东京受日方之招待，或赴他处为暂时之休息，亦有径行回国者。中国代表赴东京者甚少，九日所闻，除余日章君尚未确定外，如张伯苓、徐淑希、鲍明钤、陈立廷、何廉、陶孟和诸君及东省广东一部分均于明后日径行回国。记者及其它数人，则赴奈良日光等处，略事游览，关于第三次太平洋讨论会之通信告一结束矣。

无结果之满洲问题

《国闻周报》第六卷第四十八期,1929 年 12 月 8 日

关于太平洋会议情形,记者已屡经报告读者,惟因外国及日本电报所传消息,不尽明了,且有出入之处。尤其对于满洲问题,中日两方会外接洽之始末,人多未知,故记者游踪所至,中外友人以此相询者尤多,恐国内各界对此必更隔膜。兹就记忆所及,补记之如下。

满洲问题,在太平洋会议讨论,当然为日本所最注意者。盖在日人眼光中,无所谓满洲问题,问题固早已解决矣。即使尚有问题,日本人单独之力量足以解决之。纵或不能,威压中国,由中日两方解决之可也,何必劳欧美人之过问。然而以太平洋国交为目的之国民的国际讨论会,将满洲问题列为议题,其理由实堂堂正正,日本亦无法反对,因此使日本人知满洲尚成为一问题,为国际间悬而未决之案,实予日本国民神经上一大刺击。宜乎太平洋第三次讨论会,日本人以全力注意之问题,皆集中于此。记者早料此问题必无结果,日方当然注重在敷衍应付,必不使之决裂,务使欧美代表感觉此问题可由中日两方自行解决之,不劳其过问而已。故圆桌会议之三日中,中国代表列举事实,尽量为严正之议论,日方辄避其锋,甚至徐淑希君曾为一度激昂慷慨之演说,针对松岗氏之言,施以体无完肤之攻击。在日人感情的性质或为极不愿受者,亦隐忍而过。盖拿定主义,在敷衍了事,不欲决裂,使欧美代表留深刻之印象,且虑使中日国民的感情,更因此为进一步之恶化也。

易言之,日方之意,对于满洲问题,在使之和平无结果,不使之决裂无结果。此讨论满洲问题三日中,明明白白之趋势,一如记者所预料者也。

至会外之接洽,其原因似有两种。一为日方一部分代表立意欲藉此机会,得一谅解,作为日本政府将来对华交涉改变之方针者;一为日方一部分代表,用意藉此机会,敷衍应付,以缓和会内之空气者,其动机本非一致。易言之,日方代表对于会外接洽,其用意各有不同,本非一致也。当行开会式(十月二十八日)之第三日午(三十日),日方代表小村俊三郎,约同水野梅晓君(非代表)邀中国代表数人,在日本饭馆会餐,即表示日方代表数人,拟约中方代表数人在外会餐,为会外之接洽,因会场中不能不打官话,难于开诚接洽也。次日(三十一日)即由小村、金井、野山、高野,各日代表请中代表余日章、张伯苓、吴鼎昌、鲍明钤、陈立廷即东山省代表数人晚餐,为第一次会外之接洽。中方代表之立论,认为欲恢复中日两国之情感,杜绝将来之纷纠,惟先将中国国民脑筋中所痛恨而始终绝对不承认之二十一条问题,由日本正式取消,然后始能将各种问题,次第讨论解决。日本代表之立论,认为满洲权利系由俄国手中得来,非由中国手中夺来,日俄战争,日本生命财产牺牲太大,以日本国民性所关,立刻让步,实不可能,任何内阁,皆办不到,以渐次谅解进行为是。日方代表有发言者,云先订一不侵略条约,以融合两国国民情感,次设一国民的研究委员会,研究两国国际问题,以研究结果次第陈述于两国政府,以备采择,而施以改善。中方代表某君之意见,以为有华盛顿九国条约在前,日本在内,对于中国主权领土完整独立之尊重,早经声明,又有非战条约之订立,日本亦在内,均系不侵略之意,中日两方似无重复订立此种条约之必要,如欲订立,须附人事实问题(即附入二十一条及各种问题解决办法),如空空洞洞有等于无,实无必要也。至中日两方国际研究委员会之设立,中方代表亦认为非有一定宗旨,确定事实,恐设立亦等于徒劳。第一次会洽，未得结果而散。十一月三日晚中方代表还席，请日方代表数人聚餐，中方代表列席者，临时加入陶孟和、徐淑希及东省方面代表多人，日方代表加入松岗、岩永诸君，继续前夜之谈，仍一无结果，惟中方代表希望日方将不侵略条约之大意见示而已，又复相约五日晚再会餐接洽。五日晚接洽时，日方代表又加入鹤见君，中方代表出席者已少数人，所谈仍无结果。所谓不侵略条约之大意，由日方某君所示其腹案，不外表示以后彼此不侵略，所有两国国际问题，由两国设一委员会解决之而已。中方代表大都感觉器空洞无物，均与某君抱同一意见，认为无订立必要。于是此三次会外接洽之主要题目，已不能继续洽谈矣。乃又订六日晚再谈，中方代表某君已认为绝无希望，不愿出席，其余数人因约定在前，姑经再试，是晚即不复谈不侵略条约事，由日本代表有力者某君表示，日本可先取消治外法权，迅速将满洲悬案解决，订立良好之商约，改善两国国民之情感，由中日两方之太平洋国交讨论会，设立一委员会，分列此四问题，予以研究解决。中方代表允将此意见报告代表团，正式选人商洽进行。于是中日两方列席者商定次早由两方代表团各举临时委员三人，即日开会接洽。因为日有限，仅有三日（九日闭会）即将闭会也。七日早日方代表报告，已举定松岗、小村、高柳三君为委员，中国代表团亦即时举定张伯苓、吴鼎昌、周守一三君为委员，约定午后开会。至午后日方又报告委员有变动，现举定高柳、野山、高石为委员，松岗、小村两君改为顾问，私论其理由，则云松岗、小村两君出面嫌早。于是中方认为彼方多改以大学教授为委员，我方亦当略为变动，遂改举张伯苓、鲍明钤、周守一为委员，吴鼎昌、徐淑希、陈立廷及阎君为顾问。是晚开会，先议两讨论会派员设立委员会之组织，次议研究问题。中方主张满洲问题一切应包含在内，不能以地方之悬案为限，且希望会期从速。正谈判间，松岗氏到，即主张照中方之意，明日即举正式委员先行开会，其议题，洽定为四种：（一）治外法权取消问题，（二）

关于满洲一切问题,(三)关于订立商约问题,(四)关于改善国民情感问题,将此四项问题,次第讨论。至两讨论会常设委员会一节,由两方正式委员讨论后再定。连日会外接洽,至此似颇有进步。中方代表中某君向认为必无结果者,此时亦抱若干之希望,热心赞助其成。即席日方代表中力劝松岗氏为委员之一,松冈氏仍以为不宜,但愿充顾问。日方代表中当场接洽之结果,认为劝告阪谷末广老辈为委员,最便进行。于是假定以阪谷子爵末广学长高柳教授为委员,松岗、小村两君为顾问。时已十一时许,岩永代表立即赴阪谷处游说,请其承认。中方代表目睹其情形,颇认为日方代表中具有热心者在也。八日中国代表团,亦正式举定余日章、张伯苓、周守一三君为委员,徐淑希、吴鼎昌两君为顾问。至日方委员及顾问姓氏,果如前夜之预定。午前十时许,即匆匆在都旅馆屋顶一冷室中,开第一次正式会议,照预定议案、程序。先议取消治外法权问题,不过一小时,即决定日本可无条件取消治外法权(满洲与其它各处一律),不必须待欧美解决后实行。惟应如何准备之处,双方应从速接洽办法,早日实施,可谓痛快之至。时已十二时余,即散会午餐,约定午后四时继续讨论第二、三、四项问题。午后四时开会,即议及满洲问题,双方均言先讨论南满铁道问题。中日两方先互询彼此有无成案,两方皆无确答。于是中方某君云:南满铁道必须照纯粹经济的宗旨改组,但如何改组之前,有先决问题,即铁道驻军(即守备队)、铁道内外驻警及铁道附属地行政权,非先行取消不可,盖不如是,则政治意味,不能洗刷,谁能相信南满铁道能照纯粹经济的宗旨改组耶,请两方先讨论此先决问题,于是空气遂立时紧张。日方又提出国民性老话,认为日本国民今日之情形,万万不能言及撤销军警等问题,只能有阪谷老辈代表设法向当局劝告其注意改善而已。中方委员顾问等如何能承认此种主张,讨论二小时许,一无结果,因晚餐散会,又约定即晚九时再谈。九时开会一时许,又一无进步而散,约定次早(九日)再谈。记者已知次早亦必无希望，因谈及南满铁道问题，日本已丝毫不肯减除政治的色彩，则旅大问题，更何从谈起耶？九日早再开会议，日方即生命本日系大会闭会之期，只有午前两小时之谈判，无论如何，须告一结束。而日方所谓结束者，即"注意改善"四字空话而已，中方当然不承认。中方顾问中某君，认为无法进行，遂先行退席，表示无结果之意。日方顾问中某君，素具热心，颇希望得一谅解者，亦觉日方委员及另一顾问，不肯开诚表示具体意见，亦忿向当场辞职，即时退席。于是此会外之中日两方正式会议，遂无法进行，彼此歉然而散。前商由两方讨论会组织之常设研究委员会，中方亦认为无设立必要，不愿进行。所有旬日来中日两方会外接洽之结果，一如记者所预料，无疾而终矣。以记者所闻，最后日方之意见，约分二派，一派以为治外法权，其趋势必归于取消，不过时期问题而已，届时欧美承认，日本势不能不附和而行，碍难立异，为日本计，不如首先表示放弃，事实上仍可与欧美同时办理，而使欧美各国独任为难之责，可藉此表示好感，以改善两国间之情感，且欲藉以交换满洲等事实问题空洞之谅解，此一派也。其他一派，则以为中方岂能为此空洞之说所能诱惑，除治外法权外，事实问题，亦须开诚布公得一谅解。记者密探其腹案（因具体问题，会外接洽多次，始终未得达到讨论至机会），大约一方以放弃治外法权为前提，而商量撤废满洲军警之行政权问题，一方以放弃二十一条为前提，而拟另订一新约代替之，其纲要如下：

（一）治外法权问题 治外法权撤废后，铁路及其它相关各问题，依照左列时期及方法办理。

1、在某期间内日本承认撤兵，中国从事于护路兵之教育。

2、第二时期，中日两国共同担任警备。

3、第三时期日本撤退护路军，在上述期间内，所有铁路区域内行政权司法权渐次从速移交中国。

铁路区域外治外法权及领事馆警察应行撤废，日本人民服从中国法律完纳租税。

治外法权撤废后，中国将东三省内地开放，许可日本人享有土地所有权，所谓二十一条之商租权问题，自然解决。

（二）二十一条问题 所谓二十一条问题，除商租权外，所余者不过旅大及满铁两问题，应缔结新约，扫除中国对日之反感及疑惧，回复中日亲善关系。

土地所有权规定后，商租权自然消灭，中国将旅大满铁期限缩短至相当期间（如五十年），维持现状。

（解决一切悬案）铁路竞争问题，将平行线接续线及借款支拂问题，圆满解决，谋纯经济的联络统一。

依照上述精神将纯经济的吉会铁路，以中国意思敷设之。

此种具体案，始终未得上程讨论。盖日本前派之意见，势力甚大，且极不以另订新约为然，所允让步者，仅治外法权一点而已，然尚须中方有所交换（即对于满洲问题空洞之谅解）。至中方则对于后派之具体案，已觉彼此意见，相差尚远，何况对于前者，宜乎一无结果而终。不过使吾人藉此机会，略知日方各派之意见而已。记者再有所陈者，民政党当局币原氏主外交，一俟总选举后，内阁之基础立定，对中日外交，当然思一革新面目。此次太平洋会议倘中日两方代表能有一相当谅解案，以供当局参考，未尝非日本当局所愿，此固日本当局之初意也。不意太平洋会议之前，中国忽发生内战，日本神经极敏，早感觉对中国一切交涉，非暂时观望不可，故当局对于太平洋会议中日两方有无谅解之结果，已不甚热心。不但日本方面而已，欧美代表中有力者赴会之便（在此次内战未起前），大都来游中国，略事观察，与记者接谈，颇觉其态度甚好。及记者在会中与各代表接谈，其态度完全一变（已在此次内战起后），认为中国之事，无从说起，冷淡异常。盖不知中国内争何日始告结束，前途殊难也。总之，自国民政府统一之日起，所抬高国际上之地位所引起各国之希望，不幸为一年内之内战，丧失一尽。此固不仅记

者一人之感觉,凡与太平洋会议之中国代表诸君,似皆可得明告之认识者也。(十一月二十二日自大阪寄)

蜀游杂记

《国闻周报》第十二卷第二十六期,1935 年 7 月 8 日

去岁暮季鸾自榆林回津,即相约作伴游蜀。会政之将有粤桂之行,且预定北归后于五月中旬携员工东渡考察报馆业务。馆例季鸾与政之二人中,必须有一人留守天津,故与季鸾同游,最好是在三月杪乃至四月杪之间。余遂于三月十一日由津起程,经青岛赴沪,约定季鸾于二十左右赴汉相待;余在青岛,贪游劳山,逗留稍久,二十日始抵沪滨。季鸾如期到汉口后,因邮航机购票不易,会有空位,遂先行飞渝,电约在渝相晤;余遂购定二十八日晨七时开行之邮航机,由沪追踪前往。乃至是日早六时冒雨赴机场时,执事者即见告机恐不能如时开行,须候长江一带天气报告,嘱余在机场相待;其时赴平赴粤两机亦未开行,至十时左右,总机师宣告平粤机停开,汉机且待,余见平粤旅客数人扫兴而去,深觉余之幸运独佳。盖以为赴汉机必可开也。乃候至十一时半,总机师竟宣告汉机亦停开;比平粤旅客多等候一小时半之久,而结果则一,遂立时感觉疲惫不堪;因在机场枯守五小时半,中间见平粤旅客散去时,又大大的兴奋一次,故其“扫兴而归”之程度,远过于平粤旅客也。即日又电汉另订赴渝机票,改定四月一日由沪起程;不意此三日中又有变动,竟决定退票,将游蜀之举无期延长,电告季鸾不必在渝相待矣。迄季鸾归途过沪,盛称游蜀之乐,且又回津作游记发表,而预定同游之余,只克参观飞机一次,望天兴叹而已!蜀为八童冠

弦歌游钓之地，父墓且在成都北郭外，自十九岁负笈出游，今已五十二岁，此三十四年中四方奔走，颇少宁日，而竟未一履蜀地，华年如矢，白云在望，耿耿之怀，如何能已！六月初机会忽又至，乃毅然决定于四日由沪起程，沪友中因沪市正在不安之时，颇有尼余行者，不顾也。四日早七时起飞，九时过京，翁詠霓先生来结伴同行，午后一时半即抵汉口，翌日七时半续飞，正午过三峡，是日适为旧历端午节，余在机中酌酒高饮，笑谓翁先生云："在三峡顶上，饮雄黄酒，庆端午节，当为已往文人未有之快举也。"俯视三峡，有如盆景，瘦峰数削，浅水一泓而已；峡顶寸土尺地，均早开辟，只见炊烟，不闻猿声，似万千年来盘踞之猿猴，早已进化为人类！行船过三峡者所詠叹之奇景，在空中鸟瞰，只觉其平庸；为告赏玩风景而来之客，幸勿爱惜时间，仍宜乘轻舟过万重山也。午后三时抵重庆，即换乘陆上机飞蓉，未到五时，隐见城郭依然，别矣三十四年，乘鹤归来，诚不胜隔世之感！

　　入蜀后首先留意者，当然为考察剿匪情形，徐向前突破嘉陵江，朱毛越过大渡河，川北自江油而西，川西自会理而北，全川之西北边境，几全是匪区，防不胜防，颇引以为忧。抵蓉后事实上详为考察，方知朱毛虽能飞渡大渡河金沙江，然势成弩末，只能走，不能守，更不能攻，薛李越省尾追，杨森拦河腰击，已逼促于天全芦山以北；徐向前因胡宗南军早由平武进据松潘，将从西北角直下，恐截之为二，亦放弃成都以北防地，将退出北川，急趋而西；于是匪区大为缩小，只克占据理茂一带；官军方面既腾出兵力甚多，自可重重作防，微闻横有碉堡防守线八道，立有碉堡联络线五处，虽未必能即日完全告成，然可断定即目前亦决无一冲即破之虞。假使匪军不能早日从邛大崇灌一带冲出，将必窘于粮食，困于土人。北走松潘窥甘肃，有胡宗南军阻之；西走西康图青新，又闻已编成骑兵队于平原静待之，欲回窜滇黔，飞渡金沙大渡，去时已恐不如来时之易。徐向前之能力，远不如朱毛，有饭桶之称，盘踞通南巴虽久，未抓住民众，一经移动，便失根据，故徐向前所放弃之通南巴及其他曾占据经过之各地方，颇少余匪存在，与朱毛退出赣闽各地之情形，显然不同。现在四川除理茂一带外，并无可注意之残余匪区。理茂一带又为夷边瘠区，苟不冲出，即难生存。世人颇以朱毛与徐向前会合，为四川忧，为大局忧，余却认为朱毛等之会合，实合零为整便于应付之好机会。盖藉以将四川腹地及滇黔边境各匪区肃清，得以全力注于一域也。

余抵蓉后急于欲知剿匪情形，略如上述。留滞旬日间，忙于扫墓，访旧，谈话，宴会等事。最使余伤感者莫如扫墓，余家有田五十亩零在成都北门外何家碾，离城不过四五里，划出一小段为余父墓地，余离蓉时，父年仅五十三岁，虽有附郭田，未作埋骨计，民国元年冬余父弃养，余因事竟不克奔丧，长兄三弟特就此田营葬，余又始终未得临墓一哭，皆终生憾事，念念难忘。七日午驱车至万里桥，更步行到何家碾，中途遇大雨，衣履透湿，田舍模样已不复认识，幸有陈妹倩陆外甥作导，直达墓前，余母及兄弟姐妹手植墓木已高拱二丈余，未及跪拜，泪已夺眶出矣。因思及余母亦弃养过十年，因先迎养来平，遂就近营葬于西山秘魔岩，余失父二十四年，失母又十一年，久为无父无母之儿，怀父思母，百感交集。回忆三十四年前，身体强健精神饱满之双亲，在望江楼下，忍泪强欢，送儿作万里之游，有以期其显亲扬名者，于今安在！佃户钟姓，余去时乃其祖执业，今归来已由其孙招待，祖父孙世种余家之田，情谊如同家人，因之看守父墓，扫除极勤，曾有一次就近驻军将伐墓木为炊，钟佃乃朝夕采送蔬菜，联欢得免，四方奔走之游子，不克庐墓相守者，私心感激，如何如何?! 最使余快乐者，莫如访旧，虽逝者已多，不无伤感，为时复促，拜访欠周；然三五聚叙，欢同平生，杯酒道故，一刻千金，此中之乐非外人所知。尤以在蓉成城学校旧同学合约余在张重民家一叙为最感兴味，酒不待劝，语无所择，未满半小时，余已饮满二十钟，话过千百句，人生朋友之乐不过如斯。次则亦为成城旧同学应余重温蜀乐之请，再聚于周文昶家，备有高腔丝弦洋琴三种，皆蜀地独有他省所无者；清唱者为一时名手，丝弦腔调为余所不习外，高腔激越，洋琴幽怨，闻之如狂如醉，洋琴词雅不易晓，同学王伯宜癖好之，尽通其词，一句一读，次第先为耳语，按字静听，清晰如话，尤可感也。重访旧地，亦为余旅行计划中之一；然日日困于客，偶得空隙，已感疲倦；不但游山无暇，即城郊近地如望江楼昭觉寺文殊院等处，早已决定一行者辄临时中止，甚至桂王桥北街余之旧居，亦未得一访。

　　幸九日星期日，早客散后，未订预约，十时左右余得偕翁詠霓汪松年两君一作城西之游，遍访工部草堂，青羊宫，二仙庵，浣花溪，百花潭，武侯祠诸名胜，余最爱草堂中一联，为何绍基所撰书，文曰："锦里春风公占却，草堂人日我归来"者，已不复存在，怅然久之；诸名胜均多破坏，无复旧观，尤其壁柱间尽易当日旧题为今人名著？令人呕吐。草堂及武侯祠门前均建筑碉堡，更感凄凉；各处均有驻兵，门前设岗，青羊宫内且住有伤兵若干，愁惨之气，笼罩大雄宝殿内外，颇似乏人照料，适见一十六七岁之伤兵侧卧石阶上，呻吟中抬一足，白脓如雨点下注，余等游兴为之驱逐馨尽。经过门前，例受盘诘，余等随人指余为参谋团吴先生，得通行无阻，二仙庵道士招待余等时，且连称参谋团吴先生不已，难过之至。进城时要留刺，翁先生给一翁文灏三字名片予之，似不满意，随人即大声呼曰："这是特派员翁先生"，得通过。是日余与翁先生无有冒充官长之嫌，虽出诸随人之口，然余等究未便否认；唯游百花潭时，隔溪呼舟引渡，军士问何人何事？随人又想冒名吓之，余等斥止，因隔溪呼声较大，当面太难为情，因之百花潭之门竟不得入。成都自蒋先生驻节后，各方游客甚多，著名各胜地如此情形，或于地方当局面子有碍，颇思进一言，因不费大事，立可整饬者，然余所欲进言之事，比较大者甚多，区区小事先令人不快，不甚合宜，且预料四方游客日多，当局自身必渐有感觉，何待人言也。留蓉最苦之事，莫若宴会，成都普通习惯，每晨九时前后早餐，午后三四时午饭，晚九时宵夜，宵夜本随便小吃，少请客者，早餐亦然，故宴会时间按成都习惯例为午后三四时，故一部分请柬多为午后四时，有许多朋友又将就余等外省习惯，或请十二时至一时午餐，或请六时至八时晚餐，时刻又不甚准，故余等一至正午起，几完全变为宴会时间，终日吃饭；有一日只有一处午后四时宴会之约，余等因事将近六时前往，主客皆散，不得已自吃小馆子，连连碰钉子，盖成都饭馆十九均于六七时关门，因吃饭钟点止于四时，六七时除外江人无人往吃馆子者，饭局累累，而结果竟无噉饭之地，又不便回扰已告其不必预备晚饭之东道主，仆仆街市中找饭吃，殊饶逸趣，幸随人最后引导至少城公园旁一小馆子，居然尚未闭门，得与翁汪两先生饱餐狂笑，私幸添了经验不少。饭局不能准时到，本咎由自取，然准时到时，又往往由四时待至六时，或由六时待至八时，尚未能入座。翁先生和蔼周到，仆仆数局，不以为苦；余不喜应酬，向例一饭不重局者，在此环境中，竟认为天下之至苦，莫过于斯。中国各地宴会太多，废事不少，而成都以午后三四时为正式吃饭时间，尤不敢阿其所好，认为此种特殊优良习惯，应予保持到底者也。

最后余将一述对于各方之谈话及余对于川局之观察。川省军政学商各界人物余均认识不少，故余接洽之谈话，至为复杂，川人又多善于口才，往往谈话二三小时，觉得头头是道；惟因其头头是道，转抓不住其要点所在；余强为归纳，军人方面无不各为其军，铺陈其军已往之功绩而模糊其现在与将来，人人愿剿匪而暗示困难，人人愿裁兵而又暗示困难，困难之点复隐约其词；虽然隐约，余自明白，往往谈话结果，可相喻于不言中。与余谈话之人，余若预知其与某军有关连者，早能断定必为若何之谈话，又可百试不爽者。故余认为四川军人之优点，即春秋战国时代之政治知识太丰；余尝笑谓某氏云："七分政治三分军事"之说，应不适用于四川，四川军界固早应用"十分政治"矣。故余普通忠告军人及与军人有关连者,希望各军少派代表,凡事领袖直接自为接洽,多明言,少暗示,譬如领钱少,便陈述不够的事实,来想办法,不必绕弯子,说那种"不患寡而患不均"的话,领钱较多的人,更不必说那种"名为多事实较少,名为少事实较多"的话。要之,四川军人颇类文人,脑筋极灵活复杂,接谈起来,大局大势之明白,较诸吾辈文人有过之无不及;因其如此,颇难于感动,抑唯其如此,或较易整理,当局若以严正简单坦率态度临之,一切纠纷固不难迎刃而解也。川省无派别之政治人物,余不幸时短尚未得见,现在在朝在野之演政治者,因环境关系,不无多少皆与各军有关连,而与各军无关连者,多已消极,或别为一名土派,非政治实行家,偶然发表一二原则的议论已耳;因之谈话,颇难一致,大约公多私少者其主张较为正大,但主张到严厉裁兵痛快减税拼命建设者,除消极的若干政论家外,在负责任作政治谈人物中,实不可多见。至于与某军有关连,而能坦然陈其长兼述其短,希望当局有以改善之者,余更少见。至于评论政治之舆论界,背景关系与检查约束,较诸他省更过之无不及。但学界人物之议论,则适与政军两界相反,余从未听见著名学界人物颂扬地方政军两界人物已往及现在之德政者,未免过于严格。商界议论则因人趋避,随境变迁,有时猛烈如虎,隐欲要挟罢市,有时柔驯如羊,不敢微拂意旨,其地位使然,与个人何关;然对于军队之多,税捐之重,无论公言私语,未有不一致委婉陈词,哀求减免者。一般老百姓余等接洽谈话甚少。然自表面观之,因中央军入川,人心大定,中央军又无所诛求,不加川民丝毫负担,且自防区裁撤后,捐税略为统一,稍有减免,早已为重见太平,不惜一致颂扬委员长矣;诚饥者易为食,渴者易为饮也。余过渝时,曾随翁任胡田四先生游涂山老君洞,轿夫指庙前空地云:"从前有好多老松柏树那一年中央的曹军到川,全全被其砍伐了!"余因询曰:"这次中央军如何?"立答云:"这是没有说的了,比我们川军还好得多。"又一轿夫插嘴云:"在有些地方,还是要拉夫哟!"另一轿夫忿然说道:"这一点还不应该吗!"此聊聊数语,可见老百姓对于中央军情形,不但颂扬,且代为辩护,中央军能不勉哉。因附记之。以上所述各方议论情形,有若干与各省情形相同,并非四川弱点他省全无,也许有若干点,他省情形更不及四川,此文就川言川,非有意苛责我川人也。

就余之观察,川事整理,应从何处入手?兹特简单一述所见。除剿匪军事已叙述于前文外,余认为裁减军队,整饬民政,办理建设,必须先从财政公开整理着手,否则一切计划均无根据,且易起军民两方各种之猜疑,横生障碍也。余到蓉时,闻中央允以川省盐税为基金,发行公债七千万元,以四千四百万元按票面六折还清旧欠,以二千六百万元作为川军剿匪经费。又将地方银行发行之钞票元角两种约三千万元,由中央银行分年收回,而以地方银行所余现金若干及川省每年税收若干分还中央银行。一了旧欠,一了旧钞,主张极是,而办法似未尽彻底。已成之事,不必多言,且不彻底之点,施行时当局者必有以补救,亦勿庸多言。余所注意者,不在已往,而在现在与将来;蒋先生曾明言以四川之财治理四川,早为四川地方当局与人民所共信,因为事实上中央军入川以来,一切通常临时各种费用,均系自备,未取诸川省,且军实犒赏诸费,毋宁川军转有所分润,大信已昭;川省财政全盘收支似已无隐蔽之必要。故余主张按湘鄂等省成例,合盘拿出,由中央当局与地方当局切实规定,成立一临时事实之概算,按此裁减军队,整饬民政,办理建设,由中央督饬于上,人民团体监察于下,则一切困难可立告解决。按川省财政情形之复杂,非一言可罄。以田赋一种而论,防区存在时,有照原额征至十倍以上者,全省平均亦约在八倍以上,有许多地方,征粮户册早已不存,只由县长按总数酌予分配,人民纳多纳少,极不平均;加以有所谓"滥粮"者(即田主逃亡或实在无法逼收者),按额摊派其他田主代缴,更奇者有所谓"伟粮"(即所谓伟人之田不缴粮者),亦摊由其他田主代缴;此种情形,必须改正,自不待言。微闻地方当局已着手概算,大约田赋为四千万元,(原额约为七百万元,连同各种附加平均将定为五倍半,已较从前略减矣。)盐税为一千五六百万元,统税为一千二百万元,连同烟酒肉税及契税等收入总数约为八千万元。支出方面总数,闻约九千六百万元;属于军费性质者约占十分之八以上,(系按裁减军队三分之一计算,中央当局有减为二分之一声明,川军约二百五十团,四十万人,战役屡经,早不足额,川人厌恶当兵,募集不易,只须空额免补,酌去老穉,裁减并非难事,早为公认事实,所较难安置者军官而已。)偿还债务本息者约占十分之一以上,作一切民政之用者不到十分之一,内闻建设费仅百余万已耳。不足之一千六百万元,闻将创办营业税,房屋税,或增加盐税,以资弥补。此项概算适当否另一问题,地方当局肯办一概算与中央当局商酌核定,实为最大之进步,川军将来之能否次第整理,必系于斯;余实极端赞成,并希望中央当局以对鄂赣等省负责任之态度对四川,将概算收支予以分项核定,加以增减,作为定案。按概算支出分别裁减军队,整饬民政,办理建设,则一省行政可立上轨道,财政公开基础奠定,一切浮言自可消减;为四川省政府当局计,为各军当局计,为人民计,皆宜趁此机会,假借中央当局之力,确定此先决问题。盖目前四川问题中其重要性莫有过于此者。余离川已过旬日,究竟此案已否提出,中央当局已否予以解决,殊念念不忘。至于四川各种建设问题,余亦有一确信之点,即最近期内,地方应合全力先建筑成渝铁路,中央应合全力先择重庆对岸适宜地点接通铁路至长沙,先将四川重要部分之交通基础确定,则其他建设事业自不难次第兴办,财力有限,勿庸多鹜少成也。

　　至于人材问题,四川人怕外省人到四川抢饭吃,实则四川饭碗假使都在范围内吃的话,外省人并不羡慕,勿庸拒绝,且外省人材亦甚少,确是人材,大家都抢,我们欢迎头二等人材到四川去,并非易事;但是凡是外省人便认为是人材,一律予以欢迎,我却反对。四川人的态度应欢迎外省人材,反对外省饭桶,只有材不材的问题,并无川不川的分别。中央当局颇思以川人治川,惟苦于不知川中各种人材为谁何?余曾进言于地方当局,促其搜罗介绍,以备中央之考察,颇承谅解,不知已否进行。余以为假使地方当局只认为除其现在部下外,川省并无人材,勿庸广为搜罗,则所谓川人治川者,其意义不过如斯而已。余此次赴川,川中旧友期望于余者甚大,以为余必敢直言,无所顾忌;事实上余所进言者固不少,但未必能副友人之期许。余在四川大学讲演时,中有数言云:"余十九岁离川,五十二岁归来,好像一个嫁出三十四年之老姑娘,第一次回娘家;当家人都十分欢迎,但老姑娘地位说话是有限度的,不能使当家人过于讨厌,一讨厌说的话更无效了。"附记于此,希望我川中旧友十分原谅。

余与翁先生于十七日早十时乘福特机离成都,满拟过重庆不停午后四时左右直达汉口,或随平粤邮航(一星期二次)或由平汉铁路北上,翁先生为赶应二十二日清华辅仁两大学毕业式之讲演,余则忙于回平津料理私事。乃起飞后,天气立时恶化风云弥满,咫尺不能见物,机师迷途,至十二时许始隐约得见合川,(飞程不经合川,预定一小时半可飞过重庆)幸得随江缓飞,过重庆珊瑚坝机场欲停不得,强勉降落于重庆对岸约六十里之广阳坝军用机场,震动有声。(三架发动机似因此损坏其一,当时不知。)外国机师 Aramo 君下机时口称危险之至,立予余等拍一照为纪念,状殊可笑。在军用机场办公处停留一夜,颇承优待,然余已大为蚊子臭虫所窘,通夜未眠,盖分配余之小卧室,不通空气,与余对床而眠之军官又嗜读,深夜燃灯,余惟有在账中睁眼表示敬意而已。翌日晨天气仍不佳,大雨如注,机师等踌躇行止不决,翁先生云何妨高飞过峡,Aramo 君颇有冒险赞成之意,中国机师田孙两先生不以为然,孙君且言余等本无要事,何必如此,议论至十一时半,始决定暂留,余遂主张赴渝以待,约定机师等天气好时移机到珊瑚坝就近相告,午后一时遂同翁先生及同行之门炳岳先生同乘小火轮而去,抵渝已四时半,轮中殊拥挤不堪。渝中友人是日已探知余等之机落在广阳坝,康心如昆仲特驾小轮来迓,左于途中,航务局长何北衡先生在岸相待,并临时召集讲演会,引导余与翁先生于六时赴民生公司会场讲演,并为余等觅定下榻处于川康银行协理周季悔先生家,周为孝怀先生之侄,新婚回渝,其新夫人为杨晳子先生之姪女,翁先生长清华大学时早认识之,又与余女儿元俊相知,故有宾主如归之乐。十九日天气如故,不能飞行,二十日稍转,福特机已移动珊瑚坝,然损坏之发动机,于移机时发现,正加修理,又不得成行,余等遂变计改订二十一日之邮航机,二十一日天气又变恶劣,邮航机竟未到,福特机修理亦未完,同行之门先生拂晓即在机场相待,余等遇诸途,忿然已决定买轮于是夜起程赴汉矣。二十二日晨云雾弥漫,询知邮航机停宜未到,余等亦遂决定变计买轮,乃二三日内竟无开行者,懊恼之至,至十一时机场忽来电话云,福特机决定即开速来,余与翁先生喜出望外,即刻驱车登机,然天气甚坏,风雨载途,周夫人送余等在门前作别时,相语曰:"回头再见。"机场中国航空公司之执事人亦云恐马上要回来,三峡通不过也。然十二时起飞后 Aramo 君竟高飞一万二千尺,一如翁先生之指示,越航而过,在四顾茫茫不见天日中飞行三小时半,乃逐渐降低,方以为得计,不料机师又迷途,不知汉口在何方,惶惶觅路多时,机师时刻回顾油表,至六时二十分左右,汽油已只剩六七十加伦;(此机每小时飞行用油六十五加伦)正惶惑中,Aramo 君忽离坐而入,笑颜相告云:"二十分左右便到汉口矣。"果于六时四十余分望见城镇,均以为汉口无疑,横渡大江,忽见一塔巍然,不似汉埠,熟省之乃安庆也。大雨中昏暗中安然降落,时为六时五十分,汽油只剩四十五加伦,不足飞行一小时之用矣。机场积水,步行为难,且去城十余里,荒野中无代步之具,乃向省府借汽车,汽车到又陷泥中,进退不可,只得再向省府借车,停于场外,余等无法步行出场,翁先生出主意,临时撤守场人铺床木板,次第接垫,跬步而行,至旅馆时已九时半矣。省府刘主席王秘书长马厅长即时来访,余是夜又为蚊子臭虫所窘。翌早刘主席宴余等于省府中,因预定十一时起程也。乃大雨不止,机师已宣告停飞,余等亦改订是夜江华轮赴京北上,在宴坐中忽闻空中有邮航机轧轧作声,通过安庆,Aramo 君色动,去即赴机场一看情形,一时许电告,可以试飞,余等赶赴机场,于大雨倾盆中,毅然飞出,四时半便抵南京,余遂即夜北上。归途飞行虽不顺利,然翁先生与余因之得着空行经验不少;可惜由蓉同行之门先生未尝着后半程滋味,由渝同行之戴先生未尝着前半程滋味也。

三月中游青岛,六月中游成渝,厚扰公私各方朋友,在此致谢,恕不另柬。(六月三十日)

黔东巡视纪要(一)

《大公报》(重庆)1942 年 4 月 29 日

省府议定,本年春季,本府同人应分别巡视各县,余分担黔东十二县,于三月十六日出发,四月二十二日回省。因念余不克亲到之县尚有六七余,未得与当地各界人士握手晤叙,不无怅怅,尤其余庆、锦屏、丹寨等县曾公推代表,途中相邀,亦未如其请,更觉歉然。乃将十二县中观察要点,摘要叙述,请报馆刊布,期于未到各县人士藉作参考,已到各县人士得以备忘,或不无多少裨益。

第一节　综合观察

余之此行,并未敢预期黔东各县县政均能满意,亦不敢预期社会各方面状况均达上乘。不过在贵州实行新县制已届第二期,抗战将满第五年,亟须使贵州地方行政奠定新基础,社会状况开辟新境界。故余所注意者两大端：一为县政是否已入法治轨道？二为社会是否已入动员阶段？换言之，即希望贵州不再有以个人见解，行特殊政治之县长存在；不再有以枪杆土劣为背景之区乡镇保人员存在；更不得再有以烟、赌、哥老、迷信为日常生活之社会风气存在。故在各县所指示者，一为公务员应谙习法律，一切以法令为标准，不得各以地方特殊事实为藉口，任意施政，应以事实将就法令，不得以法令将就事实。一为官民应全体动员，一切以动作为准绳，不得再有消沉宴安现象，凡有防动作之烟赌哥老迷信等恶习惯，必须革新。抗战时之国家，绝对不要一个不作事之官吏，不要一个不作事之人民。今此行结束，就所见所闻，可稍自慰者，即一般县政及社会情形，显非二十七八年中余出巡时可比，此自为抗战力量所逼进，有不期然而然者，非人力也。观察所得之重要各点，有满人意者，亦有不满人意者，先就不满人意者言：

（一）法令研究之精神仍不足：县政人员对于新颁法令，多未谙习，以个人见解任意施政之恶习尚未尽除，乡镇更无论矣。新县制组织之精神亦有未尽领悟者，例如新县制中秘书之设置，等于副县长，非仅管理公私文书，实为各科室之首长，指导员之设置，为县府联系乡镇，推动庶政脉络之所在，各县往往有以秘书为办理文书职员，指导员为无固定任务之闲散职员，轻视其人选，忽略其责任，各科室亦不与秘书指导员等取联络，县长意旨，亦不尽告之。有人选不当者，有额敷不足者，有调办他事者，有不常下乡者，有即下乡亦不能有所指示纠正及督促者，如此情形，乡镇基层政治如何能督饬健全而收指臂之效？户籍为新县制中要政，有若干县并未设专任户籍人员，其他人员设置，亦有不齐全或兼任者，县政之根本法令既未领悟其精神所在，其他法令自亦少加深切研究，如何能向乡镇解释指示？法治精神自难期贯彻。余以为县府对于县政所关每一法令，县长必须召集科秘指导员等干部切实研究，达到能以口头向乡镇长解释指示，则县政推行方能达到法治目的。

（二）乡镇行政推动之力量亦不够。新县制之精神，基层政治已移转到乡镇阶段，乡镇人选经过办理训练及不准以恶劣背景为选择条件后，一般确已较前进步，但地方人材有限，可满意之人选，仍十难得二三，不过积极作恶之人不多见耳。以言推动庶政，相差甚远。县府与乡镇之联系，向分两种方式，一为承转式，承命转达而已；一为督饬式，承转外再加督饬。现在各县府已多由第一方式转入第二方式，然余考察实况，认为即此仍嫌不足，仅加督饬，推动力量殊不够也。余在各县指出一参与方式，即各县府应参与各乡镇重要行政，作为主动之一，为之提议，为之设计，庶可进一步帮助其推动，因之县长，各科长，指导员督学等，必须随时下乡，明瞭各乡村情形，某乡、某镇，何项要政未得推动，或推动不力不善状况，一一瞭然，方能着手。现在各县县长已少闭门施政之事，县内乡镇未经县长到过者已少，科长阶级下乡者较少，指导员等下乡者亦不勤，余所希望之参与方式，颇难办到。余以为今后县长每年中必须普遍巡视乡镇一次，科长每年中必须普遍到乡镇巡视主管事务二次，指导员一月中必须半月在乡，督学则应依照规定四分之三时间在乡镇视察也。余在各县询及下乡事，往往答复为有事随时下乡之语，意谓无事时何必多此举动，不知现在政治是积极的，不是消极的，是找事做，不是等事做，从前以视察为消极行动，意在除弊，故有事时下乡，现在以视察为积极行动，意在兴利，故无事时亦须下乡找事也。县府与乡镇发生密切联系为新县制精神所在，各县均须努力于此。

（三）人事之部署未健全。地方人材太少，各县均以此为苦，尤其交通不便县份，若干县长因找人之难，往往为面子起见，喜选用过去有资格者以为装饰，大抵曾任县长科长区长联络主任等文职者为一类，曾任营长连长排长等武职者为一类，此举若为未染习气当有事业心者，未尝不是一法，无如有若干均已精神萎靡，或习染过深，不知道新法令为何物者，若以之充选，积极消极方面，均将为县政上一大障碍,选用乡镇长在现在若尚重视背景,为害之大更无论矣。余以为在现在任县长者可勿庸重视旧资格,佐治人员,乡镇人员,无合格人选时,毋宁以初中高小毕业之聪颖忠实青年,文理通顺有事业心者,予以训练选用,较为合宜,须知在现时为政,凡须使用人才,必须自行训练,不可徒叹无人,否则将永无合用之人矣。现十二县中用人,其中不无有于新县制精神不合之情形存在,全省各县中,恐亦不免,故特举出之。行新政,用新人非为排斥旧人,而是否为能革除旧习染,创造新精神者,则选用时不能不特别在意也。

(四)自动及有恒之努力不足:县政千头万绪,不能一一均须随时由省府指示推动,且地方行政绝无可计日成功者,更不能一曝十寒,例如造林筑路,各县必须于农闲时或冬季中自动准备,更必须年年如此,乃查十二县中庶政,能自动而又能继续办理者,并不多见,尤其保甲要政,非时刻继续注意不可者,大都久而生有。余认为一般县政不能怠确实基础者,其症结即在此,希望各县县长注意及之。凡应办庶政,有省府命令推动者,固须加紧,无命令者亦须自动推进,且须持之以久,好逸恶劳,人所难免,然非所忘于司民社之实者。

再就满意者言之:

(一)县政之气象改观。十二县中无论任何县县府官吏已无以卧治鸣高者,虽进度不同,而均不以安常习故为满足,且一切行政,经去岁县政会议之检讨,均已一般化,曾经指出之通常县政及非常县政各要点,各县均能重视,按照实施,只有大同小异之处绝无标奇立异之感,十二县中衙署,除龙里外均加以修身,县长脑筋一新,已无官不修术之旧思想。县府均设有总办公处,会集办公,从前各自分房闭户,执行公务,不相联系之旧习惯,已全然革除,人民对于县府之信用有增,十二县中并未发现营私舞弊之大案件。新县制之实施于贵州如何?颇有怀疑者,经余考查,并无困难,区署一级废除后，县政运用实较前为简捷，尾大不掉之弊可除，指臂相使之效已见。财政可藉以整理，教育建设可藉以开发，县长能领会新县制之精神健全其运用者，见效尤速，故余认新县制法令实为安定全国县政一般基础之宪章，较之从前县制简陋纷歧，省自为政，县自为政者，相差何止千里？在贵州实施以来，各县并未发生丝毫困难，余深引以为幸。切盼各县长切实研究，领悟其精神，健全其运用，三五年后，贵州县政基础必可大定，故就县政一般说，不能不谓之气象改观。

（二）社会之风气改进。十二县中普遍的风气改进，最显著者，一为戒烟，一为兴学，余经过城乡不少，从未发现吸烟觉烟气味，严刑惩治烟犯不少，亦从未闻有人叹息可怜者，检阅乡镇自卫队壮丁队约四万人，亦未发见有烟容者，认□洋烟为毒物，已普遍深入，风气因之转移，余敢断定新染烟癖者，现已绝无其人。至兴学之风，其热烈更出人意料之外。盖余初虑新县制规定每乡镇设中心学校一所，每保设国民学校一所，在贵州各县之人力财力是否可如期办到，不无问题者，不料兴学热烈风气，已触及苗村，苗胞热忱几超越汉人。鑪山境内，两苗保今年只能合设一校者，苗胞竟公议每瓦一槽匀出一二片，每树一排匀出一二根，捐建学校，使两保得同时成立两校，互相比赛。玉屏境内各保竟有土木两工自请义务工作若干日建校者，玉屏在本年内竟达到每保一校标准。余严讯问乡镇长在其境内有无把握办到每保一校者？皆毫无迟疑的答复：确有把握，且多云只愁无师，不愁无款，故任何县均在开办或将开办简师班，各保国民学校苗胞子弟均欣然加入，有苗胞地点之学校，必有苗胞子弟入学，有将及半数者，至少亦达什一以上，全用国语，毫无障碍，此真贵州之大好现象，国民学校能如数如期完成，新县制最重要之精神贯彻矣。至于初中学校，几乎每县均热心建立，清查庙产公产作建学基金，从前最难办者，现在几乎一致流行，各县士绅亦未有不热心赞成者，贵州各县环境能达到戒烟兴学成为一时风气,民族可望心身两健,其进步自可计日以待,受抗战力量之逼进,致风气不变不亦伟大哉!

黔东巡视纪要(二)

《大公报》(重庆)1942 年 4 月 30 日

(三)汉苗界限之日泯。东路各县每苦汉苗混杂难治,现在风气已日益转变,天柱玉屏向多侗家者,近日保甲表册已一律自填为汉人,社会人士均对人称本县全为汉人无苗族。鑪山黄平两县汉苗通婚者日多,已有汉族女子嫁给苗族男子者,加以各保国民学校汉苗子弟之混合受教,绝无歧视者,乡镇保长之为苗胞者已有自动嘱其妇女改汉装示范者,种种消灭界限之状况,均为余所亲睹亲闻,为之欢欣不已。余因公开普告有苗汉杂居地点之乡镇保长及人民:(一)对于杂居之汉人不可听其欺侮苗民,乡镇保长应予注意取缔。(二)苗汉通婚者,乡镇保长应为之读婚以资提倡。余相信国民教育普及,苗汉界限必可完全消除,此实国家地方之福,即以现在融和情形论,所谓"苗变"、"苗叛"等地方习用熟语,固已成为历史上过去名词,从前汉苗混合难治之说,更不成为研讨之问题矣。

(四)土劣之势力日衰。各地方公正明达之士绅已出现不少,从前地方行政之进行,往往有为土劣所障碍者,现在此项障碍日益减少,地方人民开明者亦日多,所有土劣因袭故智,不时造出之煽动谣言,已不为人民所轻信,凡政府举办一事,地方人士大都从好的方面先行观察,能备用政府予以帮助,清江河匪首肃清后,土劣思想亦根本变迁,认为大时代之到来,恶势力已不能悻存,颇有若干改过迁善之趋势,余□告各县长,只要守得住法治精神,一面不妄动,一面不迁就,沉着从事,自可不必再以恶势力为条件,选用乡镇保长,庶政必可推行无阻矣。

以上系综合重要各点而论,大致十二县情形,镇远玉屏贵定施秉四县为已上轨道,铜仁黄平三穗平越四县为渐近轨道,龙里麻江天柱镏山四县为正向轨道方面进行中。

第二节　分别观察

次就各项重要行政,分别述要,所有一般与个别优点缺点,及余所指示者,分述于下:

一、关于新县制者

一般优点:

甲、各县改制工作,均按规定如期实施,各级机构及人员亦均照规定设置。

乙、县府职员均集中办公,办公厅应有之器具号牌签到簿等设备,均颇完善。

丙、县府房屋均经修缮,无残破不堪者。

丁、各县工作,确在进步途中。

一般缺点:

甲、秘书职务,各县多未能运用得法,人选亦多未达到适当标准。

乙、县指导员一般学识较差,县府亦未善加利用,且多视同闲散,饬办杂务者。

丙、县府人员对法令多未切实研究,各科室间联系亦甚少。

丁、县与乡镇联系不甚密切,各级职员甚少下乡,亦无计划。

戊、乡镇干部,多数不健全。

己、各县仍多以法令将就事实者。

庚、各县警佐人选,多不健全,警士绝少训练,不识字者甚多。

辛、省派警佐有□□多日,迄未到职者。

个别优点:

甲、镇远玉屏贵定等县佐治人员能力学识均较整齐。

乙、龙里镇远警察办理较有成绩。

个别缺点:

甲、鑪山科秘人员多乏行政经验,精神亦欠振奋。

乙、鑪山天柱麻江乡镇人员素质多差,旧习未除。

丙、麻江指导员留县办理人事及动员业务,甚少下乡机会。

丁、黄平贵定三穗警察主管人员精神萎靡,工作最无成效。

戊、铜仁麻江警察不识字者占半数以上。

己、平越警士多由县派服杂务,无法实施训练及执行本职。

指示事项:

甲、新县制实质,要一般标准化,县府各级人员,应注重研究法令,以事实将就法令,不能以法令将就事实,以期走上法治轨道。

乙、新县制之秘书等于副县长,应安慎遴选运用,期能分层负责。

丙、新县制实施后,将区一级裁撤,(因特别需要设置者应为过渡性质)乡镇与县府之联系全待县指导员,应善加利用,各科室业务指导员均须明瞭,方能尽职。

丁、县长必须每年週巡各乡镇一次,主管科长每半年必须到各乡镇视察一次,县指导员每月须有半数时间在乡。

戊、乡镇干部力求健全,县政工作,应以乡镇为中心。

己、现时县政工作方式,旧日的"承转式"固属不合,即"督伤式",亦难尽其能事,必须采取"参与式",参加乡镇工作。

庚、新县制设警察机构,性质工作均与保警队不同,须明瞭设警意义,提高警察素质(须能识字),警察干部必须遴用具有警察学□人员充任。

二、关于保甲者

一般优点：

甲、各县府均已增设专办户籍人员，制备各种户口调查表，及统计表等全份，并调专室保管。

乙、乡镇或县保普设户籍干事或户籍员，各种户口表册大致齐全。

丙、保办公处多数已抄存户口调查表底册，并已制备户口异动版。

丁、各户尚能悬挂门牌，人口亦少漏落，可调保甲户口已具形式。

一般缺点：

甲、各县乡镇区域及保甲尚有未查酌自然形势，街道路线及户口分布情形，妥予调划。

乙、保甲编组尚未尽依十进制原则办理。

丙、一门内分居数家而不同□者，应以数户计，而误以一户为正户，他户为附户。

丁、凡在本县区内居住已满六个月之居户，不论居住久暂，及有无久住意思，应编为普通户，而误编为临时户。

戊、各级编查大员对于整理川黔两省各县保甲方案附表填注例，未能详晰了解，致查填户口调查表，颇多错误。

（一）凡户长以外之人口，如父母姊妹兄弟子孙及其配偶等，多未依次填入亲属格内，兼注明称谓，其亲友人等同居者，多未注明关系，且有妾未列同居格，误填亲属格内者。

（二）姓名栏不填写姓名，有填写错误，或用别名绰号乳名者。

（三）年龄及出生年月日栏，岁数颇有出入，"年""月""日"上间有漏填。

（四）籍贯栏内，外省者未兼注省县名。

（五）居住年数，间有漏不查填。

(六)"职业"栏内多未注明行业及职务。

(七)"他住"者未将他住地点及事由在附记栏内注明。

(八)户长亲属同居等与合计人口间有未符。

(九)门牌亲属格内,尚有未将户长一人减余者。

己、公共处所寄宿现居人口,尚有未印制调查表,并予调查者。

庚、县乡镇保各种同性质户口统计表,间有未尽符合。

辛、公共处所门牌并未就普通户门牌将户长栏贴填"主管人"等字样。

壬、尚未切实办理户口异动登记,并逐级按月呈报。

癸、对于保甲,未善予应用。

个别优点:

甲、贵定各种户口调查表装订成册,颇为整齐。

乙、施秉各保户口调查表,均用动漆夹板保护,板面书名户口统计提要,背面划就保甲编查册式,查填户长姓名,并特制户籍柜,颇便存放。

个别缺点:

甲、施秉司法处审判官杨□□,不受保甲编组,特在住宅门首书贴审判官□□字样,以示特别,殊为不合。

乙、麻江对于居住已满六月以上之户,尚编为临时户,与普通户合编,致有超过十五户而至二十二户者。

指示事项:

甲、整理保甲,应作为经常工作,除县城应每月派员抽查二三次外,凡县府职员下乡时,均应责成附带抽查保甲数户,错课者即予纠正,使保甲住户,均知保甲重要,养成呈报户口习惯,各县民政科长应编《抽查保甲须知》一种,先与全体职员讲解,此事应由各县府自行规定为例行公事,认真办理。

乙、户口异动登记为整理保甲后之赓续工作,各保办公处必须设置户口异动版,并认真检查其登记情形,县府必须每月检查一次。

丙、保甲业务，不求运用，实嫌乾燥无味，各科处理事务，时时以保甲册表为依据，必能发生兴趣。如男女性比例之强弱，年龄分组之多少，学龄学窟数目之比较，莠民之查考等，均可由户口统计□译求得，随时随手将保甲册灵活运用，保甲确实程度，自无形增加。

丁、各县保甲抽查后，所指出错课之点，应自行更正。

三、关于财政者

一般优点：

甲、多能注重计政。

乙、无法令及预算以外之捐税收支。

丙、上年度收支相抵，均有结余。

一般缺点：

甲、食□在城区虽能保持正常状态，乡间抬价走私所在多有，又以□价增涨，民食紧缩及资金不敷周转，领销多未足额。

乙、捐税标征制度仍盛行，无完全自征之县。

丙、斗息捐类多超越百分二之规定。

丁、公产保管登记均欠翔实，租佃约据均嫌陈久，不合现实。

戊、会计室与财政科联系均欠密切。

个别优点：

甲、镇远合作社经销食应具有条理。

乙、玉屏镇远清理公产办法尚周密。

丙、玉屏县属机关能按月□□报销。

个别缺点：

甲、铜仁食□资金□乏，仅敷月额半数之需，有商股民股加价作股纷纠。

乙、鑪山合作社办理仓监室主任有走私情□。

丙、三穗麻江平越水碾捐征收实物。

丁、镥山学田租亦属标包,城内镇公所代征斗息□,月缴定额,近于包收。

戊、麻江公房租亦属标包。

己、玉山平越公田租约,尚有折收银钱约据。

指示事项:

甲、食□为本省当前最大问题,省府正指定人员研商妥当有效办法,各县可就现行办法,自加整顿。

乙、标征为先进国家所无,现行新县制成立征收处,捐税标征制应逐渐取消。

丙、清理公产,废止标征,均应破除情面,持以毅力,无稍自馁。

丁、捐税如由乡镇代征,应定稽□办法,切忌流入变相包征。

黔东巡视纪要(三)

《大公报》(重庆)1942 年 5 月 1 日

四、关于教育者

一般优点:

甲、各县民众对于募捐修建国民学校校舍均具热诚。

乙、多数县份设校数目已达到规定标准。

丙、各县均已拟具国民教育实施计划。

丁、各县对于公有款产皆能着手清理。

一般缺点:

甲、各县县政府对于教育法令之推行多采取呈转式而未积极的督导及参与。

乙、主管人员不熟悉法令。

丙、国民学校设备简陋未能达到最低标准。

丁、民教部设置者甚少。

戊、县督学驻科时间太长,且均视如科员,未专办教育视导。

己、各县学校多于一月中旬放假,三月中旬上课,寒假期间过长。

庚、学龄儿童之调查,均不精确。

辛、各县送省立师训所学员均未能足额。

壬、民教馆主管人员,多未受专业训练,其工作大多失于空洞,且无纪录。

癸、民教馆设备均甚简陋。

个别优点:

甲、黄平县中,训管有方,学生劳动服务成绩较著。

乙、鑪黄等县修建校,有舍自动瓦毕抽瓦,树林抽木,办法颇佳。

丙、玉屏县各校设置民教部才甚多,学生缺席一日罚国币十元,苗生情形亦佳。

丁、玉屏鑪山平越等县民教馆办理较善。

戊、天柱县师资待遇较优(中心学校七五—六〇元,国民学校六五元)。

己、黄平平越城区中心学校办理较善。

庚、玉屏平越二县初中师资较佳。

个别缺点:

甲、龙里县简师班设在私立应钦中学者办理不善。

乙、鑪山县督学一职,虚悬甚久。

丙、施秉县民教馆地址狭小,工作无表现,人事亦应调整。

丁、麻江平越二县,国民教育经费,均不及教育经费百分之六十。

戊、麻江县民教馆馆舍未成,暂设城楼上,设备最差,工作亦乏成绩。

己、玉屏铜仁施秉平越四县民教馆皆无体育场设备。

指示事项：

甲、国民教育之重要，已为一般民众所认识，应把握时机，努力推进。

乙、民教馆为一县文化观瞻所系，尽力求充实。

丙、县督学应尽量赴各校视检，参与工作，教育科长每年须视察各乡镇学校二次。

丁、各校应设置民教部，民教实施，可利用征工军训及场窠等机会，施以机会教育。

戊、国民教育经费，下年度须设法求达规定标准。

五、关于建设者

一般优点：

甲、多数县份拟有修筑县区乡镇通计划。

一般缺点：

甲、保甲通乡镇道路尚未能通盘筹划。

乙、抗战建国纪念林地点，多嫌偏僻或穷远，失示范意义。

丙、三十年度垦荒，仅据文字报告，未加复查。

丁、龙骨车推行，未能普遍。

戊、镇远以东各县造林偏于植桐。

个别优点：

甲、贵定、麻江、平越春季修筑县道乡道有成绩。

乙、玉屏拆宽城内街道有成绩。

丙、镫山三穗境内公路植树较优。

丁、贵定平越抗建纪念林地点适宜，植树亦佳。

戊、镇远抗建纪念林面积最大，且已安佃保管。

己、龙里七里冲垦荒有成绩。

庚、玉屏制发龙骨车十六架，令各乡试用推广颇得嘉许。

辛、平越苗圃甚好。

个别缺点：

甲、置筑麻江境内公路植树不见成绩。

乙、麻江现在尚无苗圃（原有苗圃于二十八年为通校用）。

丙、天柱鑪山及铜仁建设科人事欠健全。

指示事项：

甲、甲通保，保通乡镇，乡镇通县城道路，有如行政系统，应通盘筹划修筑，能利用车辆（牛车鸡公车）地方，设备提倡试用，以节人力。

乙、道路植树必拘于间隔距离，亦不必限于路面，因地制宜，务期成活，尤须有路必有树。

丙、龙骨车普遍提倡制用。

丁、垦荒造产须注意复查，继续耕作。

六、关于保安者

一般优点：

甲、各县治安，大体良好，绝少股匪窜扰盘踞事实。

一般缺点：

甲、各县散匪多未肃清，匪奸胜民检举，多未认真实施。

乙、民枪登记，办理多未彻底，抽查及异动登记未办。

丙、各县乡镇均设自卫班队，壮丁名额及食米摊筹，县府多未加统筹限制，亦未注意抽点，流弊颇多。

丁、保警队训练机会甚少，纪律多欠声明。

个别优点：

甲、玉屏已办理奸莠民检举。

乙、施秉壮丁训练颇著成绩。

个别缺点：

甲、平越民枪登记，三十年度办理结束至今尚未统计，烙印给照未办。

乙、天柱保警队干部纪律最差。

批示事项：

甲、乡镇自卫班名额及食米，县府应就他方需要，予以统筹，平时并应点验。

乙、民枪登记后，应随及指定区域，举行抽查，未登记者，依法没收，已登记者予以保障，自可收自行请求登记之效。

丙、匪奸莠民之检举，可采取秘密询问方式，自行记载。

丁、对于检查烟酒等案，必须官长率领施行，不可听任士兵办理。

七、关于卫生者

一般优点：

甲、各县卫生院对于防疫工作均能注意，接种牛痘霍乱注射人颇多。

乙、各县卫生院之医疗工作已能引起民众注意。

丙、各地方除恶疾皮肤病沙眼外，并无特殊流传病症，药材易于准备。

一般缺点：

甲、各县卫生院对于环境卫生皆未能努力改善。

乙、巡回治疗多未定期举行。

丙、各县皆无公共厕所设备。

丁、各县卫生院对于医药管理工作，实行登记者甚少。

戊、各县卫生院皆无产床设备，普通病床亦仅有床而无被褥等设备。

己、各县卫生院人员多不足额，机构亦欠健全。

个别优点：

甲、镇远县卫生院办理较善。

乙、玉屏县卫生院对钦用水井管理，办理颇善。

个别缺点：

甲、麻江县卫生院设在南门城楼有三年之久,地址不宜,房屋狭小。

乙、玉屏县卫生院门诊定价太高。

丙、龙里施秉玉屏平越等县卫生院皆无病床设备。

指示事项:

甲、烟民调验工作,关系禁政甚巨,应饬卫生院慎重从事。

乙、环境非卫生院所能单独举办,各县警察所,应尽力商同卫生院办理。

丙、巡回治疗应定期举行。

丁、医疗工作应谨慎从事,获取民间信仰。

黔东巡视纪要(四)

《大公报》(重庆),1942.年5月2日

八、关于合作者

一般优点:

甲、合作事业之利益,已在民间有普遍之认识。

一般缺点:

甲、旧有信用合作社之清算及乡镇保社之组设,各县进行,均甚迟缓。

乙、合作室职员从事变动甚大,且有无人负责者。

丙、视导员下乡多不足规定数。

丁、合作教育,均少注意。

戊、合作社职员多不健全,每多挪用贷款事情。

己、合作金库之贷放中国银行所管理者限制稍宽,尚称便利,

余均过刻,事业陷入消极状况。

个别优点:

甲、镇远合作组织及业务最为发达(经营食盐及日用品等供应业务)。

乙、天柱合作室职员工作勤奋,各社信用亦佳,无过期未还者。

个别缺点:

甲、麻江合作室主任离职至今尚无人接替,工作陷于停顿。

乙、玉屏信社贷款过期未还者达万余元。

丙、镛山合作室办理食盐舞弊,主任在逃。

指示事项:

甲、新县制实施后,乡镇保社改组工作,须从速完成。

乙、各社贷款过期未还者,县府应认真追还,以养成民间信用观念。

丙、社员教育应注重。

九、关于粮政者

一般优点:

甲、各县征购军粮,除天柱镛山两县外,均已在八成以上。

乙、各县军粮及田赋仓库大部修建完成。

一般缺点:

甲、各县征购军粮,多采逐级摊派方式,粮户零星,颇嫌烦扰。

乙、粮款发给粮户,有由乡保人员转发,致有握存扣发情弊。

丙、各县征购军粮,因循观望,致未把握时间,赶办完竣。

丁、各县军粮改收糙米,增配之数多未购足。

戊、各县军粮田赋稻谷限于规定运费,尚未能运送集中指定地点。

己、民有余粮登记,尚未见确实。

庚、禁酒有未切实执行者。

辛、积谷亦未清理并筹办足额。

个别优点:

甲、镇远玉屏铜仁三县军粮承购足额。

乙、天柱田赋征实仓库足敷应用，且能节用修建费。

个别缺点：

甲、三种收购军粮，所用秤称，曾有纠纷情形。

乙、鑪山发给粮户价款，经由乡保人员转发，发生折扣事情，又因运送地点不便，尚未征购足额。

丙、天柱建仓发款及收征粮户零星迟滞，现只收到三分之一。

丁、麻江通信兵学校合作社饮食部，有宴客饮酒事情。

指示事项：

甲、本省配购军粮，中央特准：（一）照市价，（二）免搭粮食库券，（三）一次发款，有相待甚优，故中央早已认定本省配购粮额，均已颗粒存仓，各县不可稍有疏忽，且本年办理如不足数，下年更将发生困难，应加紧催收，不得短少颗粒。

乙、运费问题已由省府送电主管部请求增加，不可以此为理由，延误　购运。

十、关于田赋者

一般优点：

甲、各县田赋管理处副处长尚能称职，内部组织亦较健全。

乙、各县征收田赋实物成绩，除铜仁一县因桐山所产柚油价格低于稻谷关系，未能一律予以比较我，均已达到九成以上。

一般缺点：

甲、各县征收田赋实物，尚未到达足额地步。

乙、土地复查尚未发动，鼓励检举及复查隐匿田土事项。

丙、管业执照尚未查运发放业户收执，以维产权。

丁、土地推收案件较少。

个别优点：

甲、三种征收田赋实物，已达九成七。

乙、施秉田赋已征九成五。

个别缺点：

甲、铜仁桐山地区田赋尚未征起。

指示事项：

甲、征实为抗战时期必办之事，本年征收如不足额，下年度办理必多困难，且七成以上之实物，准由本县留用，如不足额，县政亦受影响。

乙、土地复查，为求赋税公平，人民纳粮额多于田亩者，准予声请复查，然田地多于粮额者，亦应检举补正，各县办理复查，应由双方面注意，求得真正公平。

十一、关于军法案件者

一般优点：

甲、军法案件积压经年者尚少。

乙、对于看守所内部之卫生均能注意及之。

丙、尚无非法滥押人犯事情。

一般缺点：

甲、对于走戒烟犯，期满调验多不切实办理。

乙、初吸鸦片案件，多不能随到随结。

丙、卷宗凌乱多不照规定编订。

丁、依限讯结多不能切实做到。

戊、禁烟案件颇少，可见办理不甚认真。

个别优点：

甲、天柱案件均能完全审结。

乙、贵定平越两县人犯在监工作颇为难得。

丙、麻江监所建筑规模颇大，为各县所未有。

丁、麻江押犯最少。

戊、平越监所有教诲室。

个别缺点：

甲、麻江平越用刑讯。

乙、黄平押犯最多监所亦坏。

丙、鱸山积压经年案件较多,烟案处理多不照规定。

指示事项:

甲、军法案件须遵照绥署颁布之审限审结。

乙、初吸鸦片及违禁酿酒等案件,须随到随结,对于走戒烟犯期满调验,须认真办理。

丙、卷宗须依照规定整理。

丁、对于设所售吸,复吸鸦片,以及违禁酿酒案件,须随时检举,依法严厉执行。

戊、监所破坏,应随时募款修理,余在黄平曾嘱县长以余名义募捐修监,立得五万元,足见地方并非无热心慈善者。

十二、关于训练者

一般优点:

甲、各县对于调省受训人员均能遵令调送,旅膳费亦能遵照规定开支。乙、受训毕业人员,大部分均能任用。

一般缺点:

甲、各县县训所调训人员多不能按期到齐。

乙、各县县训所保干班人数,多不符规定。

个别优点:

甲、龙里铜仁平越等县县训所办理较善。

乙、施秉县训所特殊注重学员实习。

个别缺点:

甲、鱸山县乡镇长什九未受训,保干部中亦有三分之一未受训,已受训毕业者有四十一人未任用。

指示事项:

甲、公务员之遴选与进修除训练外别无良法,现在已受训者为试用,未受训者必不用,为一贯政策。

乙、乡镇保各级干部在调训以前,须严格甄审,考　选人员,亦须先加调查,以求训后能用。

丙、平时注重调查全县人材,合选者劝令受训,惜各县于办理训练时多未注意及此。

丁、乡镇长资格不可拘于旧日资格,(如曾任区长联保主任或退伍军人等)应求有事业心,能粗通文字,比较青年之人为宜。

附 言

(一)各县对于省府一般感觉不便者有两事:(甲)请示之答复往往欠明确。(乙)答复时日往往太迟缓,尤其关于有时间性之粮政事项,希望各厅处会切实注意。

(二)各地军民相处极安,颇少烦扰之事,其一般不免怨言者,惟砍伐树木一端耳。倘各地驻军(包括各地守库部队)官长能注意及此,柴火向乡镇长洽商取用能作柴火者为限,不必滥伐成材树木则民间必无话可说矣。绥靖署已屡奉军委会军政部禁止砍伐树木严令转知在案,盼望各驻军切实遵守。

国联指导下财政整理之旨趣及方案(一)

《国闻周报》第七卷第十九期,1930 年 5 月 19 日

此书直译应名为《国联指导下财政整理之旨趣及方案》,Principles and Methods of Financial Reconstruction Work Undertaken under the Auspices of the League of Nations. 其内容实为十年来请求国联协助,募集外债整理财政之经过报告。欧战前,财政紊乱国家,欲求助于外资,例以政治的或经济的权利,与一二强国为交换。欧战后,世界有识者,认为此种旧式方法,为国际上不祥之物,乃由国联机关,另辟一利用外资

整理财政之新途径。此书所述，皆其经过之事实。中国出版界，关于此类记载尚少，鄙人乃向国联职员某西友处觅得此书，托友分译，复自行校改而整理之。惜文事太多，暇时太少，自不能期其无误。仓促草率之处，不能免焉，读者谅之。前溪识。

目 录

tees)（七）借款条件之赞同（Approval of Loan Conditions）（八）特别委员会（Special Committee）（九）特别质询案（Special enquiries）（十）结论（Conclusion）

五、政治上之效果（Effect on political standing）

一、绪　论

　　本报告之目的,系叙述十年来曾经国联指导下财政整理之方案与其旨趣(按国联成立于一九一九年),而考察其间因事制宜之经过。报告中所论及者,只限于在欧洲六国所实行之九中整理方案,即一九二二年奥地利(Austria)因欲免其国内之解体,并阻止社会风潮之发生,乃请求国联之援助。三年后,遂将得有出入相抵平均之预算,并稳固之币制。后二年匈牙利亦陷于奥匈帝国财政恐慌之漩涡中,亦仿照奥国之例,在两年内亦得同样之效果。一九二三年希腊向国联提出稍异之问题,而求予以相当之援助,盖其时忽有一百五十万侨土人民,迁入国内,人数众多,以致政府无法支配。然在欧洲争执中,在奥地利危机之时,国联援助其财政一事,足以转移公众对于希腊问题之视线,注重及之。但解决希腊返国人民问题,其办法实更为困难,乃于五年后,即使大多数移民能安居乐业,对于希腊经济复兴诸事,殊大有裨益也。国联除为希腊政府办理移民工作外,又于一九二七年协助进行整理其财政事项。一九二六年至一九二八年保加利亚亦提出同样问题,后亦即仿效以上办法而行。虽其移民人数较希腊略少,但因国内政治及国外邦交之影响,处理则较为困难,乃其移民结果,竟与希腊相等。二年后,亦更向国联作第二步请求,容纳国联意见,整理其预算,稳固其币制焉。此六项计划即在奥地利匈牙利希腊及保加利亚实行,实为国联对于财政上之伟大工作。但借款中有两次成立之丹杰借款

(Danzig Loan)及埃思汤尼亚(Estonia)借款大部供建设事业及银行币制改良之用。其进行,亦皆受国联一九二六年之指导及援助,方克成功。种种方案,因其中所遇之情形不同,进行之方法自异。然由此可见其经过之大略也。以上各项整理方案,皆包含在国联指导下国联借款之中,计九项借款公债券,已早在各国发行。故国联财政上工作,对于多数国家财政上,实有莫大之影响,即对国际之联络,亦有重要之关系。因一国内财政不能就绪,必致影响于国外之联络也。一切均经银行界详细研究,所谓国联借款者,实可为世界的投资,作一模范,其发端及收效情形,当已为众所共知,但其一切旨趣及实行方法,尚未能为外界全然明瞭。因其原则不曾有专家予以公开研究,而实行方法,又多因种种纠纷之手续,而使之迷惑不明。故对于其工作,公众以为无关紧要,不甚注意。下述各文中,对于此项工作,如何完竣之问题,已有答复。至于其工作自身之任何叙述,如改良预算详情,中央银行之组织与职务,并整理金融专门方法之枝节问题等,除为明瞭其方法及其旨趣起见必须研究外,可不必多所论列。所有各项机关之能力及职务,与其效用及原委,均一一陈述。而对其工作成绩则从略。今姑设一经济的比喻,吾人所注意者,乃此项机械之构造以及其工作之方法,至于原料与制成品如何,则不涉及。至编辑方法,约有两种,一由历史上之观察,分别讨论,一照事实上之分析,整个研究,经审度情形之下,认为以第二种方法为宜。盖此种方法,较易明晰。假如因研究此问题,而发明某种相关连之宗旨,及一致之方法,则各种问题,均可解决。盖与国联未生关系以前,各种问题,本无一定之宗旨及方法也。按照以上简单说明,应于陈述国联内三机关即理事会、财政委员会、秘书处等工作之组织及方法之后,即先将各项财政问题,详加研究,然后试将某种原则分晰清楚,并考查以何种机关方能实行此种原则。最后对于各国政府与国联之关系,亦须详细考虑及之。

二、国联内永久机关

(1)理事会

理事会为国联最高机关,由法德英意日五国代表及每届由理事会选定之其它九国代表所合组。会员中如任何国政府,对于某种问题,有特殊兴趣时,亦可参加讨论。理事会系政治团体,每年四次会议之代表,皆由著名政治大员或外交部长充任。国联机关与国家制度本不相侔,但吾人如以国联大会拟立法及评议机关,则理事会之性质,颇与行政机关相仿。国联任何事项,理事会得协同大会,负责规定原则,及其事项,除在特殊规定下,须一致同意,方能予以实行。其聚会之方式,公开秘密均可。公开则当众代表之前讨论,秘密则由少数职员密议。至采用何种方式为宜,则在斟酌讨论事项之性质分别定之。公开会议之议案当然公布,秘密会议之议案,则保守秘密。公开会议之记录,亦当然立即将其全文公布,秘密会议之记录,则当审夺其环境之如何,而规定其公布之时机,可公布时,亦从简略。关于理事会之进行手续,在盟约中之第四项,有如此之规定,"如国联中会员,对于理事会中某种问题发生特殊兴趣时,该会员可参加代表讨论"。根于此项规定,如任何国政府愿自动加入国联,作理事会之讨论会员,可派遣代表来会,负进行各种工作之责。关于整理方案之任何草约,在理事会解释该项问题时,须经大多数之裁决。而一国政府亦有权请求理事会对于该项问题,详加讨论,或抗议曾经大多数通过之议案。关于专门的及政治的讨论,效果颇佳,从来尚无意见不合之处。至关于国联内财政事务之任何问题,理事会亦向未征询大多数之意见而裁决焉。

理事会负有处理一切事物之全责,故任何国政府,向理事会请求关于财政专门的协助,理事会即将其请求交财政委员会审查,并加以评论。理事会既为国联内最高机关,故财政委员会须将其审查及评论之结果,呈报理事会,由理事会按照合法手续核办。例如关于任何国政府之国际借款问题,其债务之草约,须经理事会核准,指定人员解决其纠纷。理事会并可聘请国联内职员,协同处理一切财政方案。至该职员之酬报及去留,亦由理事会规定之。

理事会之职责,至为重大。如国联内各机关筹备之任何财政专门工作,理事会可与以十四国政府同意之道义上的权威。十四国除五强国各占理事一席外,其它理事则由大会推选。故从广义上言之,不啻代表参加国联之五十五国。至关于详细计划及实行办法,则由财政委员会负其全责。

关于前述之规定,有曾经变通办理,特申述于下:奥国匈牙利及希腊之财政整理方案,虽由理事会直接负责,然因此三国所采用之方法,有关于急待解决之政治困难,故特设一副委员会,由英法意及其他对于该三国问题有关系之强国所组织。奥国之案,有关于捷克之问题,匈牙利之案,有关于罗马尼亚、塞尔维亚及捷克之问题。该副委员会举行秘密会议,非正式的讨论,解决该三国之整理方案,并因筹备而发生之任何政治问题,及其施行办法,并不呈报理事会。

理事会与财政顾问,分任此种整理财政工作办法,并不严苛。虽无显明规定,然在过去十年中,已实施之成案,即九件整理方案,均得庆成功。其原因有三:(一)理事会关于他人不能解决之重要政治问题,能自任其劳。(二)理事会可设特种委员会,自由面谈,解决一切困难,各故政府之歧见,可以设法调解。(三)理事会对于政治问题,不若专门问题之重视,当财政委员会作专门讨论时,政治问题即可附带从容解决,能免去政治空气之牵涉。要之,理事会虽对于国联内工作,负有重大责任,而所有国联内财政事务,仍由财政委员会员其全责也。

(2)财政委员会

财政委员会,系由理事会指定世界各国富有学术经验之专门家十人或十二人组成,任期不定,故该委员会纯带国际性,委员等多为银行家,其中二三人为各国中央银行之高级职员,又二三人为高级财政官员。委员等非为各本国政府所推派,皆系私人的聘任性质。如此办法,收效自佳。盖一因各委员可捐除各该国政府政策之偏见,并可得公共之信任;二因各委员既非政府代表,自不受政府训令之约束,乃纯为国际的职员,可向理事会自由发表意见。且各委员非政府之代表,又非银行或其它机关之代表,故随时可发表公平之意见。各委员既非政府之代表,故不得向同僚或受本委员会发生关系之任何政府,施其国家政策上之权威。但各本国政策,自为问题中之要素,各委员亦当注意及之。各委员对于其本国政府,且多有发表意见之自由。盖不如此,凡关于进行政策及实施方案,各委员将不能任意发言也。委员等既处于此种地位,故对于整理工作,可负全责,能博得国际间信任,对于解决种种问题,可获得彼此让步之谅解,因此对于任何难题,均可收公平及有效力之结果。关于由各国专家所组织之财政委员会价值,有某著作家,曾在其所著之国际问题一书中,作如下之评论:"各委员可彼此亲密,集其全力,使国际之需要,能适应各国之工作,如此进行,委员等信任,可日见增进,对于某国之某种政策,在某国尚未将其政策实行之前,可先期自由讨论,因在讨论时,可免除连累行政威权之危险,俟讨论结果,已达同意地步,则委员等根据其原则,对于某国自然容易处理。"自名义上言之,财政委员会无执行议决案之权,仅能向理事会请求,并可向国联中负计划财政之职员,发表意见,为一讨论机关,各委员等被推举充任财政委员会委员者,由其本人之声誉及其所具学术经验,故其建议,自能受人重视。委员会每年在日内瓦会议四次,每次一星期,多在每次理事会会议之前举行。如遇有特别事故,亦有时在日内瓦外召集紧急会议。委员会负有办事全权,其主席即每年由委员中轮流充任,其会议属于秘密性质,记录仅能通知赴会之委员,其进行事项,亦守秘密。凡送处理事会之报告,自可公布,惟送交之秘密报告,则仅通知与该报告有关之政府。财政委员会少用投票取决办法,关于解决任何问题,皆视讨论时,能否一致同意,如不同意,即从多数意见。在国联会议会举行时,由委员会主席代表委员会出席。如理事会中任何会员对于委员会之报告有所质询时,即由主席负责答复本委员会之集中意见。有时本委员会之少数委员,亦可代表该国出席于国联会议。关于本委员会之集中报告,可在各个会员及多数代表之间,辅之以私人谈话。委员会关于指导各种工作,可自由行动,如指定某国政府或理事会中某职员共同进行亦可。

(3)秘书处

秘书处为国联内永久机关之一,对于财政事务,负有重要责任。秘书处为国际间富有学士之人员所组织,担任国联各种机关会议及各专门委员之一切预备工作。秘书处特设经济财政部分管理员一人,职员十九人,或二十人,及书记若干人。秘书处应作之工作及所负之责任,除搜集统计及各种报告之外,须办理会议之记录,及整理各种报告。但每年除去专门委员会及理事会之会议外,在其余时间之内,秘书处为国联之唯一常设机关,须照常执行职务。各专门委员会虽皆有其自己之组织,彼此可生关系,但秘书处则确与国联内所有机关,皆生关系。因所有案件,均集中于秘书处,无论财政委员会至报告,或送交理事会之报告,均得经秘书处整理,并且预备提交理事会之议案。且秘书处因某种工作关系,并可随时与各国政府发生关系,更可与制定在某国执行某项工作之国联职员,亦发生同样关系。秘书处所负之责任,能使之发生效力者,系因其为常设机关,富于国际的性质及经验,有多征集世人意见之机会也。

秘书处事务,除上述外,对于财政之工作,仍负有一定限度之责任。秘书处之职员,无论单独,或与财政委员会委员合作,均可向各国征询关于整理事项所希望国联给予援助之事项。例如在匈牙利、奥国、希腊、埃思汤尼亚,曾皆由此举。另有两件成案,可申述于此。(一)在一九二七年九月,理事会曾嘱秘书处协同财政委员会,考查保加利亚之财政状况。(二)同年希腊政府请求秘书处考查其国之财政状况。此种考查,在整理方案未制成之前,自属十分需要。

总之,以上所述国联内之三机关——理事会、财政委员会、秘书处——合成为国联之中央永久机关,负一切财政事务之责任。

三、计划之规定(实行及方案)

自某一国发生财政整理问题,至实行国联最后方案之时,有五种必经之时期,特叙述于下:(一)私人之谈话,(二)对于理事会正式之请求,及理事会正式之核准,(三)在该有关系国家进行调查,(四)财政委员会进行讨论与谈判,有时亦经过国联之特种委员会,(五)财政委员会之最后报告,正式契约之预备,草约须经理事会核准,并须得该国当局之认可。在预备方案时,虽无须根据上述五时期之程序,按期依次进行,但国联之每一件整理方案,均经过五时期之手续。关于此五时期内情形,分述于下,藉此可知所以采用此种程序之原因也。

(1)私人之谈话

国联决不自动的从事某一国之财政工作,除非其国政府向国联显明请求,否则理事会无权干涉任何会员国之内政。惟某国政府为某项工作,愿与国内各机关合作时,可特向理事会提出正式请求,该种请求,自不限定为何种行为,假如某国政府发生某种重要财政工作,或因作此项工作当采何种政策,而向理事会正式请求时,则理事会首先即举行私人之谈话,因此项请求之中,含有国际借款之事,在私人谈话中,关于向某财政官员或财政中心之银行家借款事,可私自讨论,在银行界中,得从容为非正式之协议,若干国中政府之政策,时与财政部及中央银行之政策相同。因此,在私人谈话中,可顾及情势如何,与国联合作此种事项时,不但借款之可能性多,有时且可以低率借得,关于私人之谈话,并无记录,但凡向国联商请借款之事,皆如此进行。

有时某国政府代表亦可约请财政委员会之委员,单独举行私人之谈话,以探知该委员会对于某项工作,能否加以援助。政府亦当观察政治空气如何,视理事会能否接受其请求。因关于财政整理之建议,有时发生政治反应,或引起邻国之重要反应,或引起远方之较轻反应,此种反应情形,对于国联之活动,自有影响。因此,政府在事先当考查各国对其整理方案请求国联加以援助之可能性如何,其办法,即举行私人之谈话,由该国外交代表或政府官员,与各强国及对于该国问题有特殊关系国之总理及外交部长作私人之谈话。此种谈话,亦无纪录。在奥国及匈牙利之整理方案尚未开始进行之前,奥总理希比尔(Seipel)及匈总理白司伦伯爵(Count Bethlen)特先聘问欧洲各国,以预伏其根,白司伦伯爵在理事会开会时,曾与罗马尼亚捷克及塞尔维亚代表,举行私人谈话,以解决匈牙利与其邻国间久未能决之争端,因此而成立双方获益之条约,使国联实行其方案,得无阻碍。一国政府处于此种情形之下,亦有时向秘书处接洽,征询国联所用之手续与方法,及与问题有关之各要点。因秘书处立于中央地位,对于各方情形,自然十分熟悉。秘书处之职员,有时受一国政府之邀请,前往交换消息,如其国政府表示同意,即向理事会,提出正式之请求。(未完)

国联指导下财政整理之旨趣及方案（二）

《国闻周报》第七卷第二十期，1930 年 5 月 26 日

（2）对于理事会正式之请求

各国对于理事会之请求，曾采用各种不同方式。以奥国之案件论之，系用书信格式致理事会中干部会议，再转送国联。该函内容，摘记如下：“各协约国政府代表，对于奥国现状，应由国联加以研究之提议，曾经表示同意，同时并声明协约国因已往担负过重，今后对奥国，毫无施以财政援助之望。如国联方面能另行建议整理方案，绝对保障奥国，今后征募之债，可发生实际效用，非若往日之浪掷，则各国财政家，自乐于协助。”在一九二一年九月六号之理事会中，奥国总理希勃尔发表宣言，其结论中，有一严重之警告，谓“如各国对于奥国不施以援手，则奥国现状将危害世界和平。此项情势，当由国联各国负责研究，免令发生。”观此例证，是国联采取行动，非仅由有直接关系国家之请求，兼且顾及其他与请求国命运有关之国家矣。其他例如匈牙利，向国联请求援助案件，国联亦以各国一致之请求，出面协助。当匈牙利政府提出请求时，邻国塞尔维亚及罗马尼亚亦联合提出相同之请求，国联遂一概加以接受。尚有其它请求方式，由有关系政府照前述进行私人谈判后，只须提出一明显之请求，手续即可完备。例如一九二三年希腊政府根据移民事务委员长南孙博士（Dr. Nansen）报告中之提议，在理事会中，只发表正式宣言一通如下：

“希腊政府鉴于无力整理财政，不得不举借债款，惟倘令由其自身进行，势非出高率利息，不能募集。故特请求国联予以道义的

援助,俾其募债工作成功,其借款数目,需用一千万金镑。希腊政府仅希望国联及其他对于此项工作发生兴趣国之政府,予以道义之援助。兹特请求理事会对于此项提议,加以讨论,并请转交国联内财政委员会,加以考究。"四年后,希腊政府又作第二次之请求,因前次安置难民之一千万金镑借款,不足完成其工作。希腊财政部长遂于一九二七年六月十四日致函理事会,说明第一次请国联协助征募之债款,对于安置难民不足应用,其文如下:

"希腊政府关于安置难民之工作,深蒙国联协助,能收良好之效果。现希腊政府希望该项工作,急速结束,俾得早日改进财政状况。故望国联再加以援助,得继续进行该项工作。惟欲此举迅速成功,势非续借外债不可。夫整理财政,必须以稳定币制清理度支为前提。今如能借得充量之外债,则不难一举而完成上述之需要。关于此项提议,财政委员会已得悉国联秘书处职员当地调查之报告,以及委员会与希腊代表在日内瓦讨论之情形。希腊政府希望理事会允许借给九百万金镑之借款,并请财政委员会帮助计划货币整理及银行改组之事项。"

一九二六年,驻瑞士保加利亚公使代表其国政府,致函国联秘书长,提出安置保加利亚难民问题。函中先将该项问题性质与范围,以及该政府对于是项问题,因经济与财政困难而无力解决之原因,加以陈述,以证明有由国联指导发行公债之必要。保加利亚政府复请求理事会对于该项工作,在次届开会时,即提出讨论,并请求即刻派遣国联职员,赴保加利亚,从事调查当地之实况。秘书处长答复时,仅同意派遣国联职员,先往调查,同时并切实声明,在理事会开会前,因不知国联对此种提议,能否接受,故不能作肯定之答复。至次届理事会首次集合时,秘书长即请财政委员会对保加利亚请求,提出一简略报告。于是财政委员会即根据国联调查委员之书面及口头报告,于数日内提出报告书,声明借款之条件,并想理事会建议,宣布对于该项问题,准备合作。按是次保加利亚提出理事会之财政整理方案，系关于安置难民问题，情形与希腊无异。一年后保加利亚政府又致函理事会，内称"关于安置难民之急迫问题，蒙国联竭力援助，业已解决。现时敝政府以为其紧要工作，在整理财政，令其能达于巩固之基础。故请理事会训令其所设机关，对于保加利亚举借外债整理财政问题，研究一适当之办法。"保加利亚代表并在理事会声称，欢迎财政委员会及国联其它机关，赴改过实地研究其需要之情形，理事会遂决定对于保加利亚之财政状况，加以考查。此为理事会未先征求各方意见，及各种报告，而即核准进行工作之一种简单例证。

一九二四年九月十二日埃思汤尼亚政府提出请求之方式，又与前异。该政府之请求公函，系直接致财政委员会，并未通知理事会。信内陈述该国财政状况，声请调查其整理财政之过程，并拟稳定币制，使能采行金本位，并为期上述早日实现计，特请财政委员会派代表二人，任专门顾问。但财政委员会以未经理事会许可，不能照办。故埃思汤尼亚政府复补发请求公函致理事会，其内容如下：

"埃思汤尼亚政府对于本国财政及币制状况，亟愿获聆专家之意见，故声请理事会举行一非正式之集会，请财政委员会接受敝政府请求，进行研究此项问题，以期达到敝政府请求之目的。"

于是秘书处遂派职员二人，代表财政委员会，特往埃思汤尼亚调查状况，嗣由该代表等将报告送交理事会，理事会遂发表下列之决定：

"理事会对于财政委员会应埃思汤尼亚政府之请求，成立合作，并由该委员会向埃思汤尼亚政府建议关于银行与财政之方针，表示满意。"

两年后（一九二六年）埃思汤尼亚政府，复请财政委员会再加指导，但理事会因一九二四年赋予财政委员会之权力已足，故不妨由该委员会迳行着手拟定包括一借款计划之币制整理方案。此项整理方案,最后曾经理事会通过。

关于丹杰(Danzig)案件,因该城系自由市,归国联直辖,环境特殊,与一般无多大关系,故其对于国联请求所用手续及方法,不妨从略。该自由市在国联特别保障下,经财政委员会之助,得两笔借款,用以整理财政。一归自由市政府名下,一归自由市市区。关于此案,系按照国联寻常处理其特殊任务进行,惟曾经按期由理事会通过耳。上述例证,为请求理事会正式核准由国联指导研究方案之手续,至于方案自身,由理事会实际通过,尚为以后之步骤。吾人可注意者,即在此时期中,所用之方式,颇多出入。但下列数端,为一般普通适用之点。

(一)关于决议事项,理事会例嘱国联内其他机关共同规定方案。在此种决议之前,时常举行私人谈话,或搜集有关系国财政状况之报告,有时此种报告亦不必要。

(二)列席与议者中,对于有直接关系国之政府,视为整个之会员,其地位与理事会认为有特别关系之他国政府相同。

(三)所有决议事项,向属公开,即或举行私人会议亦可,并无一定规律之限制。惟其决议之结果,须在适当时期公布,寻常均以及早宣布为宜。

(四)理事会只能于接受由直接关系政府之请求,并得理事会认为有特别关系之政府承诺后,采取行动。

(五)此项决议案,不仅为法律上之仪式,更含有实际与政治之重要性质。盖国联既公然参加制定计划,不能随便取消,否则必影响于国联及国联各机关之声价与名誉。是以照以上第一节所述某种情形下,议案未决定之先,必须深知此有关系之国家,对于财政计划之通常发展,有无深切了解。盖某国公然求得国联各机关合作,共同预备一种计划,其中包含征募债款时,是举苟中途作罢,则对于国联普遍的信用地位,亦必发生影响。

（3）质询

按照上述目录，吾人其次所应考虑者，即为质询或调查问题。按调查手续，可在与国联共同正式预备方案以前，举行寻常则在正式合作以后。在先者，如保加利亚之第一次借款方案，及希腊之第二次借款方案，在后者，如奥国匈牙利埃思汤尼亚各方案，以及保加利亚之第二次借款，与希腊第一次借款方案。调查事有时甚至在理事会正式通过一完整之计划以后，是项调查规定，特列于包含此计划之正式国际协定或草约中，如奥匈方案之例即是。盖此种手续，纯随环境关系而为之规定，所须研究者，即其是否具有财政整理需要之前提，并此项需要是否非常迫切，不及从容调查，即须将计划立时实现。但不论该有关系国之环境如何，必须经过调查，是乃一重要之点。办理此种质询，有两种方式，其一，由国联职员或秘书处职员非正式办理之，其二，由财政委员会及秘书处派代表前往，正式调查之。

（甲）非正式

在国联财政整理案计划中，征询意见，用非正式或半私的方式进行，颇为重要，且具有弹性。至于其征集之资料，有时公布，有时则否，所采用之手续，随环境关系而不同，要视有直接关系政府之意旨而定。用非正式办法征集资料，可不必如财政委员会正式调查时，必须发表结果，此项办法至为便利。秘书处所派调查职员，应由有关系国时予以特别质询之便利。至于调查员之资格，率以在日内瓦工作成绩著称，其膺选也，须不以其国籍而发生影响，要以谨慎不阿为合格。最要者须能抱超然之态度搜罗消息，不能不代表任何政府或私人之利益。

（乙）正式代表

由理事会或财政委员会指派正式代表，衔理事会赋予之特权，赴各国调查整理财政工作者，计有五次。一九二一年财政委员会因国联干部会议之请求，研究整理奥国财政问题，遂派代表团赴维也纳。其代表团中有爱文诺 Avenol 德留蒙爵士 Sir Drummond 佛莱式 Drummond Fraser 及葛勒克司托 Gluckstadt 等。其中二人，为财政委员会委员。该代表团住维也纳执行任务期，自四月十五日直至五月十日，遂将整理之方案报告，送交国联之理事会，转递干部会议，条陈事项，多未及实行。迨一年半以后，奥国财政问题，较前更见困难。经理事会及奥国政府同意于其整理计划之后，复派第二批代表团赴维也纳，巡视调查，其代表团所处地位之说明，载于草约中末一件之第二项中，其文如下：

"奥国政府愿在一个月之内，与财政委员会委员长或联盟中各国为此事所指派之代表团，共同负责规划一整理及按期进行之草案，并计划使奥国在两年内，能令其预算永久平衡，其大纲详列于财政委员会之报告中。关于奥国经济整理之事项，务使其财政置于永久巩固基础之上。"

故此次代表团，属于理事会，而不属于财政委员会。但其中参加财政委员会之委员七人。因环境关系，此次代表团非仅筹拟计划，且负责有更大之责任。该代表团于一九二二年十月十八日抵维也纳，其代表中有数人，停留维也纳至两月余之久，以待特派员之到来，进行一切。该代表团非仅规画一整理预算之方案及独立的中央银行之章程，且考察其时局情形，并待其整理案经政府与在野党之谈判，通过国会。该代表团对于奥国若干迫切之财政困难，以及国库空虚之环境，施以忠告。奥国政府与该代表团，在艰窘中协力进行，令日内瓦协定之条文与事实能相契合。该代表团之报告，业经公布，兹仅述数点，俾藉以知国联所采用之途径也。

当奥事进行时，该代表团之团员及秘书处之职员，与奥总理财政部长其他交通农商司法军政各部长，以及各部中之高级官员，发生密切关系。该代表团拟定一岁出减低之计划，并取得奥政府之同意，使其计划能收速效。政府在该计划未通过立法机关前，未将其公布。关于增加岁收方面，据该代表团意见，以为只须按照固定根据,预算均平之最后结果,即能以达到。至于应采用何项特种捐税,则应由奥国政府确定。该代表团之团员无论对于每种税则之看法如何,但深觉如由彼等发表对于某特种税得失之批评,将不免干涉奥国政治问题之嫌疑。该代表团对此,力求避免,又对于消减某种支出,亦主慎重发言,其所关注者,完全为预算中之总额耳。

一九二四年理事会派往匈牙利之代表团(内有财政委员会委员六名),其情形正与奥国相同,故其工作无须详述,其责任亦大体相类,仅因政治关系而有少许困难。惟并不须代表团直接负责协助该政府立时解决其财政之困难,该代表团留匈牙利三周,即发表报告书,其手续及办法,陈述如后。该代表团抵匈后,由首相招待。至于代表团之态度,可于该团主席之宣言中,窥见一斑:

"鄙人特代表同侪,申述吾人共同进行工作之精神。匈牙利乃国联会员,吾人此来并非以某国政府代表之资格,惟根据国联会规定之学术的工作之原则,以公正专门人员及国联职员之身分,用所有之学术及经验,服务贵国。"

该代表团于接见新闻界时,曾叙述其整理计划之要点,代表团主席对报界曾作下列之呼吁:

"鄙人谨告新闻界同人,请启发民众舆论,以协助整理之计划。吾人深信可以通力合作,是即为该项计划成功之基础。"

关于匈牙利之整理事项,代表团非仅与首相及财政部长直接谈判,且与其它各部长亦有接洽,并经政府同意,得与各政治团体之领袖,银行家及实业家,当面接洽。至于中央银行当局有直接之商洽,更无待言,大概情形,与在奥国调查时无异。

上述理事会所派调查奥匈两代表团所处地位,与一九二四年赴奥调查及一九二七年赴保加利亚调查之两代表团之情形,颇不相类。早先之两代表团在已经制成计划之范围内,得理事会给以专权,可与有关系各政府谈判,并得决定赞成某项办法。在法理上,理事会对该项办法,虽不受拘束,但在道义上,则却须负责,其议决案甚至影响于该国议院通过执行草约之办法。此项办法于代表团通过以后，代表团呈报理事会以前，由各该国家议院通过。此项通过之法律，即为整理工作合法之基础，绝难废除或修正。故该两代表团，因此负有特种之责任。一九二七年九月财政委员会派遣委员会五六人组织代表团，并得国联秘书处职员协助，赴保加利亚考查其财政状况。此举系由财政委员会决定，征得保加利亚政府同意。但在事先，已经理事会确定，嘱财政委员会及秘书处前往考查财政状况。该代表团到达后，访问议院各领袖以及阁员。该代表团名义上虽仅限于征询意见，但在事实上则临时与保加利亚政府同意规划一整理方案之要点。该方案后经日内瓦财政委员会通过。其报告书中，列有稳定保加利亚财政计划之条陈。

一九二四年理事会核准由财政委员会委员七人，组织一代表团，赴维也纳考察。此代表团之目的又与前者不同，其主要工作虽系征询意见，但并不须拟具计划，不过使财政委员会可以决定，何时请求理事会结束奥国计划之执行耳。奥国草约中规定之两年期限，已经满期，预算已经稳定，惟数目较预定稍高。是时其财政虽无问题，但经济状况颇足引起严重之忧虑，前一年其证券交易所曾发生大风潮。处此环境之下，发生一种问题，即关于整理方案之执行，是否有征询奥国同意，延长请求国联协助之必要，作为一种过渡之办法。在日内瓦经过几次讨论之后，深觉有重新调查之必要，遂征得奥国政府之同意，复派遣一代表团。财政委员会根据该代表团所征得之意见，遂造具报告，送交理事会，确切建议结束奥国整理计划，而以奥国政府即财政委员会之同意为根据。其报告中，有一段叙述征询意见经过如下：

"代表团与奥国政府接洽后，即成立五种副委员会，以考查各种情况。委员会与代表团合为一体，非仅与政府代表及高级官员接谈，且与行政议会之主席，联邦铁路董事会，国家银行之行长经理与顾问，以及经济团体与其他社团之代表，如财政商业实业劳工及农业各种社会团体。代表团对于所接洽之人物,表示敬意,藉其口述或笔述之意见,得知其实际之状况。"

综上国联代表团赴各国调查,计有五次。内有两次,代表团系有全权为理事会发言,并为草约签字事,对于其中应当商定之重要议案表示赞否。其余三次之中,代表团不过仅征询意见及办理开始谈判事项。但每次国联代表团赴各国调查,比诸国联代表私人访询,负有较大之权力与责任。其性质系属公开,且得向新闻界发表消息。其团员可与政府官员政治团体之领袖,以及各社会团体之代表,随意接谈。故代表团对于各国政府之整理政策,颇能发生有益之影响,尤其在困难之时。纵使代表团并非代表理事会而为财政委员会征询意见,其工作有时亦非仅限于求得关于经济与财政状况之资料,代表团且可向各国政府解释财政委员会及理事会之意见与政策,并可将各国政府之希望,及对其舆论之印象,携回日内瓦陈述。藉此可使互相让步之契约,得以成立。其个人接谈之关系,亦可使理事会职员及财政委员会委员,与各整理国政府之当局,为财政整理之工作,发生极调和之关系。

综括言之,代表团之组织,纯属国际性质。其团员皆为理事会之顾问,受理事会之支配,并不受本国政府训令,故颇为人欢迎,并能获得种种之便利也。(未完)

国联指导下财政整理之旨趣及方案(三)

《国闻周报》第七卷第二十一期,1930 年 6 月 2 日

(4)财政委员会之讨论

关于初步调查之手续,业在上节文中详细叙述。惟关于财政

委员会讨论整理计划之事项,则无须逐件叙述。盖其手续与方法,大致相同。大凡各件整理方案,经过前项各种手续之后,即至财政委员会讨论之时期,自某方面言之,可视此为最后之一时期。一国政府及财政委员会同意之点,亦多为理事会所同意而不加更改,财政委员会对整理计划讨论之要点如下:"工作之限定","进行之方法","完成之时期","借款之数目","征集之办法"以及"国联协助其实行计划之态度"。财政委员会在日内瓦进行此项谈判时,多与一国政府之负责官员直接单独接洽。该员多为一国之总理,或外财两部部长(有时此三人一同出面)及中央银行正副当局。财政委员会所采手续与其他代表团相异者,其他代表团有时或与在野政党领袖或各实业商业社会团体之私人代表接谈,惟财政委员会在日内瓦讨论时,向不如此。寻常负责与财政委员会谈判之官员,多为代表该国政府之理事会会员,故在协议时,颇觉便利。

财政委员会讨论之事项,常有同时含专门性质并兼带政治意味者,此二者,无从加以显白之区别,为明瞭计,姑将二者分述如下:

公家财政所以紊乱者,其可供指摘研究之点甚多。财政委员会在研究之先,多注意于货币之跌价,其最重要之问题,即此种币制,如何能建立于金本位之上。此问题明瞭后,则其他不难迎刃而解。建立金本位之条件,必须有一稳定独立之中央银行,有充量之金准备,或国外汇兑金准备,以及一自由汇兑市场,欲求稳定币制,必须先令预算均衡,但欲令预算永久均衡,计将安出?曰可改革行政,以轻减支出,用适当的征收手续,以及合理的增税,以增加岁入。又当改革期中,如何能使预算毫无缺乏,并能使银行备有充足之准备金?曰可以用借款之方法。但国家信用破产,如何能得借款?曰可用下列方法取得信用。一、证明所设计之整理方案,系根据于正确之意见,并曾公诸社会之讨论。二、证明藉国联之协助,此项计划将付实行。三、证明此计划实行后,可恢复其国家之财政状况,使其国家能立于可独立解决债务之地位,能如是,则一旦信用恢复,其资金自可源源而来矣。

在整理方案之里面,往往有许多枝节问题,使财政委员会不得不相度情形,斟酌办理者。例如在保加利亚,其中央农业合作银行及中央银行所处地位之重要,须予以细密研究。在奥国及保加利亚,其铁路问题,含有特殊情形。又如希腊国家度支之集中问题,亦需要特别之考查也。在奥国匈牙利保加利亚及希腊之财政整理方案尚未进行之前,皆经正式或非正式之手续,先解决各该国家因债务问题而生之种种困难,其债务无论系属各国政府间之关系,或政府与私人间之关系,皆为悬案,苟不先加以解决,则无法发行新借款。

在财政整理方案之外,财政委员会又接受两件特别问题,即希腊与保加利亚之安置难民问题,继两问题后发生者,为财政整理问题。盖考量其公家财政以解决难民问题,势须征询财政上意见,作发行难民借款之基础也。在财政委员会之工作中,对于一国政府借款,关于其用途,及其组织与行政,是否适宜均可表示意见,以定取去。

在此专门工作以外,财政委员会亦当顾及政治的困难。例如关于保加利亚之难民借款问题,须设法令保加利亚与其邻国同意,为政治原因在某地带内,不得容纳某种之难民。又例如保加利亚建筑铁路问题,其邻国对于此问题亦颇有关系,财政委员会进行其半政治的工作,多得国联之协助,而实行其方案焉。其协助形式亦多不同,当分述于后。财政委员会将其所决定者,制成报告,送交国联理事会。在其报告之中,具有计划大纲,用普通文字陈述之。有关系国家政府可据此作成一正式之国际协定,查是项协定实为整理计划之法律根据,至为重要。即对于令理事会能以合作以及发行债券,均须凭借于是,惟报告中所列计划,仍须改成法律术语,采取草约之方式,最后始由该政府签署焉。奥国及匈牙利之最初两件整理方案,其草约系由国联秘书处法律与财政股,根据财政委员会之报告所制成,先直接呈交理事会之各委员会,由其转送理事会,但以后之整理方案,皆经由财政委员会直接制成,且加以通过,而送交理事会,而以财政委员会报告书附列于后。

(5)理事会之赞同及核准

关于一方案未实行前最后一步手续,即由理事会核准,并经有关系国政府之签字,与批准。是时已藉政治的草约之协商,或私人之谈话,预先造成一种政治空气,送交理事会文件,一为请求考量之方案,系由财政委员会所规划,得其国政府之同意者,一为合法之草约,载明该政府对债务,所负责任,并待其签字。此项方案或草约中,多含有理事会应做之事项及其所负之责任焉。

理事会之核准,多用决议之形式,兹举一例于下,以供参考。此项决议,系一九二七年九月十五日理事会通过希腊整理方案时所用。

"理事会接受希腊难民善后报告,赞同及采用财政委员会之报告,赞同送交希腊政府签字之草约及其附件,并赞同使希腊继续办理难民善后之方案,即平衡预算及巩固币价,且希望其发行之借款必能成功,并能令希腊政府与国联合作之工作,获得圆满之结果。"

此项决议案系在理事会公开会议中通过,除一二简略之祝辞外,并无讨论,在一刻钟内即可通过。盖各案均已经过详细之预备与讨论,并藉财政委员会之报告及私人之消息,理事会会员及各国政府,早已知其内容。在草约被理事会核准之后,即由有关系国政府代表签字,每一草约中,均列有关于规定核准办法之条文。兹列举一九二六年保加利亚草约中核准规定,以当一例。

"上项草约须经保加利亚批准,其批准文件,应立即寄交国联秘书处备案,期限自国联理事会赞同核准之日起,不得越过一月。下列签字人,经本国政府适当赋予签字权力,兹特于一九二六年九月八日在日内瓦签署此项草约,并允从速将此项草约送交国联秘书处,请求备案。"

关于一国批准之各种形式,无须详加分析,因各国情形不同,不能一律,大都须经议院通过,并由政府代表及元首签字,并刊布于政府公报。

四、计划之执行(各种方式)

(1)通论

吾人现时对于各种计划如何实行,以及国联采用何种合作方式,不妨加以研究。如欲明瞭此种经过,必先知国联会议实行各种方案之内容情形,兹特叙列于下:

(一)因发行债款,系由国联指导,并因该政府愿募得在国联指导下之低率债款,故其实行之计划与条件,须得一般投资者之信任,国联对于实行计划之协议,确为树立信用最重要之主动力,且使借债国对于条件亦表示满意。

(二)一国家信用已损失之程度不同,因此国联对于其保守信用应负之责任,亦应有差,故所有条款,及国联职员制权柄与责任,均不能一律,应随各案之情形,各为规定。

(三)理事会及财政委员会对于每件方案,对各方均负有一般的重大责任,尤其对国联大会及世界公众负有国际的重责,为十目所视,十手所指。如某一方案一旦失败,必有损于国联之名誉,开始即可发生许多害处。不独此也,国联并负有其他特别责任。第一,对于整理之国家及政府,有特别责任,因其财政计划,多借重于国联之指导与援助也。第二,对于投资者有特别责任,因其投资之债款,经由国联倡导,由理事会及其顾问职员,批准赞同,负有重大责任,协助其履行也。第三,对关系各政府及其他国际机关,负有特别责任,因其咸信任国联之计划,而抛去各个之要求也。故凡实行任何方案之条约,必须含此种意味之条件,因理事会处于负各种责任之地位也。

（四）每一方案由预备而执行，由蓄意而实践，皆属国际性质。无论在政治或财政方面，均非顾全某一方面之绝对利益。

（五）最重要之点，必须取得有关系国之政府同意及容纳其国民众之舆论，以防在野党之反对。在预备时，可以自由着手，在发生某种需要之事件时，可自由实行，国联协助进行，无须费力，只须适宜于该事件之环境及副其国家之愿望而行之。

对于一般情形及实行各条款，不可专随其政府之愿望。盖政府因国家之环境及信任之关系，不免束缚。故各种条款不必拘泥，应多所变化，而国联须根据于其国财政紊乱之情形，以定其进行之方针。所谓条款者，乃一种有职责有权柄之组织，其职责与权柄，时有更改，系根据于事件性质之缓急，以定其或增或减。例如在保加利亚事件中，国联委员会之权力，较小于在奥国事件之国联委员会权力。盖国联办理情形，先后不同，因近顷请求国联协助之国，较早先请求国联协助之国，其信用与稳定之情形，多更好之结果也。奥国情形，最少希望，匈牙利情形，亦非常危险。至保加利亚及希腊之难民问题，尚无若何难处，其财政困难，亦不如前者之危急。埃思汤尼亚之币制整理，在进行各种整理事项之中，确为最后之一步。藉此可知各种条款，如不加以变更，则绝不适宜也。

国联事务由其各机关分任，或为理事会及财政委员会，或为国联之特别职员，或为所荐举之财政顾问，或为某项工作所嘱托之某人。例如为财政委员会考虑审查某项债务条款之财政委员会委员，及对学理上担任询问考察之责之指定专家皆是也。

（2）理事会

上述各种方式，今姑顺序加以陈述，最先须知凡一草约中，必须含有下列之条款：

"关于草约之解释，如发生任何歧见时，应由国联理事会解决之。在执行此项草约时，理事会之一切决议，应获得大多数之表决。"关于工作完成之时日，由理事会决定，届时国联对于该项工作之直接责任，即将终止。兹将一九二四年匈牙利草约中所列条款，摘录如下：

"在理事会认定匈牙利之财政已经巩固时，理事会即决定停止特派员之工作。"

在办理难民善后方案中，亦有同样之规定，一并择录于下：

"国联理事会，对难民善后委员会之工作，如认为已不需要时，即可结束。……"

在奥匈财政整理方案下，理事会遇有关于预算之均衡或抵押借款之岁收及产业价值之财政情势发生危险时，有权延长国联合作之时间。关于匈牙利及奥国之整理方案，其主权属于理事会，匈牙利草约之决定，由理事会全体通过。对奥国之计划，则由全体之四分之三通过，在匈牙利、希腊、埃思汤尼亚及保加利亚两次草约中，规定借款抵押之岁入，如低过定数之150％，则可再要求增加岁入款项作保障。但匈牙利、希腊及埃思汤尼亚各政府，对其岁入低过定数之判断，如不同意，有权请求理事会予以最后决定。关于匈牙利及保加利亚之财政整理草约，埃思汤尼亚、希腊及保加利亚之难民善后草约，理事会对整理国之政府，有反对赋予权力之保管责任者之意见时，有权对于其陈述，予以判断。兹择录一九二八年保加利亚草约中，关于此点至条文于下：

"如保管人对某种办法，认为将低减第一节中所列收入总额，甚至将危及执有债权人之安全时，保加利亚政府允不采用此项办法。"

为奥国匈牙利及保加利亚各国募集之一般公债，均经各该政府签字发行，并定明理事会对于总契约之条文，有加以解释之权。兹特将一九二八年保加利亚发行公债总契约中之此项规定列下：

"关于此案如有任何问题发生，须将其问题送交理事会，由理事会负责决定，或由理事会指定某人负责决定。此项决定，有关系各方,必须遵守,为令增进本条效力起见,此项决定应由大多数表决通过。"

如有此种案件,送交理事会时,则理事会即处于仲裁者之地位,以解决一政府与银行家及债权人间纠纷之问题。理事会对各草约有权指定各种官员,代表理事会对债款事项负责实行,其任期为二年或三年。理事会职员或政府,须将其工作每月每季或每年报告理事会,俾理事会各会员在聚会时,藉此得知其工作进行情形,并对其所进行至整理方案,亦颇有影响。

(3)财政委员会

协助实行财政整理方案,其权多集中于理事会,但在预备该整理方案时,多由财政委员会负责,为理事会之顾问。因理事会之进行,皆根据于财政委员会之意见,兹举一例以证之,在理事会之议程中载有下列项目:

"保加利亚难民善后问题,(一)特派员之报告,(二)财政委员会之报告。"

此报告之来历,乃保加利亚政府与财政委员会共同预备一整理方案,经理事会核准,并指定各种职员,特派员及保管员。此类职员选出之方法,乃由财政委员会提名,由理事会正式指定,特派员则每按个月造一报告送交理事会,其主要题目,即列入理事会之备忘录中。但在未送交理事会之前,先交到财政委员会,即由财政委员会对其报告,详加考查,再对保加利亚政府及特派员之意见,细加研究,而后财政委员会即对该国政府与特派员发表意见,许多问题多用此种办法解决。财政委员会将经过讨论之问题,造成简要之报告,送交理事会,并同时在其报告中,声明有无发生他种问题之虑,如有影响于政治之未解决问题,保加利亚政府或财政委员会或特派员当请理事会或公开或秘密特加注意,财政委员会亦当将此点附于报告之中。

该项报告交到理事会时,保加利亚政府之代表为解决其问题,亦得列席，且作为整个会员，财政委员会主席特派员或理事会之任何会员，愿对该项问题，有所申述，亦可参加。理事会接到报告时，已知过去三个月中之工作，其所发生之问题，业经财政委员会详加讨论。理事会除接受财政委员会之报告及其意见之外，亦接受理事会会员简要之报告。该会员系被指派对一年内之财政事件，负报告之责任者。

(4)特派员

国联特派员，系由理事会指定，作为国联之职员，其职权详载草约中。在过去十年中，共选任特派员五名，即由奥国及匈牙利两案各选任一名，保加利亚案选任一名，先助理难民善后工作，后助理财政整理工作，希腊案选任二名，即办理难民善后事宜之正副主席。所有特派员皆由理事会指定，自然对理事会负有重大责任，其薪金及职责，均由理事会规定。特派员等有权约请外人协助，但特派员之预算，须由理事会与财政委员会核定及批准。该特派员等，由国籍不同之人士中选出，可免去为特别利益利用之嫌猜。该特派员等在任国联职务之时期中，不得兼任他职，更不得与任何与其地位及职责反对之事务，发生关系。该特派员等得享受有关系国政府给与之外交权利。兹先论前列之三委员，因希腊委员有特别之点，故特分别论之。

奥国匈牙利及保加利亚之特派员，皆在整理时期产出。按在奥国最初之计划，其任期仅两年，但因环境关系，后又决定展期六个月满期。在此期中，国联之协助，及特派员之职权，逐渐消灭。按匈牙利之计划，其期限为两年，到时特派员职务即被理事会取消，并未延长。按一九二六年保加利亚之第一次难民草约，其指定之特派员直至理事会认为不需要时，方能除其职权，但须在难民借款用尽之前。按一九二八年保加利亚之第二次草约，该特派员仍继续执行其职权，直至不需要时，方行停止，其主要原因，亦因借款用尽。

　　至于三特派员之权限，彼等并不负行政工作责任，对于国联方案，概由该国政府或该国其他机关负责，特派员等仅处于顾问地步，惟具有表示赞否之权，并负有其他一定之权力，即对于其政府与议院已同意而尚未实行之计划，有权促其进行也。

　　所有发行整理借款之收益，概收存于特派员名下，如其政府拟提用时，须得特派员之同意。该款必须用于所规定之用途，该款必须提用时，该特派员亦不得扣留不放。在特派员负责之时期中，对其抵押借款之岁收，亦由特派员掌管，对于其政府应支付之数，并由特派员负责行之。

　　在奥国及匈牙利之计划下，如其计划虽经政府同意而尚未实行，特派员所得债款收益，可扣留不发。如按规定之程序进行其计划，则每月除将作借款抵押之全年整数中扣留十二分之一外，其余额立即交还其政府。关于上列三项计划，委员对于账目须切实负责，不得危害债款之抵押，在整理告终，特派员解职时，须将其账目交给保管人保存，直至借款还清时为止。

　　关于上列工作，整理国政府须给特派员以各种之便利，并对于实行工作，政府须接受特派员之意见。特派员对每项整理工作，亦有权应付各种环境。例如奥国之整理工作，特派员认为必要时，有权将其岁入用作借款之抵押，并得政府之同意，规定其抵押之产业，如该项产业之价格降低，特派员可不承认其价格。在发行借款时，如改变岁收之税率，以致收入降至发行时所定最低限度以下时，特派员亦有权加以否认。如特派员有滥用职权之行为，奥国政府可诉之国联理事会。对于匈牙利之草约，特派员之特种权限与前述相同。对于一九二六年保加利亚难民善后之第一次草约，特派员之职责，乃预备安置难民之居住，开拓安置难民之田地，改进为安置难民便利之交通，办理另外一种借款，用以借给难民，以及特派员认为安置难民应当举办之其它事项。政府为难民问题，可征得特派员之同意，立一中央机关，负责筹拟一切难民善后之计划,惟其计划须得特派员之许可。该机关可计划难民借款之用途,惟亦须经特派员之许可。特派员对其所认可之工作,可支付债款,如对其工作不满意时,可拒绝支付。关于垦务方面,规划田地及接收难民,皆得经特派员之许可,特派员对于接收难民,须有保加利亚政府之证书,证明彼等纯系难民,并愿归化保加利亚。

对于一九二八年保加利亚之整理方案,其债款有数项用途,即进行事项所需用之经费,还中央银行之国债,对农业合作银行投资,归还为筑路及造铁路所用之欠款,援助因地震所受之损失,特派员并无特别职责,除对债款之账目负有全责,并对任何计划,如与方案不合,及不得其许可者,概不付款。

保加利亚之第一次难民善后方案,实行有三年之久,但其第二次之整理方案,仅实行一年。在此两案实行期间,特派员无扣留款项之举动,而政府亦未向理事会申诉特派员有滥用职权之行为。

关于希腊之难民善后问题,确发生许多困难,与其财政整理计划案进行时之情形,自不能同日而语。其困难之点,即因其工作含有大部行政问题,须立即觅得五十万亩之田地,安置一百万以上之难民,而应施工作之产业,几值二千万金镑。难民安置后,须使之生产,以巩固希腊政府用岁入作抵押借款之权利,因此必须设立机关,掌管其财产,经过一相当之时期,再渐渐交还难民。希腊政府对于该机关必须加以协助,如遇有政治方面之难题,须请国联之顾问共同决定。如遇国内发生政治变迁,对该机关,须切实保护。该机关定名为"殖民自治委员会",由四人组织之,希腊政府指定二人,理事会指定二人,理事会所指定之二人,任正副主席。殖民自治委员会乃一合法机关,即用其名称,掌管所有财产,可作其它法团所能作之任何事项。该委员会不得依赖于任何希腊行政机关,其目的系增进难民生产,对于田地,该委员会由希腊政府授以掌管全权,可卖给难民,可亦租给难民。该委员会可接受移民借款,用以办移民各事,但对用作抵押借款之希腊岁收,该委员会则不过问。因该项岁收,向由国际财政委员会负责管保,除用以还外债之利息外,其余之数,即交还希腊政府。国际财政委员会,非国联之机关,乃就其原有之组织,管理移民借款,免对希腊岁收,再另委派人员,或组织保管机关负责。国联理事会,对殖民自治委员会,如认为不需要时,即可将其撤销,将该委员会管理之财产,交给国际财政委员会。该委员会,每三个月造一报告,送交希腊政府及理事会,并在其章程内,载有理事会对于该项报告,有权加以评论,如必要时,可投票表决。理事会对殖民自治委员会放弃职责之处,亦有权过问。而希腊国内之政治情状及其变迁,能使工作之进行,颇为顺利,并收得良好之效果。因其大半之工作,多借重于希腊人员,其数目当在二千以上,国联加入之外人则只有三人。总之该委员会确为解决难民问题及能负其全责之惟一机关。

至丹杰、埃思汤尼亚及希腊第二次财政整理各方案,并未指定任何特派员,国联对各该案之援助,半由保管人负责,半由中央银行之财政顾问负责。故国联未指派外人住在各该国内。例如丹杰之整理案即由住在国外之保管人负责,由发行之地方银行执行职务,对债款之用途,即根据之日内瓦制定方案之规定,与政府共同进行。(未完)

国联指导下财政整理之旨趣及方案(四)

《国闻周报》第七卷第二十二期,1930 年 6 月 9 日

(5)财政顾问

在奥国、匈牙利、保加利亚、希腊及埃思汤尼亚五整理方案中,均有财政顾问之聘任。该顾问等,系由特派委员(如奥匈两国例)

或理事会（如保埃两国例）所推荐，而经各该政府加以聘定，其薪金由该国国家银行董事部规定，惟须得理事会或特派员之许可，各顾问必须向各该政府当局直接或书面承允忠于银行职务，并严守事务之秘密。关于各顾问之职权，皆载于银行章程之内，并经财政委员会核准，各顾问对任何事件，均可得总裁经理及其它行员之协助。但希腊整理方案中，未确定顾问之权限，惟对其职务及如何选出，则详载于银行章程之内。该章程由财政委员会拟定，得政府同意，经议院批准，关于奥国及匈牙利之整理方案，顾问有权否认一切有背于定章之议案，并可将该案呈银行董事部。顾问对董事部或股东会议之议案，如认为有背于定章时，可以加否决。如顾问及董事部对该案意见不同时，可由国联之特派员作最后之决定。关于保加利亚及埃思汤尼亚之整理方案，顾问毫无否决之权。如顾问遇有与经理部或董事部间发生纠纷时，则由国内最高司法机关负最后裁判之责。

顾问之任期，少则两年，多则三年，满期时，其职权即完全停止。但在奥匈两案中，曾规定若经国联继续之协助，该顾问亦得连任。

关于顾问合法之权限，虽载于章程之中，但亦颇分析其权限之性质与效果。顾问对中央银行之政策与活动之各种情况，负有忠告之责。对进行财政整理工作之分季报告，亦时常协同政治官员到日内瓦陈述。因此与财政委员会，发生极密切之关系，可自由交换意见。顾问与国联发生关系之目的与效果，在下列报告中，可以表明，该报告系财政委员会陈述关于中央银行在财政整理方案中功用之意见者。

"委员会所限定之原则，对中央银行之发行工作，颇有价值，并使金融上有巩固之市价，其原则为（一）银行之独立，（二）发行纸币之权利，（三）银行对放债之限定，（四）减轻银行担负之国债，及对国家再借款之限定，（五）国家经营之货币交易，集中于国家银行，

（六）规定发行纸币之适宜统一办法。"

按聘任财政顾问并赋以某种权限，其目的即求彼等能以专家之劝告，维持上述之原则，而使此项原则，由理论而跻于事实。

关于顾问之聘任，在希腊草约或在其国家银行行章中，均无特别或普通之规定。但希腊政府在财政委员会提议财政整理方案之前，曾与该委员会私自协定，由发行之银行，指定顾问，负委员会咨询之责。在财政委员会及银行之间，除私立合同外，毫无正式之协定，但希腊顾问对于工作方面，与上述抱同一之目的，并收到同样之效果。

顾问所处地位与特派员之地位，迥不相同。顾问非联盟会人员，而为一国国家银行之职员，由银行给薪资，除供顾问外，其对于国联机关，并无直接的关系。如遇该政府及银行采纳某种原则，而未实行时，彼可请求国联之裁决，或诉诸该国之最高司法机关，予以判定，并令其实行。

（6）财产保管人

国际财政事务之财产保管人，除希腊一案外，余均由理事会指定。系根于草约中之规定，或政府与发行银行之规定，关于保管人之人数，巨额借款则指定三人，小数借款，则指定一人或二人。国联有时自财政委员会中指定一二人，有时亦指定会外之人。关于保管人之去留与增减，概由理事会决定。保管人之报酬每年为几尼一百枚。保管人之职责，即设定准备基金，代付到期利息，管理在整理方案结束后之岁收账目，扣留抵还债款之款项外，将余款交给其政府。在丹杰及埃思汤尼亚两案中，保管人如认有与规约不合之事项发生时，有停付其借款之权。

如规定之岁收，较定额减低，则保管人有权增加其岁收，但其政府亦有权诉请理事会决定其岁收是否较定数减低，在匈牙利保加利亚及埃思汤尼亚各整理方案中，特派员有权否认减低而危害抵押安全之岁收，直至整理方案告终，迨至债款交还保管人之时为止。其间经过之时期，多自十八年至三十八年，借款规定中，并许其国政府有权诉诸理事会，反对保管人之议决案。

保管人之权限，无论规定于事前或事后，其限度均如上述。保管人可要求借款政府执行某项事务，但如该政府无此能力，或拒绝执行，则保管人无权请持债券人之各国政府加以协助。保管人不得参与其国内之行政，及征收或管理岁入。总之如有任何与规定不合者，各国政府不得取单独之行动，只有理事会及国联机关负其全责办理。

（7）借款条件之核准

在大多数草约中，多含有核准一项。兹自一九二八年保加利亚草约中，摘录一例于下：

"关系借款之条件，发行之方法，发行之市价，利息之定率，偿还之规定，发行之费用，以及商议与交付之手续，皆由财政委员会核准，并指定负责之人。对借款抵押每年应征收之数目，须经该委员会照例核准。对送交国联之借款计划书，亦须经该委员会核准。"

财政委员会因往日借款上经验，颇觉下列规定，十分重要，如商订借款，由借款政府负责时，其借款条款中，须与下列各点符合：

（一）借款必须有国际性质，并须流通于各国市场，免与一国发生单独关系之危险。

（二）发行所（Issuing house）须择有最高之声誉者，因委托次等之发行所发行，纵使条件良好，亦不能在市场树立借债国之信用。

（三）不得利用借款政府地位之薄弱，使发行之银行家及持券人以不平条件，加于该国政府。

（四）在政府与银行同意之合同中，不得载入与理事会核准草约不相符之条款。

（五）公布借款说明书中，须详叙国联对于其方案之协助及所负之责任。

国联核准发行国际借款之条款,其所含之主要原则,乃借款既得国联核准,必须不致危害借款国政府之利益,或发生何种特别之利益。

(8)特别委员会

对奥匈各案,曾产生各种特别委员会。因奥国信用之薄弱,非有他国政府加以担保,借款不能募集。故有九国政府出面担保,对借款负其全责。即由此九国之代表,组织一委员会,其章程权限及手续皆详载于公布草约中。特别委员会之权限与特派员不同,即仅保管借款之抵押,不过问方案之执行。该委员会如遇有应当保护借债政府所享利益之必要时,有权对特派员发表意见。

关于匈牙利一案,其草约中,载有赔偿委员会有权指定一委员会,监视有害于赔偿委员会一切权利之行为。该委员会可接受与其宗旨相符之意见,可向特派员提出任何提议,并可向国联理事会,陈述其观察之意见。故实际上,该委员会仅负有监视之责。

(9)特别质询案

各政府处于某种情形下,时常有请求财政委员会指派专门家,调查实行整理方案中之各种专门上困难,加以指导。故特派员有约请著名经济家之举,如雷顿(Layton)及瑞斯特(Rist)担任奥国之案,杨艾伦教授(Prof. Ally Young)及傅瑞(M. Frere)担任匈牙利之案,对各该政府,负指导经济之责。在奥国之敖卫连(Sir Wm. Aokworth)及在保加利亚之瑞那德(M. Regnault)曾将铁路之情形及其整理之提议,报告奥国政府及特派员,奥国之烟草专卖,曾受意大利专家之特别考查,其邮务行政,亦曾受比利时专门家之特别考查。

(10)结论

关于国联协助财政整理方案之各种方式,其大略已如上述,兹尚有两种可注意点,叙述于下:

(1)各种职员与机关,无论个人或团体,其合法之职权及其实际之影响,对各方案皆须要明白分析,各种职员或机关之权限,因各国财政紊乱之情形不同,故时有变更。例如奥国之整理方案,因其国内财政之紊乱已达极点,国家信用,扫地无余。国联遂用其全力加以援助,设有负一定责任之特派员,与代表担保各国政府之特别委员会,有赞否权之国联银行顾问,并前后派遣负巡视调查责任之正式代表团三次,及特别调查团四次,此为一极端的例则。其他例如在希腊财政整理方案中,因其国家信用较佳,财政紊乱情形未达端点,预算去平衡地位不远,惟有国库积欠,必须偿还,其问题仅为整理中央银行,与稳定货币之市价,因此未设特派员,亦未派代表团与特别调查员。对其计划,仅由秘书处之职员负责,作半公的非正式的之巡视调查,其指定银行顾问之规定,仅列在财政委员会之非正式协定中,亦无特别权利之赋予。至其他各国整理方案,均在此两极端方案之中间,求其适应特别需求而已。

(2)无论发生任何变化,国联对于各方案加以协助之目的,系使各国政府之权力与行政,受影响愈少愈好。故各职员与各机关之职权,皆限于实行各案一定限度之内,使能执行其计划,得尽力于含有国际性之工作而已。

五、政治上之效果

国联之协助,对于独立国之主权及国家之独立或政府行动之自由,以及与议院制度之关系,有若何之影响,常成一种可辩论之问题。吾人如自国际公法或地方自治宪法方面,对此问题,加以种种分析,其范围将牵涉甚广。故于下述文中,仅略述吾人之观察,以资公众之裁决。

(1)一国政府对财政草约签字与否,有绝对之自由权。议院根据国内宪法,对于该约加以批准否,亦有绝对之自由权。且国联机关以为各国政府接受其各种计划,而进行其协助,须得切实保障,此举为该国一致之行动。

（2）财政草约之签字与批准，对国家之主权与独立毫无损害。

（3）但或人以为此项问题，不仅为签署一种约章，可注意者，为签约后丧失之主权。今即自此项观点，加以分析。第一极明瞭者，即有关系各国当然仍保持其独立国家寻常的权力，如缔约权及司法权等，其所处低位与现时英埃关系，根本显有不同。惟例如匈奥二国情形，其间不免有特殊之点，否则在法律上奥国将无更改现行宪法之必要，在政治上两国亦不须设立特种国会委员以备政府行使充分权力之顾问，惟签约一举并无限制该国对外独立性之意味。不过因国会统治暂时停止，且在某方面言曾取得国会本身自由的同意，设立一种国内的政治机关，以便该国政府施行整理之计划耳。

（4）关于此种政治问题，如不根据国联之性质及其协助之情状，则颇难加以评论。国联会对某某国政府予以协助，授某人或某团体，以相当之权限与职务，进行工作，其权限与职务，乃根据其工作之长短，规定一定之时限。在实际进行方面，颇受限制。其机关之职员，未有过五六名者，对每一方案，始终均能进行顺利，从无任何官员或任何机关行使否认之权，或发生冲突之事。

（5）至云协定中有时列有保护安全之方法，对于一国政府之某项工作，时有限制，然在协定全体中，则列有务期保全其国家独立之办法。盖各方案之唯一目的，即协助各国之独立与复兴也。

（6）吾人不妨自反面设一问题，"假如该有关系国不请求国联之协助，其情形将若何？"吾人可预料银行界必超过国联所定方案之范围，而加重其要求之条件。因之，其借款代价必高。盖不同之点，在一国政府保守一契约之信用，与保守国联制度之信用，轻重有别。普通契约之借款，容易放弃其债务上之信用也。关于计划不完善之政府与私人间之借款，两方面预备计划，未树立于财政整理之永久基础上，而政府方面又急于需款，以解决其困难，借款纵能成立,而其计划容易破裂,或归于停顿,使政府更陷于困难之中,结果政府将放弃其债务,使持券人受损失,或政府用强硬手段,提取银行款项,以救济国内之财政。此事常发现于巴尔干南美以及近东与远东。此种事件,令人遗憾。故预备计划时,最好期于不至破裂,无论如何使之成功。如不幸到破裂地步,致债务不能归还,政府亦无须用强硬手段,可另设立机关筹划,使国家达到能还其债务之地步,如此作法,乃国联之目的。

(7)国联协助之意义中,尚有一主要原则,即财政整理与国际借款,非为持债票人,谋得高度利息与妥靠抵押,且一切均须先得其国家之同意。故结果非仅有关于其国家及其政府,实际上关于一般社会之安宁与和平。

(8)国联之成立及其章程与方案,在世界上造成一种新地位,由法律上观察,吾人究应发生如何之感想,某法学家在其所著之国际关系一书中对此曾有所论列,持论尚为适当。兹将其摘录于下,以当结束。

"国际财政协助办法,对于一国之政治地位究发生若何影响乎?……现代世界经济的坚定,不但将受财政破产国家如奥匈者之影响,即希腊与保加利亚之经济风潮,亦能牵动全局。此固不可掩之事实也。盖国际财政协助之动机与需要,系基于国际财政的互助。在国联指导下征募债款,不过令此种互助以政治的方式而成为具体化,倍足引人之注意耳。……

"因有国联出面,规定各种之方案,于是遂引起法学家与研究国际问题者之兴趣。在国际间,有担保的外债与夫无国外担保之外债,均属习见,即各国债权人得一国国家收入为抵押,以及有权管理其收入,亦非创见之举。吾人所可视作新奇者,即此项方案置于一机关权力之下,此项机关可以代表全世界文明国家之意志,又有一集中的团体,以顾问的方式,不藉武力,能在国际间执行行政的功能,与一国之行政机关无异,斯诚属创见者也。……

"自事实上言之,国联内各机关之举动,其进行殆为国际情势通常发展中之必要的与不能避免的步骤。……

"吾人关于此种事件,只研究当代之事实,对于古今学者之论列,与夫国际公法,均无暇述及。吾人之工作,自果推因,偏重实验,而略于理论。吾人静观世界之趋势,对于现代情势支配国际关系之规律之发展与其演进,欲设法加以观察与记录。此项演进与发展,根本上并非国际法学家所范成,而为求实地解决今日各种问题之政治家与财政家所规划也。

"于此吾人可发现两大趋势:在一方面抱有健全与切实经验之财政家能以应付个人之事务方法,推至国际方面,在另一方,有一感觉灵敏之舆论,对事实情形,作反动的感应,倾向于反对影响国家独立性与历史背景之方案,倘于此际,无一新国际机关产生,能应付当代互赖的需要,则如遇风潮发生时,此两项倾向,恐将无调解之余地。在此机关之影响下,人类逐渐发展一财政与国际的新技术,盖一种适当的法学的规律,现正在形成之期间也。"〔注〕上文见威廉斯 Sir J. F. Williams 著《现代国际法与国联》Current International Law and the League of Nations 第四〇七页至四一一页伦敦 K. O. Longman Green & Co 出版

〔附白〕按此书原文目录,尚有结论一篇,邮寄到时,竟付缺如,惟原书目录中,载明此节文字页数,不过一页余,似无关宏旨,遂未索补。按原书系订定,故有遗漏,特此附带声明。(已完)

吴于会商往来函件——甘省请减低应担费用

《大公报》(天津)1936 年 5 月 16 日

吴之来函:孝侯先生主席勋鉴:比岁以来,外患日亟,而于开发西北一事,国人之所以属望于政府者亦日殷。惟西北地广而荒,必须切实造林,以期与水利交通两项工事相辅而行,藉为开发之基础。弟自承乏实部,即督饬主管人员,对于造林事宜,积极加以擘画,嗣奉院座谕,会同全国经济委员会及内财两部核议,关于仲辉主席呈请设立西北林务总局一案,当经商定,应由本部另拟具体计划,以资依据。现此项计划业经本部草就,正待呈院核定,惟兹事体大,必须中央与地方切实合作,方足以利进行,而收实效。兹检送计划草案一份,是否可行,敬希赐予指教,以便修正,并祈于旬日赐复为何云云。

于之复函:达诠仁兄部长勋鉴:捧读大函,并西北造林计划,综观大旨,在于部省合作,力量既可集中,设施更能整个,苫筹硕划,钦佩莫名。第甘省情形,现最注意者,为沿黄造林及沿路造林二项,沿黄计划五年完成,需费只定六万元,每年仅一万元有奇。沿路造林,虽未具体计划,而需费之额,每年亦不外万元。省苗圃经费,年只一万零元,全盘统计,会议通过贵部所定合作原则,惟担费一节,应请减为三万元。关于沿黄造林及沿路造林二项,为甘省目前切要之图,未能或缓,亦请列为第一期最先着手事项,始与本省造林事业原计划不致背驰,承示签复,用敢将拟设情形,备函陈请察照核办,如何希赐复云。

赠张季鸾

《国闻周报》第十一卷第一期,1934 年 1 月 1 日

久交谁能忘其旧,深交谁能忘其厚。
我何与君两忘之,日见百回如新观。
我今露顶君华颠,依然当时两少年。
君缀文章我敲诗,我把酒盏君操弦。
平生忧患忘何早,乱世功名看亦饱。
七载津沽作汝阳,天下人物厌品藻。
江南江北江湖多,几时投笔买笠蓑。
嗟予作计止为身,问君上策将如何。

西山旅舍度岁口占

《国闻周报》第十二卷第六期,1935 年 2 月 18 日

岁暮吞寒饱看山,一筇到处叩禅关。
山僧说正忙年事,更有何人似我闲。(甲戌除日)
一年之计又如何,元日先从客里过。
不是无家归未得,只缘春意入山多。(乙亥元日)

四、档案

实业部训令　农字第 7165 号

令农本局

　　行政院二十六年五月十五日第二八三三号训令内开："案据川灾救济协会二十六年五月七日呈称：'窃查川省苦于旱灾，灾区达百余县，灾民在三千五百万人以上，惨状为百年来所未有，现蒙中央及川省府各拨急赈一百万元，从事救济。以川省灾区之广，灾民之众，二百万元之急赈，亦仅能救一时之急，灾区善后，非有大宗款项分别办理不可，谨拟意见六项：（一）应请四川省当局迅与财政部洽定基金，发行川省救灾公债，办理各项赈务。（二）应请四川党政军各界及地方领袖，组织当地川灾救济协会，保管公债及各项捐款，并拟定各项赈务计划，负责实行。（三）应请四川当局仿各省救灾成例，迅速减政减薪，将本年度施政计划中不急之务，停止进行，挹其预算经费，拨充赈务用。（四）已筹有的款之工程，如建筑成渝铁路及各公路，应请省政府排除障碍，迅予进行。（五）川省原有之合作基金三百万元，应悉数分区办理合作农贷，并请由农本局派员赴川，会同省府县办理合作金库。（六）川省应迅筹设水利机关，指拨常年经费，为根本振兴农业防止天灾之工作。以上六项，实为目前急务，至于裁减军队，办理兵工，厉禁种烟，恢复常平仓，减免灾区田赋，调剂各地方粮食，皆与上六项息息相关，并应急切进行。除电达四川省政府等外，理合呈请采择施行，即转饬四川省政府切实分别办理，实为德便'等情，据此，查川省旱灾惨重，前经拟定救济方案六项，于五月四日以第二五四八号训令遵办在案。兹据前情,查所陈意见,尚属扼要,当经提出本院第三一二次会议决议,'通过'。令饬四川省政府分别遵办,并由该省政府即派财政厅长刘航琛来京迅商办法,至该省各地粮食之调剂,被灾田赋之减免,均须酌定办法,切实执行,如有屯粮居奇情事,并应予从严查禁。除电令四川省政府遵照并分行外,合行令仰该部知照。此令"等因,查原拟意见第五项,派员赴川会同省府分县办理合作金库一节,应由该局办理,合行令仰遵照为要。此令。

部长　吴鼎昌
民国二十六年五月廿二日

附:

农本局文稿　发文资字第一二八〇号　民国二十六年五月廿七日

案奉

钧部农字第七一六五号训令,略开为奉行政院二十六年五月十五日第二八三三号训令,饬知川灾救济协会呈请拟救济川灾意见六项,其第五项川省原有之合作基金三百万元就悉数分区办理合作农贷,应由职局派员赴川会同省府分县办理合作金库一节,令饬遵照办理,等因,奉此,查关于在川省筹设县合作金库业经令派职局办事员石晓钟前往该省调查,并拟俟职局驻川专员韩德章入川,与川省政府接洽后呈候核办,理合具文呈复,仰祈鉴核　谨呈

实业部部长吴

达诠先生,前因奉召趋赴牯岭晋谒介公,旋即搭轮赴京转车赴沪,以迫于回川,须就沪搭乘飞机,致未克再入京侍承教益,并□观手工艺展,滋深怅疚。重庆行营已将前合作社法实施办法撤销,今后纯依中央合作社法办理,前商之合作金库及农贷等问题,可顺利进行矣,盼促早日进行。

至感　敬祝

健康

弟作孚（是为四川省建设厅厅长）　六月十八日

作孚先生左右牯岭应召想见贤劳，查筹办川省合作金库及农贷一案，业经饬由农本局派局员石晓钟驰往调查，现该局拟俟该员呈报后再行核定办法，兹承注念　合先函复即希

吴鼎昌

（《农本局关于筹设县合作金库事宜》，全宗号／案卷宗号：四○二／8099，南京：中国第二历史档案馆藏）

实业部训令　合字第 1281 号

令农本局

案准福建省政府本年五月七日府建合字第三五二五九号咨开：……等由到部。除咨复外，合行令仰该局遵照，迳与该省建设厅商洽办理。此令。

部长　吴鼎昌

民国二十六年五月廿二日

附：

福建省建设厅公函　厅建合 35259 号

查本省推行合作事业，年来已具基础，合县合作社业务日见扩充，就中以加工、运销各种特产为主要，如闽侯之柑橘、橄榄、茉莉花、荔枝，龙溪之米、芭蕉、柑橘，莆田之土糖、荔枝、龙眼、枇杷，晋江之土糖、荔枝、龙眼，皆系该四县之大宗特产，近因合作推行，增

进前项特产之运销业务比较发达,于是所需资金为额亦渐多。殊有先就各该县分设县合作金库,藉以调剂合作金融之必要。惟按实业部公布合作金库规程第七条之规定,县合作金库资本总额至少十万元,总计开办上列四县合作金库所需金额至少须在四十万元以上,除将各该县合作社认股估计约达十万元,并由本省划拨合作基金十万元外,所差尚钜。拟请贵局协助认股三十万元,合计五十万元,以资开办。事关促进地方合作事,除签请省政府资转实业部核办外,相应函请　查照办理并见复为荷

　　　　此致
农本局

　　　　　　　　　厅长陈体诚　中华民国廿六年五月七日

　　农本局公函　资字第二二〇号　民国廿六年五月十九日
　　案准
　　查本局对于各省倡设县合作金库函应尽力辅助,并应于可能范围内认股提倡,准函前由拟于最短期内派员前往贵省调查接洽,届时尚祈赐予指导,相应涵达即希查照为荷　此致
福建省政府建设厅

　　　　　　　　　　　　　　　　　　　农本局

　　(全宗号/案卷宗号,四〇二/11273,南京:中国第二历史档案馆藏)

贵州省政府公函　农合贷字第 004 号

查本府与贵局合办合作金库一案,业经贵局张科长履鸾、孙专员新在先后与本省农村合作委员会洽商,拟订合办合作金库合同草案,经提交本府第四〇三次省府会议通过,纪录在卷,相应照案分缮四份,函送贵局查照,希即分别签盖,抽存一份,其余三份退还本府,以便分别存转,为荷!

此致
农本局总经理何

附送合办合作金库合同四份。

吴鼎昌

中华民国廿七年贰月五日

附:

农本局公函 发文总字第一〇八号 中国民国廿七年三月九日

案准

贵府本年二月五日农合贷字第四号公函,以合办合作金库合同草案,经提交第四〇三次省务会议通过。兹照缮四份,函送查照嘱即分别签盖,抽存一份,余仍返还以便分别存转,等由;附送合办合作金库合同四份,准此。自应照办。除分别签盖并抽存一份外,相应检同其余三份,函送贵府查照,即希分别存转为荷。

此致
贵州省政府

附送合办合作金库合同三份

总经理何廉

贵州省政府、农本局合办合作金库合同

立合同人贵州省政府、农本局(以下简称甲乙方)合作试办贵阳、贵定、定番、息烽、安顺、平壩、镇宁、镇远、毕节、黔西、玉屏、独山、都匀、盤县、遵义等十五县合作金库,双方订明办法如左:

一、甲乙双方为谋促进健全农村合作金融系统之树立起见,遵照实业部公布之合作金库规程,合办贵阳、贵定、定番、息烽、安顺、平壩、镇宁、镇远、毕节、黔西、玉屏、独山、都匀、盤县、遵义等十五县合作金库。视实际需要并优先成立贵阳、遵义、安顺、镇远、独山等五县合作金库。以后视实际需要及合作事业发展情形,再分期成立其余各县合作金库。

二、每一县合作金库之业务区域以各该县县境为范围,合作金库未成立之县份,其合作社所需资金,得暂由乙方直接贷放委托邻近县份之合作金库代理收付。

三、十五县合作金库股本各定为拾万元,除由当地合作社及联合社优先认购外,其余由甲乙双方分认提倡股本,甲方认购余额十分之一,乙方认购余额十分之九。

四、甲乙双方所认购之提倡股本,以后由合作社及合作社联合社逐渐增股购回时,应优先购回乙方所认购之提倡股本。

五、甲乙双方本分工合作之原则,所有各该县合作指导事宜,仍由甲方所派指导员负责。其指导力量应按合作社之数量比例递增。金库业务指导事宜,由乙方负责,如遇有改进事宜,双方提供意见会商办理。

六、合作金库股息,定为周息七厘。

七、合作金库业务区域内,如有其他直接对合作社或联合社放款之金融机关,应由甲方负责与之协商停止。以期完成合作金融系统。

八、合作金库信用放款,以信用合作社为限,对他种合作社

联合社,得酌做抵押放款。

九、乙方同意在前述合作金库所需资金超过拾万元时,得与该金库另订透支契约,利率另定。

十、合作金库办公地点,由甲方负责拨借公产充用,以节省节支。

十一、合作金库一切办法,依照合作金库规程及乙方订定之合作金库章程准则办理。所有账册表报,会计规程,单据格式,均照乙方规定式样,以资划一。其业务区域内信用合作社所用之账册表单,亦概依照乙方之规定。

十二、本合同未尽事宜,由双方随时商订之。

十三、本合同一式两份,甲乙双方各执一份。

　　　　　　　　　　　　　　贵州省政府主席

　　　　　　　　　　　　农本局总经理　何廉

　　　　　　　　　　中华民国二十六年十二月　日

农本局公函　　发文总字第 2410 号
中华民国二十七年六月二十三日

案

查本局与贵省政府前签订合同,共同提倡设立县合作金库二十四县,后又增加铜仁一县,共为二十五县,现已成立者计有贵阳(兼贷龙里贵定)、遵义(兼贷息烽)、安顺(兼贷镇宁)、定番、铜仁、玉屏(兼贷青溪)等六县,预计在八月一日以前,毕节、盘县、黔西、独山、镇远(兼贷施秉)、桐梓、普安(兼贷安南)、都匀(兼贷麻江)、鑪山、青镇(兼贷平坝)等十县即可次第成立,以应廿五县农民迫切需要,藉收调剂农村金融之实效。惟本局对于各省辅助设县合作金库,不仅以供给农民需要资金为能事,而其最大目的乃在树立合理化之合作金融制度,藉便都市及一般社会之游资,得因制度而可大量流入农村,故拟根据合作金库规程之规定"若干县合作金库成

立之后,即应辅导各该县合作金库,组织省合作金库",俾以完成合
作金融系统。查贵省府与本局共同提倡设立之县合作金库,至八
月初即达十六县之多,似已有辅导各该库组织省合作金库之法律
根据,且亦有其必要。兹派本局贵阳专员办事处主任杜廷绚趋前
接洽,至希惠教见复。

此致
贵州省政府

农本局

贵州省政府公函 农合指字第柒号

民国二十八年三月十五日

　　事由:准函拟以省局两方农村工作人员互兼职务以资联络,嘱
查照见复一案复请 查照由

案准

　　贵局总字第六九九号公函,以"为推进合作金库业务起见,拟
以本省所属各农业推广员、及合作指导员兼任合作金库名誉调查
员;各金库经理兼任名誉视察员,及名誉农业推广员,并将职务拟
定,嘱查照见复"等由到府。查事关省局两方办理,农村事业人员
工作上之联系,自属急务,当饬由本省农村合作委员会及农业改进
所核议去后,兹据签复前来,经核尚属可行。特将签复情形列后:

　　一、关于合作金库经理兼任名誉职务一节,本省农村合作委员
会及农业改进所,前曾有鉴及此,经分别商得贵局驻贵阳专员办事
处主任杜廷绚同意,于廿七年七月二十八日,由农村合作委员会,
依照该会辅导员服务规则之规定,分别委任已成立之贵阳等各县

合作金库经理及调查员为区县辅导员。复于同年八月间,由农业改进所,函聘各该县金库经理,分任名誉调查员有案。与贵局所拟定之名誉合作视察员,及名誉农业推广员,名称虽微有不同,而原则上则实无不合,为切合实际起见,拟暂不予更动。至其职务,除区辅导员,应依照辅导员服务规则办理,业经迳饬知照外,其有农业改进所名誉调查员之职务,拟将来函拟定职务第三条之末句:"与省农业推广员同",改为"为协同省农业推广员办理各项农业推广事宜"。如此,则将来各该省执行职务时,庶不致发生重复或其他阻碍情事,俾臻利便。

　　二、农村合作委员会□以本省各县合作指导员室,将改为合作室,并入县政府为县行政机构之一部,合作室指导员均属县行政人员,主管县合作行政事宜,对于兼任合作金库名誉调查员一节,似有不便。至今后本省各区联合农场成立,所有区场主任,当由农业改进所视其需要,请由贵局委以名誉职务,俾资联系,而利推进。

　　准函前由,相应函复,至希查照为荷! 此致
农本局
　　　　　　　　　　　　　　　　　　吴鼎昌

　　达诠先生主席勋鉴:

　　日前观光贵省多荷优渥。敝局在黔业务重承匡导,公私交感。溯自辅设县合作金库以来,忽忽将及半载,牵于从事,兼以交通阻梗,进行不免迟缓,现在各项布置已粗有头绪,此后推进,当可增加速率,本月八月一日以前,除已成立之贵阳等六县外,拟将毕节等十县赶速成立,其他尚有九县,若一时未及即设金库,则由邻近各库代放合作贷款,籍副雅望而应急需,且期于调剂农剂农村金融,稍收迅效,惟辅设省县合作金库之目的,不仅以供给农民需要资金为能事,乃在树立合理化之合作金融制度,此为先生之素志,抑亦敝局所函欲促成之任务,爰以根据合作金库规程,俟"若干县合

作金库成立之后,即辅导各该县合作金库组织少合作金库"之规定,即在贵省依法组织省合作金库,俾早完成合作金融系统,若以贵省十六县合作金库为基础,而得贵省合作则筹设省合作金库,实属轻而易举,故冀于九月以前筹备成立,如有赐教,乞就近与敝局黔办事处杜主任面洽合同,倘能由贵省主稿,更深厚幸。又合作指导与农业推广以及农业金融机构三方,似宜分功而相互联系,更宜协进而彼此互助。俾农村金融籍合作组织与农业推广之力,而能合理发展,合作事业与农业推广工作籍金融制度而可日趋充实。弟在桂时曾与桂当局商妥,以各县合作指导员及农业推广员担任合作金库名誉调查员,并以各县合作金库经理担任合作委员会名誉视察员,现且实行有日矣。彼此果能沟通当可消除隔阂,工作效率又因增进,行政机能可期健全。弟意且?愿以桂省成例行诸贵省,倘荷赞同推行,必更较桂省为易,除另函筑山记兹两兄外,更乞鼎力主持,如承赐教,更所企祷。兹乘杜主任之便,聊草数行,与与不尽,诸维鉴照,顺颂筹安。

　　弟何廉

　　(《农本局关于各合作金库划分辅导区及组织动态事宜》,全宗号/案卷宗号:四〇二/10115,南京:中国第二历史档案馆藏)

贵州省政府公函 农合贷字第〇三五号

　　查本省各县合作金库业已成立多处,函应积极筹设省合作金库以便统一管理,统筹调剂,爰经拟定本府与贵局合办本省合作金库合同草案一种,相应随函附奉,即希 查照如荷同意,并希于十日

内见复,以便正式签订为荷

　　此致

经济部农本局

　　附　贵州省政府、经济部农本局合办贵州省合作金库合同草
案一份

吴鼎昌

中华民国二十七年十二月二十七日

贵州省政府、经济部农本局合办贵州省合作金库合同草案

　　立合同人贵州省政府、经济部农本局(后称甲乙方)

　　为共同筹设贵州省合作金库,双方订明办法共同遵守:

　　一.甲乙双方为建立完整贵州省合作金融机构起见,特会
同中国农民银行遵照经济部修正之合作金库规程,筹设贵州
省合作金库

　　二.省合作金库股本定为壹百万元,优先由县合作金库及
以省为范围合作社联合社认购外,不足之数由省政府认购十
分之一,其余十分之九由农本局及中国农民银行平均认购(但
若行方不能如数认足时得由局方认足之,局方不能如数认足
时得由行方认足之)

　　三.甲乙双方认购之股本,以后按照认股比例由合作组织
逐渐增股购回

　　四.省合作金库股息不得超过周息六厘

　　五.省合作金库对县合作金库负倡导促进之责,以期合作
金融体系之完成

　　六.省合作金库资金不敷运用时,得向各金融机关及乙方
商定透支契约,利率另订

　　七.省合作金库所用账册、表报、会计规程、单据格式,均
照乙方与中国农民银行商定之式样,以资划一

八．省合作金库办公地点，由甲方负责拨借公产充用，以节省开支

九．本合同未尽事宜由双方随时商定之

十．本合同一式两份，甲乙双方各执一份

农本局公函 川字第 381 号 中华民国廿八年一月十七日

案准

贵省府农合贷字第三五号公函，以本省各县合作金库，已成立多处，函应积极筹设省合作金库，经拟定本府与贵局合办本省省合作金库草案，函嘱查照见复，以便签订，等由；准此。查合同草案所列条文，本局当予同意。惟关于股息利率一层，经面商贵府吴主席改为"不得超过周息六厘"，以利进行。兹将合同缮正二份，签字盖章，并加钤本局关访，随函附返，即希查照，签盖加钤印信，抽存一份，并寄还一份，以资存证为荷。

此致

贵州省政府

附送合同正本二份

总经理何廉

贵州省政府公函　农合贷字第四号

案准

贵局川字第三八一号公函开：

"贵省府农合贷字第三五号公函，以本省各县合作金库，已成立多处，函应积极筹设省合作金库，经拟定本府与贵局合办本省省

合作金库草案,函嘱查照见复,以便签订,等由;准此。查合同草案
所列条文,本局当予同意。惟关于股息利率一层,经面商贵府吴主
席改为'不得超过周息六厘',以利进行。兹将合同缮正二份,签字
盖章,并加钤本局关访,随函附送,即希查照,签盖加钤印信,抽存
一份,并寄还一份,以资存证为荷。"

　　等由;附合同正本二份准此,自应照办,兹将原送合同签字盖
章加钤印信除抽存一份外,相府将其余一份,随函附奉,即希查收
存证筹设为荷!

　　此致
农本局
　　附送合同正本一份

　　　　　　　　　　　　　　　　　　　吴鼎昌
　　　　　　　　　　中华民国二十八年二月二十二日

　　(《农本局与贵州省政府合资筹设省县合作金库事宜》,全宗
号/案卷宗号:四〇二/10122,南京:中国第二历史档案馆藏)

五、著　作

中国新经济政策

序

　　中山先生为民生主义，其言曰："中国人通通是贫，并没有大富，只有大贫小贫的分别。我们要把这个分别，弄到大家平均，都没有大贫。"直言之，中国今日而言均者，非均富，直均贫耳。惟贫也易均，亦惟贫也，尤不可不均。只今工商业犹未发达，无所谓大资本家。故为思患预防之道，极易措手，此贫则易均之说也。至贫而愈不可不均者，十万之富，与百万之富，其衣食居处，未必甚相悬绝也。藜藿而饱，敝絮而温，其温饱之情，与衣裘食肉者，亦无甚异也。同是藜藿，或得食或不得食。同是敝絮，或得衣或不得衣。斯其为争也，生死系之矣，故均贫视均富为尤切。然贫而均，亦终贫也。贫不足为国，是以中山始终以发达国家资本为最胜义，而于民生主义切切言曰："中国今日是患贫，不是患不均。"然国家资本，无限制的发达，果否社会之福？是不无商酌之余地。吾友前溪草为中国新经济政策,独不以无限制的发达国家资本为然,为别树一义曰:均富于社会,不欲集富于个人,亦不欲集富于国家。其视中国社会也,为伦理的结构,其解中国伦理也,为互助的秩序。其理论一以方案表示之,无浮言,无侈语,吾不敢谓其中必无可议者,而于个人社会国家三者之间,苦心调剂,世之留意民生主义者,平心读之,将必有取乎此,可断言也。中山言均贫,而切意求富,前溪言均富,而意实患贫,此则吾国今日特殊之情形。前溪所谓"既患寡又患不均"者,吾人言经济政策,所应念兹在兹者已。是为序。十六年一月厚照。

第一章　总　论

经济问题,在世界人类生活中,所占重要地位,吾人于古今中外宗教、法律、哲学、历史书中,与夫散漫之诗词歌谣,杂见之名言俚语,相传之风俗习惯,无处不可发现其全部或一部之关系,一一列举,罄竹难书。自马克司倡明(物质为人类历史重心)之说,于是研究物质关系之经济问题,在人类生活中所占地位,遂可为科学的说明。盖承认人类之历史,受物质之支配,则举凡人类生活中所有之事,无公无私,无大无小,无生无死,莫不受经济问题势力之支配,不欲动而自动,不欲止而自止矣。故物质二字,支配人类之势力,充量言之,东方膜拜之天地鬼神,西方顶礼之上帝耶稣,皆将避舍让席。盖人类与物质分离,则人类先不存在,将不及问天地鬼神上帝耶稣支配力何如矣。明乎此,则知研究物质关系之经济问题,实支配人类生活中唯一先决问题,自不待烦言而解也。

由是言之,一国家,一民族,所以谋安宁而期发展者,凡百设施,均当根据于经济政策。苟经济政策不定,将失其支配之重心,犹如身之亡首,手足无措;衣之亡领,提挈无方。盖生计不安,无所施其政教,衣食不足,无从责其廉耻。善哉贾长沙之言曰:民不足而可治者,自古及今,未之尝闻也。虽然,经济政策,何凭而定,有史以来,圣贤哲士,劳思殚虑,所以诏我后人之制度典章,鸿文钜制,汗牛充栋,洋洋大观。而究以何说为是,何策为可,绝少归宿之论,无衷一是之言。良以人类生活,因天然人为之关系,随时随地,各有所不同者在,昔之是者今或非,甲之可者乙或否也。故研究经济政策之前,对于其所研究之经济环境,不可不先行分辨清澈。热带之经济环境与寒带不同,寒带之经济环境又与温带不同也。黑红人类经济环境与黄白人类不同,而黄白人类中亦又各不同也。欧美国家之经济环境与中国不同,而中国之今昔,亦又各不同也。甲地之经济政策,不可施之于乙地,犹之昔日之经济政策,不可施之于今日也。故吾人欲研究今日中国之经济政策:

第一、当知中国经济环境,不同于欧美各国者安在?

第二、当知今日中国经济环境,不同于昔日者安在?

就第一项言之,中国人个人经济环境,与外国人个人经济环境,根本上不同。在欧美,个人对于国家观念重,家族观念轻。在中国,个人对于家族观念重,国家观念轻。而家族之范围,亦复大小不同。在欧美,个人财产之权利义务,关于家族者,大都限于妻子。在中国,个人财产之权利义务,关于家族者,直系亲族,旁系亲族,乃至戚友,举莫不有一种法律的习惯的道德的财产上权利义务之关系,试举例明之。欧美人财产上之收支,一为对于个人(含妻子在内),一为对于国家,其他关系,皆非重要。中国人财产上之收支,一为对于个人,一为对于家族,至于国家则不认为有重大之关系也。故欧美人在社会之地位,与中国人在社会之地位,迥然有别。易词言之,欧美人在社会上,对于国家、个人负责任。中国人在社会上,除对于国家、个人外,别须负一种广义的家族责任也。综社会全体言之,欧美社会构造之精神,在使全部分子为有力者,而极力缩小其无力分子存在之范围。中国社会构造之精神,在使全部分子有力者与无力者并存,而极力保存无力分子恃有力分子存在之习惯。故无论有业者与失业者,有产者与无产者,在欧美与在中国,其经济环境皆绝对不同也。因个人经济环境之不同,而国家社会之经济环境,亦当然不同。随应经济环境构成之法律习惯,更当然有绝对差异,其差异之点安在?欧美之法律习惯,一以集富为主,中国之法律习惯,一以均富为主也。吾人讲究今日中国之经济政策,将以集富为是耶,抑以均富为是耶?此亟应先决者也。

　　就第二项言之,中国今日经济环境,与昔日不同者,即物质文明潮流侵入中国以来,旧日经济组织,不能不生极大之变化是也。中国社会构造之精神,已述于前,经济上组织,当然应与之适合。故五千年来,经济政策,以均富为主,始终一贯,国计则主张藏富于民,而不集富于国,度支以量入为出作则,设施以与民争利为戒。民生则主张均富于社会,而不集富于个人。农禁兼并,商禁垄断,工禁淫巧。只有个人经营,别无公司制度,专尚手工制造,不重机械工作。财产相续,子孙平均。易言之,因保存社会构造之精神,经济上不能不采取消极的发展。所有提倡物质文明进步的政策,历史上未经采用。故五千年来,中国经济组织,未生剧烈之变化者,正赖此一贯之政策耳。乃近百年来,世界上物质文明进步之潮流,澎湃而来。中国国力,复不能闭关相拒,中国经济环境,遂不能不随欧美经济潮流为变迁。于是经济上发生若干之新组织,公司制度,机械工作,首先采用,而尽力于资本集中。国家社会,遂不能不舍均富主义而取集富方针,一步欧美之后尘矣。幸中国新旧主张,尚在杂揉错综之际,而欧美集富流弊,以至根本暴露之时。苏联首树反抗之旗,欧美立呈披靡之势,大势所趋,影响所及,遂使中国经济环境,更形复杂。中国式经济政策与夫欧美式经济政策,已皆不适于今日之用。故吾人研究今日中国之经济政策,又当以今日之经济环境为对象,不当以昔日之经济环境为对象,固勿待词费也。

　　明乎此二点,吾人研究中国新经济政策之先,首应解决者有二,一曰:物质文明之进步,是否容纳? 二曰:均富主义之精神,是否采用? 特分别说明之。

　　(一)物质文明之进步,伊于胡底,与夫其利害若何,在中国已往五千年之圣贤哲士,皆否认无底止之进步为有益,故奇技淫巧,世为历禁。然吾人苟承认旧说,则对于世界学者所发明之"人类进化""人口增加"两原则,必根本予以反对。易言之,人类对于物质方面,不承认其有进化之要求,人口对于生产能率,不承认其有增加之事实。否则物质文明之进步,乃本此两原则所必需者,非利害问题,乃事实问题也。故五千年以来以人力阻止其进步之中国,一旦为欧美潮流所冲破,遂若决江河,沛然莫之能御,夫岂偶然而已哉?吾人以为物质文明之进步,利害若何,别一问题,而事实上具有不可抵抗之力,则举世之人,无敢否认者。故今日世界上,无论任何民族,任何国家,苟欲适于生存,则对于物质文明,只有容纳,绝无抵抗。经济政策上,无论资本主义,共产主义,与夫各种社会主义,苟欲适于现状,则对于物质文明,只可积极提倡,绝不消极抵制。事实俱在,无烦列举。然则物质文明进步最迟之中国,处此环境之下,其应自处若何,可以知之矣。故吾人以为中国之新经济政策,无论采用何种主义,苟无容纳物质文明发展之可能性,则绝对无自保之力,国家民族,必不适生存,可断言也。

　　(二)今日中国经济政策,应本何种主义,为之规定,此问题之大,至可骇人。而世界上经济学说,又复纷奇错杂,各是其是,各非其非。以马克思一人学说而论,传之德国者,异于俄,传之俄国者,异于德,英人之奉其说者不同,法人之奉其说者又不同。以列宁一人主张而论,一千九百二十一年以前,与是年以后不同,今日列宁之党徒,犹是昔日列宁之党徒,而史杜异论矣。故举今日世界各种经济学说与夫政策,而求其贯串,实不可能之事。今世界国家,已无绝对之资本主义主张,亦无绝对之共产主义矣。举世界各种经济学说与夫政策,而列其差异,又实无终了之时。今世界国家,学说已随时变更,政策又随时改动矣。吾人不得已,姑捨其各个之差异,而论其大体之归宿。就客体方面而言其主义,有所谓资本者,有所谓共产者,有所谓限制资本者,其程度各有所差。就主体方面而言其主义,有所谓资本家者,有所谓国家者,有所谓国家社会者,其程度复各有所差。吾人捨其名而求其实,所可得而明确认识者有二:(一)偏于资本主义,即欧美近代以来所实行者,其精神所注,在集富于国家，集富于个人，在政治上表现之名词，所谓帝国主义是也。（二）偏于共产及各种社会主义，即苏联共产党及各国共产党及各国共产社会各党近年以来所提倡者，其精神所注，在集富于国家，均富于个人，在政治上表现之名词，所谓反帝国主义是也。两种主张，是非若何，吾人若以中国五千年以来所本之均富主义，一为比较，自知优劣所在矣。

中国之均富主义，精神所注，在均富于社会。易言之，不集富于国家，亦不集富于个人。所谓社会者，合国家与个人而言之，国家不独富，个人亦不专富，国家与个人求其均，个人与个人求其均，不许国家为大资本家，亦不许个人为大资本家也，不重视个性，亦不漠视个性也。吾人须知以个人为大资本家，以国家为大资本家，支配全国经济之意思与力量，均集中于少数人，前者集中于少数之资本家，后者集中于代表国家少数之政治家，全国经济基础，时时为少数人所动摇。例如欧美式政策，集富于国家集富于个人之结果，支配欧美各国经济者，为少数大资本家与夫少数之政府中人而已。苏俄式政策，集富于国家之结果，支配苏俄全国经济者，仅少数政府中人而已。一国家一民族全体之经济状况，其重心置于少数人之手，实一至危险之事也。吾人更须知以个人分子组成之国家与民族，经济上之设施，一方应谋共同之发展，当然不可偏重个性，一方应谋各个之发展，又当然不可漠视个性。欧美近代之政策，偏重个性，至造成特殊之大资本家，而来过激之反动。苏联一千九百二十一年前之政策，漠视个性，致生产能率，一蹶不振，不能不改行新经济政策，即其明证。故集富于国家与夫集富于个人，吾人皆认为非以个人组成之国家与民族所应取之适宜政策，中庸之道，其惟"均富于社会"之一策乎。

虽然，欧美之所以采集富于国家集富于个人政策者，欲兼以国家及个人集富之力，容纳物质文明之发展是也。苏联之所以采集富于国家政策者，欲专以国家集富之力，容纳物质文明之发展是也。吾人不采集富政策,而采均富政策,则此物质文明之进步,是否有容纳之力,实为先决问题。吾人草此中国新经济政策之精神,完全在此。易言之,中国五千年经济政策,本为均富主义,吾人所草之经济政策,亦一本于均富主义。而所谓新者,即政策中有容纳物质文明发展可能性者是也。进一步言之,即使国家之力,有容纳物质文明发展之可能性,而予以限制,不令国家独为大资本家;个人之力,有容纳物质文明发展之可能性,而予以限制,不令个人进为大资本家。俾全国富力,均之社会,以五千年来相沿之均富精神,应用于今日物质文明进步之社会也。著者自信中国五千年来相沿之均富主义,实于近世各种经济学说,有兼容并收之量,无畸轻畸重之嫌,苟能发挥光大之,必足以风靡世界,初不必喜新厌故,更不必捨己求人,谨书所见,质诸海内贤者,共商榷之。

第二章 生 产

生存是人类第一要求,其所以达此要求之程度高下,当然一系于生产人之力量与夫物之数量若何。故一国家,一民族,苟欲适于生存,其经济政策,必有以使生产人之力量,有进无退,生产物之数量,有增无减,所谓"生之者众,食之者寡。"最重要之点,不外斯矣。明乎此,则新经济政策,首应研究者,当然为生产问题。兹分土地、资本、劳力三节说明之。

第一节 土 地

原始时代之土地,犹之今日之公海也,当人类稀少之时,取之不尽,用之不竭,无所谓私有,亦无所谓共有,根本上只有"用"之观感,绝无"有"之意思。不独土地然也,举凡百物,莫不若是。盖天然之供给,过乎人事之要求也。"有"之观念发生,当然同时有"不有"之观念发生,故必天地间同一物之同一数量,不能人人而有,而后有不有之观念,始得而生。苟使人人得而有之,则有与不有等,不有与有等,"有"之意义,根本不存。(学者释"有"之义云,罗马规定所有之意义,即依手把持之义。按说文有从?又声(13 页),或以为从又持肉。从又持肉即依手把持之意。手持者谓之有,非其手持者,当然谓之不有矣。)世界人类,无论文野,最初发达之语言中,"我的""你的""他的"三语,早即存在,实为人类支配外物,"有"字观念最初之表现者也。更溯其前,对于土地及举凡百物,只有"用"之观念,绝无"有"之意思。一曰"有"字,即有"不有"字,自是完全私有之表示,更无共有之意义。今人用语不审,往往认为原始时代土地为共有,实则共用而已。彼时"有"之观念,尚未发生也。今人又往往以土地收为国有为共有,实则国有者,别于个人之不有也。甲国之有者,别于乙国之不有也,私有主体之变更而已,于共有意义无关。苟真欲实现人类之共有,无所谓国别,无所谓种别,则其数量,必一如今日之公海而后可能。然一如公海,则只有用之观念,"有"字意义,根本消灭矣。举凡百物之所谓共有者,义等于是,以此推之可也。

土地本为公用,吾人已述于前,然土地由公用而为私有,较其他百物,实现独后。盖土地之数量,与人口之比例,供过于求之时间,比较他物,为时独久也。吾人略从历史上观察,约在牧畜时代与农业时代之间,土地首为各个部落私有,然不能谓之个人私有。共同居住之制,共同耕作之法,历史上斑斑可考。待乎部落互战之结果,战胜之酋长,往往得拥有广漠之土地,一变为大地主。而人口发达,大地主得役使之而求其偿,于是土地遂得以各个人力,尽量开辟,共同居住之制,遂渐变为个别居住之制,共同耕作之法,渐变为个别耕作之法,个人始因役始而占有,卒因占有之事实,而构成所有之权利,可得移转,可得相续矣。故个人土地私有权者,就历史上观察,实社会因事实而承认之,国家因事实而赋予之,所以保障生产,消灭争端也。

虽然,关于土地历史上之经过如何,别属专门研究,在研究今日政策上,并非重要问题,吾人所认为亟应解决者,即在"今日土地应归何种主体所有为是"是也。

世界学说中,反对一切财产个人私有权,略别之约分两派。

(一)绝对否认说。克鲁巴金派属之,克氏主张要点,谓一切财产与各种科学及各种发明,为过去人类共同之所产,当归于后代人类之公有,无论何人,不得占为私有。

(二)相对否认说。

(甲)马克思派。马氏主张要点,谓关于生产之财产私有制度,系掠夺劳力者所得之保障,应予废止。然如庖厨什物及文具,又制造必需品之用具,则可私有,其用于享乐手段中者,大体可为私有。

(乙)布鲁东派。布氏主张要点,谓财产私有系掠夺结果,应予废止。至于土地,使用耕种之土地财产,虽私有不为不正,不使用耕种之土地财产,虽共有亦为不正。

此外学说,或认为财产私有之因,必结"利息"与"怠惰"之果,与社会有害,应予反对者。或认为人类劳力之冲动,一为所有欲,一为创造欲,应发达创造欲,减少所有欲,人类始有良好之进化者。至专反对土地个人私有权者,其说尤盛,不独共产主义派而已,国家社会主义派及其他各种社会主义派中,多主是说。国家社会主义中最著者如亨利氏,瓦纳氏,及各种社会主义中最著者,如希特尼氏,高尔氏,豪布森氏,大抵皆认"土地为天然之恩惠,非任何人之生产物,不得为任何人所私有。"其结论均主张公有或国有。然共产派主张,土地应与其他一切生产财产私有权,同时废止,办法至为简单。其余各派,则颇有区别。亨利氏主张课税收归国有,瓦纳氏、希特尼氏主张募债收归国有,高尔氏主张无偿收归国有,豪布森氏主张有偿收归国有,各持其说,莫衷一是矣。

综各说大意而言,当然须认克鲁巴金主张,理论上为最彻底,共产派之马克思,拟将一切财产,别为生产用,非生产用,或享乐用,而定个人私有权之范围,已由理论上过渡为事实上之研究,非废止个人一切私有权单纯主张矣。吾人认为人类生活经过,先有事实,后有理论,克鲁巴金氏彻底主张废止财产私有权之理论,共产派学说,已认为须区别矣。马克思氏完全主张废止生产的财产私有权之理论,试行于苏联者,未及三年,而颁布新经济政策,又已多所变更矣。故吾人与其根据单纯之理论立言,勿宁根据复杂之事实建议,铺张学说,蹈虚而谈,终鲜济也。

注:苏俄于一千九百十八年十一月二十二日,废止旧民

法,完全不承认私有权,纷扰结果,仍于一千九百二十三年,颁布新民法,予以条件的承认。一千九百十八年四月,禁止私人相续权,遗产归公,行之五年(至一九二三年止),归公遗产毫无(详见一九一八年起至一九二三年止预算收入记载),徒奖励人民隐匿之风而已。一千九百二十三年颁布新民法,遂亦予以条件的承认,故私有权能否废止,与其争之理论,不如考之事实也。

　夫土地应归何种主体所有,在种别国别存在之时,当然不能作人类公有之主张。在现况下,公之最大限度,只能主张国有,然事实上之困难有二:

　(一)为国家收回时之困难。一切财产私有权,均予废止,无偿收归国有,则土地私有权亦当然废止,可以无偿收回,固属一贯之理论。然一切财产无偿收归国有,乃事实上绝对不可能者,则土地不能单独主张无偿收回,自属论理的当然判断。若以有偿收回,则无论以债票、以现金,其国家有如此巨大之担负力否,实为疑问。

　(二)为国家收回后之困难。土地收回后,租借人民使用,是否取偿的?不取偿,姑不问财政上关系若何,事实上将等于租用人之私有,国有理论,不能贯彻;取偿则市街土地,比较容易。若夫耕作土地,取偿方法,将以产物征收乎,抑将以货币征收乎?以产物征收,则产品有差,丰歉有差,标准至难规定,手续至为复杂。若以货币规定,则仍为国家一种租税而已。既为一种税金,则与今日田赋制度何异?在国家收入方面观之,国有与非国有一而已矣。在个人收入方面观之,私有与国有,又一而已矣。且使用权是否永久的?不永久则人民对于其使用土地,将不复为永久的计划,耕作土地,无改良希望,生产能率,必至大减,况岁岁易租,年年换佃,国家行政,至为烦琐,人民耕作,至感不安。若一认为永久的,无论定年限或不定年限,在此限中,是否许其移转租借?不许移转,则租用者仍不便作相当计划,许其移转则不能不承认其移转权利(即受移转者予以偿),有移转权利即有相续权利矣。是使用权与所有权,实异名而同实,完全失土地国有之性质矣。且市街居住土地,若将土地上建筑物,不认为私有,则除国家建筑外,将无复有私人之良好建筑。若认为私有,则不能不定与建筑物适合之租借年限,在此限中,土地遂随建筑物带同一私有之性质,可以移转,可以相续矣,是又全失土地公有之性质也明矣。而随时代之进步,土地当然有应递增之价值,一经国有,土地不能售与私人,则其增价,等于虚有。且既无售卖之事实,即无价格之标准,按价加征之事,为不可能。一度规定土地之使用税金,以后即失其土地本身分别加征之标准,而其土地当然增加之价格与夫收益,习惯上事实上全部或一部必将渐转为租用者所私有矣。凡此种种,皆事实上之困难,足以为理论上之障碍,吾人再以苏联经过之事实证之。苏联革命之始,完全为共产主义,土地当然随其他一切财产,无偿收归国有,且为贯彻主张,规定农产物征收法,强制征收农民自给之外余剩,以分配非农民者,农业生产能率,因降至最小限度,民食与原料,当然不足,遂演成一千九百十八年至二十三年中之大恐慌,饥冻死者达二百万人以上,不得已乃改行地租法,准农民缴纳地租外,其余产物皆归私有,自由处分。然其地租,尚为农产物,非货币也,手续当然烦琐,至感不便。一千九百二十四年,乃更进一步,改为农税,可以货币换算矣。于是完全与田税具同一之形式,且农民之土地使用权并无期限,事实上已变为个人私有。不过昔日个人土地私有权,为非纯粹之农民,今日个人土地私有权,为纯粹之农民,私有权之主体,略有变更限制而已。至市街居住土地,现在虽仍为国有,保持原来之主张,然地上之建筑物,已逐渐有恢复私有之倾向。土地之公有,将随建筑物之私有,失其真相,事实上之障碍发生,实莫可如何也。

按:苏联自规定农税以来,虽失却土地之本旨,而农产生产能率,实已恢复旧状。耕作土地,事实上虽无异农民私有,然农民外之地主,不复存在,农民自耕其田,收益自比从前佃户制为多,用力亦勤,农民经济,自比昔日为裕。故今日苏联之农民利益,已远胜帝俄时,实不可掩之事实。苏俄全国人口约一万四千万万,农民约占百分之八十,农民阶级之经济优裕,全国经济,自因之稳固。据美国人调查,谓革命后三年中,俄国全国生产,最低率减至欧战以前七分之一,自实行新经济政策后至现在(一千九百二十六年),已恢复百分之九十,明年即可完全恢复。又据杜洛斯基近日出版之(Whither Russia)书中云,以后每年生产增加,预计可由百分之四十至五十,是苏俄新经济政策实行后之经济状况,不可与完全共产时代之经济状况,相提并论。近人论俄事,往往仍具一千九百二十一年前之眼光,殊为大谬。须知苏俄最近经济基础,业已稳固,至少亦可谓不能比世界任何一国为劣。以其努力之经过推测,将来或比任何国为优,亦事实上应有之观察。总之其非单纯的共产主义,事极明瞭,不可误会。至土地国有主义,确未达到,然耕作土地,完全归耕作农民所有,确已做到,而其成绩,又确极优美,全国经济之进步,即在此点。因俄国本以农立国,农民经济一裕,经济政策中之重要问题,已解决十分之七八矣。本年(一九二七年),日人山川菊荣氏著有苏俄经济发达一文,调查颇详,译登国闻周报三十九及四十期,可参考。

学说事实,略陈如上,今且进论中国之土地问题矣。吾人不欲远采世界之任何主义,乃仍一本中国旧有之均富主义,以谋解决,不集富于国,亦不集富于个人。易言之,对于土地问题之解决,精神所注,不欲使国家为大地主,亦不欲使个人为大地主是也。就土地言,注重在效用之增加,就所有者言,注重在使用之限制。因土地种类之不同，兹分类别述办法如下：

（甲）　耕种土地（包含耕种者之宅地）

中国耕种土地，究为若干，苦无精确调查，据民国三年统计，约为十五万七千万亩，全国行省总面积为一百零三万一千一百四十余万亩（即除蒙古西藏外约二百四十四万六千余方哩）。耕种土地，仅占全面积约百分之十五。有人假定山川泽沼及一切不毛地，占全面积之半。耕种土地，在全面积可耕种土中，亦不过约占百分之三十而已。吾人再从严计算，姑另假定一切不毛之地，占四分之三，亦应有二十五万万亩以上可耕种之土地。已耕土地，亦不过仅占可耕土地五分之三，尚余十万万亩荒废土地，其数亦至可惊也。又据民国三年统计调查，全国农户为五千九百四十万户，每户假定五人，约合人口三万万人，实约占全国人口四分之三（最近邮局推算中国人口为四万万三千万。），与世界上农民最占多数国家之苏联（百分之八十即五分之四）相比，实不相上下，诚不愧世界上以农立国之唯一大国也。然以六千万户口，与夫三万万人口，与已耕种土地比较，每户不过约二十六亩，每人不过五亩而已。且据同时之调查，农户中以小农为多，计不满十亩之户，有一千七百九十一万四千户，占农户百分之四十二以上；十亩以上者，占百分之二十六以上；三十亩以上者，占百分之十五以上；五十亩以上者，仅百分之九以上；百亩以上者，仅百分之六以上而已。十亩以下之小农户，平均以五口计算，每口分配土地，极为有限，所出产品，当然有一大部分不足自给者，更当然有一大部分人力无所用者。故中国农民阶级中之小农部分（简单计算，即全农民三万万人口中，百分之四十二，即一万二千六百万人），无论土地所有权之属人属己，其生活实至可悲惨。再据农部调查自耕农约为百分之五十二，以此推算，假定小农中半数为佃农（约占全农民三万万人中百分之二十一，即六千三百万人），则其苦痛更倍于半数之自耕地，自不待言。吾人藉此可知四万万三千万人口中，专就农民而论，至少已有六千万以上之人,生活在极惨酷之地位矣。故吾人在研究所有权之前,亟应特别注意者,即现在中国耕种土地之供,不足应耕种土地者之求,已为事实(据海关贸易册,每年完全食品之输入,已达三万万元乃至四万万元,即可反证),而荒废土地之开辟,实较解决所有权问题为尤亟,更不待费词矣。

土地问题之解决,应注意其效用,吾人已述于前。耕种土地之效用,如何能使之增加,自在耕者之自有其田,自耕与佃耕,其效用当然不可同日而论。[但中国佃耕制,与帝俄之佃耕制不同,各地办法,虽有差异,然大抵皆除缴纳一定数目与地主外,余者即为佃农所得(长期雇工或临时雇佣者例外),已属比较的进步制度,近报载湖南某地有人行三三一制,十分之三归佃农,佃农转起而反对,足证佃农所人之优。]苏联倡共产高论,事实上亦不过得耕者有其田之结果,而农业生产,因之进步,农民经济充裕,全国经济亦随之充裕,明效大验,已昭昭在人耳目。孙中山在民生主义书中,并未主张将耕种土地,收归国有,而专注重"耕者有其田",实为至当。然中山所提出平均地权办法,一为"按价增税"(即土地因时代进步应增加之价格,政府可按增涨价格,加增税率),一为"涨价归公"(即土地因时代进步增加之价格,除原价归私人外,涨价部分归公),办法至为简单,只能一方面加增国家收益,一方面限制地主收益,绝不能达"耕者有其田"之目的(详见拙著三民主义评论文中)。且涨价归公办法,不可完全适用于耕种土地。盖都会居住土地之增价,确非完全地主人力,涨价归公,有相当理由,耕种土地之增价,确有地主极大人力在内,不能与居住土地一概而论。例如每亩出米二担之熟田,地主加以人力,改良土质,或加以资本,岁增肥料,或共同出资,开辟水利,其结果每亩可出米三担,土地价格自当随之增加三分之一,若责以涨价归公,则土地与夫种植之改良,将不可期,生产能率,将有退无进。就增加土地效用意义言之,实为自杀政策。然此犹就熟地而言,若夫半熟地,及荒地,一适用此办法,全国将无开垦荒野之人矣。吾人非认为耕种土地之涨价,绝对不含人力外之原因(例如从前米一石值九元,现在米一石值十八元,实非完全耕种人之人力),然与居住土地之涨价,少人力之原因者,迥然有别,至少"涨价归公"办法,应有区别,而区别标准,至难规定,稍失其平,于生产能率之增进,大有障碍,且于奖进荒野土地之开辟,尤多不便。故吾人以为只要"耕者有其田"之目的达到,附带一"按价增税"办法已足,至"涨价归公"一节,对于耕种土地,主张放弃,因关系小而流弊多也。

然则"耕者有其田"之目的,如何能达?著者以为中国自耕农,据上述统计,本非少数,国中复无帝俄式之大地主(前清王公圈地,近已逐渐开放,百亩以上地主,据统计所列,仅百分之六而已),佃农制度,亦比较进步,且对于土地外一切财产,事实上既难主张无偿收归国有,自不能单独主张土地无偿收归国有。故苏联从前无偿将土地及其他一切财产收归国有办法,实无采用之理,而有偿收回,又非国力所能及,且吾人认为收归国有后之结果,事实上仍须租借与农民。故无论有偿无偿,实无须多此收回手续之必要,吾人只须定一办法,使得达"耕者有其田"之目的可也。著者所拟办法大纲如下:

一、非自耕之耕种土地,每年田赋,按年照定率递增二十分之一,由地主缴纳之,所有权转移与自耕农时,或地主自耕时,仍照自耕农税率征纳,但田赋定率,每五年得变更之。

注一:按此条系使自耕之地主负担轻,非自耕之地主负担重,且与年俱进,至相当年限时,非自耕之地主,将完全消灭。惟须顾及自耕农之购买力,与夫非自耕农变为自耕农之犹豫期,增税之率,不能过重,姑假定为二十分之一耳。至田赋定期改率一节,即中山先生按价增税之意。

注二:或谓税可转嫁,然转嫁有时间及成分之关系。此种按年递增之税,绝无永久全部转嫁之可能性。

　　注三:有秋涛君对于此节曾有评论(见国闻周报四卷十一期),嫌递增税过重,自耕农购买力薄弱,非自耕地主求售不得,而负担与年俱增,损失甚重,且恐碍及生产生活,所见极是。但递增税率,本系假定,须经事实调查,方能确定,且可因随时事实变动修改,非不可变者。此次修改,已将假定率,降为二十分之一,实行时自应根据各地情形,分别另定,不必拘泥。至下列第二三项,于非自耕地主,损失关系较微,其微率亦可于事实上斟酌后改正。要之,立案之意,在使耕者有其田,对于非自耕之地主,当然不能为公平待遇,此无可如何之事也。

二、耕种土地,移转于自耕农时,移转税免除之,另定手续费,以移转税原率百分之五以内为限,换给地契。

　　注:中国土地移转税最重,此条在使自耕地主免去此种负担,而使非自耕地主,购地时立于不利益地位。

三、耕种土地之相续人非自耕农时,按移转税率,征收相续税,相续人为自耕农时,免除之,另定手续费,以其税百分之五为限,换给地契。

　　注:中国本无相续税,土地相续人,亦不另换地契,此条精神,注重在奖进耕种土地之相续人为自耕农,自不待言。假姑定以土地移转税率,为相续税率,将来相续税率规定时,随时改易之可也。

四、自耕农每户之耕种土地,由每县公布最高限制,逾限者,以非自耕地主论。

> 注：吾人非欲奖进自耕农土地所有权，在其力量以上，不能达自耕目的，仍造成一种特殊的非自耕之地主，失却立案本意，至每户限制数目，按旧说为一夫受田百亩，现就在统计上平均数目，为每户二十六亩，相差甚远。故必须将可开辟土地，调查统计，更必须将每户生活能力两方应需之土地平均限数调查统计，互为比较，方能规定。今姑假定每户五十亩为一最大标准，而因气候土质人口各地有差，不能不予以伸缩，故应由各县按政府所定标准，酌量地方情形，予以增减，经省政府之批准公布之。

五、由各县设立农业银行，在银行内专设辅助自耕农购地基金科目。凡第一项非自耕地主所增收之田赋部分，及田赋变率之增税部分，第二项非自耕农所增收之移转税部分，第三项新设之相续税全部分，按年照数拨归基金户，以低利长期放给自耕农之购地者，即以土地为抵押。

> 注一：自耕农之购地力，必须辅助，本案方有效力。此条用意极明，农业银行，每县本不可少，当然不专半此事，自可利用此基金，补助农民流通资本，其详应另为规定。至此项基金每年可得若干，未统计以前，著者自难回答，但此实年限问题耳，目的必终可达到。将来事实上统计，若数目过少，政府自当筹他项税款补助之。要之补助购地基金实不可少，本案收效迟速，以此卜之。
> 注二：秋涛君对于补助购买力办法一节，亦有论列。拙著认为农业银行补助购买力办法，有因时因地，详为规定之必要，且可随时设法增加其资力。例如有可发社债之时之地，即

可令发地方社债,有可筹拨新财源之时之地,即可令其增加公家资本。若金融组织就绪,并可令国家或地方发行钞票及管理国库银行与以若干资金之通融,如前清规定藩库银例价以若干发典生息例,至补助方法,或长期或短期,或以土地抵押,或以非土地抵押,或由旧主转借,银行居中,或由新主自借,银行为主,办法甚多,非因时因地,事实上遂一详定,且须随时改正不可。故"注一"内云"其详应另为规定也"。秋涛君所举办法列下,以借参考。所云增发钞票周转一节,虑滋流弊,未敢赞同也。

秋涛君列举办法:

一、耕地之移转,在自耕农无力出资时,许由各县之农业银行为之居间,一方由两造订立移转契约,一方由新地主与银行订立押抵与银行,由银行支抵押借款,为付田价,以后归新地主逐渐拨还,地价照最公平估计,由三方面订定。

各县农业银行之资本,自远不敷本县所需耕地转移所需地价,当由政府许其随时以所押进之耕地为担保,增发行钞券周转(因此而增发钞票自不得逾于押进耕地价值以上)。如旧地主别无投资之所,则可由银行将其田价吸入行内,或即作该行扩充资本,或作存款发给股单或存单。(在银行一面为投资于自耕农,一面为吸收现款应用,如此并可减少市面纸币额,不致发生现金过多之弊。)在此情形下,银行所得放款于新地主之利息,自不足之抵存款或股本利益之开支(利息过微,自不能吸住旧地主之资本),则再由政府拨他种税款以辅助(此仍系前溪君主张,惟利息辅助额所需之款自较购田资本辅助额为少,而易于筹措),若同时能收入增收田赋税部分等各款,亦应一并移充利息辅助。

二、非自耕地主,如立愿出脱其土地,可与相续人同时订立两契约,一为买卖土地契约,一为抵押契约,非自耕地主之土地所有权立时移转于自耕农。作为自耕农以所得土地为抵押向原地主借款购得其地，抵押借款额，即与田价相等，由自耕农以后拨还本息。此项办法，利息自应加以限制，原地主如嫌利息过微，则在此项契约前，应许其呈请地方官厅准由农业银行，给与利息津贴，此项津贴来源，自由政府负担之。

以上两项比较，第一法似较活动，第二法恐事实上窒碍难行（地主如不愿作为押款而需现金，则无法救济），且易发生流弊，造成特殊情形之新地主。惟若能采行其一，土地转移之际新旧地主利益似均可顾全矣。且为速求达到耕者有其田之目的，非自耕农之税即再略为加重，亦所无妨。盖在此时，非自耕农地主若其不愿脱地，则其损失，乃自愿负担，不得归咎于新经济政策矣。惟行第一法时，尚有二应注意之点。一、市面现金，恐不免增加多少，故行此法时，宜同时并举办其他可靠有利事业，以吸收市面资本；二、农民受田，宜定时期待遇办法，即愈早者，宜愈加厚待，愈迟者宜愈加制限，盖惟如此，然后可使农民免于观望，而希冀田主重受损失，贬损地价也，此则可于抵押借款之利率，酌量增损之。

以上所述，或不免过偏于理想，是否可行，作者仍不敢自信，愿高明有以指正之。

中国耕种土地，或所有，或典有，或全部自耕，或一部自耕，或典耕，或佃耕，种类不一，习惯法亦复多所差异。以上所述五项大纲办法，绝不能包含无遗，自应本"耕者有其田"目的，依据此五项办法，就各地情形，增添例外，另行规定实行细则，自不待言。著者自信者，以为依据此五项办法，可以不破坏现在经济组织，实行前后，又不过户籍调查与自耕证明两种手续，别无骚扰，而"耕者有其田"之主张，相当年限内，必可达到矣。一人思虑有限，纠正之，补充之，是在读者。至土地清丈一事，非旦夕可能，当听各地方斟酌逐渐举行。

但著者在五项之外，有应声明者，数项：

一、照此办法,完全废除大农制,于土地种植改良,难得大农制之利益。故政府必须于各省府县中适宜地点,多设农事试验场,为之提倡。若夫水利河害,关系更大,当然政府专责,更不待言。

二、政府必须以全力,分设开垦局(其经费办法,详见第三节),开垦土地。政府对于荒野垦地,并应准人民特设公司办理,赋予特许权,其权利由特许章程中定之,不受上五项办法之限制。

三、鸦片及其他妨害民食之产品,应行严禁,并应恢复改善前清常平仓制度。(常平仓一节,详见第三章分配文中。)

四、政府应于适当时期,规定惰农惩罚条例(即关于土地荒废,分别程度,予以惩罚)。

关于耕种土地办法,略述如上。四万万人中,三万万农民问题,倘得因此解决,则新经济政策中主张之基础稳固矣。

　　　　附录　农民问题案评论

　　　　注:按中国以农立国者五千年矣,现已演成小农制度,与苏俄情形不同,关于土地问题,有极复杂之变迁,极深固之习惯,欲达耕者有其田目的,必须因时因地,为渐进之改革。若施行剧烈变更,必立遭非常反抗,发生一时之纷扰,为患尚小,阻碍将来之进行,关系甚大也。本年(十六年)党军在武汉施行"农民问题案",致酿湖南巨变,即其明证。著者于该案发表时,曾有评论,不幸后皆一一如其所料,兹录于后,以供参考。此案实近今改革农民问题各方案中,最为具体且曾经试验者,历史上有保存之价值也。原文列下:

　　　　党政府以解放农民号召于天下者久矣,然迄未发表其具体方案,而设施之散见于湘鄂者,又苦于传闻异辞,杂乱无章,吾人不能得明确之认识,无从为适当之批评,唯有怀疑而已。三月十六日汉口国民党中央执行委员会第三次全体会议,忽通过"农民问题案",党政府具体之主张及其办法,略见于该案条文中,诚予吾人以最好之研究资料,特将原案条款列前,附评论于后。兹事体大,深盼留心国计民生之贤达,各抒所见,以供世人参考也。

一、政府应立即着手设立区乡村自治机关,由乡村居民按照区乡组织之,管理区乡间一切行政、经济、财政、文化等事宜。农民协会应在本党指导之下,为组织与指导此自治机关的中心,区乡自治另定之。

二、区自治机关内应设立土地委员会(必要时乡自治机关内亦可设立之),由农政主管机关派员,及农民协会代表组织之,以筹备土地改良及实行政府所规定关于土地整理与土地使用之各种办法。

三、所有乡间不属于政府军队之武装团体,必须隶属于区或乡自治机关,如有不服从者,即应依照处置反革命条例处办之,区乡自治机关,应有改组此等武装团体之权力,使此等武装团体确能保卫乡村人民,而为乡村人民之武力,保卫乡村人民所必需之武力,感觉枪支不足时,政府须设法补助之。

四、本党关于联席会议,减租百分之二十五之议决,应于本年内完全实行,田租契约应向乡自治机关注册,乡自治机关与农民协会并监视不得超过决定当地最高租额,乡自治机关与农民协会应废除一切租约内或租约外之任何苛例,应由政府下令,准许佃农有永久租使土地权,非地主亲自收回耕种,不得退田另佃,如佃农自愿退田时,或田主收回亲自耕种时,对土地所增善者,应得相当报酬。

五、区乡公地及庙产,政府应下令饬其交给区乡自治机关管理,各宗族公有之祠堂、地产,须禁止族长或少数豪强份子把持,致违反宗族内贫困者之利益。

六、政府应严重处罚贪官污吏土豪劣绅及一切反革命者,并依法没收其土地财产,此等土地财产之属于区乡者,应视为人民公有。

七、旧有田税法,实为不合理不公平之税则,急应改革,至于现在征收于农民之各种苛捐杂税,为害农民经济甚大,亦应逐次废除,政府应从速规定与当地需要相当的划一税率,其他对于土地及乡村生产品所征收之新税,须一律废除,如此方可减轻农民负担,一切收税机关,应转于区乡自治机关及财政主管特派员之掌握,不准劣绅土豪盘据,必须完全改组。

八、为减轻农民受高利债剥削起见,政府应颁布明令,禁高利盘剥,规定利率,不得高过年利二分或月利二厘,并禁止利上加利,对于农民旧有之债务,国民政府农政部应速决定办法,解除农民因债务之痛苦,并应设法立即组织农民银行,年利百分之五贷于农民。

九、为防止地主及奸商抬高粮食价格及救济天灾时之贫农起见,政府应准区乡自治机关请求农政主管机关,给以管理粮食出口及保存一部分粮食之特权。

十、国民政府应加紧筹备以上各问题,预备提出下届中央执行委员会全体会议。(一)付租须经由乡自治机关,如何政府可由租内扣田税。(二)实现民主制度之县政府。(三)组织独立的民主的司法制度,以解决由土地发生的问题及他种问题。(四)解决贫农土地问题之具体办法。中央执行委员会全体会议认为以上各项仅为中国农民解放门争之第一步工作,顾此等斗争扩大与强固,必须唤起农民自己起来活动,且获得政府全力之援助。

以上就原案所列条文十款,一为解剖,自知该案包含改革政治组织之量,实超过于经济也。兹分两项,分别述其重要之点。

一、关于政治者

(A)立即组织区乡自治机关,其职权如下:

(1)管理一切行政、经济、财政、文化等事宜(第一条)。

(2)编制保卫军队(第三条),其军队,为已有之武装团体(如民团、保卫团及团防局之类,见宣言书中)之改编(改编不服者,以反革命条例处罚之),或另由政府之补助。

(3)管理公产,其公产一为原有之公产及庙产(第五条),一为贪官污吏土豪劣绅及一切反革命者由政府严重处罚没收之公产(第六条),并监察祠堂等私人团体土地事务(第五条)。

(4)附设土地委员会,管理土地改良、整理及使用事务。(第二条)

(5)田租契据之注册及监视事务。(第四条)

(6)管理粮食之输出及保存事务。(第九条)

(B)区乡村自治机关,应以农民协会为中心,组织之,指导之。农民协会,应置于国民党指导之下。(第一条)

就(A)项而论,此案要点,在组织有相当武力广大权限之区乡村自治机关。就(B)项而论,此案要点,在使此自治机关,产生于农民协会而受其支配,农民协会又产生于国民党而受其支配。

此种政治组织,吾人不必多费说明,一读即可知其为仿行苏联之苏维埃制度者是也。苏联行政制度,关于区乡村者,系以布鲁西维克党指导下之农民团体为中心,组织区乡村苏维埃。关于市镇者,系以布鲁西维克党指导下之工人团体为中心,组织市镇苏维埃。以此农、工两种占全国最大多数之人民组织之苏维埃为基础,然后次第的建筑若干级苏维埃机关于其上,则党治精神,贯彻到底,颠扑不破矣。国民党此案精神,亦犹是耳。

在数千年来传统的富于个性之中国人民,能否以党治精神贯彻组织,未可轻易判断。革命中,党治或可便于进行,革命后,党治是否易于保持,更未可轻易判断。然在此内外势力压迫下之中国,革命危机,当然发生,各种革命方式中,又当然必有一种苏联式或法西底式之党派革命,为应运而生之新产品,亟须在中国一为试验者,固时势所造成,无所谓是非,更无所谓赞否也。故吾人在今日,所欲讨论者,非理论问题,乃事实问题,即所谓按此苏联式方案进行。事实上,国民党现在能否有此多数经政治训练之党员,为全国农工中心之苏维埃指导者是也。吾人第一须知苏联农工,大都予以相当之政治智识,现在中国农工,能识字读书者几何人。第二须知苏联农工之指导党员,大都由农工出身,国民党现在由农工出身可胜任指导之党员,又有几何人。第三须知苏联党员,须经极严重之手续,始能入籍,较长期之训练,始能任事,而以农工资格,入籍者易,任事亦易,非农工资格,入籍者难,任事更难,国民党现在党员,无论其资格若何,凡经此手续受此训练者,又有几何人。故吾人以为果拟实行此案,至少限度,必须先给予一般农工政治上相当智识(自识字起至略知政治情状止),必须先收集多数由农工出身之党员,予以相当之政治训练,为党之中心,必须先严定入党手续,确定训练期间,凡布鲁西维克党员所应具之"艰苦的生活""廉洁的服务""科学的智识""世界的眼光"四项基础条件,不可缺一。虽不必人人高企列宁,至少如鲍罗廷等辈人材,非训练出百十以上不可,然后此案实行,方有成效可期。否则,其结果,非国民党所最反对之各地方贪官污吏土豪劣绅,投机的一变而为国民党员,即毫无政治训练之地方青年,盲从的一变而为国民党员,各联合不识之无之农夫,占据地方自治机关指导者之地位而已,不幸二者有其一,则良善农民反抗之声必起矣。故吾人对于此案最怀疑之点,即在第一条立即组织区乡村自治机关之"立即"两字,因知立案者之政治经验,似远在孙中山先生之下,中山主张,实行人民自治之前,必须划定"政训"期间,训练人材,确为见到之言也。

二、关于经济者

（A）佃农对于地主佃租，减纳百分之二十五，自治机关，并应规定最高租额，不得超过。（第四条）

此项规定，与自耕地主无关。非自耕之地主，减租百分之二十五，藉以增益佃农之收入，且复规定最高租额，以后无增租之可能性。故若佃租以现物规定者，以后尚可随市价增减，若以货币规定者，将永无增减。此种地主所有之土地，必落至一定最低之价。可以断言，然典佃者（即典田者自种者），对于地主之关系若何，典田出佃者（即典田不自耕者），佃户对于地主典主之关系又若何，并无规定，但吾人专就此项规定而论，可断定已典出之地主，必有大部分不赎田，甚至无缴纳田赋之力，国家应征之田赋，势必责成典户或佃户照缴也。吾人若再以（A）项规定，合（B）项规定，参观而论，更可断定非自耕之地主与典户，绝不能保留百分之七十五佃租，将求弃田而不可得也。故此项应与（B）项参观并论。

（B）佃农有永租权，非佃农自退，或地主自耕，不得收回土地，可收回土地时，须给佃农以土地改善之报酬。（第四条）

按此项规定，苟实行时，不另定保护非自耕之地主利益法令，则地主惟有弃田而逃，较之完全没收其土地办法，更进一步矣。何以言之？退佃条件，业已明白规定，只有两项，佃户不缴纳佃租，当然不能作为退佃条件（欠租虽可以起诉，但起诉结果，因先有此规定，当然不能为退佃之裁决）。如佃户不照缴佃租，则地主一方面不能收佃租，又不能退佃另租，一方面则须照缴田赋，故地主除弃田而逃外，别无办法矣。至所谓可退佃之条件，事实上必极难实现。盖佃农享得之永租权，无自行放弃之理，一也。地主纵可自耕，佃农对于土地改善报酬费，可任意要挟，使之不能，二也。至于非自耕之典户，较地主为优者,仅无缴纳田赋之责任,可以弃田不必逃而已。吾人对于(B)项之规定,可明言者,若实行时,不加入不缴纳佃租者可以退佃之条件,则非自耕之地主,必有弃田而逃者,典户仅不必逃而已。若不严格规定土地改善报酬之限制,则非自耕之地主典户,将永无变为自耕农之日,更不待言矣。

总之,立案之意,如不承认非自耕农之土地所有权,则不如爽爽快快,没收非自耕农之地主典户土地,其权利义务,均由佃农继承之,若承认其土地所有权,而其目的,仅在将所有权,逐渐移转于自耕农之手(即三民主义"耕者有其田"之主张),则佃农与地主典户之权利义务,严加限制,亦必须明白规定,甚至别定使非自耕地主逐渐移转所有权于自耕农之法令,亦无不可。若一方面承认其所有权,使仍旧担负田赋之义务,一方面减轻其佃租百分之二十五,并使其减轻后之佃租不能照收时,不得为退佃之条件,且更予佃户以改善土地报酬之要求,减少地主收回自耕之机会。姑不论是非若何,以立案之精神言之,未能贯彻矣。且佃户之永租权,是否可以移转相续,别无规定,所佃地亩有无限制,亦无规定(即佃户每户可享有永租权者,以若干亩为限,并无规定,佃户可以任意佃耕若干亩),自可成一不纳田赋之大地主矣。至关于自耕地主者,毫无规定,其所有地亩,亦毫无限制,自耕地主,若避去租佃形式,亦有变成大地主之可能性。吾人以社会主义的经济眼光观察,认为此案不但疏漏不完,亦复未得精要。盖土地分配上最重大之社会主义的意义,须先规定耕农每户所有权之最大限制,不能因其为自耕地主或佃户,遂可无限制的变成大地主也。此案对于此根本意义,全未言及,仅先剥夺非自耕地主典户之权利,增加佃户之收入而已。

要之,吾人以为国民党立此案精神,既据其声明,为实行三民主义之主张,不废去土地所有权,专以"耕者有其田"为最后之目的,自应召集专门家会议,规定一完全方案大纲。第一须规定地主每户最大限制;第二须规定非自耕农土地之移转自耕农永久办法(若不承认所有权,则无论自耕农非自耕农,均应将土地所有权收归国有,再行分配,同时即应将有偿或无偿收回办法议定。若承认所有权,则不能专对非自耕农之土地,无偿收回,必须用租税方法,或用公债方法,使逐渐的移转自耕农之手,方为正常。即让一步言,主张无偿收回非自耕农之土地,然只能由国家收回,不能由佃户收回也);第三须规定地主与典户权利义务之关系;第四须规定地主典户与佃户权利义务之关系(纵使现在实行减租百分之二十五,其百分之七十五佃租,必须予以退佃之保障);第五同时须规定开辟土地方案(因中国耕种土地供不应求)。此项大纲方案规定后,因各地方土地关系情形复杂,应交由各地方本此方案,酌量地方情形,拟具施行细则,则"耕者有其田"之目的,方有次第达到之日,不致因滞碍难行,遂尔半途而废也。

吾人所见如此,若照现在国民党解决之不完全方案进行,可综言其关系于地方经济财政之影响者如下:

(1)耕种土地之买卖抵押,当然停止,田价下落,更不待论。非自耕地主,虽急于售田,而佃户有永租权,无买田必要,典户权利未规定,当然更无典田之人。

(2)佃户当然有多数不缴佃租者,地主当然有多数不纳田赋,或弃田而逃者,典户当然有多数不能望地主赎田者。

(3)非自耕之大地主不过受绝大损失,小地主必有多数不能维持生活者。

(4)因第六条贪官污吏土豪劣绅及一切反革命者,均有没收其土地财产之规定。官吏豪绅四字,尚有范围,一切反革命者六字,颇难解释。凡不得公平廉洁党员主持之地方,必有多数有土地财产之居民,陷于非常困难之地位,不安其居。

(5)地方经济,必然停滞(因土地买卖抵押不能之结果)。

(6)财政上之契税田赋,必然减收。

吾人绝无成见,坦白真率的陈述关于(A)(B)两项规定之意见如上,深盼当局者予以注意加以变通也。

(c)区乡村自治机关有管理输出及保存一部分粮食之特权。(第九条)

粮食之调剂,为社会经济上一大问题,然必须统一的规定,统一的支配,若任听区乡村各自为政,则秦肥越瘠之弊,必不能免。此项规定,将来必应变通,特设统一机关,不待论矣。

(d)禁止年利二分月利二厘之高利借贷,并禁止利上加利,设法解除旧有债务并设法组织年利五厘放款之农民银行。(第八条)

此乃事实问题,若五厘放款之农民银行成立,可以无限制放出,当然无五厘以上借贷之事实,未成立以前,禁止高利,徒托空论,不过减少农民流通资金之来源而已,甚至使其为秘密作伪借贷而已。至于禁止利上加利,苦难得解。假使农民银行放出一年期五厘放款,满期时,借者不能还本付息,再展期一年,此项未还之五厘息金,若并本起息,当然为利上加利,有干法禁,不并本起息,则将为农民银行之损失矣(因以此息金,放诸他人,可以起息,放诸原主,则为利上加利,不能起息也)。至计划设立之农民银行,其资本组织如何,并未言及,而先预定其放款利率为五厘,不论期限,不拘数目,殊不可解。此种农民银行,势必须完全由政府自筹无限制之资本,不论数目期限,统以五厘均一制行之,而后可能。果尔,则又无须乎五厘高率,五厘以下,又何尝不可,不能不谓之为理想的计划,实行时必须有事实上之变动,可断言也。

至所谓设法解除农民旧有债务一节,并未具有方案。凡对于农民旧有债权者,当然发生恐慌,关系犹小。在此方案未发表以前,农民本身,必因此条发生目前之大困难。盖地方有资力者,绝不敢再借贷与农民,冒此危险。一时农民之流通资金,将无所出也。

(e)改革田税法,逐渐废除苛捐新税,废除土地及乡村生产品之新税。

此项规定,为在任何主义下之国家,皆应实行者。惟在此军事时期,能否容即实现,殊属疑问耳。

此案关于政治经济各重要之点,一一解剖,略如上述。此外复决定提出下届中央执行委员会议之问题有三。

(1)付租须经由乡村自治机关,如何政府可由租内扣除田税。

注:观此款意义,立案者似以虑及佃户不缴纳佃租及地主不缴纳田税,故拟由自治机关代收坐扣。

(2)实现民主制度之县政府。

注:此以区乡村自治机关为基础之第二步计划也。

(3)组织独立的民主司法制度。

吾人最后尚有言者,即此决议案,委员会已声明号召全体党员一致起来,各乡村各军队各团体中,或用印刷品或对不识字者用宣读办法,务使人人了解。故在党治下地方立时当有若干之效力发生,又声明下次全体会议,政府应有对于以上各项实施成绩之报告。故吾人坦率的评论,是否误谬俟实施成绩发表时,自可得一证明也。(文集编者注:此文原刊于《国闻周报》第四卷第十三期,1927年4月10日)

(乙)居住土地(包含都市城镇一切商工用地)

居住土地,收归国有,较耕种土可能性为多,固不待言。然因地上建筑物之关系,事实上完全国有目的,终难达到,其理由已述于前。吾人之意,仍本土地效用增加使用限制之意,以符均富于社会之旨,完全国有办法,认为有名无实之举。至中山先生平均地权文中,所述两项办法:一为"按价增税",乃世界国家所通行者(中国现在商埠中之租界土地亦早实行);一为"涨价归公",乃中山先生所创议者。著者对于前者认为耕种土地,不可实行,已述于前。而居住土地二者均可采用,惟其办法,宜简单而不宜烦重,兹将所拟大纲办法,条述于下。

一、政府应颁布指定都市城镇区域内建筑法规,自颁布之日起,人民应准此建造房屋,在颁布法规以前者,不在此限。法规中要点如下:

> 注:建筑物在颁布法规前者,不在此限,系免除人民之骚扰,而减轻经济上之损失,一俟改造时,再按法办理。

(1)规定每户住宅占地一定之最大限制。

(2)商工业及其他公益或娱乐机关占地,经市政局之特许者,不在此限。

(3)都市城镇指定区域外之住宅,不在此限。

(4)关于建筑上与公众有关之必要限制。

> 注一:第一项即注意在增加效用及限制使用,人口逐渐集中都会,土地必须珍重使用,不得听有资力者任意占用。至最大限制标准若何,当然应召集建筑专门家会议规定。假如规定最大限制为二亩,则若干年后,可无二亩以上住宅,必可余出若干空地,供市民居住之求。

> 注二:第二项用意,极为明瞭,商工业及其他机关性质上必须多占土地者,当然应予以例外也。

> 注三:第三项用意,在假个人资力,提倡郊外土地发展与夫名胜地方发展,故予以例外,俾此种土地,赖此资力,得以增

加效用。

注四：第四项乃极普通者，凡个人建筑与公众有关之点，均应一一规定，各国都市及在中国租界，早经实行，集建筑专家会议规定之可也。

二、市政局及相等机关，设立土地评价会，每届若干年，评价一次。人民对于其土地之评价不满意者，得提出抗议，附具理由，交评价会复议，以复议者为最后标准。

评价会之组织，在市政局法规中定之。

注：土地一定之年限，评价一次，为各国及在中国租界普通实行者，但应予以抗议权，以免不公。中山先生主张地主报价，低者政府按价收回，以免低报。吾人不主张政府收买土地，仍拟按普通评价办法，不采地主自由报价主张，评价年限，不得过三年，以法令定之。

三、市政局土地评价会中，附设建筑物评价会，每届若干年评价一次，其办法与第二项同。

注：土地与建筑物系两事，此为通行常例，中山先生平均地权两项办法中，未议及此。吾人认为应与土地同时评价，至评价标准，有以造价为标准者，有以时价为标准者，有以租价比例为标准者，应召集建筑专家会议定之。

四、市政局得按评价分别征收土地税及建筑税。

注：此项标准，当然应因地为别，实行之始，商埠以租界中已实行者为标准，非商埠，以人口多少，区域大小，比例减

轻之。

五、土地移转或相续之时,照当时评价与原地主购地时之评价,相差增加之数,由受移转人及相续人缴纳市政局,不及或相等者不论。

　　　　注:此即中山先生所主张涨价归公之意,但土地有建筑物关系,出售时之涨价,若干为土地之涨价,颇难区别。故吾人一以土地评价为标准,不问售价,以期简便,一也。涨价何时归公,实一至难之事,吾人以为业已按价增税,评价虽涨,无向原地主随时征收必要,于出售时及相续时征收,较为简便而易行,二也。

六、市政局应以第四项收入若干分,逐年建筑劳动者适宜之房屋,廉价租给劳动者,并应以第五项收入,作为开垦经费,交开垦局,将都市城镇中失业者,资送开垦局,给予垦地。

以上六项大纲办法,因中国居住土地,习惯上各地亦有种种差别,自亦各应随地方情形另定细则,勿待烦言解释,然同时有应声明者数项。

一、市政设施,完全以简洁为主,不必步趋欧美,收益则以欧美为准,节省大部分收入,为救济劳力及失业者之需(见上第六项),实为至要,且救济此部分贫民,实整理市政之根本政策,表面虽不为市政用,而里面等于为市政用也。

二、住宅既采用土地限制主义,市政局应多设市街公园。

世界各国现在实行之新制度,可供参考者,为德国新宪法一百五十五条第一项之规定,其要点有二:(一)土地之分配及利用,国及州监督之,防其滥用,德国人民,均应供给健康的住宅;(二)德国人家族所需要之住宅家产,与经济家产(指农工商业财产),均应为其所有。第一项注重滥用，第二项注重需要，盖以为此两个目的若能达到，承认财产私有权于社会别无妨害也，附录之以资引证。

(丙)耕种居住外之土地

此种土地，政府应随其性质，以开发保存为目的，为适宜之处分。例如可开垦之土地，分别原来之公有私有之性质，或收归国有开垦之，或许私人承领开垦之，别定开垦法令。又如宜牧畜之沙漠，宜植林之之山岳，亦应分别原来之公有私有性质，各定法令整理之。至完全属于公有性质之山海川泽道路名胜古迹与夫公有或私有性质之陵墓(此问题至大而至要，非根本改革不可，因墓地侵占耕地，为数至大，为时无穷)，及其他一切非耕种居住之土地，亦自当各随其原质次第整理之也。

第二节　资　本

资本二字，由学理上及历史上研究，绝非此短篇文字，所能毕其辞，然就经济上严格意义言之，生产用之财产，可谓之资本，非生产用之财产，不可谓之资本，其性质区别，固极明瞭。前者属于运用，有增加之效力，后者属于使用，无增加之效力。例如，以金钱购置家庭什物与以金钱购置农工器具，以土地建造园庭与以土地建造工厂，财产同，其所以为财产者，异也。故在财产之力量上观察，非生产用之财产，于社会关系甚轻，生产用之资本，于社会关系甚重。马克思对于财产私有权，拟区分生产用非生产用或享乐用，而单独主张废除生产用之财产私有权者，良有以也。但财产中，何者为生产用，何者为非生产用或享乐用，区分至为困难。同一木石也，置之家庭中，则为非生产用，置诸农作工作场中，则为生产用矣。同一土地，作为农作工作用，则为生产用，作为园庭用，则又为享乐用矣。若夫货币制度不废除，其区分尤感困难。人有万金，若干分可以必其为生产用，若干分可以必其为非生产用或享乐用，乃至不可能之事。故吾人以为在财产性质上，定一简单之原则，区分何者可以有私有权，何者可以无私有权，事实上必发生不可能之困难，乃毫无疑义者也。

然财产中必有大部分为非生产用者，则为事实。而此大部分不作生产用之财产，与社会关系甚轻，亦为事实。在经济政策中，所有问题，不能认为重要，而使此种非生产用之财产，在可能范围内缩小，因以扩张生产用之资本效力，乃为至要也。著者在"土地"一节文中及本节资本文中，均注意在增高两者之效用，因与一国家一名族全体生产能率上，有极大之关系也（社会上一般提倡节俭主义者，即是此意）。生产用之资本，私有主体上，有个人用及法人用（即公司式组织）之区别，在经济政策中观之，个人用之生产资本，在社会上关系甚轻，法人用之生产资本，在社会上关系甚重，何以言之？个人企业，资力有限，寿命有限，法人企业，资力无限，寿命无限也（公司虽有年限之规定，事实上大都准其延长）。中国旧日经济组织，完全属于个人企业，故造成大资本事业与夫大资本家，皆属不可能，即有可能者，而以子孙平均相续之习惯，减少其持久性。故全国中绝无大资本事业及大资本家世世存在之理，以近日经济学说中术语名之，所谓"小资本主义"是也。然个人企业，在近世经济环境中，不能占重要地位。盖物质文明发展之结果，生产事业，非有较大之资力及较长之寿命组织不可。易言之，个人的生产企业，绝不能容纳物质文明发展是也。吾人之所谓新经济政策，既以容纳物质文明发展为前提，当然不能单纯主张个人企业，于是此不适于个人企业之生产事业，其资本权将谁属，实为今日经济政策中，极重要之问题。盖适于个人企业之生产事业，资本之属于私有，除极端共产派，颇少绝对否认者（苏联新经济政策，已承认小资本制度），不过对于事业上资额上予以限制而已。故吾人所视为重要而欲研究者，乃适于个人企业外之生产事业，如何组织，始可利多害少耳。

农业本以土地为基础资本，关于农业组织如何，著者为文字上便利计,已于前节文中述明。此所论者,乃除农业外不适于个人企业之生产事业而言,而其主张,则仍一本于均富主义,不集富于国家不集富于个人也。

吾人为达此目的,所拟计划,应以生产事业之性质种类,一一为之区分,而各予以适宜之支配,条举标准,附具办法如下(但交通、金融、交易所等补助生产之事业,与生产有直接关系,一并论列,未别为区分):

甲　效用区分

一、凡必需品外一切奢侈品制造之公司企业,概予禁止。

注一:吾人主张容纳物质文明之发展者,为人类生存之必要计,非生存必要品无底止之进步,实于社会经济有害无益,故奢侈品大规模制造,应予以禁止,即本于历史上严禁淫巧之意,而予以区别也。

注二:奢侈品之范围,本难规定,严格言之,举凡不合于普通衣食住之高贵用品,皆属之,国家应设立专门委员会审查之。

注三:国内禁止奢侈品制造之结果,势必由国外输入,自当加极重之关税以限制之,至国内用手工制造之奢侈品,不在禁止之列。

二、烟酒制造及售卖,完全由国家办理,不准私人企业。

注一:烟酒由广义而言,亦可认为奢侈品,且可认为有害品,但事实上是否能禁止,实生理上大问题,且其数量至为可惊,故吾人绝对主张国有,一可裕收入,二可加限制。

注二:土法制造,是否予以通融,实为事实问题,若取渐进主义,立法之始,或可定一期间,在此期内,土法制造之烟酒,准予通融,惟不得有公司组织,但售卖权仍归国有,国家按地方种类区别,定价收买,定价出售。

乙　地域区分

三、凡公司组织之生产业,完全取地方化主义,公司设立之地点,须先经政府之审查许可。

　　注一:欧美经济组织之一而其弊甚大者,为产业集中,资本劳动集中之结果,易发生大资本之势力与夫多数劳动者失业之事实,且使全国经济势力,易受集中地域内少数资本家之支配,为害太大。然此犹就平时而言,一遇天时人事之变动,基础摇动,其祸尤酷。故吾人以为宜采地方化主义,以固根本,在生产事业性质可能之范围内,国家予以支配。例如,纺纱、缫丝、制面、制米等生活基础事业,皆可随地方分配之,不准完全设于上海、天津、汉口等处。

　　注二:性质上地方化不可能之事业,如矿业、盐业之类,当然作为例外。

丙　资额区分

四、凡公司企业,国家规定资额最大限制,不得逾限。

但公司企业性质上,必须逾限者,其逾限之额,国家有投资权或收买权。

　　注一:欧美公司资额,可以大至无限,此又其经济组织之一而流弊甚大者也。本案既取地方化主义,资额当然可以限制,其限制若何,当然须集专门委员会规定,吾人姑假定一千万元为最大限制,以供参考研究。

　　注二:在此资额内不能经营之事业甚多,例如矿业、制铁业之类，在限额内之资本，准私人投资，在限额外之资本，由国家投资，国力未裕时，保存此收买权，先准私人投资，保持公私资权之平均，而不阻事之进行。此种例外办法，一切相连关系甚多，当然须另定详细条例。

注三：近人文字中，有论及拙著此项意见，持反对主张者，谓与其限制资额，勿宁限制利率。不知限制利率，卒以阻碍企业者之兴起，在今日产业落后金利高腾之中国，万不可行，且监督稽核不易，极端严厉行之，则人皆乐为个人企业，避免干涉，公司制度非消灭不可，一也。限制利率，不过谋消资者消极之利益，限制资额，足以杜集中的大公司及托辣司之垄断，故限制利率，不足达产业地方化之目的，二也。至不能限制资额之营业，本属例外，固在第二项注中声明矣。至各国限制利率成例，大都适用于国家非予以干涉监督不可之特别营业为限，如美国准备银行之类，非一般的也。

丁　特性区分

五、凡独占性质关系地方人民之企业，应规定地方独占企业条例，分别性质，以地方资本公私各半经营之。

注一：地方独占事业，关系较小，原则上以公私资本各半经营，并无绝大流弊，而奖进地方发展，较易为力。

注二：如自来水、电车、电灯、电话之类，由市政局募私股半数投公股半数经营之，现在已由私人公司经营者，市政局监督之，一俟市政局资力充裕时，定价收归半数为市有。

注三：非都市地点，关于上项类似事业及农民水利事业，由镇村资本公私各半经营之。

注四：市镇村机关，资力未充裕时准许募集公债，拨充上项事业之股本。

注五:此种公私股各半之股份公司,关系上与完全私人公司不同,当然在条例中,特别详定,但应以管理尊重私股权利、监察尊重公股权利为原则。

六、凡独占性质关系全国人民之企业,应规定国家独占企业条例,分别其性质,由国有或省有经营之。

注一:此种企业,关系较大,原则上以国家资本经营为宜。

注二:例如大规模电力发动事业,分别其他地域大小之关系,国有或省有经营之。

注三:例如交通事业,航空业,国际与国内之干线,国有经营之,支线省有经营之;铁路之干线,国有经营之,支线与长途电车,省有经营之;汽船,国际国内之干线,国有经营之,支线省有经营之。

注四:上项事业,已由公司经营者,分别由国省机关监督,俟资力充裕时定价收回。

注五:国有资力未充裕时,分别上项事业之性质,得划分若干,准许半额募集私人股款,半额发行债票,条例中可附定公私合营章程,以资提倡。

七、凡金融事业,政府应另定法规,其标准列下:

(A)不采大陆式中央银行集中制度,国库管理,钞票发行,均参考美制,另行规定(参考附论新金融制度)。

(B)另定国际银行单行条例,采用国家保障私人经营方法,其资额不在第四项之限。

(C)商业或工业银行资额,以第四项为限,采用地方的多数主义,不采用集中的少数主义。

(D)农业银行制度,完全采取地方公营主义。

(E)特殊银行如垦植之类,由国家别定条例经营之。

(F)私人企业之银号钱庄,暂取放任主义,俟各种金融机关设备齐整时,再相机定逐渐整理之法。

(G)政府应特设币制委员会,规划币制改革事宜。

注一:(a)项主张,系因本案精神,产业完全不采用集中主义,辅助产业发展之金融事业,亦当然不采取中央银行集中制度,至美制如何,非短篇中所能列举,中国如何变通采用,亦当别为专论,要之从前中国拟采之大陆式制度,与本案精神,完全相反,必须别为规定也(专论附后)。

注二:(b)项主张,极为明瞭,不主张国有者,预防国际政治上之变化耳。

注三:(c)项主张理由,一如(a)项。

注四:(d)项主张理由,已详土地一节文中,国家应以全力补助农民购地资本与夫流通资本,低利长期,非私人企业之公司,所能胜其任。

注五:(e)项主张之理由,与(a)项同,且开发之时,一银行必须兼他种银行职务,非私人商业之公司所宜。

注六:(f)项主张之理由,系现在银钱号之组织,在地方上尚占有金融界特殊之地位,具有特殊之效用,不可轻予破坏,至一般金融机关整齐时,银钱号之组织,亦必随之逐渐改变,彼时因机整理可也。

注七:货币制度,以银本位而论,改革之端已多,至金本位,更不易言,尤须极长时间之筹划与预备,自应设立委员会逐渐规划进行。

八、交易所事业,完全国有经营之,另定法规,其标准如下:

(A)物产交易所,现货买卖,一律自由,期货买卖,以经营生产机关与经营消费机关为限（当然须定证明手续），个人买卖，概予禁止。

(B)证券交易所，期货买卖，一律禁止。

(C)货币交易所，现货期货买卖，均以金融业者为限，个人买卖，概予禁止。

注一：交易所在经济组织中，认为必要者，一为交易方法之便利，一为供给数目及时间上之调剂，非为投机也，且吾人当认投机为经济上之大害，故绝对主张国营，加以严格限制。

注二：物产交易之期货买卖，先限定当事人之资格，流弊可减少大半，个人实无在交易所买卖期货之必要。至货币交易所，现期货买卖，在个人均无必要。若夫证券交易，期货买卖，于经济上必要关系尤少，投机关系更大，应予完全禁止。

上述八项办法大纲，除农业外，各项生产事业与夫补助生产事业之应如何组织，规模略举，随其种类性质以为区别。在可能范围内，一取地方化主义，不采集中式主张；一取小资本主义，不采大资本主张，期不集富于国家，亦不集富于个人，而于容纳物质文明之中，取其有益，去其有害，全副精神贯注之点，不外此耳。

至一般个人资本，无论生产的非生产的，应加以如何限制，著者主张，有应声明者二事。

一、政府应规定相续法，以下列两项为标准：

（A）应相续人无论男女、嫡庶、长幼，对于被相续人之财产，有一律平均分配权。

（B）被相续人对于相续人有不平均之遗嘱时，其遗嘱失其效力。

注一：中国相续习惯，子孙不论嫡庶，有平均相续之权，使个人富力，失其持久性，由经济上伦理上观之，均为至良习惯，但女子独无此权，于经济上伦理上均属不合。著者主张男女一律待遇，由法律规定，如此分富之人，较前多一倍，集富个人之事，更不足虑矣。

注二：或曰女子嫁资，俗多于男子婚费，平均相续，似不公允，然此极易解决之事，即在相续手续法中，将已嫁已婚男女婚嫁费，相续时除外算可也。

注三：此项亦有人持反对意见，谓足以破坏数千年来以男血统成立之家族制度精神。然须知中国妇女习惯上，对于财产本有所有权，法律上之裁决，亦依习惯承认，姑不必引他例，即以相续言之，苟亡者有遗嘱，或族长代分配，或未亡人自协议，将亡者遗产，分与未亡人子女各若干，故未闻现在习惯法律上失其效力者也。此项意见，不过由法律上规定其成分，及不论已嫁未嫁一律而已，于中国家族制度经济上，自有若干变动，于中国家族制度精神上，似不至根本破坏也。

二、规定民刑法时，中国法律的习惯的相沿之亲族关系，应予认定，不可破坏。

注一：中国社会构造之精神，根本于家族制度，吾人已述于第一章总论中，此实均富精神之基础，故民法上伦理的服制关系，刑法上伦理的处罚关系，除极不合理者外（如夫妻关系，过不平等），不得变更，家族关系，苟予破坏，其他戚党师友关系，均随之破坏，五千年相沿之均富良好习惯，根本推翻矣。

上举二者，实中国人因伦理上推爱之观感，造成经济上均富之习惯，实在世界经济史上，至可宝贵之物。近日言经济学者，往往忽之，转舍己求人，若以为中国五千年来，对于节制个人资本，并无办法者然，不亦谬乎？深盼读者，对于此点，特别注意。

孙中山先生所著民生主义书中，对于节制资本，主张两项办法：一曰：节制个人资本，一曰：制造国家资本，而办法简略。前者主张用累进的所得税法则。所得税比较其他间接税，实为良税，但专以此税，节制资力，效力有限（详见拙著三民主义评论文字），初行之时，困难尤多。且中国人以家族经济为本位，个人环境，与外国人不同，其税率亦不能与外国相比，将来税率若何，必须特别考虑，方能规定，不能专以各国为法也。由所得税连带而及之相续税，在各国亦不失为节制资本之一法。著者亦有应为读者声明者，此税亦不能完全应用于中国，因中国人对于父母丧费之支出，其担负至巨，习惯上与各国绝对不同，不能滥定高率，有伤社会伦理的习惯，或有害个人经济的生存也。

后者孙先生主张扩充国家事业。著者以为应随事业之性质为规定，不可简单采用集富国家主义，其理由已述于前。至孙先生主张国家借用外资扩充事业一节，乃事实问题，理论上非完全可以如此，亦非完全不可以如此，视事实上之条件如何耳。而国际信用，何时恢复，俾能得良好条件，又在吾人之先自努力，现在实不能预料及之（近年来，苏俄亦颇倡借用外资之议，始终未发生大效果，可资引证）。

第三节　劳　力

劳力作何解，其义至泛，举凡人类，莫不同具，抽象研究，基于哲学，具体考求，本乎生理，兹节所论，不涉广义，乃由经济学上观察劳力之地位何如耳。然经济学上之观察，宽严界限，亦复不同。兹所论者，非对于有恒产为生者之劳力而言，乃对于无恒产为生者之劳力而言。然恃劳力为生者，就主体言之，有专劳心者，有劳心兼劳力者，有专劳力者；就客体言之，有从事生产业者，有从事非生产业者。吾人所论，则以从事生产事业而专劳力者为主，其专劳力而非从事生产事业者附之。凡属劳心阶级者,不在本论范围之内。因便立案之计划,遂取狭义之解释,实则属于劳力阶级之经济问题,得以解决,属于劳心阶级之经济问题,当然随之解决。犹之建屋,基础稳固,樑栋自有所托,多数劳力者,苟得温饱,少数劳心者,何虑饥寒,固事之至浅理之至明者也。

夫劳力问题之解决,在各国与在中国不同,各国之间,亦复各有不同。人口有差,生活有差,事业有差,经济的组织复有差,此就劳力者之环境而言也。智识有差,技术有差,团体的教育训练复有差,此就劳力者之本身而言也。故解决劳力问题,只有各个处方,绝难一致立案。譬如失业问题,多数国家,须殖民国外者,中国目前,且殖民国内足矣。譬如薪工问题,多数国家,国际关税政策,保护严重,竞争较少,国内资金机关,设备完全,利率低廉,交通之运输便利,机器原料之供给容易,内地通过税之障碍全无,薪工增加之程度,比较有高率之可能性;在中国则未将经济环境改善以前,为事业之保存及发展计,顾虑甚多,此犹就平时而言,一有战事,更当别论。譬如时间问题,各国职工教育设备完全,技术训练方法周到,十时间工作,减为八时或六时,其成绩可与十时相等(民生主义书中,引美国福特汽车公司例甚详,可参考);在中国则劳力者本身智识、技术之教育及训练,尚均有待,此皆极明显之事实。吾人先就中国从事生产事业之劳力者,规定方案,政策中应先注意者有二。

一、政府应改善劳力者之环境。

(a)关税自主。

注:但专以财政收入为目的之关税自主,有害无益,应以保护产业发展为宗旨,进出口货物,均应随其性质,为减免差等之规定。近来南北采用一律增加二·五办法,与本案宗旨不合,就国民经济而言,实有害无益。

(b)厘金废除。

注：无论关税自主与否，苟厘金存在，中国生产事业，绝无发展之理。著者向主张关税自主与厘金废除为两事，关税即不能自主，厘金亦须先行废除，财政上救济之术甚多。易言之，无论设立何种新税，均较厘金制度为优也。

(c)利率减轻。

注：此事办法甚多，成效非朝夕可期，积极言之，提倡储蓄机关，流通国库资金，奖励外资输入，消极言之，勿滥发高利公债滥举高利借款及取缔投机事业等皆是也。

(d)企业便利

注：如水陆交通线路之开辟，运费之减轻，固属当然之事，即近世主张国家设立大规模电气发动厂，低价供给原动力之计划，在产业幼稚之国家，尤须全力进行，列宁氏所谓全国电气化是也。

以上四者，非仅与劳力有关，实与全国生产事业有关。然全国生产事业环境不改良，从事生产事业之劳力环境，将无从改良。近日主张改良劳力经济者，往往注意劳力，忘却事业，盖非探本之论。

二、政府应改善劳力者之本身。

(a)多设职工学校，入学毕业者与未入学毕业者，准予分别待遇，以期奖进劳力者教育之进步。

注一：职工学校应分本科与补习科为二，前者造就新职工,后者训练旧职工。

注二：凡采用方法及加薪减时问题,无论国营事业,私营事业,对于在职工学校或同等或以上学校毕业与未毕业者,均准予设分别待遇之规定。

注三：本条实提高劳力者地位之根本问题,凡劳力者应促使受相当教育,智识提高,地位自然提高矣。

(b)设劳资利益分配调查委员会,规定劳资利益分配方法。

注一：本条关系甚大,直而言之,无论国营事业,私营事业,所得利益,资得若干,劳得若干,即中国习惯上之所谓分红制也。

注二：分红标准,至难规定,必须按金利之高下,事业之种类,故应特设调查员,予以详细之研究,在不碍企业之发展范围内规定之。

注三：本条精神,完全在使劳资为根本底合作,不但私营事业,应以此奖励工作进步,即国营事业,亦应如此,专以工资高下,奖进工作,使工人与事业,不生利害相共之关系,实非法之善者也。

注四：工人分红案成立时,则工资当然以工人生活必须额为标准,其利益则以分红案救济之,于事业进行,工人储蓄,均大有利益,著者深盼读者对于此项,予以特别注意也。

注五：本条实解决工资问题正当的方法,薪工凭此加进,劳力与事业方有齐驱并进之可能性。

(c)规定各地工会附设能率奖进调查会,专司奖进能率,调查成绩,随时交仲裁委员会,为规定工作时间之标准。

注：工作时间，非随工作能率之进步为减少，必于国际竞
争上，大受影响。应责成工会设法奖进，并与各国各地各厂，
互为比较，能率进步之工厂，随时提交仲裁员酌减工作时间，
俾能率不进之各地各长，藉资鼓励，未得调查会之证明仲裁员
之许可者，无要求减少工作时间之权利。

(d)规定工人惩罚条例，凡违背厂规及有不利益于其服务事业
之行为者，勿论国营私营，准其所管人分别处罚，无论何人，不许
干涉。

注：保护工人，固属正当，保护不肖工人，则有害事业，非
正当矣。著者主张赏罚兼施，不但于事业有益，于工人本身之
进步，尤为必要。

(e)设立地方仲裁委员会，凭上列四项原则，解决劳工一切
纠纷。

注一：仲裁委员会组织法，由工会法规中规定之，但仲裁
标准，不能违上列四项之原则。

注二：仲裁委员会人选，至少应以国营事业代表者一人，
私营事业代表者一人，商、工会代表者各一人，政府派委员一
人，共五人为基础委员。

上列五者，皆与工人本身进步有重大关系，且与其事业有联带
利害，所有教育、薪工、时间三大问题，均应凭此解决，方可期全国
生产事业之进步，经济政策中，必须加以特别注意，应专设劳工机
关，处分整理，至其他卫生、娱乐、保险、住居等事，关系经济全体者
较小，且属当然应予进行之事，故未一一列举也。

以上所述，系以保存及发展事业为前提，而从改善劳力者之环境与本身，双方着手，俾事业得有秩序的经营，劳力得其秩序的进步，兼顾并筹，庶无畸重畸轻之弊也。

但以上所述劳力办法，皆指从事生产事业之工人而言（包含辅助生产事业在内），至农民办法，已详于土地一节文中，在此劳力一节文中，不必赘述矣。至从事生产事业外之劳力者，自经济上之眼光视之，关系甚小，且农工劳力者进步，其他劳力者当然随之进步，苟不进步，则绝无使劳力者，舍农工而就其他职务可能性也。故政策上不必更为其他劳力者特设规定，以滋纷扰。现在各地，在从事生产事业及补助生产事业外之劳力者，亦纷纷设立工会，当局者亦一律视之，实不明政策之轻重，事理之本末，徒使一般社会不安，中级人民，倍感苦痛，而于经济政策根本上，益处毫无，徒滋纷扰而已。吾人以为中国除农工外，其他劳力者，在社会组织上，习惯上，与各国完全不同，不能以纯粹工人视之。纯粹工人中，手工工作之工人（即徒弟制度），与机械工作之工人（即工厂制度），习惯上亦复大有区别，利害关系，更各有不同。强工人外之劳力者，与工人为同一主张，固属不可。强徒弟制度之工人，与工厂制度之工人为同一要求，尤属不可。至地方进化关系，更多差异，工会成立迟速，不必强同，现在北方尚无工会法规，南方工会法规，亦未完全。著者主张政府应从速设立劳动法规调查委员会，调查各地方情形，画一规定，凡徒弟制度之工人，与工厂制度之工人，必须分为两事。至非从事生产事业与补助事业之劳力者，集会当然自由，但不宜适用一般工会法规。至凡属劳心阶级之雇员，集会亦当然自由，亦不应适用一般工会法规，务使其利害相同者，各成一类，遇有纷纠，方易仲裁。若统名之曰工会，甲之纠纷牵及乙，乙之利害异乎甲，在经济政策中视之，实不足解决劳力者各个正当之要求，而徒增全国经济上无益之纷扰也。

注：制定一切劳动法规，世界上已认为国家重要行政之一。德国新宪法第一百五十七条中，已予以明白规定曰："统一的劳动法，由国家制定。""统一"二字，极可注意，其现在通行各联邦者，工商业劳力者各为区别，而薪俸生活者，工人、徒弟、练习生，亦复各为一类，不适用同一之法令。其制定劳动法规手续，政府提出国会之前，先有得德国经济评议会（Reich-swirts Chaftsrat）赞同之必要，评议会并得接委托国会议员提出法律案于国会。至评议会之组织，则以地方及市镇工人经济评议会雇主协会为基础，由此两机关先组成地方及市镇经济评议会，再由此各评议会，选举代表，成立德国全国经济评议会。故参与立法之全国评议会，实代表各地方劳资两方之最大法定团体。德国对于劳动法规之规定，手续之慎重如此。著者主张中国政府应设立之劳动法规调查委员会，委员之组织，有参仿德制之必要，故附列之，以资引证。

至农会组织若何，必须政府对于耕种土地根本办法，先予解决。假定著者上述土地办法，若予采纳，则若干年后，多数农民，皆为地主，农会组织，当非单纯雇佣性质之劳力团体。故农会法规如何规定，当然须以农产政策为标准也。此外尚有极重大问题，即所谓劳力者（包含农工及一切劳力者而言）失业问题，是也。此问题根本解决，关系人口，生理上人口是无限制增加，已有证明，科学上物质是否无限制增加（兼数量效用而言），未得证明。倘后者与前者始终不相应，则除节制人口外，别无他法解决。然节制人口之事，非常困难，国别种别存在之时，国与种自私心，能否消灭。易言之，能否定一种国际的生育节制法，各国一律奉行。如其不能，则无论任何国家，任何种族，皆无敢单独实行之者。且节制之法，为法律的或道德的乎？抑为人道的或非人道的乎？于宗教习惯，均有联带之关系，绝非简单理想所可实施者。故在今日世界上之国家,大都采治标之策。吾人虽明知世界人类之关系,今后苟谋人道的相互发展(即不亡人国灭人种用侵略政策,以谋一国家一民族单独之发展),则若干年后,此根本问题,必然发生,而目前实无办法,仍不能不一随各国之后,先定治标之法。

中国社会之构造,根本于家族主义,习惯的道德的有业者有养失业者之关系,吾人已述于前。故同一失业者,在各国不过影响本身及其妻子,在中国影响可及于妻子以外之人。同一有业者,其影响亦复如之。故外国之失业者,数目正确,且除再得业外,颇少救济之法。易言之,外国失业者,国家单独负其责任,中国失业者,社会与国家,共负其责任也。著者在此应为声明者,即此种社会的互相救济习惯与道德,实认为有保存必要,故本案全部,对于中国家族主义之经济制度,随在皆注意及之。以下专论国家救济之法。

救济失业者办法,各国与中国当然不同。大要言之,在各国本国农工事业,业已发展,非在国外占土地、辟销场不可,所谓殖民政策帝国主义之发生,根本在此。而事业之难,危险之大,往往利未及见,而害已随之,现在已有放弃积极的、采取消极的趋势。易言之,即殖民政策中逐渐减轻其帝国主义之程度也。究竟此趋势,今后有无改变,实中国地位上所应随时注意之事,固不待论矣。

在中国农工事业,本未发展,可开发之事甚多。故救济失业者问题,只须对外消极的抵抗,对内积极的进行,用力少而成功多,较之各国,实容易百倍也。就开发工业而言,著者在资本一节及本节文中,已多所论列,简单言之,奖进国家及个人之投资,而同时防其流弊,苟能本此进行,自可健全发达。就开发农业而言,土地一节,虽多所论及,但于开辟荒野一层,尚未详尽,著者以为中国本以农立国,而土地未开辟者复多,救济失业者,当以农为本,以工为副,前者流弊少,后者流弊多,兹拟具开垦办法大纲列下。在本案中,认为中国将来经济发展上唯一之根本政策,宽以年限,持以毅力,国家今后数百年之治安,或将于此系之。

一、政府应设立全国开垦委员会,延骋专门人材,在三年之中,调查全国可开垦土地,拟具次第开垦方案,自第四年起,设立总分开垦局,按照方案进行。

注一:三年系假定期限,在此三年中,各省中就近可调查开垦之荒地甚多,短期中能将方案拟具,即可先行着手。

注二:委员应以经济、农林、畜牧、地质、工程各方面专门人材为限,无专门学识者,不得入选。

二、中央及各省预算,特设开垦基金科目,以左列两项收入拨充,专供开垦局经费,勿论何人何事,不得流用,应定严重监督方法。

(a)中央及各省行政费预算,至少应列百分之二开垦费。

注:本案系消纳全国失业者大计划,积极言之,为开发费,消极言之,为救济费,当然应在行政费经常预算费中开支。全国预算,假定为十万万元,此项开垦费基金,每年即可得二千万元,因年渐进,并随预算之扩充为加增,至全国土地开发终了之时止,其数必大可观,诚国家百年大计也。

(b)都市城镇之市政经费中,指定税收科目,按年分拨。

注一:应指拨充开垦费科目,著者已在土地一节文中指明(即土地涨价)。

注二:通例言之,都市城镇为各地方失业者之尾闾,人人知之,已勿待费词说明,交通发展后,集中都市之流弊尤甚,故救济失业者问题,实为都市城镇唯一大事,应在市政费中拨出,实为至当之事,市政中之行政必要事项中,窃以为无先于此者。

　　注三：此项预算，现在尚无标准，以都市城镇发展之趋势卜之，其数必巨，可以断言。

　　三、开垦人民，可由左列机关随时资送开垦局，随资送者之种类，予以教育训练后分配之。
　　(a)地方行政机关及自治机关。

　　　　注：地方之志愿者，已有之无业游民，随时发生之失业者，分别种类资送，各地方可严定取缔游民章程，驱之就业。

　　(b)军事机关。

　　　　注：凡裁减兵士及自然的退伍兵士，均可资送。

　　(c)慈善机关。

　　　　注：如育婴堂、孤儿院之类。

　　(d)监狱机关。

　　　　注：凡刑满业受感化之壮年，均可资送。

　　(e)赈务机关。

　　　　注：此因天灾匪祸关系，临时发生之失业者。

(f)开垦局。

注:开垦局自身可于人口稠密地方,予以较优条件,自行招募。

四、凡人民愿在开垦区域内,投资开垦,个人企业或法人企业者,应分别规定特许章程,予以较优之条件。

五、凡人民欲在开垦区域内,为开垦外之个人企业或法人企业者,开垦局若认为必要之事业,可予以特殊之权利及保护。

上述办法,不过自经济政策上观察之立案大纲,至详细规划,当然委诸专门委员。此事成绩,绝非短时期内所得而举,然救济失业之根本计划,必然在此。且自国际上观察,中国欲始终拒绝列强之殖民政策与夫帝国主义,根本立脚点,亦在此矣。

要之,劳力问题,必须全盘计划,绝非近日简单提倡之增资减时问题,所可解决,且简单之增资减时主张,苟不顾经济环境,实为一种自杀政策。故凡研究中国劳力问题者,必先具中国一般之经济智识,佐以世界的眼光。苟因政治上一时之利用,遂作为经济上根本之主张,为国家计,断非长策也。

第三章　分　配

　　当物物交易之始，分配制度，至为简单，抱布贸丝，以有易无。生产、分配、消费三者，人各兼之，不他求也。因时代之进化，人求其便，事趋其简，分配职务，遂渐变为商人之专业，且随货币制度之发展，商人事业卒在生产消费两级中间，占一重要地位，且更进一步者，据有支配生产、消费之力。近世欧美式经济组织中，商业实为支配全体经济之重心，已为世人所公认。故共产主义学说中，首先否认商业之存在，因商业组织苟存在，共产精神即难贯彻也。共产主义者，主张以公家机关，代替私人商业，专任分配职务，不容生产者与消费者之间，有第三者侵占利益。由理论上观之，主张至为贯彻，乃就事实上考察，举人类一切复杂之要求，举物类一切错综之供给，而概属之公家机关，实为不可能之事。苏俄试验结果，列宁氏一千九百二十一年改行新经济政策时之演说，遂公然承认商业为必要矣。故商业存在之是非，理论上如何，姑不必论，事实上，今日世界中，固无国无商业者，不过其范围大小不同而已。

　　然商业虽不能消灭，而以商业专任分配职务，其流弊之大，又人所共知。近世以来，即在欧美各国，倡限制之说者，已不乏其人。事实上如团体分配，与夫公家分配之制度，亦已逐渐兴起，不使商业独占分配职务，其趋势固极明瞭矣，兹略述如下：

　　一、团体分配。团体分配者，当然应随其性质，各为组合，大别之，为生产者与消费者。生产组合者，对于其原料与日用品之购买，及出产品之贩卖，为团体的设备，向其他生产者或消费者为直接之买卖，免去商人居中之榨取也（大生产机关，单独为直接买卖之设备者亦不少)。消费组合者,为地方的或职业的各个之团体设备,向生产者直接购买一切日用必需品,免去商人居中之榨取是也。此两种组织,在世界各国中,已有日渐增长之势。

二、公家分配。公家分配者,由公家设立机关,直接向生产者购买,分配与消费者,以免商人居中之榨取是也。在纯粹共产主义国家,因不许商人存在,其物品当然无限制。其他主义之国家,因有商人存在,其物品当然有限制。近年欧美各国采用此办法者,大抵均委托市政机关办理,其物品多以面包、牛奶、牛油等日用食品为限。

综上所论,中国新经济政策中:

(一)当然准许商业存在。

(二)当然应规定各种组合法,以免商业独占分配职务。

(三)当然应更进一步,对于人民一般衣食住关系之日用必需品,由公家机关,任分配之责。

第一二项无多讨论,吾人所欲研究者,第三项问题。第三项中住之重要关系,著者已于土地一节文中论及,兹所计划者,为衣食两项,其大纲办法如下:

一、都市城镇市政局,必要时,准许设立日用品公卖所。

注一:地方进化情形不同,人口疏密程度亦不同,当然不能主张全国同时设立,俟必要时,次第办理可也。

注二:乡间无设立必要,乡民可就近赴都市城镇购买也。

二、公卖物品,以米、面、粟、油、盐、薪、炭、布、麻、绵十种物品为限。

十种物品中,各选适于劳力者服用之标准品为限。

注一:物品予以限制者,以手续便于管理,理论上,其他物品非衣食必要,可听其自由购买也。十种中因地方情形,须增损者,增损之。

　　注二:选举劳力者服用之标准品为限者,亦以手续便于管理,理论上其他精品非普通衣食必要,可听其自由购买也。

三、公卖物品价格,按直接向生产业者订购实价,加入公卖所必需费用为标准,不得计盈。

　　购买自由,惟贩运贩卖者,一律禁止,别定处罚章程。

　　注一:公卖价格,自当照实价计算,市政局应另设监察委员会,随时监督查考,买卖价格均由监察委员会公定之,其购买时按物品种类可投标者,由各生产业者直接投标定之。

　　注二:购买自由者,即消费者愿在他处购买者听之,不加限制,立案之意,在廉价供给,并非专卖垄断。

　　注三:因廉价关系,就地奸商,或不免贩运贩卖之事,失立案本意,应予禁止,别定查出处罚章程。

　　公卖办法,立意极精,是否能有实益,完全在办事人之公正廉洁与否,故关于公卖所组织人选及监察各事,均须详为规定,以杜流弊。上列三项,注意在物品之简单,买卖价格之公开,及购买人之自由,以期易于实行便于稽考而已。

此外尚有一事,国家政策上应予以根本计划者,即衣食两项需要性质上,食重于衣,荒歉之岁,衣之补救易,食之补救难,人所共知,即丰熟之年,衣之调剂易(现在纺织系机械工作,调剂极易),食之调剂难(甲省熟而禁运乙省,乙省转输入外米,或全国丰稔,因禁止输出关系,又无常平仓保存办法,致陈谷毁朽,不可复食,此皆数年前共见事实,必须设法调剂),亦时所不免,故国家亟应设立民食平准委员会,专任下列职务:

一、随时调查统计各地方需要供给情形,按各地方丰歉之度,出产之额,得酌定数目,发给内地运粮护照,酌盈剂虚。

二、随时调查统计全国需要供给情形,民食有余时,得酌定数目,发给国外运粮护照,准其输出。

注:五谷出口禁令,著者不主张废止,其理由甚多,简言其要,即中国国民生活,在国民经济现状下,尚不容与各国国民比量齐观,五谷出口禁令,实保护国民较低生活必要之法,惟有余之年,而死守成法,亦于国民经济上有损,故准予特许输出,以资救济。

三、择各省交通适宜地点,设立新式常平仓,由政府规定常平仓法规,交委员会管理之。

注:中国旧日常平仓制度意善法良,为民食救济计,实有恢复改善之必要,惟所在地点(现在交通便利,无每县分设必要),保存方法(现在通行之新式仓库及科学的保存设备,当然采用),与夫保存额标准,新陈交换办法,动用时期及限制,购买基金之规定,所关甚多,应于法中详为规定,此难一一列举。

综上所述,概括言之,本案分配制度,第一注重在劳力者必需之衣食品,免去商业居中之榨取;第二注重在民食之储备及调剂,免去荒年之恐慌,而劳力者必需衣食以外之一切物品,与夫劳力阶级外所需之衣食及其他一切高贵物品,均仍由商人任分配之职。直言之,分配职务中之简而要者,国家任之,反是者,商人任之,是也。

因分配连带而及之消费问题,本案中不设专章,因消费问题之积极政策,不外增加消费力量(即购买力),消费力量之能否增加,当然视生产及分配政策若何,第二章及本章文中已详论之矣。消费问题之消极政策,又不外节制消费用途(即节俭说),消费用途之能否节制,法律的效力较少,一视乎习惯的道德的进步何如耳。

第四章　结　论

一国家一民族之经济政策，非单独的所能计划，第一与今后之社会组织有关，第二与今后之国家组织有关，第三与今后之国家财政尤有关。本案起草之时，不能不假设三者之环境，以为对象，兹将所假设者分述如下：

一、社会组织，一以家族主义为基础，由家族主义发生伦理的构成之社会为对象，凡对于伦理的社会上之法律道德习惯，一主保存，苟于破坏，则本案根本摇动矣。

二、国家组织，一以地方主义为基础，由地方主义发生分权的构成中央政府之国家为对象，可能范围内，一切经济组织，均采地方化方针，不采集中式制度，苟今后此种组织不成立，则本案必须有若干之变化矣。

三、财政，一以关税自主、厘金废除为前提；二以中央、地方财政明白分划为前提；三以中央、地方财政经常预算，本量入为出主义为前提，本案以在此三前提下所构成之财政为对象，苟此三者，不能实行于前，则国民经济主体之国家机关之经济基础，先立于不稳固地位，其他经济政策，均无所附托规划矣。

若夫国际环境，更当然以平等为对象。易言之，我不以帝国主义侵人，亦不容人以帝国主义侵我。国际经济，奖进有益的互助，排斥有害的侵略也。

本案假设之环境，略如上述，至其内容，固已一再声明，始终以"均富"二字贯串者也。易词言之，将"不患寡而患不均"之旧说，易为"既患寡又患不均"之新言，使凡为中国人者，有力者尽其力以为生,无力者恃有力者多尽其力以为生,在人类互助精神之下,同一"有屋可居"、"有衣可穿"、"有饭可吃",虽有等差,不使过甚而已。

　　著者最后有言曰:今日战争,所应解决者,非简单之政治问题,实复杂之经济问题,苦战十六年矣。所谓中国本身之经济政策者安在?破坏不足忧,无目的之破坏,斯足忧矣。简陋如愚,遂妄有陈说,非不知其质量之不足采也。所希冀者,忧国之士,共起而为"中国新经济政策之研究"而已。

第五章 附 论

一、创设中国经济议会

去岁草就新经济政策发刊后,思及以后解决此种问题,应以若何机关为适宜,特纂此文刊布,兹附录之。

中国政治组织,历史上分士、农、工、商为四,士为治者阶级,农、工、商为被治者阶级。此组织优点,在治者与被治者无直接利害关系,关于农、工、商法令与设施,少偏私之弊,有共进之益。而其弱点,全在隔膜,治者不能周知各业之利害与兴废,被治者不能主张本身之保护与发展。幸得贤君良相,只有消极之益,一遇暴君污吏,转生积极之害。数千年来,中国物质文明之不发展,其原因非一,而政治组织之不良,要为重大之障碍。盖农、工、商无权在政治上为本身利害之主张,一听治者之支配,而此治者,又别成阶级,既少本身之经验,又乏直接之利害,其法令与设施,无积极效果可言,自属当然。然就积极方面言之,中国农、工、商得相安于平等地位。农、工、商中,初未尝有何种阶级仇视,亦由于此。盖同为被治者,政治上既无欧美式商人之势力,自少苏俄式农工之反抗也。虽然,在此物质文明进步时代,欲求国家与种族之生存,此种消极的政治组织,其不适用,无待论矣。

今日世界各国,政治组织,大别之,可分为欧美式之议会政治,与苏俄式之苏维埃政治。前者以商人代表为主体(农工业中有资产者附之,近年来无资产之工人,已力求加入),易言之,谓之有产阶级之专治。后者以农工代表为主体(商人不能加入无论矣,凡有资产之农工皆须除外），易言之，谓之无产阶级之专治。此两种政治组织，就经济方面言之，皆有同一之缺点，试举列下：

（一）国家政务，不仅限于经济，凡由农工商出身之人物，不能当经济以外之任务，故事实上如欧美，如苏俄，立法与行政者，不尽皆由农工商出身之人。故无论议会政治，苏维埃政治，始终不免经济专门参与非经济问题，非经济专门参与经济问题之嫌，关于经济法令与设施，难得正当适宜之解决。

（二）以商为主体，则农工不平，以农工为主体，则商不平。易言之，劳资不能得适当协调，无产阶级与有产阶级之战争，必缠绵不绝，非国家与种族之福。

吾人研究结果，认为今日政治组织，有两点必须注意：

一为国家任务中，经济问题之解决机关，必须独立，荟萃职业专门与夫科学专门讨论之，为保护国家一般任务之平均计，当然对于解决其他问题之机关，予以可否之权。

一为解决经济问题之人物，就职业言，必须求其平均，易言之，农若干，工若干，商若干。就个人言，更必须求其平均，易言之，资若干，劳若干，合此农工商资劳两方之代表为主体，而辅以若干朝野有学问经验之专门，参以各种阶级之消费者，则经济问题之解决，庶几劳资得辟协调之径，职业得免偏废之弊。在此物质文明竞争剧烈中，国家种族，欲幸免阶级战争之惨祸，以期适合国际经济之生存，其道或舍此莫由。

本此观察，以考察世界上之政治组织，窃以德国经济议会制度，实为中国今日最可仿行之模范。兹将德国经济议会情形，略述于前，藉伸余说于后焉。

欧战以后，德国经济组织，破坏无遗，由君主改为民主之后，东为苏俄共产思潮所侵入，西为英法帝国主义所威胁，全国人民经济主张，至为复杂，事齐事楚，无所适从。有识者乃决然欲于极端之共产主义与极端之资本主义间，另辟执两用中之途径，遂于一千九

百十九年八月十一日公布之德意志宪法中特设专条,规定解决各种社会经济法律之协调机关,其文如下:

宪法第一百六十五条全文:

关于工资与劳动条件之规定,及生产力之经济的发展问题,劳动者受佣者与工主享有平等权利,共同参与之,此双方组织团体,及双方所订契约,均承认之。

注:此项系承认劳之方面佣工,资之方面佣主,有平等权利,得共同组织团体,协商劳力生产两方兼顾发展方法。

劳动者与受佣者,为保护其经济的社会的利益,对于工业劳动者会议,及按经济区所分设之地方劳动者会议,及全国劳动者会议,得选出法律上之代表。

注:此项系承认劳动者有单独设立各种有系统有组织之工会。

地方劳动者会议,与全国劳动者会议,为履行其经济职务及与闻社会所有法律之施行,得合工主代表及其有关系国民阶级之代表,会集于地方经济议会,及全国经济议会中。此地方经济议会及全国经济议会之组织,应按各重要职业团体之经济的社会的关系轻重,均有出席代表之权利。

注:此项系承认工会有与闻经济的社会的法律之权利,可派代表与工主及其他有关系阶级之代表,共同组织地方及全国经济议会,协商解决。易言之,此经济议会实会合各种职业团体劳资两方代表,及各种有关系国民阶级之代表,正式讨论解决经济的社会的法律之机关也。

关系重要之社会政治及经济政治之法律案,应由宗国政府(即
全国政府非联邦政府),在提出国会前,提示于全国经济议会,询其
意见。全国经济议会自身亦有动议此项法律案之权,政府如认为
不可者,亦应附以意见,仍将次草案提出国会,全国经济议会,并得
令会员一人,出席国会,为提案之说明。

　　　　注:此项关系重要,全国经济议会在宪法上有两项特权:
　　　一为社会的经济重要法律案,须先经经济议会讨论;二为经济
　　　议会可自提法律案,政府不能取消,俨然与国会有同等之权
　　　利。不过为保持全国行政之均衡计,最后须取决于国会耳。

对于劳动者会议及经济议会,限于所及权限内,得以监督及行
政特权委托之。

　　　　注:此项即对于工会及经济议会,政府可以委托办理其权
　　　限内之行政。

劳动者会议及经济议会之组织及职掌之规定,以及二者对于
其他社会的自治团体关系之规定,为宗国政府独有之权。

　　　　注:此项即关于工会及经济议会一切法令施行,为谋全国
　　　统一计,不许联邦政府为特别规定是也。

宪法颁布后,德国政府即着手经济议会组织之法令。然因国
家新造,经济政务,亟须解决,迫不及待,遂于一千九百二十年五
月,先颁布临时经济议会组织法,于同年六月三十日召集。自成立
以来,已草订法案二百余件,经政府咨交国会就原案议决者,在五
分之四以上,其最要者为整理财政案、维持工业案、增加生产案、发

行新马克案、失业者救济案、减政案、国际贸易案、关税及租税政策案、赔偿问题案、劳动问题各案，其势力之雄大，成效之昭著，早为世人所注意。故世界学者，有名德国全国经济议会为第三议会者（众议院及联邦议会之外），依事实言之，实划分国会一部分权限，别成一特殊机关，照政府组织言，实在欧美式议会政治，苏联式苏维埃政治之间，别开途径也。

　　　　注：正式经济会议组织法，闻已具草案，大约以临时经济议会组织为蓝本，而加以改正。据近日经济部长之谈话，大约分常任与非常任会员为两种，常任会员一百四十四人，非常任者无定额，常任者，仍分为十组，与临时议会组织同，惟减少代表人数（依临时议会经验，似为人数过多，议事进行不便），非常任会员，则依经济情势之要求而定，以为伸缩。

德国临时经济议会之组织大要如下：

临时经济议会，以会员三百六十六人组织之，其分配如左：

（一）农业林业代表六十八人。

内二十人，由农业地主团体委任，大地主与小地主于选举代表时，完全平等。

内二十二人，由农业劳动者团体委任。

内二十六人，除林业占十四人外，余数分别其性质，不属上项之代表（如佃户，如地主家属耕种者，如专门家之类，各依类选举代表）。

（二）园艺业渔业代表六人。

（三）工业代表六十八人。

由各职业团体选举之，分劳资两方，例如煤业公会得选举雇主及雇工代表各二人。

（四）商业银行业保险业代表四十四人。

亦先分职业种类,由劳资两方选举。

(五)运输及公共企业代表三十四人。

例如电车、汽车、铁路、轮船、航空,国有、联邦有、市有各实业,公共储蓄及放款各业。

(六)手工业代表三十六人。

(七)消费团体代表三十人。

城市中房主选出二人,租户选出二人,全国主妇团体选出二人,饮食店团体选出二人,男佣女佣团体,均各选一人,余由各消费团体分配之。

(八)国家雇员及自由职业人代表十六人。

内新闻记者、律师、医生、音乐家、著作家各得选代表一人,艺术家二人。

(九)经济学者十二人。

由联邦议会指派。

(十)政府代表十二人。

由政府选派(大都富于学问经验政治家,于德国经济思想制度,曾有贡献者,如前者首相古诺博士〔Dr. Cuno〕、柏林市长路德博士〔Dr. Luther〕之类)。

据上列各种代表性质观察,其用意可谓周密,举凡各种职业,各种阶级,各种法人与个人,均使之得与闻社会的经济的法律案。资之方面、劳之方面、公之方面、私之方面、学问方面、经验方面、生产方面、分配方面、消费方面,一一顾到,将面面与经济有直接关系之人物,会选代表,成立经济议会,解决经济问题,实较欧美式有产阶级专治,苏俄式无产阶级专治,无一偏之弊,自不待言。较之中国旧日政治,以士之阶级,支配农工商者,尤少隔膜之病,更不待论。故此项制度之精神,与吾人前述应注意二点,均已顾及。故吾人主张,今日之中国,实有仿形之必要也。

中国内争,何日结束,无人能下次断语。然缘内争而起之经济的破坏，在今日已至不可收拾之境，且经济思潮，或新或旧，或左或右，极其复杂，尤为将来收拾局面之一大障碍，吾人为消除此障碍计，必须未雨绸缪。窃以为果诚意以国利民福为归者，不必预持极端的任何主义，所有经济问题之解决，当一听各职业团体劳资两方自身之意见，与夫科学专门家之主张，而别设机关，一如德国。盖在此时，无论任何政府，所发表之经济法令，任何个人，所条陈之经济意见，主义上均不免冲突，事实上均不免隔膜，徒启门户之争，致成水火之势。故吾人主张在苏维埃政治与夫议会政治之间，仿照德国，另辟途径，特设经济议会，凡经济问题，一听经济议会之解决，有军事力量者，有政事力量者，均可藉以免却经济政策上新旧左右之争。易言之，经济问题，独立解决，不假任何特殊力量，庶几解决容易而主张适宜。德国自一千九百二十年成立临时经济议会以来，数年间，经济状况，即逐渐恢复，是其明证，盖争论少而成功易也。

中国经济议会，应如何组织，在此政局未定之时，自属难事，宪法未定，根本无托，经济议会在政治组织上，处于何等地位，殊难枝节规定。故吾人主张，以为在宪法未定以前，先仿照德国，特设临时全国经济议会，至正式全国及地方经济议会，则别待宪法之规定可也。

然临时全国经济议会之组织，在中国亦极困难。盖社会上各种团体之组织不完，各种职业上人物之学识有限，欲一如德国经济议会精密周到之组织，自非一时所可能，故不能不师其用意而求其变通，以期易于成立。兹将临时经济议会组织大纲，条举于下，以供世人之研究焉：

一、凡政府颁布施行之社会的经济的法律案，须先交临时经济议会议决，临时经济议会亦得自行提案议决，交政府颁布施行。

但立法机关成立时，临时经济议会决议后，应再经立法机关之决议。

二、凡政府社会的经济的行政处分，临时经济议会得以议决案取消之,或变更之。

三、临时经济议会通过之法律案及议决案,地方立法行政机关,不得予以变更。

四、临时经济议会设立于政府所在地。

五、临时经济议会以下列各项议员二百零六人组织之。

注:德国临时全国经济议会议员为三百六十六人,事实上经历,颇觉人数过多,议事不便,故正式议会草案,已决拟减少为一百四十四人。在中国仿形,尤不宜多,姑拟以二百零六人为额。

注:经济问题复杂,每一问题亦非经济议会全体议员所皆能通晓,故德国经济议会成例,依问题类别,各组委员分会,选集专门讨论,无常开全体大会必要,中国当然可以仿照办理。

(1)由各省农会组织代表会,选出左列议员四十人。

地主(大小不拘)	十人
佃户	十人
佣工	十人
学者(以农林、园艺、动植物及 　　经济各科大学专门毕业者为限)	十人

注:此代表会由各省农会选派地主、佃户、佣工、学者代表各一人,在政府所在地组织之,议员四十人,即由此代表会选出。

(2)由各省工会组织代表会,选出左列议员四十人。

机器工业厂主	八人
机器工业受佣者(即职员)	四人

机器工业劳工	八人
手工业店主	五人
手工业劳工	五人
学者（以工科及经济科大学专门毕业者为限）	十人

注：此代表会由各省省工会（但江苏以上海工会、湖北以汉口工会为代表），选派上列资格代表各一人，在政府所在地组织之，议员四十人，即由此代表会选出。

(3)由各省商会组织代表会，选出左列议员四十人。

出资者	十五人
受佣者	十五人
学者（以商科及经济科大学专门毕业为限）	十人

注：此代表会之组织亦如工会代表会办法。

(4)金融业由银行公会联合会选出左列议员六人，钱业公会联合会选出左列议员四人。

银行业出资者三人，受佣者三人

钱业出资者二人，受佣者二人

(5)矿业由矿业工会联合会选出左列议员十人。

出资者	四人
受佣者	二人
劳工	四人

(6)交通业，官营事业由政府选派五人，事务长官二人，职员一人，劳工二人；商营事业，选举五人，出资者二人，受佣者一人，劳工二人，组织交通业公会选举之。

(7)由上海、汉口、天津市政厅，组织评议会，选举各该地房主、租户、旅馆兼营饮食业者、家庭主妇各一人,共十二人。

(8)行政机关职员,由政府选派四人,新闻记者、律师、医生、音乐家、美术家有团体者,由团体各选举一人,无团体者,由政府各委派一人,共九人。

(9)二十二行省(京兆划入直隶)、三特别区行政长官各聘经济学者一人(以国内外经济科专门毕业有著述者为限),共二十五人。

　　　　注:但西藏、蒙古等处,交涉后,愿选派者,照行省例。

(10)政府派代表十人。

六、议员任期,以临时经济议会终了为止。

　　　　注:此仿德国临时经济议会例,除死亡辞职及委任机关召回外,不予更动,以利进行。

七、临时经济议会会期,以正式经济议会成立时,为终了之日。

以上列举组织大纲七条,完全个人私见,当然实行时,应讨论增减,详具条例。吾人先希望社会各方注意者,即中国经济问题,是否应特设机关,在苏俄式苏维埃及欧美式议会之外,容纳社会的经济的各种阶级各种职业之专门人材解决,实为先决问题。吾人所可断言者,即经济问题之解决,由任何一种阶级或一种职业人物之独裁,皆非全民之福,不免一偏之弊。且中国历史上关于经济法令,成例甚少,破碎不完,如土地问题、劳动问题、生产问题、消费问题、财政问题、关税问题、币制问题、金融问题、交通问题、国际贸易问题,荦荦大端,皆一无解决,若一一委诸与经济事业隔膜之政治家军事家之手,绝无积极的成效可言,已属当然。况经济思潮复杂,新旧左右,各以先入为主,每有解决,易启争端,不如在法律上先规定一协调机会,集职业的专门的各级代表,为学理的事实的兼顾讨论,庶几争议少而成功多也。世人苟以余说为然,则德国经济议会制度,实中国今日最好仿行之模范,勿待费辞矣。

或曰:现在混战中,谈不及此。然战事总有终了时,战事一终了,经济问题,即待解决,吾人预为讨论,以供采择,不亦可乎?

> 按:著者去岁曾发表"中国新经济政策"一文,续为研究,颇须修改。此文即修改再版时所拟编入者,窃以无论何人之意见,不应固执,必须经各方学理上事实上之讨论,始可实行。此为半年研究中,著者所深切感觉者,而此讨论解决之机关,以德国经济议会制度,为精密周到。苟社会人士,能尽力主张设此机关,解决中国一切新经济政策,则新旧左右之争,庶几免矣。著者附注。

(文集编者注:此文原刊于《国闻周报》第四卷第二十期,1927年5月29日)

二、新金融制度

（第二章第二节中金融制度一段之说明）

一国家将建设新经济事业，首当慎重规划金融机关之组织，自不待言。盖金融组织系统之良否，于经济上百年大计，有密切关系也。故吾人在规划金融组织之先，必须对于经济建设事业，有远大眼光，最后希望。假如吾人于今后经济建设事业之计划，仍希望其为十八九世纪单纯之国家的集中发展，则金融组织系统，当然须仿照大陆式中央集中制度，若希望其为二十世纪进步之社会化地方化发展，当然须参考美国式地方集中制度，此实为定计之时，所应审慎先决者。分析言之，大陆式制度，系由国家设立中央银行，政府单方派员办理，以统一全国金融，使之为国家的集中，在经济上可收集中发展之效，国家财政，可以极端利用，而尤便于帝国主义之进行。美国式制度，系由社会设立联合银行，社会公私各方会同举人办理，以统一全国金融，使之为地方的集中，在经济上可收地方发展之力，国家财政，难以任意利用，而尤碍于帝国主义之设施。故世界上国家，土地广大，物产丰富，无须假借帝国主义，殖民辟土于境外者，利于建设社会的联合银行。反之者，则不能不建设国家的中央银行，此固因势异用，当然之结果也。故美国于一千七百九十一年，政府设立第一银行，一千八百十六年，设立第二银行，曾两次采用中央银行制度，均归失败，第一及第二银行卒被议会否决解散。而英日法意诸国，土地物产远非美比，经济上集中的建设，又成积重难返之势，故在政治上财政上均不能利用中央银行制度，集金融全权于政府之手，以供其帝国主义之操纵。国家之情势不同，宜乎金融制度之取舍互异也。至两项制度实施结果，事实上彰明较著可得而言者，即中央银行制度，实有不可避免之流弊二：一为财政上之恶用，供政治家一时野心，钞票公债，不随经济上之需要为伸缩，任意滥发；一为经济上之恶用，现金产业，易集中于一二区域,偶有一隅之变动,辄生全国之恐慌,时有少数人之操纵,以为多数人之支配。若美国式联合银行制度,则绝少此弊,全国金融势力不为中央的集中,而为地方的集中,全国金融权利,不操诸政府一方,而操诸社会各方。故采用中央银行制度之社会富力,与采用联合银行制度之社会富力,绝不可同日而语。一则集富于政府,一则集富于社会,盖出发点,根本不同也。吾人简单叙述两项制度区别如上,则地大物博之中国何所取法,极为明瞭。且中国今后之经济建设,绝不能采用已过去之极端资本主义与极端帝国主义,必须使之为社会化、地方化,著者刊布之新经济政策中,已详言之矣。故对于金融组织之系统,曾标明采用美国式制度者此也。

迩来颇多以此见询,约略笔记所答二端,录供参考。

一、美国联邦准备银行制度若何?

二、拟仿美制创设之中国联合银行制度又若何?

第一节

美国联邦准备银行制度,实施在一千九百十三年后,其前美国所有银行,大别之,约分四类:

一、国立银行。

二、州立银行。

三、信托会社。

四、贮蓄银行。

四类中之州立银行,因各州特别法令不同,未能一律,然大致不外商业及储蓄两种性质,自一千八百六十五年加增州立银行钞票发行税率后,事实上州立银行发行钞票权,已无形废止,至于国库出入,向由国库局独立办理。故美国之州立银行,今已无何种特权。信托会社,则以经营债票不动产等项为主。储蓄银行种类较多,办法互异,要以收集及运用储金为主旨。此外尚有个人独资创办之银行,其业务亦大同小异。所应特为记述说明者,惟国立银行一种,据有特殊性质耳。

国立银行,系根据一千八百六十三年颁布国立银行法(后屡有修改)成立,在财政部货币监督局监督之下营业,其特殊条件有五:

(1)国立银行资本,以其地人口为比例,定最小限制。

三千人以下,二万五千美金。

六千人以下,五万美金。

五万以下,十万美金。

五万以上,二十万美金。

至资本最大额,法律上未定限制,惟不得设立分支行(但由州立银行改为国立银行者不在此限),成立时,须经货币监督局之调查认可。迄联邦准备银行法令颁布时,全国国立银行,计共七千五百十四行,资本总额,共计七万万七千万美金。

(2)国立银行成立及存在期内,须按实收资本三分之一以上,购买美国国家公债,交存财政部保管。

(3)国立银行可按交存财政部公债额面价格及市价范围内,向财政部领发钞票,缴纳一定之发行税(但以合法货币为担保时,得免发行税),钞额以该银行实收资本额为限,并须按发钞数目缴纳合法现币百分之五,交存国库,作为兑现基金。

国立银行钞票,可以向发行国立银行兑现。自一千八百七十四年起,改定法律,政府对于国立银行钞票并负兑现之责,故国立银行不能兑现时,政府可代为兑现,但政府可以处分其交存百分之五兑现基金,及交存价值相等之国家公债,并对于其银行全部资产有留置权,股东并应负个人的责任(如未缴股本之类)。

按联邦准备协行法令颁布时,全国国立银行钞券发行总额,共计七万万七千美金,此后则准备银行券日增,国立银行券日减矣。

(4)国立银行存款准备金,应以合法货币,按下列成分准备,备存户随时提取之需。

(A)在中央准备市(纽约、芝加哥、圣德路易三市)国立银行,按存款额百分之二十五。

(B)在准备市国立银行(即政府指定之各大都会商埠),按存款额百分之二十五,但得以半数分存中央准备市中银行。

(C)在地方国立银行,按存款额百分之十五,但得以五分之三,分存中央准备市及准备市中银行。

存款准备金,不及上列成分时,不得再作放款及贴现交易,并不得发给股东股息。

(5)国立银行营业,限定为五种。

(A)各种存款。

(B)期票汇票之贴现及买卖。

(C)金银货及地金银之买卖。

(D)各种放款(但不得以不动产为抵押放款,惟在中央准备市以外之国立银行,在所在地百哩以内之垦熟农田或土地,在一定之条件期限及限额下,准予作抵押放款)。

(E)发行钞票。

自一千八百六十三年起,至一千九百十三年颁布联邦准备银行法止,此五十年中,美国金融组织皆完全以国立银行为中心,截止一千九百十二年,全国国立银行,计七千五百十四行,资本总额,共十万万六千万美金,可谓盛矣。然此项制度,实验结果,缺点有四:

(A)准备金分散,不能集中应急。

(B)钞券发行,限制过严,不能因市面需要,随时增发,缺少伸缩力(以美国经济状况之发达,一千八百十三年国立银行发钞总数,仅七万万七千万美金,因国家负兑现之责,对于准备限制极严,其详已见前,国立银行为自身利益计算,实不愿多发钞票也),致商务繁盛季节,因流通货币不足,往往惹起恐慌。

(C)国内及国际汇兑缺少活动力,致无操纵或保持国内及国际汇率之平均金融机关。

(D)国库与银行缺少联络关系,美国国库完全独立,征收保存不用委托制度,国库收入季节,在市面吸收通货过多,国库支出季节,在市面流出通货又过多,皆足以摇动市场,无调节之力。至一千九百年以来,始准相当数目内,存放国立银行(一千九百十四年计核准存放之地点为八处,核准存放之国立银行,为一千五百八十四行),然数目多少,提取何时,权操之政府,银行仍无利用之方,且政府对于国立银行钞票券,负兑现之责,不能不保存多数现贷于国库。国库与银行因而及于市场之影响,固始终未辟得一调节之途径也。

要之,至一千九百十三年止,美国国立银行制度之弊所在,完全即为英法日意诸国中央银行制度之利之所在,而中央银行制度之害,如滥发钞票公债,扩张国家财政上之负担等事,则美国亦无之。盖美国国库,对于银行,只能有存无欠,且不得任意利用之滥发钞券也。自一千九百七年至十三年,美国欲补救其弊,而仍拟防止其害,讨论试验经五六年之久,始颁布联邦准备银行法,实行已十余年,有中央银行制度之利,而无中央银行制度之害,成绩业已昭然,诚地广民众超越美国之中国,所应特别注意取法者也。联邦准备银行制度之要点略述于下:

(一)联邦准备银行创立趣旨有二:

(1)使之为公共的社会上统一之金融机关。

(2)使之为联合的银行中统一之金融机关。

本此两项趣旨,故其股东职员及监督与咨询机关之组织,与中央银行制度大异其趣,亦复与普通银行绝对不同也。其特殊点如下:

(A)一准备银行股本总额,应在四百万美金以上(共分十二区,可成立十二准备银行),股东以国立银行为本位,全国国立银行至少应以资本及公债总额百分之六,购买其区域内之联合准备银行股票,充当股东(按此全国国立银行完全均为准备银行股东),州立银行及信托会社,附以一定之条件,亦可为股东,除银行入股外,如股本仍不足额时,始准募集个人股本,但每人不得超过二万五千美金(接此规定,直言之,准备银行之股本,完全拟取之银行机关,不求诸个人,俾成为银行的银行。易言之,即各银行之联合银行也)。

股东之利益,并加限制,每年超过股息百分之六以上之盈余,其余额应缴纳政府。盖准备银行为公共利益而设,不使藉法令之力或利用法令,贪图私人高利(但可以百分之六盈余余额半数,充作公积金,至资本额十分之四为止)。

充当准备银行股东之银行,对于银行,无论股本多少,每行股权以平均一权为原则。盖以防止大银行股东占股过多,可以压制小银行股东也。

以上关于股东组织之持点,足以证明创立准备银行用意趣旨之所在。

(B)准备银行,各设理事九名管理之,其理事分为三组:

A组理事三名,由股东银行选举(个人股东无选举权下同),其资格限于代表银行之银行家。

B组理事三名,由股东银行选举,其资格限于代表该区域实业界之实业家或农业家(即非银行界中人)。

C组理事三名,由政府设立之联邦准备局任命,代表政府及公众,三人资格中,必须有一人为银行家,使之充理事会会长,理事任期三年,每年每组满期一名改选之。

以上为中心职员之组织,可藉以证明其创立之趣旨,盖网罗各方面之代表者,管理银行事务,俾准备银行得成为公共的联合的社会及银行两方之支配机关也。

(C)各准备银行之监督事务,与夫其联合运用,政府势不能不设统一机关,专司其事,故特规定特设联邦准备局,管理之,置委员七名,一为财政总长;一为货币局长,其他五名,由大总统经上院同意任命,内有二人,必须通晓银行财政事务,执行左列事务:

（1）关于准备银行及其股东银行之检查事务。

（2）监督或许可甲地准备银行与乙地准备银行再贴现事务（按准备银行法，对于异地各行再贴现营业，附有条件，故应由局随时监督许可，其详具载准备银行法）。

（3）监督或许可法定准备金超越额定时必要事务（其详见后文）。

（4）监督准备银行钞票之发行及收回事务。

（5）任命各准备银行C组理事三人（其详见前文）。

（6）得具相当理由，罢免各准备银行理事及职员之职。

（7）各准备银行违反法令时，得命其停业或变更其组织。

（8）关于国立银行兼营信托业务之许可。

联邦准备局之职责，极为重要，政局虑其流于专断，不合市场情形，故特设联邦准备谘议会，完全以各准备银行理事为会员，俾将关于各银行自身利害及市面情形，随时讨论陈述，以辅助准备局之进行也。计会员十二名，由各区十二准备银行理事会各举一人，每年开例会四次，准备局并可随时请求开临时会议，其重要任务如下：

（一）关于一般营业状况，直接与准备局协议进行事项。

（二）准备局权限内事务，可以书面或口头提案。

（三）关于贴现利率、再贴现、发行钞票、保存准备金、地金买卖、证券买卖、一般市场交易状况、准备银行制度上研究，提出报告书，或提出意见案。

此会在准备局与准备银行之间，实一最有效力之机关，盖政府对于准备银行不能随便加以干涉与变更，则金融事务，自可减轻政治上之影响也。

关于准备银行之股东职员与夫监督谘询机关之特殊情形，略如上述，读者自可明瞭其制度之与中央银行及普通银行异其选矣。兹进论准备银行所执行之任务。

甲项 存款集中。全国银行存款分二大类:

一、不定期(定期在三十日以内及不定期随时支付者归此类)。

二、定期(定期在三十日以上支付亦或定期三十日前通知后支付者归此类)。

全国银行所收之存款,应以若干分存准备银行为准备,其比率如下:

(A)在准备市及中央准备市地点以外之银行,至少应按各不定期存款总额百分之七以上,定期存款总额百分之三以上,存该区域内之准备银行。

(B)在准备市内之银行至少应按各不定期存款总额百分之十以上,定期存款总额百分之三以上,存入所在区域内之准备银行。

(C)在中央准备市之银行,至少应按各不定期存款总额百分之十三以上,定期存款总额百分之三以上,存入所在区域内之准备银行。

照此规定,不但全国他种银行存款法定准备金,可减轻数目,增加活动力,即国立银行存款法定准备金,亦较前规定减轻(国立银行从前存款法定准备比率详前文,自颁布准备银行法以来,国立银行即以股东资格,依此率存入其联合之准备银行),活动力亦大为增加。盖因存款集中之结果,法定准备,可以减少也。由他方面观之,一区域之准备银行,完全聚集一区域内国立银行及他种银行法定以上之存款准备金于一手,其平时活动与夫临时救济,皆有极大之力量,实具有中央银行之权利,不过为地方的(即十二区),无极端集中之流弊也。

乙项 钞票发行。分发联邦准备银行券(Federal Reserve Bank Note),联邦准备券(Ferderal Reserve Note)为二类。

(A)联邦准备银行券,专用以收回国立银行已发行钞票之用,政府因旧日国立银行钞票流通已久,急剧收回,恐市面发生影响,且亦无此必要。故政府规定从前国立银行钞券,照旧流通,但以后国立银行中,如愿将交存保管作为准备(已详前文)之公债卖却时,政府即令准备银行将其公债收买,发行如其价格之联邦准备银行券,以换回该国立银行钞券是也。故联邦准备银行券,系完全拟以全国国立银行所交存保管之公债为准备,逐渐收换国立银行发行之钞票是也。

(B)联邦准备券,亦由各准备银行发行,由联邦准备局监督制造,政府及其发行之准备银行均负兑现之责,其正货准备金成分如下:

(1)按流通额至少应有十分之四正货准备,并须以百分之五寄存国库(因政府亦负兑现之责,但可在十分之四内扣算)。

(2)得联邦准备局之许可,可以为十分之四正货准备制限外之发行,但须征收发行税如下率:正货百分之四十以下至百分之三十二分五厘时,年征发行税百分之一,在正货百分之三十二分五厘以下,每减正货准备二分五厘时,增收年百分之一分五厘发行税。

(3)上项制限外之发行,以三十日为限,应予收回,若有继续之必要,经联邦准备局之许可,得按十五日期限,继续延长之(按此意即三十日期满,有继续必要时,经许可得延长十五日,十五日又期满,仍有继续必要时,须再经许可,延长十五日,即每延长十五日期满,须经一次许可之手续,由联邦准备局审定是否必要,以免滥发也)。

二三两项之规定,完全系增加通货伸缩力量,遇有市面需要通货时,而准备银行一时十分之四正货不足,致不能增发钞票,以应其需,足以引起恐慌,故准为制限外之发行,以救其弊,而又虑其滥发,故附以三项条件:一经联邦准备局审定许可;二须递增发行税;三严定极短期限也。

此外尚有一特殊之点,即甲地准备银行收进乙地准备银行券,不准用出(甲行以乙行券付出者,应按付出之数,课十分之一罚金),应送回乙地准备银行兑现或收账,此实为美国式制度之精神,盖因土地广大,现金只可为地方的集中,故不愿甲地钞券,无限制的通行乙地,使甲乙两地现金准备金,失其正确之标准也(各地国库代兑代收不同区域之准备银行券,亦照此办理,交还原发行行,因是交存国库正货准备金不足时,并得命其补足之)。

丙项 票据再贴现。准备银行,对于股东银行贴现票据,可为之再贴现,但其票据限于三种:

(1)由商业实际交易(当然包含农工产品),发出之期票、汇票及送金票,期限九十日以内。

(2)由农业经营或家畜交易,发出之期票、汇票及送金票,期限六十日以内。

(3)由商品输出入,发出之汇兑及押汇票据,期限九十日以内。

准备银行贴现事务,不与商工业直接,而与股东银行间接者,实具有深意,一免垄断,二可精选,三得集中,所谓银行之银行,以符联合意义也。但金货地金银之买卖交换,国家之长短期公债买卖,地方公家机关临时证券(买入时起六个月内即满期者)买卖,国内商业上发生之汇票买卖,国外九十日内到期之汇票买卖,亦可直接与市场交易,不必经股东银行之手,盖此种交易,简单而确切也。

丁项 票据交换。分二类:

(A)各区准备银行之交换,由联邦准备局自行或委托准备银行执行其事务。

(B)股东银行之交换,由联邦准备局委托准备银行执行其事务(当然股东银行外之银行,亦可加入)。

自此项交换制度成立后,准备局内之票据,固可自由交换,区外之票据,亦可经股事银行及加入交换银行手,由准备银行收取,区内外一律不征取交换手续费,全国票据流通无阻矣。

戊项 金决算基金。各区准备银行相互间决算,因各地域通货需要之季节,时有变动,往往发生运送现金之必要。为避免此运送频繁,特由国库(本库及各地分库)为各区准备银行开立金决算基金户,各准备银行应随时存入金或等于现金之金证券,一百万美金,及按应付他银行之余额数目相等金货。国库受到后,由金库局长,发出金货支付命令,送与联邦准备局,局设决算代理官,凭各准备银行报告(例为每星期三电报报告)代为划拨(例为每星期四),如此,各准备银行只须就近交现与当地金库,即可免却运现之事矣。

己项　国库金存放。

国库金中,除按国立银行法及准备银行法,应代保存之基金外,财政总长可以随时酌量数目,拨存各区准备银行,但国立银行亦可分存,其选择亦由财政总长决定。

要之美国国库现制,以独立办理为原则,为便利计,亦有委托准备银行代办事项,国库金以各地分存为原则,不使之集中一地一行,亦具有深意也。

庚项　国际金融联络。

自准备银行制度成立以来,对于国际金融设备,遂取开放主义。(一)准备银行经准备局许可,得在国外设代理所或委托代理银行;(二)国立银行资本在百万美金上者,准在国外设分行;(三)准集资百万美金以上,设立海外银行。所有国际上商务发生票据均可在准备银行及国立银行等买卖,准备银行对于国立银行等,且可为之再贴现,以集中操纵之。

以上所述,不过美国准备银行制度之荦荦大端,其详则见一千九百十三年颁布之法令。十余年来,曾经修改十余次,成绩昭著,世所公认,有中央银行之益,无中央银行之害,一也。于幅员广大物产丰富人民众庶之国家相宜,二也。使金融势力,为地方的集中发达,于今后经济潮流趋势相合,三也。故曰:中国宜仿美制,创设联合银行也。

第二节

中国宜仿美制,固为著者主张,但美国联邦银行法令颁布前之金融机关情形，与中国比较，有大不同者在，即彼时美国金融情形，散漫而整理，今日中国金融情形，散漫而零落也。详言之，中国今日，并无根据法令，正当经营之国立银行与州立银行，金融组织，毫无系统，所谓中央银行者，其数有三（中国、交通、中央），虽有代理国库发行钞票之名，实无其实，反受其累，故其营业，与普通银行无殊，既不能负调节市面之责，亦不能胜统一金融之任。盖政府对于中央银行，始终不明其任务，认为财政的，不认为经济的。易言之，政府所以成立此中央银行者，利用为财政上之补救，非利用为经济上之发展，而利用过滥，至今日，即对于财政上之补救，亦复无力。至各省省银行，亦同此病，概系为一省财政上之补救而设，非为一省经济上之发展而设，故其结果，昭昭在人耳目者，只余政府中之积欠累累，社会上之滥钞纷纷而已。其他商业银行，皆未循正当之轨道，盖金融无中心，实业无基础，商业银行前无发展途径，后无接济来源，只有各自为战，从事于无系统之营业而已。银号钱庄，亦复如是。而因外国银行林立，且以政府借款关系，一部分国内财政经济之权，转操诸外人之手，至国际金融机关，更不必论矣。故就中国金融现状而言，直可谓之无金融组织。易词言之，无所谓中央银行，无所谓省银行，无所谓商业银行，只有藉威力筹公款，图高利放私债，各种杂乱无章之机关而已。吾人欲仿美制，加以整理，第一须认明此状况，并非改革，实属创造；第二当认明今后计划须因现状而创造，不可凭空而结构，特采取美制之精神，参合中国之实状，拟具创设联合准备银行大纲如下，倘有采取之时，自可根据大纲，详细立案也。

创设联合准备银行草案大纲

（1）资本。假定为二千万元，以左列资格入股：

（A）中交等银行及各省银行。

（B）资本实收百万元以上之商业银行。

（A）（B）两项资格银行，至少应按实收股本及公积金总数十分之一,加入联合准备银行股本。

(C)个人。每户不得过五万元。

股息以年息一分为限,超过一分时,其盈余缴纳政府(但须自公积金积至股本同额时起)。

(2)准备区。以上海为中央准备市,暂以汉口、天津、广州、重庆、哈尔滨为准备市,分全国为六准备区,俟交通发展,再添设准备市,别为区分之。

联合准备银行总行,设立于中央准备市,分行设立于准备市,此外不得设立分行,但必要时,得设代理所于国外。

按中国不必如美制,各区各设准备银行,只须钞票发行有区别(即用区域钞票甲区不流用乙区),各种准备金存放有区域限制(即各区存各区,不必极端集中)。

(3)组织。以董事十一人组织董事会,执行职务,董事分三组选举之。

(A)组董事四名,以(A)项股东银行选举之,二名资格,限于银行家,二名资格限于实业家。

(B)组董事四名,以(B)项股东银行选举之,二名资格,限于银行家,二名资格,限于实业家。

(C)组董事,由政府委派之,三名中资格,必须一名为银行家,一名为实业家。

每组董事,得各推常务董事一人,由常务董事三人中,推一人为会长。

董事会章程及选举董事章程,另定之。

(4)监督机关。由政府设立联合银行管理局监督之,其职权仿照美国成例,按中国联合准备银行法令加减之。

(5)咨询机关。由三组董事各举董事一人,合举六区内银行家、实业家各一人共十五人组织之,对于管理局及董事会,有备咨询及提案之权。

按此草案既不主张如美制各区分设独立之准备银行,故咨询机关,不可不加入各区代表,且其职权,亦不当仅限于对管理局也。

(6)国库关系。由政府设立国库局,国库款项,法令所限制保存者外,得分存准备银行及其他银行,如美制,必要时,并得委托准备银行代理其职务,但准备银行营业,应照美式,一如法令所限制,无自由放款与政府之权。

(7)钞票发行与整理。

发行新券办法。

准备银行总分行六区,各得在其区域内,发行准备银行券,其准备办法如下:

(A)每区域内各流通额,在一千万元以内,五成现金准备,五成保证准备。一千万元以上,四成现金准备,六成保证准备。保证准备章程,由准备局定之,但因各区域情形,得予以差别规定。

(B)各区域准备银行总分行,认为必要时,得经准备局之许可,各为限制外发行,其限制办法,由准备局参照美国成例另定之。

(C)各区域准备银行券准备金,随时按总额百分之五,应缴纳国库局,在国库局监督之下,委托各区域准备银行另库保存,国库收兑该区域内准备银行券,必要时,得启用之。

整理旧券办法。

凡现在各公私银行发行之钞券,得按左列条款,照旧准其流通。

(A)联合准备银行法令颁布时,截止其流通确数,不再加发。

(B)发行银行应按流通额为四成现金准备,六成证券准备,证券准备应完全交纳国库,现金准备以三成存放该行,一成缴纳国库。缴纳国库之证券,由国库分别委托该区域内准备银行保管之。缴纳国库之现金准备,由国库分别委托该区域内之准备银行另库存储之,国库收兑该区域内钞券,必要时得启用之。

(C)联合准备银行法令颁布时,凡非股份公司组织之官立银行钞券，额面价格与市面价格有差异者，政府得平均半年内价格，规定法价，按法价流通之，准备金亦照此比例，非股份公司组织之银行钞券，一如额面之价整理之（例如各省银行钞券，市面每元平均为五角者，即规定为五角流通，按五角兑现）。

(D)法令颁布时地方官立银行券如不能照(B)项准备时，地方政府得按其差额，指定税款，交该区域内准备银行代收，补足其四成现金准备，并得指定税款，发行地方公债，补足其六成保证准备。

(E)在法令颁布时，股份公司组织之银行券，不能按照(B)项准备时，现金准备若不足四成者，得停止其营业，以其全部财产，充钞券兑现之优先偿付，交该区域内之准备银行清理之（按全国非官立之发行银行筹四成现金准备似不困难）。证券准备不足六成者，政府得按欠该行之债务二人之一以内，指定税款，发行一种金融公债，补足之（即政府偿付发行行半数债额，盖政府现在对发行行，大都有债务，保证准备若按市价计算，六成准备，非常困难，故政府宜划债务一部分，发行公债补足之）。

(F)官立银行券，每年政府得斟酌情形，核减其流通额，以其所应减之准备，拨交该区域内准备银行，以准备银行券逐年收回之，官立银行有停业必要时，其发行券结束办法亦如之。

(G)股份公司组织银行券，遇左列事故时，政府得以其准备，拨交该区域内准备银行，以准备银行券收回全部或一部。

①自愿停止全数或若干数发行，将全部或一部现金准备保证准备交出时。

②政府认为必要，核减其流通额时。

③银行停闭时。

但遇第二项事实发生时，交出之保证准备如按市价不足折合六成现金，及自存之现金准备，不足三成时，政府对于其全部财产有优先处分补足之权。

以上所述办法外，尚有应注意者数端。

①自法令颁布依据整理之后,政府应按美例,对于全国内钞券与该发行行同负兑现之责,以坚信用(如有倒闭时除法定准备外,政府当然对于全部财产有优先处分权)。

②无论准备银行钞券或他银行钞券,除在准备市兑现外,不得在他处设兑现机关,使全国现金,易为地方的集中。

③无论何处公私收受,不得拒绝政府已经认可发行之钞券,并不与现金有异。

如此办理,所有全国旧钞,庶有整理之绪,新券亦入统一之途,市面不至有剧烈变动,而各发行银行,亦不至因此倒闭,或发生巨大之损失。

鉴于中国今日之经济状况,新陈代谢之方案,或不能不以此为最上乘也。

(8)其他营业范围。准备银行营业范围,自可参照美国准备银行制度规定,惟鄙意以为中国票据贴现风气未开之际,准备银行对于股东银行,除再贴现一种交易外,必须添设再抵押一科,即对于股东银行所做押款交易,准予转押。盖现在金融交易,押款实超过于贴现,不如此,准备银行对于股东银行,不能收指臂相连之效也。要之,准备银行之营业范围,在经济落后之中国,参酌美制,尚有若干增减之必要,势难胶柱鼓瑟也。

联合准备银行草案大纲,略举如上。苟能见诸事实,则三五年后,联合准备银行,必成为中国全国金融之中心,一般金融组织,可依此部署。拙著新经济政策中所列举对于国际、对于农业等之各种特殊银行,亦可因此附托,各颁适宜之条例也。

金融制度问题,在今日讨论,本非其实,然当此经济革命之时,言改革经济问题者,不能不对于金融组织,预为研究。吾人所言,或非失时之论,且近年来,对于金融组织问题,无论南北新旧何方,皆横亘一创设中央银行意见,且认为财政的,而非经济的,实为十八、九世纪传统的顽固思想,欲顺应经济潮流,而为百年大计者,诚不能不先时讨论及此,促其反省也。

　　(文集编者注:此文原刊于《国报周报》第四卷第四十五期,
1927 年 11 月 20 日)

　　(《中国新经济政策》,国闻周报社丛书之二,1928 年 1 月增改
再版)

花溪闲笔初编

近日友人过筑者,常谓予曰:"君作地方官三年矣,何不写点经验出来?"予辄笑应之曰:"从哪里写起?"然亦未尝无意,苦无暇耳。本年四月二十八日在花溪作星末小休,例以读诗作诗消遣。偶读题壁诗,复为之怦然心动。

予在花溪作星末小休,始于去岁(二十八年)十月二十八日,因血压渐高,医嘱星期日择地休养也。是日题壁四首,末二首云:

> 得专一壑胜一州,早买青山待白头。杀贼功名殊未了,几年迟我为身谋。
> 花溪山水胜前溪(予家世居吴兴前溪),准拟移家老圃畦。忽觉使君身是客,鸟声人语惜栖栖。

又于十一月十三日第三星期题壁一首云:

> 天下纷纷老一州,问君何以久淹留。征瑶未免民无怨,盗贼还多吏可休。亦欲图功宁有补,几回请罢又经秋。避贤纵作藏身解,傥较吹竽胜一筹。

三首寓意浅明,勿待解说。留黔寒暑已三易,或早晚得请未可知,倘有叙述,执笔不宜迟矣。遂决定小停吟诵,于每星期日随意写一二段试试,不拘体裁,不论结构,更谈不到文字,意之所到,笔即随之。因名之曰："花溪闲笔"。

甲　赴任时

人皆知予喜谈政治，然世之喜谈政治者，不一定皆适于作官，予即其中之一人。平生志愿在办一学校，办一报馆。无意袍笏登场，便无须组织班底。二十四年冬起，竟在南京作了两年中央官吏，本事出意外，故结果还是单人独马。当时同僚热心见教相助者虽多，但只有公谊，并无私交，从未约定任何人续共政治生涯者。? 良以两年尝试，更自知所短。又不意二十六年冬忽奉命出主黔政、抗战时期义不得辞。此皆平日喜谈政治之结果，遂不得不一再为所不欲为，犹之乎因谈经济而从事实业者二十余年。人生本可随遇而安，然当奉命时之惶恐心理，不堪言状矣。

一、人的准备：予深知公家机关情形，每更易长官，便发生饭碗恐慌，尤其是地方长官，恐慌范围更大。往往一省易长，三五个月内各地人事谣言百出，长官必须先应付人的安排，然后纔说得到事的问题。故予初以无班底相随为忧者，一转念间，又觉得这也许是我的一个试验机会？遂匆匆于二十六年十二月二十八日午刻驰抵贵阳。同行有秘书长一人，委员一人，秘书一人，二十九日晨便到府接事。秘书长颇以接收人员太少为言，予笑语之曰："胆子放大点，予在南京初到部视事时亦如是。"然仅以一秘书长一秘书去接收一个省府事务，这个例子在地方上却很少，宜乎秘书长之不免兢兢也。

人的初步准备，予已在由宁赴汉轮舟中考虑过一番。予本奉命于二十六年十一月二十日夜搭轮西上，在行前数小时始知已裁

定命予赴黔,顿觉两肩加重,不免临事而惧。第一夜即就人事先为考虑,决定如次:

(一)须约请二三位师友相兼的长者。

(二)须约请三四位办理机要文书的朋友。

(三)此外概就地取材。就地无时,再为事求人,不必先行约定。

依此决定,抵汉后遂分别约请七位朋友(现因事他去者二人)。并预定凡负一部分实际责任长官,除秘书处外,各厅处会一概不动。以次更不必说。

这个决定当否? 就事后经验来说:

第一:师友相兼的长者必不可少。且亦不必一定要请其担任繁剧,尽可位诸委员中或幕府中,随时请益,至少可免去许多错误。

第二:自己并不认为重要必不可少之人,勿庸多请。能不带亲戚尤妙。能不约定庶务会计人员同往更妙。至少可以少谣言,省麻烦。

此外则随其人其地其时之环境斟酌之,予在舟中仓卒之决定,不一定皆是也。

二、事的准备:予未曾到过贵州,朋友中贵州人虽不少,然颇少谈及贵州事者。简单说:予对于贵州一无所知。又将何以作准备乎?

(子)有人为予言,可先将施政方针以文字宣布。予期期以为不可。盖予一无所知,将何以为言? 强为之,必然罗列一般省政大纲,赘以照例官话,将无异于抄袭他人到任文章,与自己何干? 与贵州更何干?

(丑)有人又为予言,至少可将自己志愿向报馆发表,借以传达。予仍未以为然。盖不过一面陈述"才力不及,固辞不获"一类的套话,预为卸责地步。一面空言此去将如何努力而自炫其将尽瘁国家地方的热诚,均何关实际耶?

不但此也，甚至已到任视事，对僚属民众亦初未作若何笼统宣言。只就事论事，知之为知之，不知为不知耳。

至于予之内心，当然对事之准备，已作了一番打算：

（一）预料贵州财力有限，故不拟增加行政费，可集财力于建设方面。

（二）预料贵州人力有限，故必须就已有人力尽量利用之，未来人力尽力培植之。

（三）预料贵州百事待举，而又时不我待，故决定凡事之可办而能办者即时办理，不必空耗时间于讨论计划方面。

（四）转移机关敷衍风气，社会观望风气，然后政府社会两方事业方可合力举办。

此其荦荦大者，然亦只作空洞的原则的决定，因事实殊不明瞭也。至于作事步骤，亦预有决定：

（一）因地处抗战后方，不宜操之过激，免发生事端。决以"按步就班走"为督促原则，庶免欲速不达。

（二）予与贵州向未发生关系，为作事便利计，必先求一班人认识个人品性。须极端坦白，极端忍耐，不可故作高深，亦戒随意发言。

就事后之经验来说，对于事之准备打算，所见亦未尽可通行。然有数项值得一述者：

（子）地方长官赴任时，除对于其地方已有真知确见，或某某事项已有秉承方针者外，大可不必预发笼统宣言一类文字，因其地位无决定国家政策之权，其职权内通常所应为者法令早有规定，又何必多言。

（丑）注意地方风气之改进为施政第一要点，必须明瞭认识，勉力以身作则。宽济以猛，惰勉以勤，凡所不及，有以进之，如其或过，有以抑之。

（寅）凡地方政治，不一定皆大事，以常识判断认为可办而能办者，不论大小，必须即时举办，使一般感觉作事兴趣。

（卯）地方行政只要注重一个向前"走"字，不许"睡"着，"坐"着，"站"着，即可计日课功。但千万不可忘记"按步就班"四字。盖地方行政最忌变化太多，纷更无常，与整个国家政策有时应随世界大势立为因应者显有不同。"按步就班走"五字，似为督促地方行政进步最妥当的原则。

回忆赴任时各种准备经过，可得而言者，略如上述，肤浅而寻常，不值赘述。予到筑时正值岁尾年头，国事艰危，客居孤寂，深夜一灯，百虑千思，往往不得成眠。曾于立春夜，口占绝句三首，和友人赠诗，内一首云：

聊将薄醉诱清眠，客裹生涯似前年。莫向江南问春讯，恐催双泪落樽前。

又曾集词句题杂感诗四首云：

一江春水向东流，流到瓜州古渡头。浊酒一杯家万里，欲凭江水寄离愁。

流水落花春去也，绿槐高柳咽新蝉。月明万里关河梦，欲问行人去那边。

晚风斜日不胜愁，但把金樽送断秋。梦里不知身是客，五更残角月如钩。

新诗未了枕先温，风急花飞昼掩门。消息未知归早晚，乱山何处见行云。

予之黔行宦味如何？不难知矣。

乙　到任后

予认为任何地方之行政设施,其根本不外从人力开发与物力开发二者着手,而整理地方财政发展社会经济以配合之。予到任后,一面办理战时紧急事务,如兵役工役之类,一面考察此项根本问题,而施以对策,其结果可得而言者:

一、人力物力开发

予于二十八年五月一日,本省参议会第一次开会时,曾作三小时口头报告,兹将当时笔录摘叙于下,现有变动者并加附注。

"(上略)本人来贵州之先,常听说贵州是一个很不富裕的省份,所以不但本人认为目前贵州之切要,在开发物资;就是中央及地方,也都以此期望于贵州当局,以此作地方行政之方针。但来到贵州后,先后欧到各地视察,加以同地方人士接谈的结果,觉得贵州的物资固有待开发,但还有一个更重要的先决问题,就是人力的发展——至少,人力的开发,应与物力的开发同时并进,平衡发展,否则徒言开发物力,收效一定很小。原因是贵州人口太少,同时贵州的人力也较弱,现在先就这两点来分别加以说明。

(一)关于人口的数量问题。人口太少这一点,可以从人口与面积的比例,和人口与耕地的比例两方面看出来,本省面积据内政部调查及统计局计算,约为一七九·四七七方公里,人口约一零·四八四·九零零(二十九年本省统计为一零·二五五·九零九),按这个数字来计算,每公方里平均不过六十人。拿这个数字来同其他省份比较,很显明的可以看出本省人口少的现象。再就土地亩数来说,全省土地约二万六千多万亩,每人平均要有廿六亩,这人数是包括男女老幼。数字之大，又是普通他省所少见。更就可耕地来看，全省可耕地约五千三百万亩，而全省壮丁不过一百七十多万，是每人要耕种三十一亩之多，远超过一个人的负担力，假定有女壮丁一半帮忙，每人也须分担约廿亩，况一千零四十多万人中，至少有十分之一二非农民，农田负担比例尤须增加，此所以在五千三百多万亩可耕地中，只有三千多万亩在耕种。然而每一个壮丁已经要耕种十七亩——加算一半女壮丁之力，再减去十分之一二非农民之数，每人也约合十三四亩。耕种力负担如此之大，显然的是人口太少，人力不足。

本省人口何以如此之少？原因当然很多，而死亡率太高应该是一个最重要的原因？关于本省人口的死亡率，还没有精确的调查及统计，据专家估计，成人约为千分之三十，孩童约为千分之二百四十。世界各先进国家，成人的死亡率没有超过千分之十五的，孩童的死亡率没有超过千分之九十的，拿来同贵州情形比较，本省人口焉得不少！

（二）关于人力的质量问题。本省人口的数量太少，已如前述，而在这人口太少的情形之下，由于种种的原因，人力又不能充分的发挥，所以不能充分发挥的原因，粗加分析，约有下列几项：

甲、文盲太多——在文化水准较高省份中，文盲有仅占百分之二十者，本省情形则正相反（按二十九年本省统计表识字者为千分之九十二）；

乙、文化水准低——在江海沿省，通常一县里会有一两个大学生，中学更是普通，在本省各县不但很少大学生，许多县份连个高中毕业生都很少，受过高等教育的人材太缺乏，文化水准自不会高。

丙、嗜好太普遍——这是人所共见的事实，影响于本省人民的体力很大，因之也就影响到人力的发展。

丁、卫生设备不足——过去由于交通、人才、经费等种种关系，医药卫生的设备过于简陋,甚至若干地方医药无两,因此传染疾病的预防固谈不到,即普通病痛的治疗也少收效,结果是可以不生的病生了,可以治好的病治不好,影响于人力的发展极大。

戊、体质太弱——由于先天或后天的原因,本省人民一般的讲来体质弱者较多。敌人的童工每天都可以工作十小时,在本省则不问年龄,很少能继续工作十小时者。

根据上述人口太少及人力不能充分发挥的事实,本人认为在开发物力之前,应先设法开发人力,否则空言物力开发,等于徒劳,但是在这抗战建国期间,物质的开发,也不容稍纵,所以又决定人力与物力的开发,同时并进,使其平衡发展,发生相辅的作用,这是本省政府的施政方针,今天本席的报告,也是以此为纲领而把省政府最近的施政,向诸位作一个简单的报告。

先就人力的开发来说:

本省的'人力'问题,包括人口的数量及人力的质量两方面,已如前述,所以政府的施政方针,也分别在这两方面着眼,而以繁殖人口与增进体力来解决数量的问题,以提高文化水准与增进能力来补救质量的不足。

1、繁殖人口与增进体力 政府为繁殖人口与增进体力而举办的工作很多,重要者计有卫生、禁烟、军训与体育,及习俗之改善等项。

1)卫生 本省在二十七年以前,虽有卫生行政,而无专负卫生行政责任之机关,就那已有的卫生行政,也因经费微小,人才困难,收效很小,所以从二十七年起,加强卫生行政机构,充实卫生设备,从二十七年四月起,至年度终了,政府用于卫生设施的费用,计四十万元,本年度概算里所列卫生经费,也差不多七十万元,这数目似乎是大一点,在财政不充裕的贵州,尤其显得太多一些,不过为要充实人力,以利抗战之需要,我们不能不在这方面多加注意,俾可迎头赶上去。

　　为完成本省卫生行政系统，增进行政效率，省政府先于廿七年四月设立了一个卫生委员会，主持全省卫生行政，并于卫生委员会中附设健康教育委员会，计划设计全省卫生教育事项，执行的机关，在省会有贵阳卫生事务所及省立医院；前者管理省会公共卫生及环境卫生，后者办理一般疾病之治疗，各县视其财力与需要，分设卫生院或卫生所。截至本年四月底止，全省已有卫生院七处，甲乙种卫生所各十七所，其余未设卫生院所之四十县，也都在筹划设置中，许多县都感到卫生设备之需要而纷纷呈请设立卫生院或卫生所，有的县份并已由地方筹有相当经费，但由于人材困难，竟不能达到他们的愿望。

　　讲到卫生人材，目前虽然不敷应用，而比之以前，已经是多了。抗战发生后，各界人士来贵州的渐多，其中也不乏卫生专门人材；此外卫生署及国立贵阳医学院，因鉴于本省卫生之切要，也都在行政上及技术上帮忙很多，中央医院及其他各医院来黔，也给我们推进卫生工作上许多帮助，虽然如此，人材仍感不敷分配，所以又同卫生署公共卫生人员训练所合作，开设训练班，予以短期技术训练，以便将来分派到各县去工作。

　　由于交通关系，本省人材之外，药品也很成问题。抗战以来，这问题愈见严重。所以省府除向银行借款四十万元购买药品存储外，更设置医药用品制造厂，利用本省固有原料，配置各种应用药品及脱脂纱布棉花等，以应本省之需要。

　　关于卫生行政还有可以向诸位报告的，是有关卫生法令之颁行。前此关于街道之清洁，摊贩之取缔，医生之登记，成药之管理……都没有法令规定，一年以来，已先后由卫生委员会订定颁布，切实执行。

　　总起来讲：自去年四月起，至现在止，本省卫生行政已经稍稍具了雏形，虽为期很短，功效尚鲜，但在传染病之预防及治疗上，已经有了相当成绩，如去年贵阳霍乱流行，幸赖防治得力，范围不曾扩大，又本省东北之铜仁等县，疟疾为患素甚，自卫生机构成立，防止工作开始以来，已收相当功效。此外种痘助产防疫等工作，过去一年内也都做了不少，只是时间还短，功效还难看出来。

　　[附注]截止现在，卫生经费，每年合本省支出及各方补助，已超过百万，并另筹款项，成立卫生基金委员会，扩充卫生事业，以其收入，补助支出，期其能自力生存与发展。全省八十二县中已成立卫生院所者约七十五县，最近期内全数可望告成。又特设医事学校造就基层人材。

　　2)禁烟 禁烟的首要在禁种，本省的《四年禁绝鸦片计划》去年已是最后一年，遂自廿七年十月起，把本省产烟最多的黔西等廿二县，也断然禁种，并订定黔西等廿二县禁种鸦片后农业生产抵补办法大纲，通令施行，这是本省既定的方针，而由本人执行，告一段落。

　　禁种之后要禁吸，本省为统制烟膏，供给烟民，以前曾有'售吸所制度'，自二十七年三月起，各县售吸所按月递减，至十二月底完全禁绝。有私设售吸所的并依法严办，这种办法也许使少数烟民感到许多不便，但为大众利益计，实在不能顾到这少数人的便利，至于公务员吸食鸦片，更是绝对禁止——有检举即调验，调验属实即依法严办，期可禁烟先自公务员起，树一楷模，关于公务员的调验及撤惩，本市报纸上曾发表过好多次，诸位想都已经见到。

　　禁烟中还有一个严重的问题是烟民登记，本省由于历史上及习惯上的原因，人民吸烟，视为平常，所以烟民人数很多，也是想像得到的，但烟民人数有多少？却没有一个精确的调查和统计，在民国廿四年至廿六年之间，本省曾举办过烟民登记，登记结果是截至廿六年五月止，全省烟民共廿六万多人，但这数字是否确实，就连负责办理登记的人也在怀疑，此后虽曾按照本省《限期办理烟民登记施行细则》之规定,继续办理烟民登记,并分别普通吸户及贫民,征收登记费,但办理渐久,登记的意义渐失,而变成了一种财政上的收入,各县务于考成,弊病丛生,烟民数字的准确性更为减少,省府为根本消除过去的积弊,并得到一个可靠的烟民数字,以便分别施戒起见,所以利用全省编整保甲的机会,自廿七年十一月起,免费举行烟民总登记——按各县编整保甲先后程序,责成编整人员附带举行烟民登记,预计本年六月底全省可有一个比较准确的烟民数字。

有了准确的烟民数字之后,第二步办法就是根据登记的人数,及各个烟民的情形,分批传戒或劝导自戒,关于施戒烟民,行政院曾制定《各省市领照烟民分期戒绝实施办法》公布,本省自当遵照奉行,所以今后的计划是一方面充实各县卫生院所,以便分批传戒,一方面向中央请领大量戒烟药品,俾便烟民自戒。

　　　　[附注]截止现在,禁种已严厉实行两年,禁吸亦于本年(廿九年)七月一日起,烟民登记执照失效,凡吸烟者一律依法治罪,本省烟毒,计日可期肃清。

3)军训与体育

本省民众由于种种的关系,体质素弱,抗战发生,这问题愈觉严重,所以省府在这方面也特别注意,订定种种办法,切实执行,现在就已经做到的,分学校及社会两方面来报告。

学校方面,省府在廿七年四月颁布了一个《贵州省中小学战时教育课程实施办法》,在这办法中规定男生要厉行军训——增加军训课程,女生要实施军事体操或看护训练。这种办法在现在是适应抗战的需要,在将来是健全人民体格的重要步骤之一。

社会方面,本省壮丁约一百七十余万人,但因过去之缺乏主管机关,所以根本谈不到训练,自廿七年三月本省军管区成立,才开始办理社会军训,开始以后又因人材及交通关系,进行非常迟缓,截至现在止,已受过训练的仅约四十万人,正在受训的约十万人,预计在一年半至两年之内,可以全部训完。社会军训的目的不完全在自卫或兵役,最重要在健强体格,间接也就是健强本省下代的体格。

此外省府对于社会体育,也切实注意提倡,就是小如郊外旅行,省府都愿意提倡,以便一般民众身心都有适当修养。

4)习俗之改善

习俗改善这点,省府的设施可以从两方面来说:

积极方面,在养成民众一种奋发蓬勃,勤苦耐劳的习惯,所以由早起,守时,以至于劳动服务,都在积极提倡之列;并由省府通令各县,切实遵行,以身作则;更指定以造林,筑路等事项为劳动服务对象,附带着可以做点建设工作。

消极方面,在禁止一切不正当娱乐——已经有的,严厉取缔,没有的严加防止,此所以许多不正当的娱乐,他省有而本省独无,并不是这些经营不正当娱乐者不到贵州来,而是有背省府施政方针,我们不准许他存在。

2、提高文化水准与增进能力

前边所说繁殖人口与增进体力,是针对本省人口'量'的问题之设施,现在要报告的提高文化水准与增进能力,是增进本省人民'质'的方面的设施,关于这点,请分教育及行政两方面来报告:

1)关于教育者

本人来贵州前,即感到战时教育,应该有别于平时教育——平时教育重在培养人材,战时教育则应重在增加战斗力。所以到贵州来后,即特别注重民众教育,以启发一般民众之国家观念,增强一般民众之抗战意志,但因限于师资,虽多方努力,而收效还是很小,最近规定各种等学校应附设民众学校一处,联保办公处各附设民众学校一处,那么计算起来全省可以有五千五百处民众学校。

民众教育与义务教育不同——前者是施之于成年的教育，后者是施之于孩童的教育，因为教育对象不同，所以课本及教授法也应该两样，但据本人出巡各路时视察结果，情形并不如此——各地民众学校学生孩童多，成年少，课本也因中央颁行的课本未到，而暂用小学课本，生字很多而文意过浅，不适于成年人用，因为成年人教育程度虽低，而普通知识已有，要他们来同孩童受同样教育，他们当然不会感觉兴趣。所以出巡归来，即由省府另行编订民众学校课本，内容特别注重贵州环境及现状，不以识字为目的，而以瞭解为前提，所以全书生字很少——仅五百字，至于教学方法，也通令各校更改——就是课本与故事并重——每一节内二十分钟讲课本，四十分钟讲故事，这种教学法有两种好处，第一、可以引起兴趣，第二、学生虽因特殊原因，中间有一二次不能来上班，也无大碍。

关于民众教育之普及，除增设民众学校外，更辅以广播教育，但贵州情形不同，外县装设收音机，困难很多。所以又购置巡回施教车，以代收音机。以上是关于民众教育的设施，就现状说，全省约有学生三十万人。

义务教育注重在增添短小，以减少失学之学龄儿童。本省短期小学在二十七年度全省计共九百所，内中计省款办者八百五十七所，县款办者四十三所，本年内将妥筹经费，增设校数，计划要办足一千所。

本省的中等教育，一般讲来不如其他省份，亟有加以整饬的必要，整饬的首要在检定及训练合格师资。此外因本省交通不便，政府耳目难周，所以设了三十个视导员，时常视察各校，督导改进。

大学及专门人材之培养，在本省也是极需要的，过去由于经费及人材关系，本省在大学教育方面的设施很少，抗战发生后，除大夏大学迁筑外，教育部并首先在本省设立了国立贵阳医学院，继而交通大学工程学院也移来本省，此外附近各临省也都有战区移来的大学。在这种情形之下，本省应特别注重造就入大学的人材，多予本省优秀青年以上大学的机会，具体方法有二：

甲、设公费生　每年设十个名额、每名年予四百元的公费，作为升入大学的费用。公费生以考试方法遴选，但每年会考名列第一二的可以免费作为公费生。

乙、贷费生　这是帮助有志而无力升学之青年的一种办法，名额二百名，每年贷予二百元至三百元之数，毕业后分期缴还，贷费生所入学校及所习科目，都要由省府指定，以造就本省需要的专门人材为原则。

以上所报告为属于学校教育方面的，但本省土著同胞很多，理论上，他们应该享受一般平等的教育机会，而事实上由于交通历史及习惯上的原因，他们普通言语犹且不通，怎么能受普通的教育？因此，本省又立了一个"方言讲习所"，作为辅助的教育机会。

方言讲习所设立的意义，除传授土著同胞以普通言语，以使其有享受同样教育的机会外，还有两个重要的意义，第一是传布政令，土著同胞中很少通普通语言的，即使有少数通普通语言的，又未必都是优秀分子，不免有误传政令，朦蔽人民的事情，所以政府先设法推广普通语言于土著同胞，使他们都能瞭解普通语言，以利政令推行；第二是执行政令，本省各界很少能说土著方言的，这在执行政令上常感到许多不便，各国在言语不同的地方，都是先使执行者学习那地方的方言，而后再去施政布教，在本省的许多外国传教士，也是先学土著方言，然后再去传教，所以他们成功快而且收效大，本省设立方言讲习所也是这意思——不仅传习土著以普通言语，更要使政教工作人员学习土著方言，卫生常识等，以便深入内地去执行政令，改善土著同胞的生活，附带着也打破了以说土著方言为耻辱的偏见，将来还想把土著方言列入中学教程，以便造就地方服务人材。

职业教育在本省也是一个重要的问题，职业教育在各省都办不好,贵州当然不会例外,所以办不好的原因,不外三点(一)师资难得;(二)出路困难;(三)升学困难,此所以本省的许多职业学校,因为前述的几项困难不能解决,反都改成了普通中学。本人以为办理职业教育,有一个极重要原则,是培养人材的机关与利用人才的机关,应该取得密切的联络——需要什么人材,就训练什么人材,训练好了之后,马上会有出路,譬如在本省训练农业人材,应该使农业改进所也参加,那么教的人就是用的人,出路自然不成问题。关于这种用人机关与教育机关合作的办法,现在正在拟定中。

　　[附注]截止现在,中央已决定添设"国立贵州农工学院","国立中小学",设立"中山中学高中班"。本省亦添设高工职业学校及小学若干所。

关于本省的教育设施,大致已报告如上,现在再报告一点本省辅助文化机关之添设与扩充。

甲、图书馆　现有省立图书馆一处,成立两年多,已粗具规模,今后的计划是增加经费,充实设备,以供研究及参考。

乙、科学实验馆　为便利一般学者作高深的研究,本省应设立科学实验馆一处,已经开始筹备。经费方面已承管理中英庚款委员会辅助七万元,后来又增加三万元,共计十万元,现在又向中美庚款请求辅助五万元。

丙、民众教育馆　过去除省立民众教育馆外,各县很少有民众教育馆,现在督促各县设立,并规定由省府补助一部分经费,截至现在止,已有七十多个县立民众教育馆。

丁、巡回施教车　这是普及教育和电化教育的一种设施,现已有一队,计划再增加两队,限于经费,设备或要比现在的一队简单些。

以上为提高文化水准与增进能力之教育方面的设施,现在再来报告行政方面的。

2）关于行政者

行政上的最基层组织是保甲，提到保甲，许多人都异口同声的批评保甲制度，批评保甲人员，其实保甲制度本身并无可批评，只须运用得法；保甲人员也并不是故意不向好处做，许多的保甲人员实在是训练不足，无法做好。因此，本人认为改进本省行政的第一步工作，应该是训练保甲人员，充实保甲人材。

为训练保甲人员，本省在二十七年七月先举办了一次保甲干部训练班：除分调各县政府主管保甲的第一科科长，选派省政府及各厅处人员参加外，又招考了一批大学毕业而有志地方行政的青年，训练两个月，毕业后除调训的第一科科长仍回本县服务外，其余的也都分派各县，办理保甲人员训练。

各县的保甲人员训练是分批办理，第一批是训练联保主任及联保书记，第二批是训练保长，第三批训练甲长，现在全省八十一县中，除少数县份因特殊情形外，大部分都已训练完毕，基层组织从此可以充实一些了。

除保甲人员外，一般的地方行政人员，如其要好，也有加以训练之必要，所以本省又办了一个县行政人员训练所，分调各县秘书、科长、科员、督学、技士、区长、区员等来省受训，训练期间除区长及区员四个月外，其余都是两个月，人数共约二千四百人，预计一年可以训练完。

训练人才是需要相当时间和一定步骤的，为求速效以应抗战之需要，政府现在的办法是提高人选标准。除有特殊资历或经验者外，拟一律用大学毕业生来担任县政工作。这点假若能做到，县长及佐治人员的标准自然就会提高，就现在情形而论，全省八十一个县长中，大学及专科以上毕业的有五十八人（内中三十五人是大学毕业），非大学毕业的二十三人，佐治人员中秘书及第一、三两科科长以十分之八是大学及专科以上学校毕业，第二科科长则稍有例外。学问是无止境的，为求各级公务员之体智各方面的继续不断的进步,本省一方面厉行公务员军训,以增强各人体格;同时又遵照委员长训示,拟定公务员读书办法,通令省府所属各机关遵行。

[附注]截止现在,"县行政人员训练所"已遵令改为"地方行政干部训练委员会"组织训练团执行训练,定于本年九月一日开始。八十二县县长中大学及专科毕业者,现已有七十四人,县府秘书科长中有同样资格者亦约占三分之一。

以上为省政府关于人力的开发之设施。

关于物力的开发之设施,请分作农林牧蚕、电工矿、交通及各个责成直接机关四段来报告:

(一)农林牧蚕

本省面积约二万六千四百七十余万亩,就中已耕作面积仅三千一百五十余万亩,全省土地有百分之二十可以耕种,而已耕种的不过百分之十二,还有百分之八,尚待开垦。换句话说,在可以耕种的土地中,只有五分之三已经耕种了,还有五分之二是荒地;又就可以造林之山地说,有森林的只有五分之一,约二千余万亩,还有五分之四是荒山;再就牧畜这点来说,本省地处高原,荒原遍野,除去温暖区域应积极从事垦殖外,其余较为高寒区域,牧草丛生,很适于用作天然的牧场,可惜本省需要虽大,供给尚缺。至于蚕桑,本省虽不如江浙之著名,而遵义一代的柞蚕,不仅是本省名产,并且是工业上的一种名贵原料(蚕丝可以制航空用的降落伞),也有积极加以提倡改进之必要。

仅从农、林、牧、蚕这几方面来看,已可见本省并非贫瘠之区,只有待于人力来开发,开发的方式和步骤当然很多,其中最重要的不外三方面——科学、金融及运销。现在就三方面来向诸位报告一下政府的设施。

　　科学方面。首重在研究、推广，并解决一切农事上的虫害问题，本省于二十七年四月与经济部合作，成立'贵州省农业改进所'，负试验、研究及推广之责。并于各专员区设'区农场'，以作各种不同的土质之实验。成立以来，为期虽短，但也有许多结果可以报告的。

　　1、已有相当成绩者

　　甲、棉花　棉花的生产在本省基础毫无而需要最切。经一年来的试验，在试验的三十二县中，已证明有二十二县适于种棉，今年已大量购买棉种，在这二十二县中积极推广，今后本省棉花的产量，会年见增加了。

　　乙、柞蚕　柞蚕为本省遵义一带之特产，费力小而收获大，但因病害太多，繁殖渐少，因此特另觅蚕种，设法试验防治，研究结果，发现山蚕病与家蚕病完全相同，凡治家蚕病的方法，都可以用之于山蚕，这样把一个最严重的病害问题解决了，现在正研究试验扩大区域，增加生产及改良缫丝，结果如何，现在还不能知道。

　　丙、兽疫　上年东路铜仁一带发生牛瘟，蔓延很广，省府特聘兽医专家来黔组织兽疫防治督导团，到发生牛瘟的各县去设法医治，结果牛瘟扑灭，成绩很好。

　　丁、小麦　小麦不但关系民食，抗战期中，尤为重要军食之一，本省年来试验，已经得到了满意的结果，定有二十八年度推广小麦计划，预备大量增加生产。

　　2、正在进行中者

　　甲、茶叶　本省石阡县产茶，品质优良，并不在他省之下，已定有二十八年度指导改进茶叶计划，预备设法改良品种，增加生产。

　　乙、牧畜及兽疫　定有畜牧兽医计划，以防止为主而辅以医治。并责成各县成立兽疫防治委员会，完成全省兽疫情报网。

　　丙、烟叶　在禁种鸦片后农业生产抵补办法中，规定禁种鸦片之土地，以改种小麦为主，烟叶副之，本省烟种优良，适于制造纸烟，现正研究改进，设厂制烟，减少本省的进口纸烟。

丁、药植物　本省出产药植物很多，就中白蜡及五棓子，尤为名贵出产，过去本省都只出种子而不能种植，但据专家的意见，能出种子就应当可以种植，现正研究中。

此外，林业也正在计划推广中，已定有实施及推广造林计划，计划中积极方面，在督促各县，遵照进程，努力造林，消极方面则在择种，养苗，印发造林须知，并严禁烧山。

金融方面，本省前此已有农民银行及合作社之组织，但因交通关系，未能普及于各县，因之也未能满足一般农民的愿望。

省府现在的农业金融方针，是以合作社为基础，而以合作金库为主要的农业金融机关，所以在各县普设合作社，更以合作社为对象，每县成立一个合作金库，以便各合作社贷款。县合作金库股本为十万元，按照新颁合作金融法之规定，这股本原则上应该由农民担任，但在开始的时候，则由政府方面机关担任，并于借出贷款中多加利息一厘，存作股本，这样经过了相当时期之后，这金库仍为农民所有，此外各县金库又可向省金库及银行借款，转借各合作社，以活动农村金融，截至现在止，全省已设立县合作金库者计四十五县，就中省府与农本局合设者二十五县，省府与农民银行合设者二十县，股本都是省府担任十分之一，农本局或农民银行担任十分之九，预计再加扩充，全省八十一县于本年内都可成立合作金库一处。

省合作金库也在筹设中，资本定为一百万元，以各县合作金库为股东，不足的由公家担任，已与农本局订定合同，公家股数由省府担任十分之一，农本局担任十分之九，省金库是以县金库为放款对象，兼作农产物抵押及信用放款。

　　[附注]截止现在，已成立合作金库者，有五十余县，余正在筹设中。省府又决定创立"贵州银行"，为全省地方金融之

枢纽,地方金融系统不日可告段落矣。

本省的农业金融机关,除县金库及省金库外,还有生产贷款委员会及农田水利贷款委员会,前者不以合作社为贷款对象,惟借款用途限于垦荒、畜牧、工业……等项,资本五十万元,由省府向农本局息借。后者限于农田水利及工程用款,资本一百二十万元,由农本局出一百万元,省府出二十万元,技术方面也是省府与农本局合作,设计及指导本省水利工程事项。

运销方面,本省现设有'农矿工商调整委员会',指导改良产品,设法推广销路,资本五千万元,由中中交农四行借垫,月息六厘,随放随借。又鉴于农民买卖农产品,经过许多中间人,吃亏很大,所以由农村合作委员会设'代营局',代办买卖农产品,肥料,种籽及本省特产,资本十万元。为救济小本商人起见,在贵阳设有'小本借贷处',资本十万元,在贵阳是已够应付了。此外,桐油为本省大宗出产,历来都运销省外,转运出口,抗战发生后,平衡外汇,换取军火,桐油及药材的出口愈形重要,所有又向农本局借款一百万元,设'桐油运销委员会',办理本省桐油及药植物之出口事项,后来因为国外贸易改由中央国际贸易委员会统筹办理,所以本省桐油的运销也改归中央办理,照常出口。

(二)电工矿

发展物力的第二件事是发展电业、工业和矿业。电为主要原动力之一,欲工业发达,非有大量的电力不可,工业则为农产品加工,是开发农业后必要的步骤,否则仅谈开发,难有销场,矿业则本省蓄藏之富,冠西南各省,只以交通关系,多未曾开采,现在交通的困难虽然还没有解决,但矿产中有无关交通的,如金,如汞和锑,都可以先着手开发,兹就电工矿三种事业中,分已办、第一期拟办及第二期拟办三项,分别报告如次:

甲、已办者

1)贵阳电厂 贵阳电厂成立已久,但从前只有一部直流发电机,电力很小,因由本府与经济部资源委员会合作,增加资本一百万元,省府三十万元资源委员会七十万元,新装设的一百六十基罗瓦特发电机两部,已经发电,将来预备还要增加电力,并推广到安顺、遵义等处。

2)贵州油厂 油类植物贵州很多,飞机油、汽车油都可以制造。现已在贵阳成立榨油厂,官商合办,还计划在东南西北四区中心点,各分设一厂。

3)贵州缫丝公司 这是改良柞蚕后的必要设施,以为蚕业谋出路。

4)贵州矿物局 由省府与经济部资源委员会合办,资本金二十万元,本年先从事省溪一带汞矿之开采。

5)梵净山金厂 本省产金区域达二十余县,梵净山金矿尤其著名,已设厂聘专家从事开采。

6)筑东煤矿公司 官商合办,因为本省交通还不发达,不能大量开采,所以这公司的规模也很小。

7)贵州锑业管理分处 与经济部合办,统筹三合县锑矿之开采。

8)贵州印刷厂 这一方面是工业之一,同时也是一种发展文化的事业。

9)贵阳建筑公司 这是为发展工业而设的一个企业机关。

乙、第一期拟办者

第一期拟办的,注重在农产品加工业,计有:

1)面粉厂

2)纸烟厂

3)酿造厂

4)油漆厂

5)机器铁工厂

6）锑铝厂

7）制革厂

8）陶瓷厂

9）化学日用品制造厂

10）信托运输保险公司

丙、第二期拟办者

第一期拟办各厂成立后，即开始筹设：

1）较大煤矿公司

2）水泥厂

3）棉麻纺织厂

4）制糖厂

以上各项企业，是由官商合办，还是由省政府与中央合办，颇费考虑，原因是这些事业都需要长时间的筹划经营，才能收效，而政府人事变动无常，继续性小，每每不能一贯，所以需要一个不受政府人事变动影响的商业机关来主持，俾保持一贯的继续性，此所以有本省企业公司之成立。

企业公司为官商合办，资本定六百万元，分六千股，每股一千元，凡政府举办的企业，都交给企业公司去办理。但并不是垄断，民间愿意办理企业，仍由民间自办，企业公司并不抢，反而可以作必要的资助。关于企业公司的资本，现定商股三百五十万元，官股二百五十万元，商股部分已由中国银行认一百七十万元，交通银行认一百二十万元，中国农民银行认六十万元，凑足了三百五十万元，但仍欢迎商民入股，还可以从官股里面提出一部分来作商股，至于官股，原则上决定由中央与地方分担，数目的分配尚在商洽中。

　　［附注］截止现在，企业公司已成立年余，资本已扩充为一千万元，上述各种事业，已由该公司分别计划进行，另有报

告矣。

（三）交通

关于交通，请分铁路、公路、水道、交通工具、电话、无线电台、有线电报及广播事业等八项分别报告：

1、铁路 西南铁路建设计划，原拟以贵阳为中心，分筑铁路通川、滇、湘、桂四省，抗战发生后，建筑经费及材料来源都发生问题，原订计划不能进行，所以与交通部商洽，改筑筑威及筑柳两路。

筑威是叙昆路的一段支线，叙昆路是由昆明经本省毕节以达四川的叙府，筑威则为由威宁通贵阳的一条直线，现正在测量中。

筑柳路是由贵阳通柳州以接湘贵路，将来可以接通昆明，经济上很重要。

2、公路 贵州交通亟待开发，自不待言，就公路说，除已完成的黔川、黔湘、黔滇、筑毕、南龙及贵番等七线外，拟再修筑干路十条——其中有已完成一部分者，有尚在计划中者，各路名称如下：

子、川滇公路（赤水至威宁一段）

丑、兴江公路（由兴仁兴义以达昆明）

寅、安渡公路（由安龙经广西百色达龙州）

卯、玉松公路（由玉屏经铜仁达松桃）

辰、定罗公路（由定番至罗甸红水河边）

巳、都三公路（由都匀经三合达榕江）

午、遵平公路（由遵义通平越接马场坪）

未、遵松公路（由遵义经思南达松桃）

申、穗榕公路（由三穗达榕江）

酉、桐赤公路（由桐梓达赤水）

十大干路成功后，本省中心及四边水陆两方面都可联络贯通，将来即不在公路沿线之各县，也可以在最短距离内，用县道同公路连接起来。

3、水道　抗战发生后,本省在后方交通上占极重要地位,所以曾计划把流经本省各水系而与抗战军运有关之河流,设法疏浚,以助公路之不足,计划中要疏浚的有下列四水道:

甲、清水江　这是本省航路最长之河道,可通重安江以接黔湘干路,可惜沿江滩太多,现正与经济部合作,进行打滩工作,结果如何须在两个月后才能知道。

乙、乌江　现在进行调查工作,结果如何还不知道,恐怕不是年内能开工,现计划造一座钢桥以代船渡,工程费约需七十万元,地点已测定。(按现已打通一大段)

丙、榕江　这条水道与黔湘路及计划中之穗榕路及都三路都有联络的可能,所以亟应开浚,现正在调查测量中。

丁、红水河　测量结果,希望很小,而且牵连广西,势须由中央来通盘筹划。

4、交通工具　本省交通工具,现只有汽车、牲畜及人力,汽车成本太大,抗战期中因燃料问题更觉不经济,牲畜及人力则载重太小,也不经济,现正设法兴办马车,已完成了几部,在试用中,载重约可五百八十斤。农业改进所设有马车制造厂,以作推广准备,英国有烧煤的汽车,现正研究仿造。

5、电话　本省电话,省外可通重庆长沙及昆明,通桂林的专线二月内也可以完成,省内各县已经可以通话的有二十二县,已经装完一部分而即可通话的有三十三县,其余二十二县也正在计划架设,因材料购买困难,开工还不能预期,但材料是已经买好运到海防了。

本省的电话管理机关,计有电话局、电报局及公路局等处,各自为政,缺乏统一,于电话传递及联络上很多不便,现正与电报局接洽,全省设五个转话机关,使全省各县可以互相联络,完成情报网。

6、无线电台　本省无线电台,已有贵阳、麻江、都匀、独山、榕江、镇远、绥阳、桐梓、毕节、清镇、安顺、兴仁等十二处,计划再在省内各冲要县份,添设九处。

7、电报 这是属交通部电报局的事业,另有计划。

8、广播 中央已有广播电台,本省只须购置收音机即可,但收音机购买困难,本省因交通关系,电池也难买到,即使买到电池,收音机的零件及修理也在在都成问题,正在计划改正。

以上已经把省府关于'开发人力'及'开发物力'的设施,择要的报告完了。(下略)"

前述为关于本省人力物力开发整个计划,至关于各县区单独问题,县区当局往往以人力财力艰难,无从着手开发为言,尤其是边区贫瘠者多,大都习以无钱无人为口头禅,殊为地方进步之障碍。然此实认识错误,予特予纠正,指示其任何县区财力人力可能办到之基础事项,题为"根本之县政",附录于次:

根本的县政

——二十七年八月七日在保甲训练干部讲习所纪念周训词

"抗战时期应该注意的县政工作已经讲过了,至于通常时期根本的县政工作,虽千头万绪,然总其要,不外教养二者。换言之,县政的根本工作,不外物质建设和文化建设。

一般对县政的物质建设有三种错误的观念:

第一、是认市政为县政,就是把市政的设施应用于县政。如柏油马路,自来水,电灯及一切所谓近代都市设备的事业,都想举办。这不是县地方物质建设的根本工作,也非一般县区都能做到的,这是第一种错误。

第二、是认全国的集中事业或省政范围内的集中事业为一县的事业。就是把全国或全省举办的物质建设事业,都想拿在一县来举办,这不但非县所能举办,也是为法令所不许的,这是第二种错误。

第三、是认特殊县份为一般县份,就是想把特殊县份所能举办的事业拿到一般县来实施,例如贵阳遵义安顺等大县所能举办的事业,一般县份不一定能举办,这是第三种错误。

我们把这几种错误观念除去,自然就可认清根本的一般县政是什么。

就物质建设来说,在我国古书上可以找出一个标准来,就是孟子所说的:'入其疆,土地辟,田野治,养老尊贤,俊杰在位'。前两句话就是物质建设的标准。在封建时代,公侯之国不过地方百里,伯七十里,子男五十里。那时所谓国,不过等于现在一县。所以孟子所说的标准,对我们现代的县政的好坏,也可适用。我们拿这个标准可以衡量一个县政的好坏,如果入其疆,土地辟,田野治,那就是一个好县;如果入其疆,土地荒芜,田野不治,那就是一个坏县。分开来说,所谓土地辟,田野治,其基本工作,约有四端:

第一是造林。一县境内如果到处都种植森林,没有荒山,可说即是土地辟的现象。造林在县政建设中,是很要紧的工作,它可以预防水灾和旱灾,可以改造环境卫生,可以培植风景,可以供给木材……。造林是花不了好多钱的。不过要从事造林,一定要县政府先有准备的工作,如审定适宜而有用的树种,设立苗圃,培植树苗,调查公私荒山荒地及探验地质等工作,不收单纯的强制人民种植便可成功的。所以这并不是一件简单的工作,例如本省各县,提倡造林已经有好几年,可是成效并未显著,可见这并不是一件容易的事,这是从事县政工作人员应该特别注意的。

第二是筑路。一县除应开国道省道以外,还应修筑县与县间之道路及区乡间之道路。所谓县道区乡道,不一定要花许多钱,要修得宽,可通汽车,即是普通道路加以修整,以期便利交通而已,我们知道贵州各县一般乡村道路是很不讲究的,有许多县份境内的道路很不平,并且几乎没有一条大道。其实许多道路,只须略加修整,就可以利用,以各县农民的力量,在农隙去修理,是轻而易举的事,我们对于一县看他四境的道路是否修筑完成,即可看出他是否合乎土地辟这个标准。

第三是垦荒。垦荒是县政建设中最主要的工作,贵州各县,因为劳力缺乏的原因,不但未开垦的荒地很多,就是原有耕种的田,荒废的也不少,所以这是一个很重要的问题。垦荒自然也需要种种准备工作的,都要县政府预先准备好,这也是一件不容易的事,实施起来也有种种的困难,不能不特别注意。我们看一县的荒地是否完全开垦,即可以看出是否合于田野治一个标准。

[附注]省府已颁行《乡镇造产办法》,以乡镇为单位,分别责令于其各个荒山荒地中栽种经济作物,为其公共财产与收入,并定奖赛办法提倡之。

第四为水利。我们要看一县是否合乎田野治的标准,尤其要看他的水利是否开发。所谓田野治,不但是要把荒废的土地开垦,还要耕种的田地,使他灌溉便利。开发水利,大规模的治水,在一县固然讲不到,但是就各县原有的沟渠,坡塘,堰坝等加以修理,或是新开沟渠,坡塘,或是修筑堰坝,也是必不可少的工作,讲到县政建设,就应该特别注意的。

一县能够办好上述四种工作,建设的基本工作,可说已经完成,并花不着许多钱,用不着许多专门人材,便可以办到的,只在区县官吏之努力如何而已,这是指一般的县区而言,此外各县如果还有特殊的产物,自然也可加以发展。能够办到这几点,也可说是奠定国家建设的基础,它可以供给国家建设的种种原料,国家建设亦可以赖以完成。

要完成上述的工作,自然还需要其他条件。在县政范围内要紧的,第一是治安,要使一县的治安不发生问题,然后一切工作才能循序完成。第二是卫生,一定要人民讲清洁,然后一切病疫可以防止,人口的死亡可以减少,那么建设力量也才充实。一县的县政建设,如果能够办到土地辟,田野治,再加上治安卫生等工作,可以说物质的建设,已有基础了。

其次,就文化建设来说,一般县政人员也有上述三种错误观念,第一是把都市的教育当作县的教育,因此,想办中学,想办大学,这是不对的。第二是把一国或一省的教育当作一县的教育,这也是不对的。第三是把特殊县份的教育当作一般县份的教育,因此都想设大规模的各种文化机关。这均非一般县份所能举办,或是非一般县份所应举办的教育。我们要是把这种错误的观念纠正,那么,我们才能知道一般县区所应及所能举办的教育是什么。

要视察一般的县区教育如何,在我国古书上也有一个标准,就是论语上所记的:‘子之武城,闻弦歌之声,夫子莞尔笑曰:“割鸡焉用牛刀”。子游对曰:“昔者偃也闻诸夫子曰:君子学道则爱人,小人学道则易使也”。子曰:“偃之言是也,前言戏之耳”’。古书的君子指智识阶级(可治人者)而言,小人指普通人民(应被治者)而言;能做到君子爱人,小人易使,就是地方教育之成功。故治人者固应受教育,而被治者亦应受教育,以现代之术语言之,小人学道即所谓民众教育。民众教育的功用,在使民众明瞭民族国家之意义,中央及地方政府之设施,俾国防及其他一切政令容易推行。民教关系之大,在古时已早知注意,抗战时期之县政中更应加以注意,自不待言。至实施民众教育的办法,本省现在已有规定。就教材方面说,因为要想适应贵州的环境,现在已由本省自己编印民教课本,和民众故事读本。就实施方面说,则由各级学校兼办民众教育,将来各县每一联保,均须设立民众学校一所,并在各县县城或乡镇中,如酒楼茶馆或赶场集会或其他集会机会,用说书的方式来施教。这样，民众教育也许容易普及。至民众教育的程度，不必提得太高，只须教给民众作国民的必须知识，如此施教，庶乎比较容易。民教之外，再注意义教，及小学，前者为成年人而设，后者为未成年人而设。普通县区教育，能够将成年人及未成年人的基础教育，予以普及，予以整饬，则一县之文盲可计日扫除，一县之文化水准，自然提高。政府现在所最期望于普通县区之一般文化建设者，不过如此。至县区财力人力能达到建设初高中学校，及其他地方各种文化机关者，当然在政府提倡之列，不过最基础的民教义教，及小学教育，则必须责成县区官吏努力。

一般的县政能够办到上述养教两桩事情，再加以治安和卫生的工作，可说已达到根本的县政标准。其他县政工作虽多，惟必须以此二者为基础，使能渐次发展。"

以上为予到任后观察所得，听取各方意见，加以个人之研究，所拟定省与县区关于人力物力开发之纲要，三年来接此次第实施者。今考察其收获虽多少不同，然就一般言，似均未举预期之成绩。原因虽多，而最大者仍在人力不足。盖黔省人力本不足，抗战以来，需要人力又有加增，除本省兵役工役外，各方来黔招考或雇佣者亦络绎不绝。因之，就智识阶级言，颇难就地得若干高中以上毕业学生，加以训练，作为各种事业之中级干部。就劳动阶级言，又颇难就地得若干识字而强有力者，加以训练，作为各种事业之基曾干部。故各种事业在人事上，均未有坚固之基础。即专就教育事业言，初高中在业者已不及待毕业，毕业者又不及待升学，聪颖学生早为各方罗致使用，颇难望多数优秀学生得深造机会，其于教育前途，影响至大。予深知在地方服官，以造就当地人才，为第一要务，此而失败，他无足言。予到黔以来，虽添设教育及训练机关不少，而成就有限，痛感责任所在，惭悚靡已。惟期先奠定培养之基础,以待时会之转移。

至指示各县区办理之教养事项,其成绩亦未如预期。然各负责者已渐知有简单途径可循,不敢再以无钱无人为藉口。自《乡镇造产办法》颁布后,各地方比赛竞争,预料人力物力之发展,当可与年俱进。

上述计划及设施,就三年来之经验言,可特别举出参考者约有数端:

第一 关于人力开发者:

子、各种地方行政应以卫生为第一。民族体力不足,国家即无由强盛。体力重要远在脑力之上,劳动阶级固无论矣,即智识阶级亦然。体力不足之智识分子,往往一至成熟之期,已成衰废之身,实为国家民族莫大损失。中国向不注意及此,致大科学家大发明家不易产生,晚年体力不足以支持其成就也。故就此点言,卫生行政之重要,实超过教育。此易为人所忽视者,予切盼负地方行政责任之当局,特别注意及此。

丑、地方行政人员训练机关,在若干年中必须常设。因中国现在人材太少,中下级人员需要更多,尤感缺乏,必须就已有人员,常加训练也。

寅、民众教育必须厉行若干年,不可间断。因在建国期中,灌输一般成年人之建国常识,实为当务之急。

第二 关于物力开发者:

子、合作金库及合作社等,为农村自身之金融生产组织,必须有系统的纯粹的健全成立。万不可零乱,更不可夹杂任何政治上目的利用之。盖中国在若干年内,尚不能不以小农业小工业为生产基础,而实惠能及于此辈者,只有适用合作制度。此项制度能健全发展,以农村为基础之生产问题、金融问题,可得一圆满解决。地方行政当局行动,最容易障碍其健全发展者,(一)往往误认为系一赈济机关,而使之办理救济事务。(二)或因其普及,为便利计,一时使之兼任政治宣传或考察工作。（三）更或在一地容许设立二三同性质之金融机关，不予统一。此皆与合作制度原则相背，有一于此，合作事业必难健全发展。

丑、农业的科学机关，如农业改进所之类，各省必须设立，使之负研究推广之责。在一二百年中，中国经济一般，恐仍须以农立国。各地方天时地利不同，一般农林产品及特殊产物，非使之科学化以推广之不可。故每省均应有一永久的统一的设备完整的农业研究推广之机关，方可渐期"地尽其利"。

寅、工矿事业，除因性质特殊，必须政府单独举办者外，不宜多归官办，亦不宜概听商办，更不宜官商零乱争办。最好有一官商合办之健全公司，任计划提倡统筹之责。得官办之利而无官办之弊，有商办之便宜，而免商办之操纵，予所拟之贵州企业公司办法，似可供各地方之参考。

以上六者为予经验所得较为特殊之见解，不仅可在贵州适用，亦不无可供各省相当参考之处。至于关于人力物力发展之全国的统筹计划，自不尽在予所述范围之内。

二、财政经济配合

黔省社会经济，尚未脱离中世纪简单之农业时代。予到任时，不但小规模之商工矿事业，颇少公司组织，即地方典当或高利贷等旧式金融组织，亦寥若晨星。除特货布匹药材等三五较大商业外，几无可令人注目之生意。汇兑不通，金融滞塞，社会之经济力，不过以若干房屋田地，若干农业产物，及少数外来之日用品与家藏现金表现之而已。数量之微渺，质量之呆板，合而构成之社会经济力量，其简单而微弱，不难知矣。

至于省地方财政，予莅任之年（二十六年度）省库总收入支出约为七百二十万元。最离奇者全省田赋收入仅列为四十万零九千余元。此外特税补助为二百二十万元，盐税裁厘卷烟等补助约为三百万元，其他零星税款及补助费又约百余万而已。若鸦片禁种，特税无着,可立减总收支三之一弱,省预算即无法成立。

政府财政社会经济情形简单如此,便知以本省公私财力配合人力物力之建设,自非易易。然在抗战建国期中,岂能因噎废食,一事不举。因决定临时配合方针:

在开支方面之原则有二:

(一)行政经费绝不增加。

(二)物力建设经费另筹。

在收入方面之原则亦有二:

(一)中央各项补助费至少请照旧维持。

(二)决不恢复厘金性质之通过税,但无伤民力之税款,如田赋契税营业税烟酒税等项,拟次第整顿,增加收入。

开支方面第一项原则,咬紧牙关,应付三年;无如因抗战关系,临时奉命办理事件太多,加以物价之自然增涨,已不断的小有增加。第二项原则,经中央及各方之帮助,幸得顺利进行,截止现在,与政府有关之建设事业,除一大部分公路水利由中央拨款办理外,其他省道水利与夫合作金库及农矿工商电各项事业,除小部分省款外,均赖各界投资约达三千万元以上。连同中央及各方在本省内设施者,大约三年中物力建设经费,至少估计,约在四千万至五千万之间。此项原则已得顺利应用,地方人民富力,自可日有增进,不难共同投资,以后本省物力建设,当有轨道可寻矣。

收入方面,第一原则,因鸦片禁种,中央曾拟将此项特种不住费停发,本年预算遂无法成立。经一再请求,得允年助二百万元。地方深知中央军用浩繁,三年来从未敢多事请益。至第二原则,亦切实执行。现在贵州除中央统税外并不设有类似厘金之税捐,只尽力次第整理田赋契税营业税等,不得已时拟增加研究消费税而已。此外对于县地方财政亦加整理,已将各项摊派一概禁止,设"区保经费"科目(即户捐)统一之。凡省令县办理之事务,必制定所需经费之款,从不泛发就地筹款之命令,以防流弊。

黔省人民纳税极轻,予曾嘱财厅统计上年(二十八年)度"中央""省""县"三级直接间接各项税捐共为一千四百九十四万余元(中央盐税所得税印花税统税等约六百二十万,省田赋契税营业税等约二百六十万,县户捐(区保经费)特种税捐及附加捐约六百十万)。以现在人口摊分,每人负担年仅一元四角五分。在此抗战之时,财政负担只此区区,可谓轻极矣。予之观察,黔省人民富力,自远不及邻省。然若努力地方经济之发展,假以休养民力之时间,必饶有增加负担之余地,自不待言。财政根本计划,当待战后;然有一根本方针,须待解决者,即县制既经宣布,省制亦应确定大纲,省之地位解决,一省财政方能作根本解决耳。申言之:县府已定为地方自治机关,省府地位将如何? (一)若作为中央行政机关(即行省制度),则地方收入除县自治经费外皆为中央收入,无所谓省库,省府预算由中央规定,作为中央行政支出。(二)若仍作为地方行政机关,则地方收入中除去已规定县自治经费外所余有限,所有中央统税及盐烟酒等项,必须准省地方办理附加捐,否则非另设新税,或特拨大量补助费,恐任何省政府预算均将无法成立。

以黔省论,县自治财政,将来必较省财政易办:(一)田赋增加可能性甚大,现在田赋赋率,不到千分之二(照规定可收千分之十),且无附加税。(二)乡镇造产可能性甚大,因荒山荒地甚多,足资开发。(三)现在户捐办法(即区保经费办法),若善用之,确为良税。盖其规定按有资力之户,分等征收户捐,无资力者一概不征,实含有所得税之性质,比地方任何附加捐税为强。惜各县府调查不精,办理未善,任听区保处理分配,有失公允之处不少。现在办理较为得法之县,上焉者约有十分之七可免户捐,中焉者约有十分之五可免户捐。新县制组织健全后,能精密公允调查支配,全由有资力者分级负担,自比任何间接税为优。(四)土地改良物税或房捐,各县均未举行,可次第兴办。

至于省财政,照省县财政划分后之规定,只有旧有田赋原额

（年实收四十万）营业税（年实收七八十万）及契税等，年不到二百万元。故省府若仍作为地方行政机关，有省库存在，而不速予统筹计划，省预算决无成立之理。然此项统筹计划，并不困难，惟在中央早决定省府之地位如何？赋予省政府筹划财政之权限如何耳？

此段陈述不免冗长，最后可综合所见而为简单之结论以述所自信者：

（一）相信天时地利相当适于生聚之地方，必有开发人力物力之财力。

（二）相信任何地方开发人力先于物力。

（三）予开发人力三年，成就有限，为予在贵州一日所夙兴夜寐不能须臾忘者。

（四）假使能使卫生行政普及，贵州人口数量增加半倍（五百万），质量强健一倍，教育行政普及，未来之一千五百万人民无文盲，八十二县平均有大学毕业生三五人，贵州大学有世界的全国的学者主持讲座，以天时地利相当适宜之贵州，何患物力之不克发展，财力之不克配合，是所望于贵州官民不断之努力。

丙　省

省制应如何改进？为民国来一大问题。议论虽多，迄未解决。近中央颁布《县各级组织纲要》（二八、九、一九、公布）第一条明定县为地方自治单位。虽于省地位如何？并未言及，然省非地方自治单位，则已确定。又于第七条规定县府县长之职权如下：（一）受省政府之监督，办理全县自治事项。（二）受省政府之指挥，执行中央及省委办事项。此二款虽系规定县府职权之条文，然因其关联，省政府职权亦可为必然之演绎解释：

（一）省政府为监督县自治行政机关。

（二）省政府为指挥县执行中央委办事项机关。

（三）省政府为指挥县执行省委办事项机关。

依此解释 可分行政为三类：中央行政，省行政，县自治行政。良以中国地方太大，人文有差，不得不赋予省政府在不违背中央法令范围内若干单独行政之权，以免过于散漫，无从监督指挥以推进一切也。假使事实容许，能将上列第三项职权免除，省府不得有单行法令，则省政府仅为中央政府分设地方之监督指挥机关而已，地位明瞭，勿庸多所讨论。因列有第三项职权，省政府地位颇不单纯，既非地方自治行政单位，又非中央行政机关，一方为自治行政之总汇，施行监督之权，一方为中央行政之代表，施行指挥之权，更可颁行一省地方单行法令指挥执行之也。征诸各国地方行政组织，颇少比拟，既不似美国之州，更不似日本之道府县，尤不似苏联之各个苏维埃，英国之各个自治领，比诸各国间施行之总督制度更属不伦，然细考之，实与前清行省制度，无大差异，所不同者仅县行政改为自治行政耳。然在县长未得实行民选以前，地方行政系统暨中央关系，与所谓"行省制度"，殊无区别。故根据法令解释，参照地方事实，似仍宜仿照行省制度，确定其地位为中央政府在地方设立之行政监督指挥机关，但赋予若干特权耳。

民国以来，省政府地位不甚明瞭，因地因时因人，颇有不同，然固不妨因袭为治，从容图之。今《县各级组织纲要》既经公布，县地位业已确定，县财政亦加划分，则省政府地位必须相当为初步的确定，职权亦应为概括的规定，否则省县施政均感困难，而财政上尤多纠纷也。

省府组织以委员制为宜，抑已省长制为宜？亦复不少议论。实则现行委员制之主席，因事实需要，其权力已无异于省长。重要事件经委员会之讨论，而后由主席执行之，亦复有利而无害。故予之经验,并未感觉委员制之不便。为名实相符起见,改为省长制固属当然,即因袭其旧,亦无不可。闻省制设计委员会拟议改为省长制,而附以省务会议之组织,予极为赞同,盖得收专员之利而可免专断之害也。

省府合署办公问题,亦不少议论,予认为合署乃当然之事,不成问题者。公事接洽,文书往返,人事管理,乃至会计收支庶务档案誊录守卫等皆可整齐而划一,周密而敏捷,不仅节费而已。若将来预备缩小省区,合署办公,更属必要。现在有人认为不便者非合署办公之不便,乃在无署可合,而强行合署办公之不便耳。解决此问题,唯在建筑适于合署办公之省公署。工欲善其事,必先利其器,此项建筑费勿须吝惜,实行合署三五年,节省之经费必可补偿。苟非然者,强行合署办公,既多不便,废除此制,则省府政令更无从统一,固不仅耗时耗费而已。要之,一机关内部必须统一运用,头脑与手足当然附属一身,故不规定各厅处为省府之内部机构则已,否则必须合署办公,更必须有适于合署办公之公署,乃属当然之事,不成问题者。省府与各厅处,不可比诸行政院与各部会,行政院专司政务,事务委诸各部会专管,省府则政务与事务并管,而事务多于政务。故部会非行政院内部之机构,与省府厅处迥异其性质,一可分立,一不能分立也。

现在省府组织,普通为四厅(民财建教)二处(秘书保安),卫生行政可属之民厅,合作行政可属之建厅,予亦向以为然者。乃实施以来,颇觉卫生行政有特殊性质,且多技术关系,其重要至少等于教育,与民厅职掌重在吏治方面者不甚相合,属之民厅难于兼顾,必须特设一处,属之省府(近日中央仍将卫生署改隶政院,旧制作废,与予意见相同)。合作行政更有特殊性质,与其谓为政府事业,毋宁谓社会事业,且须与金融机关技术机关运输机关等为密切之合作,不宜多含政治性质,应特设一委员会属之省府,以期与厅处等行政机关有别,而便罗致有关机关人物为委员,协力共进,以便推行。秘书处照现制兼管总务，若严格实行合署办公，恐总务事项转较秘书事项为多，且其性质亦颇复杂。故秘书处下应明定为二室，(一)文书室：掌理文书纂录，法令审核，会议记录，人事考核等事项，由秘书长统率之。(二)总务室：掌理会计收支庶务招待保管守卫及不属于文书室事项，添设副秘书长统率之，期各有分责而仍资联系。

关于保安处设置，颇多议论，其实甚为简单。照通常行政系统言，当然可改为警察厅，管理全省警政，与其他厅处同，省府主席亦勿庸兼司令之职。无如现在每一省内均有若干地方情形，尚难专恃警力，保持治安，故不能不有保安处设置，编练指挥保安团队，以补警力不足。更因地方财力关系，保安团队有限，不得不有赖军队之协助，故若干省区复设置绥靖公署，综理一省绥靖事宜，指挥若干军队团队以主持之。于是保安处半属省府，半属绥署，而全省保安司令因系省府主席兼职，未便属之绥署，保安司令乃又得与绥靖主任分庭抗礼，而保安处长则两属之。一省治安有两机关负责，其不适宜，自何待言。现在各省未设绥靖公署者，或设绥靖公署而府署由一人兼任者，事权较属统一，责任无可推诿，固可补救制度之不完。然就省制言省制，当然为未解决之问题。就予个人研究，改保安处为警察厅似嫌过早，每省均特设绥靖公署综理绥靖事宜，又似可不必。将来规定省制时，不如将主席所兼之全省保安司令，隶属于军事委员会，设司令部，置参谋长及参谋军法等处，除保安团队外得拨驻军交其指挥，或较现行制度为简单明瞭，就平时言之，似不致误事，若一省有特殊军事发生，本可设置临时军事机关专办，亦似无妨碍也。

缩小省区问题，亦为讨论省制关联之宿案。然此问题已不在理论之是非，而在实行之难易。盖省区过大，已勿待多言。而实行匪易，亦人所共知也。予以为此事或待铁道网完成、宪法实施就绪后办理为宜。其理由为：(一)缩小省区纷纠难免，宜办理于平时，不宜办理于非常时。(二)缩小省区,宜各省一律举行,未便若干省办理若干省不办理。(三)铁道网未完成时,缩小省区,人口面积及一切经济条件难得相当之平衡。总之宪法实施就绪,交通建设完成,省区缩小问题成熟之期,必然有到来之日,瓜熟蒂落,为时或不久欤!

行政督查专员设置问题,闻省制设计委员会,拟议于省区缩小后,实行省县两级制,不另设专员。予以为行政督查专员本系因省区过大,交通不便,为补救省府督查难周之缺憾而设,若无此缺憾,自无此必要。就现时情形论,一面诚有确得裨益者,一面又诚有形同虚设者,是在地方长官善用之为何如耳。若任用得人,运用得法,实可补助省政之推动,监督县政之进行。盖省主席有若干可资信任之人,就近察吏安民,诸多便利,消极方面说,至少可化大事为小事,小事为无事。

丁　县

予为地方行政人员训练所讲演时,曾说过"主席生命系于县长之手,县长生命系于区保之手。"此二语指出地方行政机构最重要之关键,极为简括。无论其名称组织如何变化,此三级实为地方行政之骨干。故任何地方行政长官未有不首先注意县长之选择考察与夫随时之督饬指示者。

选择途径,现在边省通行者,不外四种:(子)考试及格者,(丑)训练及格者,(寅)检定及格者,(卯)有荐任资格者。予之经验,认为无论用考试训练检定等任何方法选择,而先确定以县长资格给予,作为候补县长者,皆不尽合实际之用。最好法令上限定用有荐任资格者,实际上在省府各厅处会科秘人员中,专署县府科秘人员中,选择其有荐任资格可胜县长之任者最切实用,能多从县府科秘中选出,尤为得法而合用。盖县长一职,决非仅经考试训练检定等手续,不试之以事,而概可立时胜任愉快者。若先确定其县长资格,则试之以县府科秘,必不屑为。致使可经历练而胜任县长者,亦失却机会。若试之以他事,则现制官署缺额有定,不能如前清办法,设若干临时差委以供候补县长之试验者。总之,照现制,各省似不应有若干无所事事之候补县长存在。可作县长候补者应预储于现任人员中,试之以事。故县长人选,应(子)以选用各厅处会及县府职员中有荐任资格者为原则。(丑)以选用一般有荐任资格者为例外,盖有时因地制宜不能在上项人员选出者,得有救济之法也。因之,予对于规定之"县长考试",深盼将来改为"县行政高级人员考试",合县长秘书科长为一级,及格者得量其能,即时试之以县长,抑得先试之以科秘,庶少废材而切实用也。予到黔以来,即按此原则,逐渐将县长及县府科秘资格提高,大学及专门学校以上毕业生充任县府科秘者已不少,县长更无论矣。县长由县府科秘中选出者,已占相当数目,高级人材已乐于应县府佐治之选,促进县政,裨益不少,所惜者物价渐高,待遇嫌薄,颇难使之久于其事耳。予之选用县长办法,虽未必尽是,然亦不无可供参考之处,特举出之。

县长及县府高级人员以用本省人为宜否?予可无疑的答复云:"以用本省人为宜,但未可用本县及其邻县者。"故培植本省人材充任县高级行政人员之各种训练,实为地方行政之要务,惜予努力结果,未得满意。因本省有相当资格而愿接受训练者太少,此固因抗战各方需要人材太多之故,而地方风气,不重视训练,亦不无多少原因。经过三年提倡,风气已有转移,战后或可希望受训之人材辈出,以应需要。新县制将分年实施,需要之急,迫在眉睫矣。至用外省人充任县高级行政人员,自属一时权宜之计,然必须附一条件,即其人已在本省任职务或经训练者为限,否则不合实用,且亦无此必需也。

地方最重要之官唯县长,最难作之官唯县长,最不容易作好之官亦唯县长。应办之事太复杂,临时政令曾出,上级机关林立,而又官小俸薄,事多人少。往往初出茅庐之有志人材,辄欲得百里一试,未及期年,便勇气全消,一再请退;否则多老于宦途之人,聊以之为生活计耳。果有精干少壮,力能胜任而乐此不疲者,在此时会,斯为良宰,焉得百十辈与之共治一省乎?得一好县长,实为长官一大幸运,可遇而不一定可求,必须平时处处留神,试之以事,授之以权,予之以便宜,培植之,保护之,鼓励之,能十得二三为上选,以之倡导,则一省县政方可保持水平线。县长之选择考察,真地方长官所癙寐求之不能片刻忘怀之一事也。

至县长任期问题,予理想本以久任为宜。而经验结果,似应以三年为一期,至多留任一期。不但县长,主席亦然。盖因行政上种种关系,直接当局必须有一定时期,告一段落,方足以改变环境,启发朝气也。

至县长之升迁问题,亦应研究。将来县长若能实行民选,县长阶级,可置诸一般行政官之外,另成一格,自可勿庸联带讨论。若仍为官委,则县长一级行政官,似乎升迁出路太少,不足以资鼓励。前清每省设有若干直隶州及知府缺,以资调剂,今则只有少数专员缺,而专员性质又往往不能尽由县长中选出。故予意认为在中央各部会司长与科长间,在省府厅处长与科长间宜各设二三金事缺,规定专作各省地方有成绩的县长升迁之用,凡县长两次任满保优者依次调升。其执掌在部会者为关于中央法令在地方实施部分之考核,在省府者为关于单行法令在县区实施部分之考核。既可预储若干地方简任人员以待用,而于中央地方间省县间情意之沟通,法令之推动,亦必有相当裨益也。

县长薪俸得比诸荐任官,早有规定。各省虽未能一概照行,县等划分亦未能悉当，然此为各省应自行整理之问题，与一般原则无关，予所欲言者即县长应予以"按年资加俸"、"按所在地情形酌给办公费"，此则不必以县等为高下，应因人因地制宜，须由中央规定原则，责由地方长官酌办之。至于县府秘书科长待遇，假使以予所拟"储候补县长于县府科秘中"一原则为然，则法令亦应有一规定，即县府科秘中有合荐任资格者得以委任职最高级俸待遇之也。

戊　区保

予前言"县长之生命系于区保之手。"犹就相联之职掌而言，若就一般事务言，直可谓"一省之政事系于区保之手。"盖区保为最基层之施政机关，法令之施及人民者，皆经其手。区保不健全，不但任何法令无法实施，甚且任何善政，皆可恶化。而健全区保工作，需要之条件太多，时间甚长，任何贤能秉政，均非咄嗟可办。此实为地方行政之核心障碍，足使人束手无策，啼笑皆非，坐视其弊，而莫可若何者也。

黔省县长有八十二缺，县府科秘各有四五缺，县分五六七八区不等各设一区长（新县制实施后，希望裁去半数）。区下共设有联保主任二千五百人（新县制改为乡（镇）长，希望裁并为一千五百），保长约一万五千人，甲长约十六万人，而因（子）地方人材太少，好人复多不肯担任区保职务，（丑）地方财政困难，区保办公经费极微，个人待遇极薄，（寅）有若干地方为土劣把持，区长或联保主任更动不易，（卯）有若干地方，非自身藏有枪支且能号召集合该地方枪支之土豪，不能充当区长或联保主任，（辰）有若干地方，视贿买区长或联保主任为当然之事，（巳）十九不明瞭区保权责，仍各随其地旧日封建习惯办理，人民视为当然，生杀予夺，往往以意为之。

总之，黔省地方辽阔，人口稀疏，地方人材既少，而需要区保长又如此之多，地方旧日封建积习未除，而晚近贪污风气又如此之坏；乃平时要政如生产、教育、卫生，战时要政如兵役、工役，临时要政如禁烟、剿匪，均不能不假手区保长办理者复纷至沓来，当然流弊百出，若干地方甚至闾里骚然，凡百政令于区保有利可图者，大都必行，且必恶化；无利可图者，大都不理，至多敷衍。洁身奉公，照行法令而无弊端者非绝无其人，然为数过少，不足以资倡率。予睹此情形，知施政荆棘丛集于此；然决非一纸命令，几回巡视，数次讲演，所能收革新之效者，一再考虑结果，乃决定初步革新办法：

第一：多用青年有为之大学生为县长，俾有勇气与地方土劣恶势力作战，期逐渐革新区保长之人选。

第二：多用青年有为之大学生为县府科秘，俾有勇气帮助县长，考察整饬区保行政，发现弊端太甚者严惩之不贷。

第三：组织保甲干部训练班，招考大学生并调集县府主管科长予以训练后，分派各县训练现任联保主任书记及志愿者，训编保甲。

第四：调训区长区员并招收志愿者，予以四个月之训练。

按此程序进行，已初告段落，虽不无多少成绩，然去满意之程度甚远。其原因有二：

（一）不能得如此多数合资格而有为之青年，应县长及县府科秘之选。被用者又往往不免以躁切幼稚失败，亦有见异思迁，或畏难而退者。

（二）训练区长区员联保主任书记长等，除现在者外，原拟招考四分之一有志愿者之青年备选，乃应招者竟去定额甚远，致少新陈代替之机会，旧者不合用时，仍无适当之心人可供选择。

第二项之困难尤较第一项为甚。良以第一项人数较少，待遇较优，本省人材不足时，尚可权以在本省服务或受训之他省人材补充之，且黔省此项人材缺乏本为一时现象，因仅系七八年前封建势力之末期中，教育上采闭关主义，致少壮有为人材未经造就，稍假时日，预料此项人材必可辈出，不足为虑。惟第二项人材，数目太多，造就不易，新县制采取基层组织政教合一三位一体之方针，尤觉其责任异常重大，已有人材，难有什一中选，而现在各地方初高中毕业者已不多，遑论大学专门，区长欲求一高中毕业以上经训练者，乡镇长（现之联保主任）欲求一初中毕业以上经训练可兼任中心学校校长者，恐戛戛其难，保长以下更勿论矣。予到任时对于区保人选，曾向各县长提出三项条件，要求其努力办到：（子）不吸烟者，（丑）不庇匪者，（寅）不敛钱者。良以若干地方相间，苟无此三种恶习者，必为该地方洁身自好之长者，总无能为善，亦不致藉势作恶也。乃据各县长报告，每县中仍有少数地方，未能如予之要求。地方环境改进未到水平线，固为一因，而求材于地方之难，亦可想见。现经两年间之分别训练，加以禁烟剿匪雷厉风行，若干青年有为之县长及科秘，乘其朝气充满，与恶势力作殊死斗，环境已不无多少改善，风气已不无若干转移，就积极方面言：区保行政并无若何革新成绩可举；就消极方面言：流弊似已有若干减少，区保人员对于法令，不无多少认识，费九牛二虎之力，收尺寸涓滴之效，且不继续努力，即立可一曝十寒，整饬区保行政，岂易言哉？

今中央颁布县各级组织纲要，黔省亦拟定分期实施办法，将于三十年起付诸实施。按新制区为辅助县长之督导机关，可尽量减少，乡（镇）（即现在之联保）则进作基层施政机关之主体，所需要负责人员更多，且须提高资格，统筹训练。在黔言黔，人材供给不敷，仍为最大难关，想各省若干地方与黔相同者或尚不少。黔省在今后三年中除曾受训练可勉强充用一部分者外，至少须造就乡镇以上干部二万人，保甲干部尚不与焉。造就不难，可供造就之相当资格人数不敷，且不肯应选，实为无可如何之事，唯有希望地方人士，同心协力以图之。

就予之经验言,区保基层行政机构之得期健全,必须先具数项条件:

第一:社会封建习惯改善,俾正人君子乐于为社会服务,办理地方自治事务。

第二:衙署封建习惯改善,地方党政军人员应尊重礼遇区保人员,不得视同差役,随意呵斥或拘押。

第三:地方中等教育改进,以期就近造就基层治人之人材,乡镇基础教育普及,以期就地改造一般被治之民众。

第四:乡镇交通必须与省县干线联络畅通,方能铲除封建势力,免区保行政权,多落于土劣之手。

第五:乡镇造产,必须迅速切实进行,加增地方富力,方有推行各项行政发展各种建设之可能。

此五者任何一项之完成,决非旦夕可期,亦非单独能行,必须待省县政府地方人士不断之努力,使其能平行逐渐进步无疑。新县制实施在即,需要努力,迫在眉睫,黔省今后三年中,为改进区保行政一大机会,对此五项条件必须有以完成之。新县制成败,全系于基层自治行政机构之健全与否。五项条件具备者成功机会较大,否则必多失败。故以全国论,必有若干省施行新县制较易者,若干省施行较难者;以一省论,必有若干县施行较易者,若干县较难者;以一县论,亦必有若干乡镇施行较易者,若干乡镇施行较难者,盖地方行政与其地方之风俗习惯教育交通人力财力在在有关,而交通尤为五者之枢纽,教育更为五者之骨干,为政者必须先从交通教育着手,使其他三者得平行改进,然后新县制始有美满成功之日。黔省虽已定三年完成之计划,然能否得满意之结果,正视吾人努力此五项工作如何耳!

己 中央行政与地方

行政机关最忌复杂,不但糜费,亦且误事。照地方现行制度,主席例兼五职,(子)全省保安司令,(丑)全省动员委员会主任委员,(寅)军管区司令,(卯)省地方干部训练委员会主任委员及训练团团长,(辰)省赈济委员会主任委员。其他临时派兼者尚不在内。县长兼职更倍于主席,县府门首悬牌多至十余,恍如一大杂货店。故省府行文多属一般承转性质;县府报告半系普通调查表册。前者照例随手盖章,后者照例闭门造报,非欲如是盖不得不如是也。大抵中央政令多过于地方政令,非主管机关政令多过于主管机关政令,普通政令多过于紧要政令,重复转知政令多过于单行指示政令。盖由于机关过多,因之承转之公文多,重复之公文多,调查之公文多,普通例行之公文更多也。

予夙知此弊,到黔以来,即严戒添设行政机关,予所添设者,仅有卫生委员会,农业改进所;因抗战关系不得不特设临时机关者亦仅有协济委员会,食粮调济委员会;其他大都为奉命增设者。至于承转文书调查表册等,亦尽量简单化、统一化,凡普通政令概以登载省府公报为传达;调查表册概以一厅处一分为原则。然中央政令例比地方为多,调查表册又各个式样条款不同,若非自中央起有一贯之统一化简单化办法,地方实无从单独整理。故予虽竭力减少空泛的文书报告之烦,稍节人力财力,俾得集中于中心工作,迄未得收实效。然以现势观之,想不久必有简单统一之法,盖基层行政机关,人少事繁,闭门造报之可能性,亦日益减少也。

主席兼职中,以军管区司令为最重要。此本战时特设机关,掌理征兵练兵社训政训等事，人事经理，仍属中央，以主席兼任者，重在以地方长官名义代行中央政令，较为便利耳。然主席若因之敷衍从事，则贻误必多；若一切负责处理，则又窒碍不少。良以事属创举，章制不完，纷更难免，中央重在整齐划一，地方重在因地制宜也。予认为其职掌中，兵役一项，为地方行政应办之事，且其重要而困难，在初办时远在其他职掌之上，故集全力于此。三年以来，幸兵役事务渐上轨道，然殊未克副中央期望，——能合法合格如期如数也。予于去岁末曾作从军行九首记其经过，借勉军民，附录于此：

从军行

国家惜民命，疆土不复全。元戎御倭寇，万众投军前。志在制侵陵，其豆宁相煎。但死不为奴，愤气满山川。

大府朝下牒，县官夕催兵。法密人事疏，仓卒那得平。早晚同死国，先后何足争。辞家休回首，勿劳吏目瞪。

先教身使臂，还须臂使指。锻炼及腰脚，朝行暮不止。辛苦知艰难，未觉厌糠粃。军府长哀怜，慎勿用鞭捶。

羽书星火急，夜呼理征衣。离家日已远，况复故人稀。行路禁勿声，白日掩旌旗。足茧千万山，忘寒复忘饥。

空中起呼号，地上惊霹雳。军中悄传令，敌攻今正激。相戒勿冲锋，胜算在侧击。艰辛复艰辛，快哉刃仇敌。

愈战力愈强，摧敌如拾履。变化虽无穷，要在不怯死。有敌则无我，知己胜知彼。为国争生存，一命如蝼蚁。

大小千万战，东南届西北。寒暑已屡更，敌人一无获。力穷势先衰，凯歌在朝夕。殷勤寄家书，为报好消息。

一朝罢征戍，若何度余生。父母长叹息，妻儿久吞声。举世经艰难，得勿洗甲兵。此身已报国，良时是归耕。

国亡有妖孽，国兴有祯祥。物腐虫自生，外侮乘阋墙。天下今统一，国运转光昌。相将起痍瘥，得不戒履霜。

现行军师团管区制度如何？此刻已不容再事纷更，一俟抗战终了，确定兵役永久办法时，自应从长考虑。现行制度，似机关太多，权限不明，耗费太大也。予意兵役社训等事，应作为中央委托行政，酌给相当经费，分别责成省府民教两厅依法办理；练兵事宜完全为中央直接军事行政，划定军师管区后，由中央责成所属军师自行负责办理，可勿庸地方官过问，主席兼军管区司令一职，自可裁撤。

现在中央在地方设立机关甚多，因属战时，良非得已，战事终了，自必须迅速整理。予以为中央行政在地方设施者，仅在可能范围内，均应作为委托行政，交由地方办理，由中央主管机关监督指挥之，勿须在地方另设分机关，而仍须请省府协助，责令县区分别办理，使同时办若干重复公文，施行两重监督，致权限多不明瞭也。或曰委托行政，不如直接派员办理之有效。不知现在所谓委托行政，往往不给以相当之经费与权限，又何能有效？假使以特设机关之同一权限及其经费之半数，给予地方委托机关，予敢言其效力绝不亚于特设者。或又曰：地方对于中央在地方征收之国税，一经委托代办，往往不免留用，故关于中央在地方之财政收入，尤必须另设机关，未可轻加委托。此则由于地方政府之不上轨道，致中央信任为难，人事之不良，非制度之不善。就制度言制度，凡中央行政须在地方设施者，总以作为"委托行政"办理为宜；若地方政府始终不改进，不能守法，则一切政治皆难言矣，又岂徒中央委托行政而已哉？

事实上现在人材太少，需人太多，地方行政机关十九组织不克健全者，原因大都在此。在地方之中央机关似亦不免有同一困难。且因监督机关远隔，考核难周，后者流弊，或更甚于前者。而薪金待遇，中央例较地方为优，同在一地，相形见绌，地方用人，颇感困难。就黔言黔，地方公务员薪金待遇向来菲薄，故大都乐于效力中央，一时有地方与中央争才之叹，甚矣机关之多人材之少也。中央每苦于地方行政机关，不能尽力执行中央委托行政，不得不添设直接机关于地方，地方又苦于中央直接机关太多，权限不能明瞭，责任难于分负，在地方之中央机关人员，更苦于地方机关之冷淡，不肯协助，地方人员复感觉中央机关之尊严，不听招呼，往往各行其是而互不理会。予以中央官吏，调负地方责任，两方经验之结果，殊觉中央在地方办事人员及地方办事人员均有不识大体相处未当之处，而机关太多，所属各异，权限相混，亦不免各感应付为难。此固战时各项权宜设施，难于避免之现象，战事结束后，自应迅加整理，俾免在地方行政机关，过于复杂，难收协力合作之效。

总之，中央与地方行政机关，均应尽量少设，使之简单化，统一化，通常中央行政中若干行政须在地方实施者可作为委托行政，一一列举，有必要权限者，附以确定权限，有另需经费者附以相当经费，严定督责考核章程，文书表册中通常调查事件，中央与地方应规定为一律，可以通用。凡地方官吏自主席起，均应就委托行政，对中央主管长官负责，接受考核，与地方直接行政，负同样责任。在地方必须分设之中央机关人员，酌给省主席相当约束之权，或于中央主管机关遥制考核上不无帮助。如此，庶可使中央与地方行政事件有明瞭之划分，行政人员有相当之调和，机关可少设，文书可减少也。民国以来，予往来各省所积之经验中，往往觉得在地方之中央机关及人员与地方机关及人员，大都不能协调，不是东风压倒西风，便是西风压倒东风，于中央于地方均无是处，同是国家机关，同为国家公务，为中央作事，即是为地方作事，为地方作事，即是为中央作事，中央官吏应为地方谋福利，地方官吏应为中央尽职责，不应有内外之分，主客之见。无如一般公务员往往受封建思想遗毒，不识大体，昧于现代式国家之组织，致不免使中央与地方，不能如身臂之运用，减少国家整个之力量。深盼抗战后制度上予以调整外,而现在及将来,凡训练公务员机关,将于中央与地方间,省与省间,县与县间,各种封建思想之铲除,三致意焉。盖就予之经验言,现在各种行政机关之不协调,人事之为害,实甚于制度。

庚 杂 感

老于作官者,以作官不作事为原则,在作官上用工夫,在作事上惜精力;巧于作官者以承意讨好为原则,凡其所为,皆长官所喜。贪污恶劣者姑无论矣,即此两种作法,已足败坏国家地方政事而有余。然若长官认真办事,贪污官吏早晚必难逃考核,老宦亦终易于觉察;惟此巧宦,不易捉摸,且往往认以为能,视为可靠。盖彼辈善承长官意旨所在力为因应,而绝对自己不负利害相关之责任,成则有分,败可无干也。故任何好长官,纵能将贪污惩治,且能将老宦摒除,而未必即能将巧宦觉察,能不受其包围而假以重任,已是上乘。否则,一有缓急,必为此辈所误。

一般官吏中,惜少自动负责之人,大都甘居被动,告之左则左,呼之右则右,不告不呼,不左不右,求其自动的认识责任所在,凡所应为,不待命而行,视公事如家事者,真寥寥若晨星。故任何官署,一方面在数目上感觉人员之多;一方面在质量上又感觉人员之少;往往三五得力之人因故不能办事时,全署似乎为之一空,此真不易革新之一现象。故官署有缺额时必须师法赵广汉先生,多用青年想找事做之人补遗,利用其朝气而逐渐调剂推动之。

官署中不宜有派别存在,人尽知之。欲祛此弊,言之易而行之难。最善之法,在长官先行自树风气,预为防范:(一)避用亲戚。亲戚中有才能者宁为之另觅事做,不必置之左右。(二)不分新旧。

新旧人员均唯能是视，必须杂用。（三）不论学籍。出身之学校，愈不同者愈好。（四）不重乡籍。出身之地方愈不同者愈好。（五）随时戒备。凡署内有攻击涉及私隐，是非近于挑拨者，或引荐多属无能之亲友，言论不免主奴之成见者，必须予以戒备，勿为利用。（六）少作私会。长官暇时往往喜在私宅聚集少数同事，作闲谈，此易为酿成派别之滥觞，最好少在私宅作聚会，不得已时限谈公事，且勿已为常。

为政者喜见近功，鲜有为一个地方作十年百年之计划者；勇于创造，鲜有将前任事业为继续不断之努力者；前者意在求庸人一时之誉，后者意在掩他人往日之长，而地方遂少伟大长久之事业，可以传之后世利溥民生矣。夫地方设施为一时所称誉者，不一定是善政；毁多誉少，甚至有毁无誉，然其重要确为地方永久福利所关而为浅人所漠视者能毅然举办，斯为伟绩。不自己创，而能继续他人成绩为之发扬光大者，尤为美德。予以此自勉，且以之奖励县区行政官吏，然收功甚微，盖社会人士带近视镜者较多，好名者自乐于避难就易舍远求近也。

曾文正公云：太史公之所谓循吏者“法立令行，能识大体。”其理至为真切，其言至为平易，其实非有炉火纯青之功夫者，不易办到。国家地方政事，能做到法立令行，天下太平社会进步矣。法令鲜有不善者，惜无识大体者善用之，使之能立能行；往往不涉拘板，即流苛细，甚至恶化之以便私图，尤其关于财政经济法令流弊更多。史载汉高祖约法三章得以收拾一时人心，即今读之，幼稚可笑。然须知当时必然因不识大体玩弄法令之官吏太多，故人民转视不完全之三章法为神圣矣。予因以为一国官吏健全程度未达到相当水平线之时，直接影响一般人民生活之法令，极端宜少宜简，并宜责成上级官吏因地制宜。盖各地方实无许多能识大体之基层官吏，为之洁身奉行也。

应付人事之苦，甚于处理政务，中央地方皆然。地方有时更甚于中央，地方多一士绅阶级也；县区有时更甚于省会，省会明达之士多于县区也。欲减免此苦痛，一贯之道唯一拙字。倘欲巧为应付，更比自种荆棘。自作聪明，视人若傻子，动思有以愚弄而利用之，以之处世，未有不失败者。唯有一拙，以寓其诚，不求见好，庶几寡过，所谓君子之交淡如水也。各机关官长尤其县长，往往与同僚或士绅相处不合，影响公务匪浅；予默察其隙之所在，多不失于拙而失于巧，拙为人所谅，巧为人所不谅也，故特举出之。

用人之法，昔贤主张"用人不疑。"予友有任地方长官多年者，曾为予言"用人必疑"之理，多为经验之谈。予当时以为过犹不及，何如"用人必察。"迄今思之，此本一事，聊分三段落耳。盖知人最难，必先之以尝试，所谓"用人必疑。"继之以考察，所谓"用人必察。"终之以信任，所谓"用人不疑。"由必疑始，以不疑终，经过关键，在一"察"字。然察人之难，实甚于自己作人。史当称某某一面而能断定人之智愚贤不肖者，或偶有其事，未必常有其人。普通用人之法，先视其相貌，言语，学历，经历，继观其平时之为人作事；临时之趋避动静：前者不难，后者则需要时间，需要机会，需要完全客观，需要大小事不断之注意，甚不易言，粗心自负者往往失败于此。且人小全才，有才者又多富个性，苟非有深切之认识，善用其长，则虽知之未必能用，用之未必能久也。予短于知人，考察亦不能细心，唯有以两事自励：（一）"用人不怕失败，怕失败而不知。"（二）"用人与其责人将就我，毋宁责我将就人。"意在以此补我知人之短，期为贤达所不弃耳。

公务员勇于负责，为最美之德，然亦甚难言。负责出乎职权之外者，本系越权，自应谴责，固不能藉口负责求谅；惟往往在职权中肯负责办事者亦未必尽得谅解，此则为中国官吏特别之难处。盖政令太多，不一定一一皆期其认真办理，办法步骤又不一定一一皆有详明指示，各级官吏不明白主管长官意旨，懵懂办理，往往自讨苦吃，劳而受怨。故一般轻视法令，重视意旨，先之以敷衍，继之以观望,鲜有肯奉令即负责执行者。故欲办些须小事,必须三令五申而辗转请示,辄至经旬累月。尤其世人只重焦头烂额之劳,漠视曲突徙薪之功,未雨绸缪者,转不如临时敷衍之得计。此风不改,中央纵一再训诫官吏,责其勇于负责,亦何能收效?必须有以事实表示,凡各级官吏在其职权内所应办之事,任其放手办理,勿须请命而行,如有非议,长官代其负责。尤其肯作未雨绸缪者,只要合理,即予奖勉。中央地方长官只问其职权是否应为,不一定期其与己意一一相符。政令施行必须有轻重缓急之分者亦当预为明白指示,不可听其揣摩。必如此,然后勇于负责之官吏,敢于负责也。

惩办贪污,屡见督饬明令,复颁惩治专条,法令已极其严厉,而成效殊未尽彰著。良以(一)考察不易。具有考察案件技能而又勇敢公正之人员,甚不易得,往往一案发生,因派查者之无能或徇情,多以查无实据结案。(二)证据难得。往往明知某某有贪污嫌疑,而不得其证据,只好施以行政处分,而难置之于法。(三)检举无人。最易发现贪污之事实与证据者,莫如其直辖之官长与共事之同僚,乃前者往往以检举所属为不体面,后者又往往以检举同事为不人情;故虽无同流合污之嫌者,亦颇少尽情入告之事,一般告发官吏,大都匿名,否则亦多为别有恩怨者,撷拾风闻,罗列条款,甚至滥发传单,致使上级官署,难得真相,查办不易着手。(四)人情太多。予之经验,一官因案被逮,必有若干体面人先代请保,继代请轻,代请之人往往又即为向来主张严惩贪污最力者,盖辗转为人情所束缚,非欲为之,不得已耳。而一经准保候讯,即四处托人情补办手续或制造反证,希冀免罪,自知不能免者,即以一逃了事。被告不到庭,依法不能判罪,因之悬案不决者甚多,予近日已被迫采取不准取保主义,虽不近人情,亦不得已耳。总之,惩治贪污,绝非易事,十九皆可幸免。予所以自励者(一)查得证据者,决不因人情或势力放松,必依法办理,宁可受怨,决不违法。(二)感觉到有贪污情形者先予注意,或早予罢斥,纵未得证据,依法惩治,然亦不失为事前防范之一道。

评论中国政治者多以"议而不决，决而不行"为言。其实此言不一定中肯。予所感觉到之症结，为"行如不行。"盖各级机构未尽健全，各级人员颇少自动，而以一般基层机构与人员为尤甚。故中央及地方各级长官欲办一事，倘不三日一查，五日一问，点点滴滴都注意到，指示到，则任何严令，必如石沉大海。然各级长官又何能日日事事查问到底耶？自不免有许多政令"行如不行。"文书自文书，事实自事实。此犹就勤于查问之长官而言，否则上下官吏均可以卧治鸣高矣。澈底的将上下机构及人员革新，自非容易之事。然不于此为不断之努力，一般政治终难望推行尽利。"作长官者宜不问细事"为政治家应守原则。然就现在言现在，予拟改为"非问细事者不能作长官。"是或补救之一道欤？

现在中央及地方长官大都为开会见客讲演案牍四事所苦，因之重要事件缺少研究考虑裁决之暇，亦一任由主管各科员照例起稿，经层层盖章发出，十九不得要领。盖其职权负不起重大决定之责任也；致一时有"科员政治"之称，凡各级官吏有重要请示文件，或苦心草拟计划，能邀长官寓目者，大约十难得一二，尝闻此辈叫苦不已。予以为中央及地方长官勿论如何繁忙，首须将开会见客时间规定准确，以免浪费。每日至少必须留一二小时作伏案功夫，研究考虑裁决重要事件之用。否则必将养成前清"书办政治"之习惯，不可救药矣。

中国政治上有一种习惯，即上级机关照例不相信下级机关。无论大小事件必令下级机关呈报候夺，或造册候核。实则许多无关重要之文书册报，大都照例分别堆积，鲜有一为批阅者。下级机关漏报，苟非遇查案万一必要时亦鲜有发觉者。尤其关于款项，手续更多，册报尤繁，然亦只问手续是否做到，款式是否合格，鲜有考其内容是否真实者。不能或难于办理招标或比价之地方与物品，勿论需要情形缓急如何？办理手续真伪如何？仍必须以不可能之事实,强合极呆板之条文,不知变通,致往往迟误公务,多糜公帑,故便宜之购买,真实之支出,有时转多被驳者,因手续款目格式,不一定能巧合也。此种不切实际之考核,耗费时间人力财力不知多少,迟误事务之进行,更不待言,勇于办事者,经过三两次麻烦,未有不锐气全销者。予尝谓苛细的呆板的手续格式上之考核,其结果为"束缚君子,便利小人。"窃以为凡普通例案无关重要者,似可勿庸令下级机关一一具报造册,责令造报者则必须一一严格考核之。款项事件,似可责成主管官按照预算认真办理于事前,再由各主管审核者钩稽其真实册报于事后,不合格式或手续者准附具理由予以考虑通融,力求真实,不重形式,则庶几有人敢于负责作事。在中国现在新旧错杂程度不齐之社会,一一立要按照外国式手续记账造报,其不作伪以欺上者奚由哉? 予所见如此,然亦未得实行,法令所关,奈之何也。

予此次服官,又将近五年,所得杂感甚多,信笔直书,不觉覼缕;然殊未及什一,固一时记忆不起,且亦说不尽也,姑就此搁笔。

辛　附　言

经过叙述,颇嫌冗长。计自四月廿八日起,迄八月二十五日止,共十八个星期日。其间三个星期日因公未得闲外,余均趁赴花溪休息之暇,以十三个星期日草创,两个星期日整理,花溪闲笔,遂告段落。

花溪去省城十八公里,山水酷似江南。本年春辟为中正公园,永垂领袖建设新贵州之纪念。予曾题律诗四首:

一、中正堂

立德立功垂宇宙，江山佳丽竞题名。一楼揽取花溪胜，百战行看玉垒清。洞壑千流皆向北，峰峦万马尽东征。登临未可谈风月，坐令蹉跎髀肉生。

二、坝上桥

彩笔新题坝上桥，驻看飞瀑卷回潮。一堤游屐春秋盛，万亩溪田雨露饶。却喜人家添两岸，更栽杨柳舞千条。江南风景天涯客，月夜何堪听玉箫。

三、放鹤洲

芦荻洲前白鹭飞，云天万里鹤安归。长留曲径客常满，小驻奔泉鱼正肥。洞壑春回花拄杖，溪桥风过浪吹衣。胖舸游兴余多少，拌立矶头送夕晖。

四、碧云窝

西崦深处碧云窝，樵唱渔歌过小坡。峭径浸堤人迹少，长桥压水月明多。投竿旋磨供鱼米，篝火披沙拾蚌螺。一角溪山足安乐，不知世路满风波。

予赁居之屋，即在碧云窝岩头，背山临水，眺望极佳，山色环窗，溪声袭枕，去秋曾题五律一首，咏其晚景云：

暝色落秋笒，寒风带叶回。人随归鸟去，山送暮烟来。林影初更月，溪声半壑雷。沧州惊岁晚，容客几徘徊。

花溪之风景如何？予居之幽静如何？予于星期日在此恬适环境中，试执闲笔，虽为日无多，其愉快又如何？读此不难想像。虽然，予之志愿，予之环境，皆不容予久坐边头，贪恋山水，早晚得请未可知，终不惜与予爱之花溪作别，而一咏坡老之句以自寿：

　　出处依稀似乐天，敢将衰朽较前贤。便从洛社休官去，犹有闲居二十年。

　　坡老时年五十六岁，予今五十有七矣。

中华民国二十九年八月二十五日

　　（《花溪闲笔初编》，贵州企业股份有限公司印刷所 1943 年 10 月三版）

花溪闲笔续编

　　中华民国二十九年秋,予因承乏黔州,将满三年,揆以三载考绩之义,或有退休机会,爰草拟《花溪闲笔》一册,岁暮刊行,聊留鸿爪耳。初无继续写作之意,不料荏苒又满三年,老友胡政之先生过筑,询予曰:"君有续写《花溪闲笔》之意乎?"予应之曰"无。"政之曰:"近年经历各省间,颇闻执政者常以君著作参考资料,倘能续写,未始无益。"言简意挚。予年垂暮,不忍有拂老友雅意,爱惜精力,坐待衰朽。因决踵前例,仍于八月起藉每星期休沐之暇,随意写若干字,于岁暮六年满任时积成一帙发刊,名之曰《花溪闲笔续编》。花溪二字本不拟续用,因去年夏滇缅路断,汽油名贵,不应再供游宴之需,遂中止花溪例假,赁屋且于今夏转借与政之,作临时休夏之用,予已非花溪主人矣。最近星期例假,系借近郭黔灵山麓空宅,作一日休沐。为名副其实,此著似应易名为黔灵闲笔。乃因系续写,易名不免面生可疑,遂仍其旧而缀以续编二字。计分九章:一、省政。二、县政。三、新县制。四、县与乡镇。五、新生活。六、治安与帮会。七、经济与统制。八、财政与会计。九、杂感。

一、省政

予任职六年,均在战中,一切行政措施,自较平时为难,而后三年更比前三年为甚,故对于地方行政效率之认识,日益深刻。从前见人评论地方行政,往往喜用"突飞猛进"四字,初不以为异,近则几认为此乃"白日见鬼"之议论,为地方行政决无可能之现象。盖此四字,用以形容辟商埠造铁路等物质建设上具体事实,有时未尝不可得其仿佛,若夫地方行政包括形面上乃至形面下,由生产教育之奠始,乃至风俗习惯之革新,就予之经验言,几于无一事可以期诸短时间所能生效者。仅修筑三五条公路,成立一两个工厂,便谓已尽地方行政之能事,实属"不知所云。"予以为地方行政之效率,第一须知在潜移默化,能日计不足,而岁计有余。第二须知其进寸退尺,十年树木,百年树人,而一日之怠,可以尽弃全功。由前言之,似树立向上风气,当为百政之先,由后言之,则"士不可以不弘毅,任重而道远"之义,更当为执政者所当服膺不忘,有进而无退。夫如是,则待以岁月,铢积寸累,或可次第的有若干效率发现,而收效之人是否作始之人,不必问也。予在花溪闲笔初编中曾有下列一段文字:

"为政者喜见近功,鲜有为一个地方作十年百年之计划者,勇于创造,鲜有将前任事业为继续不断之努力者,前者意在求庸人一时之誉,后者意在掩他人往日之长,而地方遂少伟大长久之事业。"

已不觉慨乎言之。例如黔省行政区域整理一案,已经过数十年之岁月,迄予任内始得告成。贵州通志之修编,亦经过数十年之岁月,迄最近始可望刊行。此皆前人之功,非予之力。而在予任内,一切措施,亦均只有初发萌芽,未奠稳固基础,即如禁烟兴学造林筑路诸大端,苟非后来者继续下百十年工夫,或竟成为昙花一现耳,有何效率之可言哉!予在最近三年中,对于地方行政一切建设之需要长久岁月,不断努力,确有深切之认识,此或易为尸位素餐者之遁词,然亦非急功好名者所能心领神会者也。

兹再举一例证,乡先辈郎苏门先生道光九年至十一年中(在鸦片烟战争前)曾宦游黔中,有咏黔中风物诗十首,颇可与现时风物相比证,诗亦饶有风趣,特照原刊抄录于次:

黔中杂咏十首

湖州郎葆辰

僻阳南望路漫漫,相见坡高上下难[相见坡在施秉县境内,雨坡相对,中阻小溪,对立如咫尺,行隔数十里]。所到无非成瘠土,此间不合有贪官。层崖马上愁泥滑,荒店人来话夜寒。五色云中春似海,几番回首望长安。

九里回环百雉堞[省垣九里三分],满城乱石积重重。人家就地忽高下,山色撑天各淡浓。十丈蛮云春黯黯,一川瘴雨水溶溶。公余退食浑无事,管领烟霞付短筇。

四围村落翠微间,生计民无片刻闲。放茧客寻新长树[黔民多种橡树育蚕],种荞人上未开山[山中民皆以荞麦饭度日]。沿严小草花偏艳,遍地危坡石总顽。荒寨夜深闻犬吠,有人踏月赶场还[苗民村落皆谓之寨,每逢场期,至场上贸易,皆谓之赶场]。

野老黄冠笑语亲,相逢多是太平民。政如虎猛终非福,官亦鸡廉不碍贫。火耨刀耕风自古,蛮花瘴草物皆春。居人直胜陶彭泽,谁向桃源更问津。

信步清游任所之,偶寻古迹便题诗。白云芳草阳明洞[阳明先生题有阳明小洞天五字],流水桃花丞相祠[武侯祠在省城南明河上,额曰丞相祠堂]。连日雨风茅补屋,几家门户竹编篱。归来天气初晴候,带泾烟痕正晚炊。奉檄千山万壑中,闲来比户验民风。留宾呷酒筠筒碧(黔民宴客有以酒瓶置席上,中贮细竹筒,互相呷引,谓之呷酒],唤妇春粮稗子红[苗民居山中,皆以红稗子作饭,有终年不米食者]。有屋石皮沿路盖,无衣柴火合家烘。谁非覆载生成内,边徼还疑造化穷。

南明河上住年年,风景依稀在目前。盈涧皆因无本水[雨大便涨,不日即涸],炎凉不是有情天[无论冬夏,冷热无常]。层崖上越盘盘岭,碎石中开薄薄田。十二郡城三十县,女墙多傍乱山边。

石田收得几多粮,即遇丰年也类荒。难保孤村无盗贼,须防破屋有牛羊[窃牛羊贼最多]。老农盼得秋瓜熟,稚女擎来野菜香。最是棉花声价贵,只寻山茧制衣裳[黔中不产棉花,其价甚贵]。

动念民依敢自安,山城水漫救荒滩。建瓴直下三千丈,移粟谁来十八滩。人已无家成雁户,屋空有架类牛栏。我侪靴袜谁能脱,坡老徐洲一例看[道光辛卯五月大雨,省城内外皆被水,抚军嵩曼士先生率属冒雨勘灾,遍查被淹户口,广为赈灾抚恤]。

有苗遍绕夜郎城,八十余家旧有名。花布裙裁云五色[苗女皆服五色花布裙],芦笙人唱月三更[苗俗元宵男女吹芦笙度曲以结婚姻,谓之跳月]。礼文拜跪差能会,讼狱言辞半不明。寄语宰官勤抚字,尧阶干羽八风平。

以此诗中所咏风物,与现时对照,俨同隔世,且穷困情状似已有若干改善,因知用人力工夫,克服天然障碍,非不可能,惟需时较久,非旦夕可期,计郎官黔时为道光中叶,去今已百二十余年,风物改善者,仅约十得六七,而十分之三四,似仍有痕迹可寻,足证地方一切改进之难。今后因交通关系，科学发达，改进或当较速，吾辈幸勿徒羡他省条件优越，致存消极感想，只须明瞭"欲速不达"之义，共同作长期不断之努力，何患黔省之不富庶哉?!

予在花溪闲笔初编中，曾云:"省政府地位不甚明瞭。"迄今三年，仍未确定，然其职务颇有显著之变动。予前因县各级组织纲要之颁定，反证省政府之地位三项:(一)省政府为监督县自治行政机关。(二)省政府为指挥县执行中央委办事项之机关。(三)省政府为指挥县执性省委办事项机关。乃因抗战需要，国家行政，日有增加，自治行政单位之县政府，其人力财力，已为执行中央委托行政多所耗费，其本身之自治行政，转无力专顾，不免趋于消极，省委托行政更勿论矣。因之省政府之监督指挥事项自不免趋重于国家行政，且事多创始，法属初立，省政府为求合于实际，期易于执行，更须为之规定种种实施办法，详细条教，不仅监督指挥而已。故省政府在战时之地位，几一变为主办国家行政之地方最高机关，前述之(一)(三)两项职权仅附属耳。故现在省政府繁重任务，不在监督自治行政，指挥省办行政，而在执行中央委办之国家行政。尤其繁难者，莫过于执行中央行政之人事与财事。就人事而论，中央行政不尽委托于省政府所属已设立或新设立之机关专办或兼办。有近乎两属者，如军管区司令部之类，有完全专属者，如中央各部会直接在各省设立之各种直辖机关皆是。即以财政部一部而论，在贵州省除财政厅外计有十六个直辖机关(一)税务管理局(二)田赋管理处(三)盐务局(四)硝磺处(五)缉私处(六)税警团(七)海关(八)烟专卖局(九)火柴专卖公司(十)茶叶公司(十一)福生黔庄(十二)贸易委员会(十三)复兴公司(十四)银行监理官办公室(十五)中央造币厂(十六)国库分库，合以其他中央设立直辖机关共约百余个单位。故现在地方之中央官吏在数目上较地方官吏似有过之无不及。凡两属者人事任免考核，自难过于认真，事务裁决处理，亦未便过于作主，凡专属者人事事务，钜细皆非省府所知，甚至省府有不能列举其机关名称,得知其条教规章者,若其事务属于农林工矿教育交通技术研究调查等类者,省政府乐得以不知为不知,少相闻问。若涉及人民负担,经济统制,地方治安之类者,省府虽欲不闻问而不可能,一切纠纷,大抵事前不舆闻,事后谋补救,有时不免周章狼狈矣。此犹就省府而言,若夫与县级关系,规章权限一切,似均在莫名其妙中运用,全视县长"应付"之能力若何,省府但求其无事而已;一旦有事,大都以县府担过,省府丛怨了事。故就人事言之,现在省府执行中央委托行政,机构权限,或有若干需要改正。再就财事言之,凡由省府所属专办或兼办国家行政机关,其经费列入省府预算,省府并不感到特殊困难,不过物价高涨,时时超过预算,请求救济,或临时发生事件,往往超越预算,请求补救,中央间接,可以通案驳斥不理,省府直接,实未便坐视不问,然此种困难与其他一般机关相同。两属机关亦与此相类并无特殊之点。若夫执行国家行政之中央专属机关,关于财事,省府甚感痛快,固可完全不过问也。但因中央人员与地方人员待遇有差,不无若干刺激,尤其在同一机关办事者例如田赋管理处员工,同在省政府办事,而各个有差,主管人不免有难色矣。省府对于中央委托行政,财事上最感困难之点,莫如与县级关系;县府执行国家行政,其财事由中央担任者自属不少,然大都不足,如兵役工役运输,均须地方筹款补救,又如国民兵团,临时兵差及其他有关国防事项,中央往往以"准列入地方预算"七字,为财事上指示,而地方如何筹措则不问也。予曾在一会议中,某县长当众提出一请求曰:"中央及省委办事件,所需经费,中央及省若不另拨款项时,务请指定县府增加何种旧税率或另征何种新税作财源,以免县府违法摊派。"其言至为合法合理,予除即席立予所允许外,无话可说。因之中央委办事项,若不附带拨款或筹款办法,而只以"准列入地方预算"七字为指示,省府实无以命令县府负责办理。照现在实际情形而言,恐任何县地方均不免有法外摊派之事,譬如军队驻扎,至少亦不免有修理房屋供应用具之费用,搬运军器,至少亦不免有购置工具供应伙食之用费,某县长曾于某次会议中自行检举其所属某乡镇法外零星摊派有三十余种之多,至为骇人,虽不尽属中央委托行政事项,然皆为省及县所认为临时应办者。故在中央及省之立场言,凡委托县办事项,若不为之附拨款项,或为之另辟财源,实无异使之法外扰民,其将何以取缔之哉?!

地方执行国家行政之复杂情形,略如上述,一般人民,只觉今日政治,有"三多"之扰,即法令多,机关多,官吏多,而其结果则苛扰多也。

为治之道,今昔不同,昔者重在安民,今者重在治民,昔在求安,今在求进,昔为静态政治,今为动态政治,昔为消极的,今为积极的,故今日言治,纵无抗战关系,法令必较昔日为多,机关比较昔日为多,官吏亦必较昔日为多,此为政治进程中无可避免之事,初未可因噎废食,惟亦须循序渐进。况值抗战,要政特多,轻重缓急,更当有所斟酌。否则百废俱兴或竟一事无成也。予之管见,可略述者:

(一)法令宜极重要极综合极简括:

就重要言,以现时需要迫切者为限,免使人有可有可无之感。就综合言,以全盘法令关系上经详细审查者为限,免使人有矛盾雷同之感。就简括言,以列举必要大纲不涉细微枝节者为限,免使人有随时修改无所适从之感。现在往往部订一法,会颁一令,其中不免有次要者,有矛盾者,有重复者,有涉及细微者,若由有经验之立法家,分类与以整理,也许颁布数十类重要法规,可以包括无遗,此其上也。若无余暇,则新颁法令,必须于此三点加以注意,至少新颁一法令,必须将有关之旧法令,废去其二三,以期逐渐整理焉。

(二)机关中央宜专地方宜兼:

按政治重在求进之原则,中国必须比照世界一般国家之行政事项,添办新政,为必然之事。在中央统筹全局,规划大纲,奠定基础，必须设立专部专会，以专责成，亦属当然之事。惟地方乃处于奉行地位，不一定需要专司，若中央有一专司某项行政之部会，必须将其行政组织贯彻于乡镇，就行政治之彻底言，诚彻底矣，其如人事财事之不能配合何？故在目前财事人事两项状况下：(1)中央行政可分属省府所属机关办理者宜分属之，不必添设省属新机关，即须添设新机关者亦不必在县府添设新科室。(2)中央行政不可分属省府所属办理必须由中央直接在地方设立机关办理者，除农林工矿教育交通技术研究调查等类外，其有涉及人民负担经济统制地方治安者，至少须令省府取得联系，若能使之事前与闻，或于执行时便利较多。且不防简化之，统一之，仍可按中央宜专地方宜兼之原则办理，不必分设机关过多。或者以为兼办不如专办，犹之客室与饭厅分开，自然较好。但两间屋子与一间屋子之比较，其需要费用加倍矣。且旧例往往兼办事业，不另给经费，故其效率毫无，若给予充足之兼办经费，苟委托得人，亦未必尽不如专办，予常见有客室兼饭厅而整理精美者，转胜于空洞无物之分室。或者又以为旧机关不宜办理新事业，犹之旧瓶不宜装新酒，此则先认为旧机关必系旧人，若系新人，则又何尝不可兼办新事，旧酒瓶不一定系装恶酒，若本装美酿者则用装新酒，有何妨碍？此则全系用人问题，与机关新旧何关。

(三)机关设在地方者组织宜简化员额宜紧缩：

中央行政机关直接设在地方者多系总机关之一分枝，且为专办某种事项者。除有必要者外，多数似无须再分科分室分股，甚或分设各种委员会，分设若干隶属分机关。现在一般组织多趋于分业化，不独中央机关，地方机关亦然，故往往一机关闲杂人员多于主管人员，到处皆见官吏，而十九皆非正经办事之官吏，宜乎社会起厌恶之反感，此非专指中央行政机关，地方亦似有过之无不及，研究机关组织者宜有以通观之，事务较简机关，统设办事员二三人分办或兼办文书会计及事务，即可济事，岂必一定须分科室，始得算为机关耶？

　　以上所陈，为予在省府经办国家行政历年来之复杂感想，大都皆为战时仓卒间难免之事。惟予深感觉到即过战时，为加增国家整个之力量起见，国家行政以后或仍当有增无减，省政府之地位，或当以在地方主办国家行政为其重要之职责，似有从容研讨之必要，故不觉言之絮絮，意在参证，不在辩难也。

二、县　政

　　年来国家行政，委托地方办理者日有增加，已如上述。而为建国起见，地方自治事项亦必须同时分别奠定基础。法规所罗列者太笼统，命令所宣示者有先后，县政不免日形复杂，县长执行，不但分别处理失序，且大都记忆不清；而各县财力人力有别，又未可一概而论。因之予感觉到省府应负责任，就一省地方情形，斟酌轻重缓急，指出具体之事项，悬示最低之要求，以期各县有一简单明瞭之目标，一致努力达到，乃于三十年九月一日，召集全省县长，举行县政会议，予特担任专题讲演三次，约费时五小时，就今日县长应有之认识及平时自治行政及战时国家行政各重要事项，作具体之列举，悬最低之要求，为事无多，悬格不高。就此两年之经过言，此举相当成功。盖各县长咸知省府要求办理之事项，种类若何？标准若何？便于记忆，易于奉行，颇有一致的效率，一般化的进步也。兹照原词抄附于次：

第一讲 地方官

今天讲程中,由本席担任专题讲述,专题讲述的意义,即因有许多事不必正式讨论,同时各厅处会所讲的,又难于贯串,故特定一个时间,来作专题讲述,贯串起来说。但此系个人意见,仅供诸位参考,并无决定意义。今天所讲的题目是"地方官"。

一、地方官的意义——一般言之,狭义的地方官,即指县长,广义的地方官,即包括监督指挥县长的各级人员,如专员委员厅长处会局长主席等;和协助佐理县长的人员,如科秘区乡镇长保安团队长等,故地方官系包括在地方做事的一切的公务人员,但其中以县长为主。

二、地方官的责任——地方官的特定责任,在法律上并无明文规定,但从法令及习惯上解释,地方官应负牧民守土之责,依照国家法令所规定的职权——管教养卫——达成任务,故地方官的责任,第一要注意"地方"二字,应心不忘地方身不离地方,与地方同忧乐共存亡,所谓"心不忘地方",无从具体检讨,至于身不离地方,本人认为非常重要。本人自奉命主黔以来,非奉命,从未离黔一步,这是地方官应有的注意。本省各县长,往往请假未得复允,即行离职,或离职后,始有电报道省请假者,固然,各县长电报请假,由本席交民政厅核复,中间往往经过两三天,各县如因特别紧急事故,而先行离县未始不可原谅,但严格讲,这绝对不是常规。俗谚说,地方官犹如土地神,土地神离开土地,便无灵验,土地神与土地是不可分离,土地所产的粮充足,土地神的香火酒肉必盛,否则必衰,天灾人祸过甚时不但香火酒肉无着落,土地庙也恐要被人捣毁,这个例子,正可以比喻地方官与地方的关系,须知道地方的忧乐与存亡,就是地方官忧乐与存亡。第二,须注意地方官三字,

（甲）地方官非中央官，中央官管国家大事，地方官管地方小事，其职务是推行中央法令，但地方官虽管地方小事，而责任重大，因为地方的一切设施，便是国家的基础，地方官的好坏，能决定国家的前途，关系非常重大，因此中央官在政治大方针上，决策定计，也许可以不躬亲细事，而地方官就得非躬亲细事不可。再中央官可因国策的拟订，一朝成名，流传千古，地方官即令机会好，环境好，亦须十年八年的苦干，方克有成，因此地方官除躬亲细事外，又须持之以久，方能完成任重致远的使命。在外国地方官多为社会服务性质，诸位读世界名人传，即知成名的官吏大都为中央官非地方官。（乙）地方官为直接人民而中央官为间接人民，故地方官为亲民之官，须注意小节，政治家本可不拘小节，但地方官一举一动，人民都看到，稍不留意，即有损威望和事业，凡不能去的地方，就不可去，不可讲的话，就不可讲，不能做的事，就不可做，地方官衣食住行一举一动，应受束缚，否则威信丧失，当然影响事业，就本省而论，地方官因不拘小节，而影响事业的，亦不乏人。

三、如何达成地方官的任务——管、教、养、卫，乃地方官应负的任务，但如何能达到？个人的意见，认为要做到下列两个字。

第一个是"知"，清代地方官的命名为知县、知府、知州、同知等，其命义，即为地方官，应知地方的事，不知即不能行，知之不真，行之必误，这与知行合一说，知难行易说，完全相符，用意命义，非常精确，故一个地方官应明白一地方的天时地理风俗习惯以及衣食住行所关，良莠贤愚之分，就是上级机关，邻县邻省的情形，亦应明瞭，本来"知"是不容易的，本人来黔已三年八个月，但对贵州的情形，也只知道一个大概，因为我所看到的是各处的报告，但各处报告，不能一概真实，故"知"确是困难，但地方官一定要对"知"字痛下功夫，否则，无从言治，各县县长，对地方情形，自比我所知者为多，但有些也不尽然。我可举几个例子，例如剿办土匪，难免不有可准格毙之事，为防止流弊起见，绥署曾令各县将境内著名匪盗，预先查明报署，如格毙为预先呈报有案者，大都准予备查，但事实上各县能将境内盗匪随时查明报署的却不多，亲民之官，对境内可杀之匪，尚未清楚，其他可想而知。其次，本人素来主张命令应少而要，故主黔二年，手令尚不到十次。本年因为是贵州禁烟最后的一年，曾手令各县封闭烟馆，具结报省，这可表示本府对禁烟的决心。但迄今尚未具结送省的，有二十五县，法令虽少而要，仍有不能贯彻者。当然在这二十五县中，因特殊原因，而未确实做不到的也有，但藉口受训或交代的也不少，其主要原因，显然是不知这个命令的重要性，而对境内烟情亦未下"知"的功夫。还有各县报告匪情时，往往将盗匪数量，加倍报告，请调派军队协剿，亦因县长对本境邻境盗匪不知确数及情形，恐怕少报了，贻误军事，凡此都因地方的事，知之太少，不相当知道一县的事，便不能尽牧民之责的。第二是"安"。地方不安，一切庶政，便无从着手，中国政治过去注重安字静字，现代政治，则注重动字进字，然现代政治固须求动与进，但第一步仍须做到安。现在要说到知字安字究竟从何着手呢？本人以为知字应从考查入手，在"人"上用功夫；安字应从保甲入手，在"地"上用功夫。换言之，地方官应从人事上下考察功夫，地区上用组织功夫。从前胡文忠公做贵州地方官时，政绩甚好，治安最佳，就是因为他多用考察功夫，对于各县坏人考察有素，故下县时，能立将众所痛恶的莠民正法，黔民莫不敬之如神。至于保甲乃地方基层组织，积户成甲，积甲成保，积保成联保乡镇，如果保甲组织不健全，甚么地方政治都谈不到，试问人口尚是一个未知数，以众从之事为对象的政治，那能办好？当然，本省保甲组织，因文化教育落后，保甲职员素质欠佳,困难颇多,但本人以为保甲能够办好,才能产生好的保甲人才,保甲组织不好,便不能分别人民的良莠,也就不能选拔优良,敬恭桑梓。本年初本人曾宣示治安工作厅以保甲团队为中心而及其他,但其重心仍在保甲,因为保甲不好,团队每易成为流氓的结合,既难找到良民,所以团队也就不会办好。此外如工役兵役及一切庶政等,只须保甲有办法,便容易办,而一县最重要的治安问题,亦必赖保甲而解决,各县长不可因保甲办理困难,或难以见效,而不努力办理,因为这是地方治安的关键。

四、结论——古人曾经说过:"才大须知作吏难",由这句话的表面上看,就是说才能大的人,须要知道作地方官的困难,也就是说,才能大的人做地方官吏,不一定就能做好,同时也就是说,才能大的人做地方官吏,才能够知其艰难,才能小的,恐怕连艰难都不知道,可见作地方官原是一件极其艰难的事。尚书上说:"能知人,能安民,尧舜其犹病诸。"足见"知"字"安"字之重要,而努力作此项工夫之不容易。所以做地方官的入手方法,一方面应从考察以求地方情形的真知,他方面更从保甲以先求保持地方的秩序,坚强基层之组织,才能够再进一步做其他的工作。我们须要知道地方官虽是作小事,但如能克尽地方官的职责者,却是大人物。今后各县长的责任,日益加重,望益加奋励,奠定贵州政治的基础。

第二讲　通常县政

一、政治的涵义和特质:政治是什么?据本人的研究,简单归纳说,政治就是管理人民生活的事务,申言之,就是管理关于人民由生活到生存及其发展的一切事务,政府就是管理人民生活事务的机关,地方政府,就是在中央法令的范围内管

理一地方人民生活事务的机关。但为更进一步阐明政治的涵义和特质,我们还须注意到以下两点:

(一)管理人民的生活与管理物品及动植物的不同。管理物品,仅需保藏得法,使用爱惜,管理动植物,亦只要养育有时,寒暖得宜,便可发荣滋长,但是管理人民事务,便不相同,因为人类不仅有物质的生活就可以满足,还有精神的欲望,换句话说,管理人民的事务,不仅要做到使人民满足其物质生活,更须充实其精神生活,即文化生活。我们知道,纵然是文明很低的人民,也仍然有他们的文化生活。譬如说非洲的土民,也有他们自己的音乐和舞蹈,不过文明愈高的,对于文化生活需求的程度也就愈高罢了。因此,管理人民生活事务的政治,必须兼顾人民的物质生活与文化生活,忽略了文化生活便与管理物品或动植物没有分别。这是第一点。

(二)其次,管理人民事务的目标,从前与现在不同。从前政治的目标只注意到一个"安"字,现在的政治目标,更要注意到"进"字。以往的政治,只要做到人民在物质生活上,有衣穿,有饭吃,有屋住,有路走,文化生活上,有机会给人读书,并不一定要普及精进。换一句话说,使人民能够安居乐业,便认为已尽政治之能事,现代的政治则不尽如此。不仅求人民物质和文化生活的聊可满足而已,更需求人民物质和文化生活的不断改进与提高。不但使人民有衣穿有饭吃,更要随时谋人民由有布衣穿进而有绸衣穿,谋人民有饭吃进而有好饭吃,不但使人民在衣食住行乐育各方面有量的满足,更需不断致力于质的改进与提高。

二、本省通常县政要点:从前面对于政治的涵义和特质底解释上我们可以明瞭地方官的任务,就是要谋一地方人民物质生活与文化生活的改进和提高,达成这个任务,千头万绪因时因地而不同,当然不是一件容易或简单的事。就贵州说,就贵州各县现在一律能办到的程度说,悬格不可太高,本人以为当前贵州通常县政扼要之点有三:第一,是教育与卫生,即谋人民文化生活的提高;第二,是农林与交通(附带工商矿),即求人民物质生活的改进;第三,是财政与金融,为实现前两项的前提。各县对于这三项如果都能办得有基础,那么整个的贵州政治便算奠定基础。现在再分项说明本人的意见:(一)教育与卫生。就教育方面说,个人意见,认为一般县份所应办及所能举办的教育,只要尽先做好两件:就是国民教育和民众教育馆。县各级组织纲要里规定要各县每乡镇设中心学校一所,每保设国民学校一所,这是一般的县份所应办,而且也能办的,是各县县长、各乡镇长最重要的任务,如果不能做到这一点便谈不到提高文化生活。其次,国民教育虽然包括成年民众补习教育,但在普遍奠定国民教育基础的初期,无疑的对于成年民众补习教育注意的力量是相当薄弱的,所以最低限度还希望各县要办一所比较完备的民众教育馆在县城,把有关提高人民文化生活的事集中于民教馆。普通县区教育,能够将成年人及未成年人的基础教育,予以普及,予以整饬,则一县的文盲可计日扫除,一县的文化水准,自然提高,我们现在所最期望于普通县区的一般文化建设者,不过如此,至于有的县份人力财力,能达到建立初高中学校,及其他地方各种文化机关者当然在政府提倡之列,不过最基础的国民教育、民众教育则必须责成各县负责者努力。就卫生方面说,在目前的客观条件下,我们也不必陈义过高,只望各县做到极基本的两件工作,这两件工作也是各县都应做到而且也必然能做到的:一件是清洁与饮水,一件是充实推行卫生院所的设备与工作。先说第一件,一县市镇乡村的道路沟渠及人民居所等,如能责令经常扫除污秽,整饬清洁,便已具备卫生基础,进一步再把居民的饮料,弄得清洁,则县民健康,必能增进,这两项事,不需要花很多钱,也不包涵高深的技术问题,只需要各县长及各区乡镇长的努力和毅力,无论那一县都能做到的,本人所到各地,清洁都成问题,以本省各县论,鉴于目前医药和卫生充分设备的困难,与其消极的求疾病各得相当之治疗,自不如积极的增进健康,预防疾病,做到环境清洁、饮料干净两点,增进健康、预防疾病的基础便已有了。至于第二件,本省各县卫生院所,现已普遍设置,只希望各县在人力财力许可的范围内尽力帮助充实其设备,推行其工作,使诊疗、防疫、巡医各项业务能适应地方的需要。

(二)农林与交通(附工商矿)物质生活之提高,就贵州的环境说,应从农林与交通入手,工商矿则因各县情形不同,略附及之。在农林方面,其基本工作,约有三端:

第一是垦荒与造林,贵州全省面积约二万六千四百七十余万亩,就中已耕作面积仅三千六百五十余万亩;全省土地本有百分之二十可以耕种,而已耕种的只不过百分之十二,还有百分之八,尚待开垦,换一句话说:在可以耕种的土地中只有五分之三是耕种了,还有五分之二是荒地;又就可以造林之山地说,有森林的只有五分之一,约二千余万亩,还有五分之四是荒山,从这数字里,我们可以知道,垦荒与造林在贵州是最有希望的,省府曾颁布乡镇造产办法大纲,希望大县每年垦荒三千亩,中县二千亩,小县一千五百亩,对于造林,亦制定各县区保造林办法,大县每年须造林二万亩,中县一万五千亩,小县一万亩。现在田赋既归中央统收,地方自治财源,自应从努力造产中求出路。而在地未尽其利的贵州垦荒造林,实为地方物质建设,解决地方自治经费问题的一条最有效的途径(本省矿产,蕴藏亦丰,但矿业大多需要大规模经营,非一县一地方之资历所能兴与发展,而有赖于国家爱的统筹经营;惟各县应负探访报告之责,随时请求探察)。本人一到贵州就特别注意于农林的开发,三年余来,垦荒造林的成绩,实难满意,尤其是造林,本人在一次植树节时曾说过:我感觉最失败的一件事便是造林,人都以为禁烟与剿匪在贵州一定很困难,但实际上,造林比禁烟剿匪更困难,现在我们可以说贵州的禁政确已大部完成,贵州的治安也可以说没有什么问题了,而独对于造林,迄无显著的成效,几年以来培林的力量,没有伐林的大,野生林也因放火烧山的普遍而不能成植,这件事我们今后要特别切实注意努力。从事造林,各县政府一定要先有准备的工作,如审定适宜而有用的树种,设立苗圃,培植树苗,调查公私荒山荒地及探验地质等工作,不是单纯强制人民种植便可成功的,而推行的步骤,必须从县城、区署、乡镇公所所在地附近做起,而逐渐推及乡村僻远处所。至于消极方面禁止人民滥伐及放火烧山,只靠政府的一纸命令,效果是很有限的,必须多从教育宣传方面用功夫,告诉人民造林的好处,逐渐使人民能自动自治的保护森林。总之,造林不是一件容易的事,而是贵州物质建设最有希望的一件事,各县工作人员,务必特别注意努力。

第二是水利与兽疫,我们在农业上,不但是要把荒废土地开垦,还要使耕种的土地,均有灌溉的便利,尤其在本省,更应注意水利的开发。大规模的治水,在一县固然讲不到,但是各县原有的沟渠、坡塘、堰坝等务必责成各区乡镇,逐年普遍检查一次,凡有淤塞毁坏的地方,必须加以整复,至于新开沟渠、挖掘塘坡,或修筑堰坝,视实际需要,也是必不可少的工作,还有本省各县大都不知注意利用水车,今后亦应加以提倡,在临水的地方,有力的农户责令单独制备,无力的由政府加以组织,使其合力制备水车,以人事的努力来补救天时的不足。各县如有规模较大的水利工程,为一县的人力财力所不能举办,而确有举办的必要与价值者,可以拟定计划,向省农田水利贷款委员会请求协助兴办。关于兽疫,因为牛马等是农业生产的主要动力,各县必须注意防治,在这一方面,只责成各县负两种责任:(1)迅速报告消息,因为兽疫往往起于一处而蔓延甚广,如在初发现的时候,消息迅捷的报告到省里,很快的就可予以扑灭。(2)忍痛必须把有疫病或已死的猪牛等,立刻烧毁或深埋,绝对不许再将皮肉等售之于市,以绝疫源,纵令政府照价偿还人民的损失,也是值得的。以上两种责任,自然是县政府应该负而且也担负得起的,请各位务必注意。

第三是改进与保护,对于农林方面改进与保护工作,也是各县政府应该注意的。各县政府的技士,必须具备关于农业上最重要最粗浅的改进与保护知识,这一方面工作的要目,如关于(一)种子的选择,虫害的灭除,肥料的施用;(二)苗圃的培植——须做到各乡镇都有苗圃;(三)限制冬闲——一般农民很多以为冬季种植作物,对于地力有损,但据科学家的报告,这是毫无根据的一种误信,我们应该普遍宣传晓谕;(四)禁止放火烧山——多用宣传教育方法,贵州有山无林,可说是地方人民与我们行政官吏的一种耻辱,大家应努力予以湔雪。

上面只说农林,附带及矿,而没有特别提出工商,这原因,是针对贵州一般地方情形说的,不是对那一县说的。关于工商业,就本身一般县份经济状况说,必农林开发有基础,才能谈到工商业之发展,就各个县地方说,因各地特殊情形之不同,应注意因地制宜,各县长应先求了解其现状,然后再谋所以改进发展之道,譬如大定的漆器、贵阳的编草席等都是带有地方性的小手工业,一般的情形,都是固守成方,不知考求优劣,以谋改进,县地方政府的责任,只须将原有工商业,因势利导扶助整顿及改进,不使现在不如过去,而使日新月异,常有进步,就可以了。至于全省较大规模之工商矿事业,已组织贵州企业公司,负提倡兴起之责,各县地方有力者,亟盼其分担股分，一同参加。

说到交通方面，个人要求的基本工作，只有两端，就是筑路与电话：

第一，筑路 一县除供应人力开国道省道以外，在县境以内，还应修筑县与县间之道路及区乡镇间之道路。换句话说，县必须想法筑路通省，区乡镇必须修路通县，保必须修路通乡镇。本来："四境纵横之道路修筑成功"是一县达到自治的必要条件之一，所谓县道，区乡道，不一定要花许多钱，即就普通道路加以修整，使其平坦康庄，以便交通就可以，现在人民对于筑路的利益已经相当普遍的理会到，只要政府有计划的加以倡导，以各县农民的力量，在农闲时去修筑，是轻而易举的事。省府已定筑路计划颁布，亟盼各县努力举办。

第二，电话 我们期望做到县能有电话通省，区乡镇能有电话通县，这件事当然有相当困难。省府过去严禁向人民摊派款项，但对各县架设电话一项，忍痛特准得向富户乐捐，这是政府苦心所在，望各位深切体会注意。关于一县的物质建设和文化建设，虽说千头万绪，但综其要项，所要求做到的不过如上所述。就物质建设说，在我国古书上可以找出一个标准来，就是孟子所说的："入其疆土地辟，田野治，养老尊贤，俊杰在位。"个人期望各县在物质建设方面做到就是"土地辟，田野治。"就文化建设说，在我国古书上也有一个标准，就是论语上所记的，"子之武城，闻弦歌之声，夫子莞尔而笑曰：'割鸡焉用牛刀？'子游对曰：'昔者偃也闻诸夫子曰："君子学道则爱人，小人学道则易使也。"'子曰：'偃之言是也，前言戏之耳。'"古书的君子指知识阶级（可治人者）而言，小人指普通人民（被治者）而言；能做到君子爱人，小人易使，就是地方教育的成功。固然治人者应受教育，一般人民也应受教育，拿现在的话说：小人学道就是所谓国民教育，国民教育的要旨，在使一般国民明瞭民族国家的意义,培养国民道德,训练健康其身心,并切合实际需要,养成其自治自卫之能力,授以生活必需之知识与技能。这样,一般国民才能明白中央及地方政府的设施,而国防及其他一切政令,才容易推行。

三、财政与金融 就财政说,确立自治财政,以求自给自足,不但在理论上是对的,在事实上也确应如此的。凡是一个地方,只要有人民聚集而居,必然能担负起维持他们这一地方治安秩序,政务机构的必要费用。现在所以很多地方感觉财政困难,不能自给自足者,是因为我们各地方物质文化水准太落后,而时代的要求是要急起直追,迎头赶上,其结果是待办之事太多,而可筹之钱甚少,所以以落后的地方经济来赶上时代的要求的,此时此地,我们负责主持者,就不能不斟酌环境,权衡轻重缓急,先其所急而后其所缓,此其一。中国过去理财的原则,每注重"量入为出",以节用爱民为尚;各国现代理财的原则,则主"量出为入",以积极建设为先,从时代的要求,站在财政的观点上看,自以后者为合理,但在本省目前的环境上,地方经济落伍很远,民力不丰,而一切建设事业则有待于积极举办,个人以为理财的原则应从两方面注意,就是在收入上要采量出为入的原则,而在支出上则采量入为出,此其二。在收入方面,征之地方,用之地方,故可量出为入,在财政负担上,应宽免穷人,加重富人,征收办法,须力求简易,避免苛细,县与县之间,不必求平均,遵义安顺与长寨广顺,当然很难求其每个人民负担的平均,但在同一县内,则切不可不平均。至在支出上,则因地方夙非丰裕,从人民身上得来的钱,须知并非容易,必须用之至当,绝无浪费,处处要想到量入以为出,庶可毋滥毋浮。现在中央已规定县自治财政可增加收入项目,并予以补助,只要各县长运用得宜,不难逐步发展,除另觅机会具体说明外,先述起概要于此。就金融说,本省的金融政策,首注意于各县合作事业的发展,合作金库的普遍设立以建立农村的自治经济机构,现在还有少数县份没有设立合作金库,各县长应趁在省之便,接洽筹设。对于各县合作事业,请各位认清三个要点:(一)合作机关是一种信用机关,而非慈善机关,所以合作贷款,到期必须本利收回;(二)合作机关是纯粹的金融机关,绝不可渗杂政治作用;(三)合作机关是经济上的自治机关,除不合法令事项外不可加以干涉,政府只应处于监督指导的地位。

中央现虽颁行县银行法,但在本省除遵义安顺等少数县份外,其他各县似尚不易举办,各县现在应仍从尽力普设合作社着手。此外省政府已创立贵州银行,将逐步筹设分支行于各县,以为县与县县与省间统筹之金融机构,以后地方金融状况,自必一改旧观。

四、结论。以上要讲的各项县政,项目不多,但均是基础工作,为最低限度之要求。无论何县,均期其完全做到。我们抱定双手万能、事在人为的信念,鼓起坚忍勇毅克服困难的精神,来奠定本省县政的基础。

第三讲 临时县政

一、临时县政的重要性。今天由本席担任第三次专题讲演。前两次讲题,一为地方官,一为通常县政,前者说明达成地方官的任务,除在知的方面自考察下手,在人上用功夫外,更须在安的方面自保甲入手在地上用功夫;后者说明贵州通常县政的要点,第一为教育与卫生,第二为农林与交通(附工商矿),第三为财政与金融(包括合作),以谋人民物质生活与文化生活之提高。今日讲题为临时县政。本席认为任何一县除通常县政外,尚有临时县政,尤其是战时的贵州,临时县政的重要性，更超过于通常县政，应以办理通常县政一半以上时间，办理临时县政，不可藉口办理通常县政而忽略临时县政，即使临时县政若干不免妨碍通常县政（如征工征兵），而因为抗战的要求，亦不能过爱地方，忘了国家。贵州的战时临时县政，究为那几项？我们静坐一想，国家在战时必然第一要兵，第二要工，第三要粮，第四要钱，此四者，乃任何战时国家所必需。中央政府不能在地方之外找兵，找工，找粮，找钱，因此兵役，工役，粮食，捐募，便为战时国家的四大临时县政。此在人稀地广的贵州，都不容易办理，但为了国家，我们必须做到。

二、兵役　贵州人口一千余万，土地十七万平方里，在此密度甚小的人口中，办理兵役，诚然困难，但贵州除了兵役，便没有更好的途径，报效国家，盖贵州历年来靠中央补助，在此全面抗战中，别无财力作若何报效，惟有贡献壮丁，但就数目言，每月仅配赋壮丁六千名，较之其他各省，相差尚远，假使连这一点还不能做到，贵州即等于没有参加这次神圣的抗战。因此兵役在贵州是非常重要的。办理兵役，须做到"合法合格如期如数"八个字，就过去情形论，合法合格如期三点，尚难满人意，我们应知国家在战时需兵孔急，必须如期如数办到，当然合法合格，也很重要，但为顾及事实，不妨暂时酌予变通，乃万不得已之事。本人曾向征兵主管官员表示，我们征募新兵，虽因各地情形互异，不能完全受法令条文的约束，甚至手续上或有不合之处，但在通融办法中，最低限度，应做到公平，在新兵的待遇上，最低限度，应顾及人道。政府军用浩繁，自难增加新兵待遇，但不甚费钱的恩惠如沐浴理发以及宿住卫生事宜，我们应尽力为新兵设法，不能视同牛马，令人气沮。中央政府的钱，来自人民，政府多用一钱，即人民多一负担，因此希望我们贵州文武同志，应在可能范围内合力设法改良新兵待遇，为了国家，也为了人道。并至少应以精神的安慰，补救物质的待遇，多看视他们几次，慰劳他们几句，征兵如是，征工亦应如是。

三、工役 贵州工役大都用于修建公路，铁道与机场。公路与铁道的修建，中央因国防需要特拨款补助，现在贵州境内纵横的公路，多受国家抗战之赐，白部长曾对我说，"广西贵州等地方应趁西南国防建设，完成全省公路网，切莫爱惜民力，错过机会。"中央费几千万修筑公路，近更修筑自广西至贵阳的铁路，我们想想设无中央补助，贵州交通在这短期内那能有这样成绩。（广西省除征兵外，更征工修成铁路，即利用战时国防，完成全省交通）因此，贵州人民纵因工役而感到暂时的痛苦，各县亦应尽力征调，否则放弃建设本省交通的难得机会，实际上就是辜负百姓，就国民的天职说，即使中央毫无补助，为了国防及民生，亦应赶办，若中央补助，而仍不愿办，即是自暴自弃。我们应忍一时的痛苦，享千百年的利益，不特国道省道应兴工修筑，即县道（保至乡镇，乡镇至县，县至省）亦应积极完成。一切事业赖交通而发展，文化的物质的生活，因交通而改善，现在贵州人已知道修筑公路的利益了，故在道路方面，勿庸多讲。至于修建机场的困难，更甚于道路，人民因只见机场不见飞机，机场用处与利益，遂不明瞭；另一方面，机场需要平地，平地是贵州的米库，因此在贵州修建机场，不无困难，本人曾向中央请求，非绝对需要，贵州应少建机场。此外修建机场，难避开农忙时节，修建工程计划，又往往中途多改变，民工待遇每不能顾及地方生活状态，诸如此类；致令人民蒙受损失，地方政府自一方面当为民请求，善为应付，尽力避免不必要的损失，因为这是地方官的天职，但中央依照既定计划认为必需办到，我们自应遵办，如数如期做到，不必延迟，与其延迟而仍须做完，不如迅速做好，完成国家利益。固然，各县人民不愿筑飞机场，并非不愿抗战，只是不能忍受一时的痛苦,但要知道这次抗战人人都应尽责,飞机场为现代战争必要的国防工程,任何国家皆必须努力完成,不惜牺牲的,至于所征民工,各县长须善为管理,并予以精神安慰。本省各县所征民工,往往甲县逃亡多而乙县逃亡少,甚至没有逃亡,关键即在管理的优劣。此外民工奖金,必须按时发给,涓滴尽入民工之手,深信如此做去,已算尽责,能尽责,即无愧百姓,百姓亦必劳而无怨。

四、粮食 粮食管理理论,不必多赘,专谈事实,(一)军粮如无办法,必影响民食的安定,但民食无办法,则在粮价上涨中,军粮亦无从筹购,故在事之先后上,应以军粮为先,在事之本末上,应以民食为本。二者相反而实相成。粮食在战时既极重要,粮价问题,便须设法解决。(二)在平时物量与物价间,有比例关系,换言之,价格在平时受供求律的支配,物量供过于求,则价格下跌,求过于供,则价格上涨,物量的供求,在平时既无剧变,物价亦因此平稳。但一到战时,不正当的人为力,造成虚伪的供求,使物量与物价脱离关系,粮食价格,亦是如此。米量虽多,米价仍涨。在此不正当的差误中,应消灭促使物量物价脱离关系的人为力。(三)战时物价,例趋上涨,各国战时皆然,现时中国物价虽高,并非耻辱,而在物量,生产消费未切实统计,管理支配机构计划未完全周密以前,人为的限价工作,与人为的抬价工作,同样发生流弊,且不易生效,因此政府不能专恃一纸命令,平定粮价,即算尽职。换言之,粮价的平定,不能专靠政治力,应着眼于粮食的开源与节流办法。

根据上述三项理由,本省的粮食办法有五:(一)增加粮食生产,今年因天候关系,并不侧重增产水稻,而重增加杂粮,且注意冬耕,这样在物量上固然增加实际的供给,在心理上,尤能防止恐慌,不致因恐粮价趋涨而争先购买,造成虚伪的需求而影响粮价。(二)扩充粮食用途,如掺食杂粮,本省省内军队团队及公务员已实行核配杂粮,至一般人民,已竭力提倡,至必要时将加限定。(三)节约粮食消耗,如严禁酿酒熬糖,即可节省食粮二三百万石,足供一百万人一年之用。(四)余粮登记,并非没收余粮,亦非强迫收购,但告诫粮户,谓政府必要时,得定价收购,不如期售出时将没收,这样即可促使粮户将余粮销售,不愿囤积,物量与物价,自可渐渐接近。(五)严禁囤积,照中央规定屯粮五百市石以上,即须查拿治罪,本年六月贵阳县长,对此点颇努力,数月来贵州粮价得平稳者,此项努力,显著效果,各县长如能依法办理,严禁囤积,不必顾忌,一切皆由本主席负责,本人认为发抗战财者,已不屑论了,而发抗战的粮食财,更罪无可逭。以上五端,如增加粮食生产,扩充粮食用途,节约粮食消耗,乃本省粮食问题的治本之策,而余粮登记与严禁囤积,则为治标之策,亦即"开源节流"的运用。总括言之,本省粮食办法,先筹军粮,次安民食,而安定民食的计划,不专恃法令,而注重粮食的开源节流,有办法使物价与物量接近,恢复正常关系。

五、捐募 任何国家在战时都募债增税,而在外资断绝时尤重内债,以应战时财政的急需。我们中央自抗战以来,深知民间财力不厚,并未向人民强制捐募,作为战费来源,已为各国战时未有之例,而后方民众,反因国家建设西南而得到补助的好处。至所谓慰劳捐寒衣捐航建捐等等,实际数额有限。中央并不恃此区区之款,慰劳军士,缝制寒衣或建设空军,惟一作用仅为激发后方民众爱国热忱,鼓励前方将士而已。至于节约储蓄等等,则完全为了民生,而非为了军用。因为一国通货过多,则物价必随货币购买力的缩小而上涨,节约储蓄即使各人现在的通货,暂时保存将来再用,以维持一国通货与物量的正常关系。换言之,即以安定物价的方法,安定民生,而非为了战费。至本省各县捐募成绩,有好有坏,关键全在县长的热心与否,而不在人民。所谓热心,并不需用法令强迫,唯一要诀,就是为了国家,不惜厚起脸皮,再三殷勤的向人民捐募,抗战胜利未到,捐募工作不停,应不惮烦不害羞去做,因为国而非为己,并不有失县长身份。

六、禁政与训练 除上述四个临时县政外,本省更应注意两点(一)为禁政。本省禁政须于抗战胜利前办好,否则将来烟祸复活机会甚多,烟毒若再遗留,则有贵州等与无贵州。(二)为训练。本省训练须于抗战胜利前办好,否则贵州有政治等于无政治。关于禁烟首重搜绝烟种,各县长务须确实做到,万一已种,则必严格铲苗,必可少杀许多人。其次是严禁运售,此与土豪及地方不肖的公务员役的包庇有关,应严密注意。再次是吸,初犯勒戒,再犯枪决,杀一救百,乃是大仁,而烟馆尤须即时根本肃清。关于训练意义非常重大,我们地方官,应为地方做事,必须先为地方地方植才。否则县政即使办好,而因未培植县政干部,必致人存政举,人望政息,严格言之,不算有成绩。反之,人才造就成功,即使我们离开地方,我们的县政,亦可因后继有人,而维持久远。

七、结述 此次县政会议,由本席担任三次专题讲演,仅凭个人平时观察,比较各项县政的轻重缓急,列举若干要点。应知县政千端万绪,不得要领,即难着手。因此特趁县政会议难得的机会,说出县政中心,供各位参考。县政的成效,有特长期的苦干,我们即使成功而不及自居,心中亦感到无限的愉快。望共奋励!

上载演讲词三篇,多系就贵州人力财力落后之地方而言,他省自须就其地方情形,另加斟酌,惟其用意,似不无可供参考之处。

三、新县制

　　新县制在本省，系分期分县实施，三十年开始，三十二年完成，本人于三十一年春，特赴黔东各县，亲予考察。认为实施新县制，于贵州并无困难，区公所一级废除后，县政运用实较前为简捷，尾大不掉之弊可除，指臂相使之效已见，财政可藉以整理，教育建设可藉以开发，实为奠定全国县政一般基础之宪章，较之从前县制简陋纷歧，省自为政，县自为政者，相差何止千里。尤其关于国民教育之普遍设施，洵为根本之国，百十年后必见大效。惜现时人力财力未能尽相配合，不无缺点，爰举四端，以资策励。此四项缺点，他省恐亦难免，兹附录之，以资参证。

　　（一）法令研究之精神不足：县政人员对于新颁布法令，多未谙习，以个人见解任意施政之旧习尚未尽除，乡镇更无论矣。新县制组织之精神亦有未尽领悟者，例如新县制中秘书之设置，等于副县长，非仅管理公私文书，实为各科室之首长，指导员之设置，为县府联系乡镇，推动庶政脉络之所在，各县往往有以秘书为办理文书职员，指导员为无固定任务之闲散职员，轻视其人选，忽略其责任，各科室亦不与秘书、指导员等取联络，县长意旨，亦不尽告之。有人选不当者，有额数不足者，有调办他事者，有不常下乡者，有即下乡亦不能有所指示纠正及督促者，如此情形，乡镇基层政治，如何能督饬健全而收指臂之效？户籍为新县制中要政，有若干县并未设专任户籍人员，其他人员设置，亦有不齐全或兼任者，县政之根本法令既未领悟其精神所在，其他法令自亦少加深切研究，如何能向乡镇解释指示？法治精神自难期贯彻。余以为县府对于县政所关每一法令,县长必须召集科秘指导员等干部切实研究,达到能以口头向乡镇长解释指示,则县政推行,方能达到法治目的。

(二)乡镇行政推动之力量亦不够:新县制之精神,基层政治,已移转到乡镇阶段,乡镇人选经过办理训练及不准以恶劣背景为选择条件后,一般确已较前进步,但地方人材有限,可满意之人选,仍十分难得二三,不过积极作恶之人,不多见耳。以言推动庶政,相差尚远。县府与乡镇之联系,向分两种方式,一为承转式,承命转达而已。一为督饬式,承转外再加督饬,现在各县府,已多由第一方式转入第二方式,然余考察实况,认为即此仍嫌不足,仅加督饬,推动力量,殊不够也。余在各县指出一参与方式,即各县府应参与各乡镇重要行政,作为主动之一,为之提议,为之设计,庶可进一步帮助其推动,因之县长,各科长,指导员督学等,必须随时下乡,明瞭各乡村情形,某乡,某镇,何项要政未得推动,或推动不力不善状况,一一瞭然,方能着手,现在各县县长,已少闭门施政之事,县内乡镇未经县长到过者已少,科长阶级下乡者较少,指导员等下乡者亦不勤。余所希望之参与方式,颇难办到。余以为今后县长每年中必须普遍巡视乡镇一次,科长每年中必须普遍赴乡镇巡视主管事务二次,指导员一月中必须半月在乡。督学则应依照规定四分之三时间在乡镇视察也。余在各县询及下乡事,往往答复为有事随时下乡之语,意谓无事时,何必多此举动,不知现在政治是积极的,不是消极的,是找事做,不是等事做,从前以视察为消极行动,意在除弊,故有事时下乡;现在以视察为积极行动,意在兴利,故无事时亦须下乡找事也。县府与乡镇发生密切联系为新县制精神所在,各县均须努力于此。

(三)人事之部署未健全:地方人材太少,各县均以此为苦,尤其交通不便县份,若干县长因找人之难,往往为面子起见,喜选用过去有资格者以为装饰,大抵曾任县长科长区长联保主任等文职者为一类,曾任营长连长排长等武职者为一类,此辈若为未染习气富有事业心者,未尝不是一法,无如有若干均已精神萎靡,或习染过深,不知道新法令为何物者,若以之充选,积极消极方面,均将为县政上一大障碍。现在实行新县制时用人,若尚重视背景,为害之大更无论矣。余以为在现在任县长者可勿庸重视旧资格,佐治人员,乡镇人员,无合格人选时,毋宁以初高中小毕业之聪颖忠实青年,文理通顺有事业心者,予以训练选用,较为合宜,须知在现时为政,凡须使用人才,必须自行训练,不可徒叹无人,否则将永无合用之人矣。现黔东十二县中用人,其中不无有于新县制精神不合之情形存在。全省各县中,恐亦不免,故特举出之。行新政,用新人,非为排斥旧人,而是否为能革除旧习染,创造新精神者,则选用时不能不特别注意也。

(四)自动及有恒之努力不足;县政千头万绪,不能一一均须随时由省府指示推动,且地方行政绝无可计日成功者,更不能一暴十寒,例如造林筑路,各县必须于农闲时或冬季中自动准备,更必须年年如此,乃查黔东十二县中庶政,能自动而又能继续办理者,并未多见,尤其保甲要政,非时刻继续注意不可者,大都久而生怠。余认为一般县政不能有确实基础者,其症结即在此,希望各县县长注意及之。凡应办庶政,有省府命令推动者,固须加紧,无命令者亦须自动推进,且须持之以久,好逸恶劳,人所难免,然非所望于司民社之责者。

本年新县制实施,在本省业告完成,此四项缺点,亦经分别补救,然苦于人材难得,去满意之程度尚远。现在只有在教育训练人材上,切实下工夫,百年树人,新县制确系百年大计,自难求速效。立法既属至善,奉行期诸不怠,则效率表现,仅时间问题而已。

四、县与乡镇

现行制度,县办中央及省委办事项,乡镇办县委办事项,保亦办县委办事项,于是事实所演乡保以上各级层,均为承转机关,而国家行政之大任,遂以委办为名,悉加诸乡保肩上,此为全国皆然之事。盖由国家行政与自治行政,没有明确的划分,而地方自治实施方案中,所规定的自治事项,也没有精密的将国家行政的成分提出,尤其是国家行政的基层执行机关,应该是那一级主办,更无深察乎得失利病的明确规定。战时的国家行政,主要是在人与物之征调,以及后方治安之加强维持,这些都是极大的权力行使,事务既下移,权力亦下移,此种权力,掌握者可以公正使用,也可以作予夺随心生杀由意的不正当使用。在现在地方人才缺乏到极点之时,乃将此种大权,委诸多数乡保之手,其不发生基层苛扰之流弊者,如何可能?! 其弊非由于事实之必然,实由于法令之疏漏,近年来予苦于基层苛扰之无法防范,无法制止,乃为促进新县制之彻底实施,在中央法令不抵触范围内,明瞭的划分县与乡镇之权责,其主旨系将中央委办之国家行政,定由县府主办,乡镇奉行,草拟贵州省各县县与乡镇权责划分方案,业经省府通过,先责成本省示范各市县试行。此案为地方行政上一大改革,有待各方之指正者甚多,特录原文于次:

贵州省各县县与乡镇权责划分方案

甲、总则

一、贵州省政府(以下简称本府)为促进新县制之彻底实

施,并确定县政府与乡镇公所之权责起见,特制定本方案

二、本方案得先行指定县份作示范试办,并指定督导机关,俟有成效再推行他县

前项县份及督导机关之指定,由本府以命令定之

乙、县各级组织之运用

三、县各级组织,依县各级组织纲要之规定,确定为县乡(镇)两级制,其设有区署者应视区署为县政府之分遣机关,乡(镇)以下之保甲乃乡(镇)内部之编制,两者均非行政单位,前项规定之实际区别,应于业务制度及财政制度中见之,除本方案已有规定者外,应由县政府例推运用

四、县政府为地方自治高级组织,亦为国家行政基层机构,其地位依左列各款予以提高

(一)对于自治行政,在不逾越中央及省法令范围内,县政府得自订单行办法,对于国家行政,县政府认为中央及省所颁现行法令有应予变通之处,得在不违背立法原旨范围内,胪列事实,备举理由,建议变通,但在未经报可前仍应照案办理

(二)本府以外之机关,对于县政府行文用令之限制,应照国民政府三十一年二月五日公布之中央各机关及各部队对县政府行文用令限制办法各规定,严格执行

(三)本府以外之机关,因其主管业务须对县长或县长之兼职实施功过奖惩时,非经函由本府核可并由本府执行,概属无效

(四)凡非专员公署所在地之县,由本府授权县长对在该县境内之省属文武机关部队,就近考察其工作情形,随时呈报本府

专员公署所在地之县,此项职权由专员行使之

(五)县长已具备简任资格者,依法咨部晋叙简任,秘书官等比例提高

五、县各级民意机关,应依左列限期,按照成立县各级民意机关步骤所定程序分别设置

(一)在本方案颁行之日起三个月内,县政府应指导各保,一律举行公民宣誓,召集保民大会,试行选举保长,在试行期内得选出加倍或三倍之候选人,由乡镇长签注意见转呈县政府圈定,其前已成立保民大会者,应认真整顿按期举行

(二)本方案颁行六个月之九个月内,县政府应指导各保,选举乡镇民代表会代表,成立乡镇民代表会,试行选举乡镇长,在试行期内得选出加倍或三倍之候选人,呈由县政府圈定并转报本府备案

此项乡镇长候选人,得先行当选,再补办检核手续

(三)在本方案颁行后,县政府应依据省颁县临时参议会组织规程及限期,先行成立县临时参议会

丙、县各级组织业务划分

六、凡(一)地方自治实施方案中规定之事项,属于全县一般性质及乡镇不能举办者,(二)国家行政,均由县政府主办,概不得委任乡镇公所办理,乡镇以下人员仅依命令处于奉行地位

左列各项尤应由县政府直接办理

(子)兵役及国民兵训练

1、县政府应恪遵修正兵役法及战时征补兵员实施办法之规定,根据壮丁名册(应与户口总册中列载之姓名及数目相符),在县政府传集乡镇长及地方士绅依法一次抽签,签票名册密存,县府依次征集

前项抽签为保持机密性起见,县政府得先就壮丁名册按名密编号码,抽签时仅抽此项号码,另册登记,依次征集时重行召集公正士绅监视,按号唱名实行征集

2、前款依次征集,由县政府开具征集票,注明应征人姓

名、住址、年龄,令乡镇公所转饬保甲长按照传送,如乡保人员有卖放冒替情事,依法严办,一面由县政府将依次征集人名榜示周知

3、征属优待金,应由县政府配合其所用之抽签方法及征集时期,应照本省优待出征军人家属施行细则之规定,妥为募集,总以壮丁征集时立即给付为原则,经手人员如有多募少给措付等情事,即予严惩,其余征属优待事项,亦应依同细则之规定,认真办理

4、健全之兵役征召制度,当以严密之国民兵编组为基础,现行之抽签方法实为两者脱节之所致,应即逐渐矫正各县政府,应切实遵照国民兵组织管理教育实施办法大纲及省颁细则之规定,对地区、役别、任务、年次各种编组,务须日求精密以期达成要求

5、国民兵之训练,亦应切实依照前项大纲细则之规定,力矫过去敷衍混乱之弊,务于不妨碍人民生业之时间内,责成各级队长队附认真训练

(丑)工役之征集

1、工役之征集,应按国民工役法及其施行细则之规定办理,并应注意遵守后列各款

2、中央及省办工程需征用民工时,当由本府专案颁行,县政府应将该案要点用文字及口头普遍宣告民众

3、县办工程,亦应将征工人数、工作日期、管理方法等用文字及口头普遍宣告民众

4、民工征集手续,应由县政府按户口总册,分保指定应征集之人户姓名列单,责令乡镇公所督饬保甲长率领到场

5、依法征收代役金时,应由县政府按照规定核定数目,然后由乡镇保长造具代工户名册,呈送县政府核准征收并发给县印收据,所收款项严格按规定之用途使用

前项代役金数目,无限额规定,或超过规定时应呈报本府备案

（寅）田赋征实及军粮征购

1、县政府应注意防止经收人员之浮收揩勒及故延等情弊

2、征购军粮应由县政府召集评议会,按户口粮赋及工商各种册籍,逐户指名分担列册公布,绝对不得以大数按乡分配,以免任意出入及零星摊派之弊

3、征购军粮券票应由县政府直接按户发放,其有未领者仅能列单饬乡镇公所代为催领,概不得交由乡镇人员代发

4、粮户未完田赋及军粮承购户欠缴军粮者,应由县政府按户列单饬令乡镇保长代催,但不得责令代收代缴

5、各县政府得拟定乡镇保甲长代催粮赋奖惩办法,呈经本府核准施行

6、关于粮赋实物之储藏、加工、运输、交接等之组织及手续,当由本府另案厘订统一及便利办法,县政府如有所见应即建议

（卯）征募各种债款及爱国捐款

1、募集各项爱国捐款,非经依照统一捐募运动办法之规定,奉由本府命令或呈经本府核准或由县政府核准者,无论机关、团体或个人概不得举办

2、征募公债,须俟奉到本府令颁该项公债条例并指定募集数额时,始得办理

3、募集捐债时,应由县政府于经过评议手续后,按户指名直接劝募,不得摊配于各乡镇以图简便,尤不得假手乡镇保甲长代收代缴

4、捐债以尽城区及市镇工商业者或殷实富户募集为原则,不足时始得募及乡区农户

（辰）治安行政

1、县政府对其现有之警察保警队，应切实编整训练，充实其武器及装备，并与国民兵各级队妥为配合运用，期成维持全县治安之主力

2、县政府对于民间枪炮，应切实遵照省颁各县公私枪炮管理使用办法之规定，予以管制运用，枪弹非法流入民间之来源，应以全力设法杜绝之

3、县政府应切实遵照省颁户口总复查、土匪总检举实施办法之规定，密督乡镇保甲长检举匪党莠民，即予登记侦查，并应详细研究其来源、成因、种类、行踪，拟定远大对策，机密实施

4、有匪之县，应切遵修正黔省清乡条例之规定积极肃清，其匪患之涉及两县以上者，县政府应按照省颁各行政区县联防办法及各县地方团队越界剿匪会缉证使用办法各规定，合力消灭，不得互相推诿

5、县政府对于办理土匪自新事项，应特别慎重自新手续务须按照黔省清乡期内土匪自新规程严格办理，其属于行政督察区之县，所有呈准手续，应经由专员公署核转

6、县政府除于剿匪作战时当场将匪犯格毙外，其业已就逮之匪犯，应恪遵修正黔省清乡条例第五条规定之手续办理，违者严惩

7、县地方团队在剿匪行动中，绝对不得有抄掳焚掠情事，对于匪产，非经判决核定不得没收或迳予处分

8、县政府应切实指导乡镇保甲，根据省颁民众自卫办法实行自卫，并严密监督，毋令其稍有逾越本方案第七条（申）款之各项限制

9、县政府因剿匪及治安机密调度之费用，得临时呈准在地方预备金项下动支，不足者专案附具追加概算，呈准另筹财

源,此项费用并得先行开支再办手续

(巳)经济管制

1、县政府应根据非常时期农矿工商管理条例及取缔重要日用物品囤积居奇办法,切实取缔囤积居奇

2、县政府得视辖境内物价情形,呈经本府指定为管制物价方案施行区域

3、县政府应根据非常时期工商业及团体管制办法及商业登记法及实施细则各规定,厉行工商业登记,健全工商业团体组织并严格予以管理

4、县政府应根据非常时期职业团体书记派遣办法,派遣各工商同业公会书记,以间接控制其会员之商业活动

(午)财政制度及关于增加人民负担事项

1、县政府应切实按照财政收支系统实施纲要附表乙及整理自治财政纲要之规定,整顿其财政,并依法组织财政整理委员会主持其事

2、县税捐及公产收入,应由县政府直接征收,废除包征及乡镇公所代征制度,但乡镇保长仍有协助责任,县政府得依据法令订定单行给奖办法

3、县政府应依据清理各县市公有款产暂行通则奖励举发办法及租佃办法等规定,清理并保管共有款产

4、县年度预算应与其年度计划切实配合,如举办或奉令举办计划以外之事业,而预算中已无款可动支及移用时,得于征询县临时参议会(未成立前为县行政会议)之意见后,叙明缘由,附具收支追加概算,呈经本府核准,准予另筹财源以资应用,在县临时参议会未开会时得先呈本府核准,俟开会时提出报告,此外禁止一切无法令根据之摊派或变相摊派

七、乡(镇)为举办地方自治事业之最低单位,应负责办理本乡(镇)内左列各事项,但关于业务制度应遵守一致性之规

定,技术上之问题,并应接受县政府之指导,其属于经费及人才者得请求县政府予以补助

(子)卫生 乡(镇)公所应遵照县各级卫生组织大纲之规定,于其境内自行筹设卫生所,并于各保设置卫生员,其主持人选依同大纲之规定,由县卫生院选用

(丑)教育 乡(镇)公所应遵照国民教育实施纲领之规定,于其所在地及所属各保,统筹设立中心学校及国民学校,但在行政系统上仍隶属于县政府

(寅)水利 乡(镇)公所应考查境内农田水利情形,自行兴办掘塘、筑坝、给水等水利,得视为乡(镇)公管事业,向收益人收取费用,兴办水利之技术事项,得请求县政府予以协助并补助其经费,前项所称之筑坝,以不妨害自然水利及他人已设之水利工程为限

(卯)建筑乡村道 乡(镇)公所应按照省颁乡村道工程设计准则之规定,发动民力兴筑或修理,但属于兴筑者,其计划应先经县政府之核准并予以技术上之指导

(辰)造林 乡(镇)公所应按照省颁各县实施造林暂行办法之规定,自行举办并劝导民户造林,其树苗供给得请求县政府之补助

(巳)垦荒 乡(镇)公所应按照省颁各县实施垦种暂行办法及各县乡镇造产实施细则等规定,开垦境内公有荒山荒地,关于私荒并应依法责令业主自行开垦,或代行招佃垦种,或共同垦种

(午)合作 乡(镇)公所应遵照县各级合作社组织大纲之规定,组织乡镇合作社及所属各保之保合作社,其技术及资金供给由县政府予以协助

(未)保甲及户籍 保甲编整、保甲抽查及户口异动,应由乡(镇)公所恪遵省颁各项保甲法令负责,经常策动所属职员及

保甲长认真办理,呈报县府保民大会及甲户长会议并应负责辅导其进行

(申)自卫 乡(镇)公所应遵照本省民众自卫方案之规定,实行县市国民兵团各级队维持治安办法所定关于平时任务各项工作,但应严格遵守左列各款之限制,违者军法从事

1、关于查缉汉奸间谍,除当场实施重大破坏之现行犯及证据确凿者,得迳予逮捕立即送县外,其余嫌疑人犯须先向县政府检举,奉令后始得缉捕

2、关于匪患之警戒者,乡镇公所应切实负守望巡哨及迅速传递情报之责,不得疏忽延误

3、关于剿匪者,除匪徒在境内现行抢劫应即击灭外,其潜伏境内外者,应先密报县政府核准再施行剿,此外不得以剿匪为名调集壮丁游弋骚扰

4、关于捕匪者,凡为匪有据并经检举有案者得迳予逮捕,仍应于二十四小时内解送县政府,不得擅行审讯或横施非刑,其余人犯非奉县政府指名缉捕命令,不得私擅逮捕、审讯、施刑、罚款或私擅纵放

5、关于搜查者,以现行匪犯或奉命缉捕之人犯,经调查确知之藏匿处所为限,不得扰及无辜,更不得于搜查行为外有抄掳焚掠情事

6、关于帮会、匪党及莠民之检举,应由乡镇公所于调查明确后列单密报县府,不得挟嫌诬陷

7、乡镇公所对于居民出入旅客来往,只应随时注意查考,非经呈准不得于交通要道设站或组队实施检查

8、乡(镇)公所于其境内发现烟毒、赌博或其他持用违禁品案件时,应连同人物一并向县政府检举,不得迳行处分

(西)新生活及精神动员 乡(镇)公所应遵照新生活运动纲要及省颁本省推进新生活运动办法之规定,切实实行新生活

并指导人民实行,同时并应遵照国民精神总动员纲领及其实施办法之规定,认真举行国民月会,讲解抗战建国各项法令

(戊)其他 除以前各款所已规定者外,乡镇公所应遵照部颁乡(镇)保应办事项之规定,办理他项业务

八、保及甲之经常业务,应先集中全力办理左列各项

1、保甲编整

2、居户日常之照管

3、户口异动之登记及呈报

4、奉命集中居民或壮丁时之召集与率领

5、简单之自卫任务(其程度由县政府比照乡镇之规定定之)

6、国民兵保队及甲班之训练

7、筹办保国民学校

8、实行新生活并举行国民月会

上列事项外之其他保应办事务,暂均由乡镇公所直接办理,凡乡(镇)公所经办关于本方案第六条之协助事项或前条之主板事项,除各该条已有特别规定者外,概不得自居承转地位转以委诸保甲

九、为确实遂行地方自治业务起见,县财政及乡镇财政应即划分,其划分之细目由县政府各依实际情形定之,呈报本府核准后实施,左列各款必须列为乡镇财源

1、乡镇区域内之房捐筵席捐

2、乡镇造产收益之全部

3、乡镇公管事业之收入

4、乡镇公产之收入

5、县政府补助之乡镇临时事业

6、其他依法赋予之收入

县各级组织纲要第四十一条第五款所定之经乡镇民代表

会决议征收之临时收入,须乡镇民代表会成立满一年后始得拟出并议决之,在未届期前,乡镇公所于必要时亦得举办临时特赋,但须事先叙明理由、数额及配赋办法,呈经政府核准始得为之,仍以名目统一手续简便为限

乡镇预算在乡镇公库及会计制度未确立前,暂不编入县总预算,其会计及出纳事项由乡镇财产保管委员会办理之

十、县政府得依乡镇公所业务发展情形,并视其财政能力之大小,根据乡镇组织暂行条例之规定,扩充乡镇公所之编制,但须先呈经本府备案

县政府所在地不另设镇公所,所有保甲之编组、统辖及本方案第七、第九两条之规定事项,由县政府直接办理

十二、县政府应随时发动各乡镇各保业务成绩之竞赛,并应由县长或派遣重要职员巡回视导及参与各项业务之活动,对于乡镇保甲长之考核尤应严格办理

丁、县行政基准及人才调度

十三、县政府应以左列各项措施,确实掌握直接行政所须根据之基准

(一)精确编整保甲登记人事务,使县政府、乡镇公所及保办公处,各有详明一致之户口总册或户口卡片

(二)田赋册籍应精密整理并与户口总册参对校正,务使全县农耕地籍斑斑无误

市地及不属于田赋之土地,应尽可能编成详明册籍

(三)切实办理工商矿业登记,设置全县经济册籍

(四)切实清查各项税捐及公款公产,编制全县财政册籍

十四、县政府为达成其直接行政之要求起见,应健全其人事,必要时得申请本府核准,举办县属人员与省属人员之对调服务,并得申请派遣省属人员到县协助

县府职员与乡镇人员互调服务办法,由县政府自行酌定

戊、附则

十五、本方案实施后,在实施区内本府前颁之贵州省各县运用保甲方案停止适用

十六、本方案第四条一、二、三各款,第五条一、三两款,第六条、第八条、第十三条、第十四条第一项各规定,于市政府准用之,但第五条第一款之规定,于市政府依修正市组织法实施时所选举之保长候选人,迳呈由市政府圈定之

本方案第七条所定之乡镇各项职权由市政府直接办理之

十七、本方案所引之各种中央及本省单行法规由本府汇印,各县政府应预计需要份数价领应用并转发乡镇公所

十八、本方案各项实施细则另行规定,其应由县政府拟订部分,应于本方案实施之日起一个月内详拟呈核

十九、本方案经省府会议决议后施行,并咨请内政部转呈行政院备案,经实施而有改进之必要时得随时修正

此案与一般法令颇多关联,予曾与幕僚若干人,现任县长若干人,详加讨论与审议,历时甚久,咸认为可行后始行定草,曹君翼远曾有说明论文发表,曹君系本案主要起草员之一,为深知立法本意者,兹节录其《方案内容之要点与特点》一节,并供参证。

本方案系由吴主席亲自主持,而出之以谨严审慎的态度,实为经验与理想交融而成,其中所规定的每一项政事,每为法令规定应办或正在办理中者,故若仅就一条条的条文看,差不多都是近乎重申命令的性质,然其全神贯注之处,即在厘分或指示此等法令原已规定之事的办理程序,此其所以难能可贵也。总析全案纲领,可得而言者,有左列各点:

第一、如上所说,本方案系以中央及省现行法令为根据,指示若干执行方法,惟有在执行中,始可以事实补充制度法令

的不及,亦惟有在准确的执行方法下,始可纠正现在执行中所
发生的流弊。是以本方案可看作一部行政方法论。

第二、现行法令,甚为繁多,颁布时间之参差历落,内容之
支离破碎,久已官病民迷,本方案系择其与实际政治最有关系
者,作一综合之提示,使实际当政的人,容易贯通,容易运用。

第三、本省自实施新县制以来,首尾已过三年,但因国家
行政与自治事业,没有像财政制度一样作明确具体的划分,地
方自治实施方案中所规定的自治事项,也没有精密的将国家
行政的成分提出;尤其是国家行政的基层执行机关,应该从那
一级打止,更无深察乎得失利病的明确规定,现行制度,县办
中央及省委办事项,乡镇办县委办事项,保也办县委办事项,
于是事实所演,乡保以上各级层,均为承转机关,而国家行政
之大任,遂以委办为名悉加诸乡保肩上,此为全国皆然之事,
故本省新县制虽实施颇久,而事实上县与乡镇,从未重新建
立,可谓衣冠虽易,骨肉依然。本方案明白规定县应办什么
事,乡镇应办什么事,而最主要的着眼点,则为明定国家行政
应该由县直接主办,是以本方案在消极方面言,可谓限制乡镇
权责,从积极方面言,实为县与乡镇之开始建立,而此种消极
性与积极性的意义,即兼具于划分权责一举之中。

第四、过去国家行政,既全部加诸乡保肩上,而战时的国
家行政,又主要是在人与物之征调,以及后方治安之加强维
持,这些都是极大的权力行为,事务既下移,权力亦下移,此种
权力,掌握者可以公正使用,也可以作予夺随心生杀由意的不
正当使用,关键只恃人的心术。根据我们过去的经验,乡保人
员享有这种大权,危险性甚大,后果着实可畏。本方案限制国
家行政应由县办以后,已减少乡保人员权力及不正当使用权
力的可能至最低限度。然本方案绝非谓在县政府执行国家行
政的过程中,可绝无流弊,不过县政府对于全县人民人事上之

恩仇好恶亲疏关系不多,某种私心的发展比较受有阻碍,事实上所可产生的弊端,其分量与乡保弊端的普遍深入,不可同日而语,所谓两害相权,自应取其轻也。

第五、国家行政既应由县政府直接办理,则县政府之精神面目及其所需具备之能力,均与承转机关时代迥然不同,最重要者,即为县政府此时将深切感觉其一应施为,必得有一种最基本的凭借,始能下手,此种凭借,即全县人力物力之准确详尽的记录,而为此时以前十九没有者,感谢历史,尚使县政府不得不有一种比较可靠的田赋册籍,以保存其固有行政能力之一小部分,然而人口呢?本省各县年年总有一度保甲编整,而大多数县政府一直到现在还只有一份统计数字,不能查对出任何一个人民的姓名,至于其他经济力的登记,那更是意识不到此了。本方案指导县政府应该具备几种必要的册籍,这实在是恢复县政府固有行政能力的先决条件,前面曾说本方案之实施,是县的开始建立,这便是建立的基层础石。

第六、县乡镇保各级民意机关,过去或为顾虑民智之不及,或为保持行政关系之单纯,或鉴于实际施行而无大效,遂发生一种因噎废食式的反面主张,实则新县制之精神所寄,即在各级民意机关,总裁训词有云:"民权行使,必须从实际中加以练习"。我们自不可因幼儿步履之倾跌而禁其学行。本方案重视这种理由,但仍出之以较审慎的态度,规定乡镇保应依法设立民意机关,面对于乡镇保长之选举,则特定一试行期内之加选圈定办法,对于县级民意机关,则暂定先行成立临时参议会,以为过渡,从本节及第三节所述看来,本方案也可以说是县各级组织纲要的一种施行细则。

第七、如何建立县的实际问题,关系较大,县各级组织纲要事实上忽略了一个重要之点,县的资格明定为自治单位,而不给以兼为中央行政区域的地位,全国政区,千分之九百九十以上由县构成,若每个县都只是自治单位,然则国家行政区域在那里呢? 自治单位的量的累积,是不是有某一种理论可使之变质而为国家行政区域呢? 法令规定县办理中央及省委办事项,所谓委办事项者,即故意在语调上,减轻其重要性之国家行政是也,但此种事项,必须有施行对象之区域着落,然则县于自治单位以外,何处再找执行国家行政之着落区域乎? 是故县非明定为自治单位同时为国家行政区域不可。本方案对此忽略点之补正,采取谨慎然而坚决之态度,完全排除委办字样,而定县政府为国家行政基层机构,其所以不直接定县为国家行政区域者,盖有待中央之考虑主动也。

第八、假如县应为中央行政区域,则县长无论由选举,或由委派,均须兼为中央行政官吏,为在其区域内代表国家权力之最高长官,如省主席之于一省国府主席之于全国然,但现在省制尚在不合理之状态下,遑论于县,本方案仍以谨慎而坚决之态度,提高县长之职权,即授权县长,可以监督(改轻其语气,则为随时考察工作情形)在县内之省属文武机关部队。此种进步的规定,实大可供中央之采择,及政治学者之类推研究者也。

第九、目前政治组织,太注重形式主义与机械主义,有时各级层之间架,规定得过于整齐,遂致形成浪费,例如县以下有乡镇之组织,其原义应以区域统辖为主,与保甲之以人口编组为主不同,所谓区域统辖者,本含有一自然的政治经济整体的意义在内,乡镇两字之习惯的用法,亦正如此。然吾人往往误认要点,于县城之浑然整体中,无端割裂为各有自治权之若干镇,揆之理论事实与习惯观念,无一相合者,且县政府既为自治高级组织与国家行政机构,则无论国家行政与自治事业,均应以直接办理为原则,以分权乡镇自居指导地位为例外,城区毗睫之地,正不必假手他人,此历史上郡府州所以各有其亲治地也。本年三月间，蒋委员长莅临本省巡视贵定时，曾有城区既有警察所不必再设镇公所之指示，省府因另订办法，规定城区不设镇公所，其原有职务，由县政府直接办理，原案业经政院核准。此实为一种卓越的革新，本方案亦主张之。

第十、本方案虽采取列举式，但有许多事项仍没有规定，其理由似乎有下列四点：一为其事项可以依据本方案之精神例推运用者，此则本方案第三条已自己申明；二为某种事项按例已无问题，目前毋需特别提出者；三为不甚重要之事项，非构成本方案之必要成分者；四为其事项非目前事实与经验之所及，可以留待将来者。盖本方案所未规定之处，原非过失的缺漏之比也。

本案现在初步试行中，其成效若何？言之尚嫌过早。惟县与乡镇权责应予划分，当为言治者无可否认之事实，尚盼各方予以共同之研究。

五、新生活

现行要政，视若平常而实关根本者，莫若新生活运动。此为中国有史以来社会上一大革命。中国国家能否成为一现代化国家？中国社会能否成为一现代化社会？胥将视此运动之能否成功为断。五千年遗留之大好土地，久为蝇蚊虫（臭虫）蚤虱，痰涎涕尿粪，十个强盗所占领，四万五千万黄帝子孙，在此等强盗占领土地中过污秽恶浊之生活，作无规则无纪律无礼貌之行动，殊为可怜，此固早为欧美列强人士所不能一日忍受者。如此国家社会而欲与欧美争平等，岂不自惭形秽，纵有其名，亦无其实，纵能得之，亦何能守？新生活运动，即从扫荡蝇蚊虫蚤虱，痰涎涕尿粪，十个有历史性的强盗着手，而使四万五千万人脱离污秽恶浊之环境，各谋其有规则有纪律有礼貌之生活。此非有史以来之大革命而何？此非各项要政中最根本之图而何？惟事项多属于琐碎小节，干涉将及于日常生活，苦无纲领，难于设施。故自民国二十三年新生活运动发起后，迄今将及十年，上中级阶段容有若干革新，而整个社会并无显著影响，尤其贵州地方大多数人或竟有不知新生活运动为何者。予目睹其成绩之恶劣，愈感觉此运动之急要，因思及前游历欧洲时发觉其最清洁整齐之地点，莫若各地方之教堂，教堂实为欧美地方人民日常生活之示范场所。夫教堂为欧美任何小地方必有之物，以此示范，宜其普遍。中国现在颁行新县制，规定每保设一国民学校，倘能以每保之国民学校为新生活运动示范起点，或者易得纲领，便于实施。由此点着想，因学校而联想及机关，及团体，因最基层之学校机关团体而又联想及其各上级，遂决意规定《贵州省推进新生活运动办法》，其主旨在规定各级学校机关团体，为新生活运动示范场所，其所属人员为新生活示范运动人员及家庭，期负责有人，督饬较易，是或提纲挈领，次第推行之一道欤？兹抄附办法于次，藉供参证！

贵州省推进新生活运动办法

一、本省为使新生活运动之推进，更积极更广泛，表现更切实更具体起见，特订定本办法。

二、本省新生活之推进，由省政府会同省党部滇黔绥靖副主任公署督饬办理，各市县由市县政府承省政府之命，会同市县党部驻在军事机关督饬办理，贵州省新生活运动促进会有关新运推进之设计、建议，可送由省政府采择施行之。

三、本省推进新生活运动，依新生活纲要规定，由简要之事作起，再及其次之原则，以整齐清洁简单朴素迅速确实为初步具体之目标。

四、左列各机关为实行新生活运动之示范处所,其布署设备必须经常严格保持整齐清洁简单朴素之标准。

(一)行政机关　各市县保办公处,乡(镇)公所,区署,市县政府起,及其各上级机关以至省政府止。

(二)党务机关　以各市县区分部,区党部,市县党部起,及其各上级机关以至省党部止。

(三)军警机关　以各市县保国民兵队,乡(镇)国民兵队。警察派出所,分驻所,保警分队,其他警团军队驻在或办公之处所起,及其各上级机关以至滇黔绥靖副主任公署止。

(四)教育机关　以各市县保国民学校,乡(镇)中心学校,市县民众教育馆起,及各中等学校以至各专科学校各大学止。

(五)法定团体　以市县乡(镇)各级法定团体办公处起,以至省级各法定团体办公处所止。

五、各市县党部,各市县政府为市县党政之领导机关,其衙署办公处所,最低限度,应注意左列各项:

(一)大门及周围墙壁应维持完整焕新,不得有污破腐旧之气象。

(二)原有之礼堂狭小者可酌予扩充,礼堂内地面须用石板或木板铺垫平坦,墙壁桌椅须整洁,至少须容纳一百人以上。

(三)有空地者须种植适当之园艺树木或蔬菜。

(四)应有焚毁字纸清除垃圾之设备。

(五)应有下水之阴沟,随时保持其疏畅与清洁。

(六)办公房屋须每日扫除,厨室及厕所须绝对维持清洁。

其他机关团体办公处所,最低限度亦应以上列(三)(四)(五)(六)项为标准,军团驻地士兵宿处尤须干燥清洁。

六、县民众教育馆各市县保国民学校及乡(镇)中心学校为教育民众之机关,除房舍教具应保持整齐清洁简单朴素之标准外,并应相度地宜,就地或各辟附近适当地区种植树木蔬菜花草之类配以简单适当设备,随时或于例假日开放以供各该保各该乡(镇)民众之憩息游览,以期新生活运动推广于潜移默化之中。

七、第四条所列各机关各学校各团体之职员教员学生,为实行新生活之示范人员,其家庭为实行新生活之示范家庭,应负倡导施行之责,其生活行动,均应切实恪遵整齐清洁简单朴素迅速确实之标准。

八、前条所列各示范人员,其生活最低限度应做到左列各项:

(一)起居有定。

(二)仪容整洁。

(三)不赌博。

(四)不酗酒。

前条所列示范家庭,其生活最低限度应做到左列各项:

(一)身体要保持清洁。

(二)子弟要应对知礼。

(三)居处不杂乱污浊。

(四)儿童不赤身裸体。

九、省府省政府主席、省党部主任委员、绥靖公署副主任,市县以市县长,市县党部书记长,乡(镇)以乡(镇)长为推进新生活运动总检查员,省会,各县(市)各乡(镇)境内之其他机关学校团体主持人各为分检查员,对于自己主持及所属各机关学校团体办公处所之整齐清洁,以及职员教员学生及其家庭实行新生活之成绩,应按季亲自或派员检阅查考一次,以竞赛方式,评定甲乙以奖勉之,并得择优分报总检查员奖惩之。

十、实行新生活示范人员均为新生活运动推行员,对于其亲族朋友,应随时随处尽劝导实行之责,以收广泛深入之效。

　　十一、本办法之各种实施细则,实施方法得由各机关学校团体自行斟酌拟定之。

　　十二、本办法自公布之日施行。

　　此办法颁布后,业经数月,大都认为照例文章,虽经办理,未见认真,其原因显然可见者,为各级同志认为小事,不值得认真,认为难事,犯不着费力,而一省主席之权力,规定单行办法,亦不易生硬性之效力。遂不免有孤掌难鸣之叹,形式如此而予仍斤斤以为言者,希冀中样采择各种意见,规定一硬性的具体的新生活运动切实办法,通令施行,责其必办,严其考成,庶几此一社会大革命运动,积以岁月,或有告成之日。否则,委员长十年来苦口婆心,或将付诸流水矣!

六、治安与帮会

　　治安问题,即为教养问题。予曾有一文告内云:"无以教民,何以化匪?无以养民,何以绝盗?此所以文化低落之区,崔苻不靖,经济落后之域,礼乐难兴。"此实一针见血之论。故就理论言,只有教养问题,无所谓治安问题。无如中国教养两端未达相当程度之地方太多,边远省分,偏僻区域,所在皆是,大都文野无别,民匪不分。贵州自军兴以来,要路交通相当开辟,劳力生活比较容易,二十七年至三十一年,此四五年间治安情形转较前改善,即其明证。无如教育仍未普及,经济亦无基础,而因抗战建国关系,需要民力,需要民财,有皆非基层人民所能领悟,所能了解,骤感负担之重,不觉诱惑之易,地方官若疏于防范,遂难免为奸伪所乘矣。三十一年冬黔东发生匪患,骚动三个月始告平息,即为一大教训。因此关系,予对于治安问题,更得一深切之认识。治本之道在教养,必须相当经费,相当时日,省府已无财权,除建议外,难为直接有效之办法,姑不赘论。惟治标之道则在守令,此为地方行政之一重要关键,为言治者所不可不知。记得胡文忠关于治匪,曾有言曰:"地方得一廉能之吏,贤于十万甲兵。"实为极有经验之名论。黔东匪患,予曾有文字简括列举其原因如次:

"直接原因必由于保甲组织有欠严密,警团训练未能认真,间接原因,必由于官民有隔阂,苛扰失检举,致为奸人造隙,易使良民受愚,加以临时复不能清除内奸,联络情报,力尽防范之责,更有以助其滋蔓。"

特举五端为对策:(一)严密保甲。(二)精练警团。(三)消除官民隔阂。(四)查禁基层苛扰。(五)检举奸伪潜伏。此五者皆为县长职责内应办之事,现在县长往往对于严密保甲、精练警团两项基本工作,已少下功夫,因其费时费事而难于见好。其他三者,又大都临时始抱佛脚,平时置诸脑后,盗匪易治而良吏难得,读文忠名言,能不慨然兴叹哉?

若夫地方官吏一般误解,一有匪警,即以请兵中央为上策者,此实极不合理而又极为愚蠢之举动。盖中央军队,本备国防之用,平时请兵剿匪,已不合理,况当战时。所谓愚蠢者,兵到地方,必添供应,请兵实无异为匪区增加负担。地方治安,重在自卫,乡自卫乡,县自卫县,区(指导区)自卫区,省自卫省,乃必不可少之准备。黔省各级财力不充,自卫武力不强,自所难免,然此一贯主张,曾作不断之努力。黔东匪患骤起,地方官吏士绅辄张皇以请兵待援为说者甚众,予概答以先尽地方之力再说,派兵事由中央斟酌情形核办,然亦只希望其分驻交通较便利之若干据点镇压,胜出地方团队,担任深入穷追一切扫荡之工作。盖如此部署,方得各用其长

也。自经此变后,地方官吏士绅已深得事实上之教训,认予自卫之
说,实为上策。区县乡三阶段,自卫力量,现均已分别加增,省级直
属保安团队,亦限期充实。所苦者财政耳。县级自治财政收入有
限,对于县保警队士兵之待遇,颇难达省府之希望程度。至于省
府,已无财权,直属保安团队欲求与国军同等待遇,迄未能得。关
于械弹,当此军兴之时,自当更感困难。凡此种种,皆成问题,必须
继续努力,以谋解决。然就黔省全局言,省区县乡之自卫力量,已
较前加强倍蓰矣。附带一言者,即临时剿匪经费问题,此项经费并
无预算科目,区县用者省府本准其临时呈请,省用者中央亦准其临
时呈请,但临时呈请,需要时日,难以应急,现行公库制度,未准之
款又难于筹垫,例如黔东剿匪经费,呈准之日,业经半年余,匪平有
日矣。兼保安司令设法筹垫既属困难,而负责亦不免太重,万一剿
匪无功,案遭驳斥,将难乎其为兼保安司令矣。剿匪虽小事,究属
军事性质,时间为重要因素。省府每年预算似应汇列若干临时治
安经费,俾得应急。就予之政治知识论,在此政治革新阶段中,不
能将全省保安团队改为警察制度,而犹斤斤以加强地方保安团队
为言,自知不免将受脑筋陈腐之讥。然教养根本问题,不下相当时
日之工夫,得一解决,则在今日言今日,在贵州言贵州,予又何敢忘
却地方之利害,而侈谈制度之美恶哉!

　　总之,治安问题,根本在教养,而治标之道,(一)在守令之得人
(包含县长专员)。(二)在自卫力量之加强。此二要点,当可适用
于边省边区,不独贵州也。

　　在中国之所谓"帮会"者(包含一切非法秘密组织而言,如同善
社之类),实为治安上一大问题。闻者或将怫然作色曰,帮会尽为
匪类乎?予曰:惟其非尽为匪类,此所以成为大问题,而非小问题
也。帮会大都有相当历史,其最初立场,多属相当正大(即如同善
社亦以练习静坐工夫为主旨,初非别有诡谲之谋),无如历时久而
包容广,致良莠不齐,不但匪莠藉以藏身,而士绅阶级人物,亦群相

附和。其动机固有处于坐地分肥或藉势称豪者,亦有处于藉通声气,聊以自保者,竟有毫无所为,聊作应酬者,更有仰慕桃园义气绿林侠气,结交此辈冀得一大爷二爷引恩天恩之称号以为荣者,故就今日帮会之实质言之,实为以士绅为掩护之匪莠团体。既有掩护,自难处理,往往不免有投鼠忌器之嫌。就予之经验言,有三点可述:(一)在帮者不尽为匪,而为匪者多属于帮。(二)在帮之士绅,不能控制匪莠,而在帮之匪莠转能胁迫士绅。(三)无事时为害如蚊蝇,有事时为祸如虎狼。此三点已成为彰明较著之事实。故就表明而言,于治安似无所谓,就里面言,于治安实大有关系。此次黔东匪患,即由于奸伪利用同善社而起,明白言之,即奸伪利用地方若干年高有望之士绅而起。民国光复时贵州帮会猖獗,为害甚大,犹为黔人所未能忘怀者,今后有此变,宜乎黔人与帮会无关联者大都对帮会绝无好感,且经予查明帮会一般在平时为害地方者已约有七项:

(一)逼迫或诱惑商民入会,收取"押贴钱"少者百元,多至千元以上,并有所谓"带粮上山"按月向"粮台"纳粮之事。

(二)商店如不在帮,或未得帮会关照者,辄由帮徒滋事,扰害其营业。

(三)凡帮会中人宴客多由帮徒"拉网",不付价款。

(四)剧院演员登台前,须向帮会拜客,参加该会,否则以"空子"论,捣乱不休。

(五)省垣发生聚赌抽头案,多系帮会包庇,筑市"吃纸码"者达数百人。

(六)开设烟馆贩运鸦片私运金银水银及一切违禁物品者多有帮会参杂其间。

(七)尤甚者竟敢串卖枪弹,接济匪徒。

上述情形,与各省帮会或亦大致相同,此犹就平时而言,一旦发生事故,帮会随时可乘机作乱,即不作乱,政府偶一疏忽,控制之权,将全落于帮会之手,社会秩序不堪问矣。在次抗战时期,后方治安关系重要,此种非法秘密团体之一,三十年中奉中央密令开"贵州精忠社应即下令取消,并设法取缔为要"等因,予因帮会问题,地方既有戒心,中央复有严令,职责所在,自当严格执行。惟念帮会中不无体面人物,故第一步仅饬令其自行取消,并公开登报声明,同时令饬全省专署县府,嗣后各地如有类似此种组织,或有人发起此种组织者,应严予取缔或制止。意在宽其既往,警戒将来,并未查拿首要。乃在三十一年中,查得自行声请解散之精忠社,仍敢在省城开山辟堂,其他效尤者,亦多分别暗中成立非法组织。藐视法令,一至于此,乃进一步查拿首要,拘捕各帮会首要廿二人,置之于法,予以拘束。同时列举上述之敛款办法,布告全省商民,准商民随时举发,指名控告,商民有以确据向县市政府军警机关请求查究者,应即先予保护,对被控人立予拿究,不得稍有瞻徇,藉以绝其财源。并令全省官民,有曾参加帮会者,得自行声请脱离,免予查究,其未经脱离之公务人员,并经查明停职,藉以绝其人源,此项禁令现仍由负治安责任人员严格执行中。此项处置,尚在黔东匪患未发生前,黔东匪患发生后,一般人知其原因为同善社被奸伪利用后,更信前此政府取缔非法团体之举,并非无病呻吟。而一般士绅亦颇觉随便参加非法团体,足以危害地方,祸及身家,实为贵州治安上今后之一大好现象。故就贵州地方之历史言,深盼此项禁令能垂之永久,也许平时扰害得减轻若干,临时事变得减少若干也。至他省情形,自各不同,未可与贵州一律而论,然予相信,此种秘密非法团体,若听其滋蔓,必有尾大不掉之日,惟必须注意于平时,一到临时颇少匕鬯不惊而措施裕如之善法也。

七、经济与统制

　　中国经济情形,远者不必谈,就近百十年论,是否是自给自足之经济? 吾人应先有明确之认识。据近二三十年来之海关册报,大都每年输入超过输出,而超过部分又以粮食纱布类为最显著,杂货次之(惜手边无海关册报可查,未能列举数字),足证至少衣食两项不能自给,已非一日,而因机器制造杂货廉价之关系,原来手工制造之杂货,逐渐淘汰,一切杂货,亦酿成不能自给之结果;故就平日而论,中国经济上若干日用物品,早在不能自给自足之状况中。救济之法,照通常理论言,不外国际输入,国内节约两途,而因交通不便财力不充之关系,中国自不能专靠国际输入,故中国救济不能自给自足之办法,历来多靠国民之节约。惟节约办法非法律的,乃习惯的,非平等的,乃畸形的,换一句说,就是自然的,降低基层大众生活之水准,以求其适合。举例明之:精米供不应求时,若干人降食糙米,米类供不应求时,若干人降食杂粮,一般米类杂粮供不应求时,若干人降食粗粝乃至草类,其他物品皆然,此本为经济上优胜劣败自然之原则,任何国家不能避免,为一天然调剂之办法。不过若干国家有一生活最低一定之水准,而中国最低之水准,并无一定,可低至无可限量,故在中国恐有一部分人终年不得食米者,不得食肉者,医生不得一套新衣服,不得一床新被褥者,种稻之人未尝吃过米,养蚕之人未尝着过丝,一遇兵灾或荒年,恐必更有若干基层大众之弱者,先供牺牲,此皆吾人历来所身经目睹,大足证明中国经济不足自给之情形相当激烈,遂致经济上优胜劣败之演进特别残酷,因其习惯已久,一般人不甚感觉耳。

世界战争已逾六年，中国经济上必然有若干日用物品不能自给自足之程度加增，而国际输入之路线又断，在此时言救济办法，自较平时更难。于是世人多以仿行外国在战时之统制办法为言者；外国统制办法最普通最彻底而最平稳者，莫过于统制日用品之收发，即将物品一面定价尽数收归国家，一面定价限量发给人民是也。而在中国，姑勿论人民奉行法令之精神如何？官吏执行法令之操守如何？即使政府能尽数取得，亦未必足敷平均之分配，何况限量更少最低一定之标准，贸然行之，寡而不均，自多纷扰，而少实效，故历年来虽议论纷纷，而迄未见诸实施。不得已而思其次，各种统制办法，遂难期一一彻底，有时且不免发生流弊矣。日前得读委员长"七七"告全国军民广播文内有云："大家互相督劝奋勉，要勤劳，要节俭，要奉行经济法令，要实行战时生活，来巩固我们战时经济的基础。"予颇觉近年来政府发表战时经济之方针，其简单明瞭，而适合于中国经济情形之文告，未有如此次之正确者；必勤劳而后始能增加生产，必节俭而后始能减少消费，此即中国传统的"生之者众，食之者寡"之要义；抗战六年来，亦惟有此两项政策，已发生相当之效力，而无丝毫之流弊，世人习于不觉，特举出而一为说明之；

（一）抗战以来，后方生产无一不有所增加，工矿方面，据政府指示之比率，约为廿倍卅倍，乃至百倍以上。农业方面，急剧间未能查得平均正确数字列举，然可以事实反证，即后方人口，虽然增加，而民食并未感觉缺乏，除一二荒旱小区域外，并未发现饿殍，水利逐渐振兴，荒地多所开发，冬闲恶习几乎全部废除，选种施肥及消除虫害等科学指导，在可能范围内，人民几无不乐于接受，此皆为有目共睹之事实。故予认为政府增加生产之指示，即委员长指示经济上之勤劳要义，似人民无一不在努力奉行中。且在中国战时，后方经济供给上本占有一优点，即历来因交通关系上，后方日用品之供应，本少仰给于国际输入，在国际路线中断后，后方所受

之影响,较长江大河流域为少,换句话说,即后方经济在平时其能
自给自足之程度本较长江大河流域为优也。经此六年来努力增加
生产,故人口虽有增加,而需要物品,除无代用品之舶来品外,无不
可相当供给,纵使不能充裕,而并未影响及于人民之生命与健康,
此为极显明之事实,为人人所共见,并非予故作乐观之论。

　　(二)抗战以来,后方消费,亦无人不从事节约,基层阶段,几已
节至无可再节,中上级间节约程度,虽未达到一般水平线,然除极
少数人外,予敢断言其享受之质量两者,均必有减无增,世人所指
责之战时奢华,只为极少数人而言耳,故予又认为政府节约消费之
指示,即委员长指示经济上之节约要义,似人民亦无一不在努力奉
行中。且在中国战时,后方经济消费上,亦本占有一优点,即历来
人民因经济力量不能与长江大河流域相比,而物品供给之难易,又
不可同日而论,人民之需要,久已习惯于节约,一经战事,此优点更
容易发挥尽致,就现在一般消费情形论,委员长指示之节俭要义,
毋宁上中阶段或尚有劳政府之督劝奋勉,至一般基层人民,十九均
已降至生活最低水准下矣。节约消费一语,世人颇多认为系一种
宣传口号,空洞无物,盖未深知加考察耳。

　　据上述事实,似足以证明"生之者众,食之者寡。"中国传统的
经济原则,未尝不可适用于今日,故六年来政府对于经济上"增加
生产""节约消费"两项政策,较其他任何统制方案,均著有显明之
成绩,而无丝毫之流弊,经过六年苦战,其结果可得而言者,现在战
时经济上,只有物价贵贱问题,并无物品有无问题,有无问题发生,
为经济整个问题,贵贱问题发生,为经济整个问题中一货币问题,
近颇有人以贵贱问题作为经济整个问题,故作悲观之言,涉想及中
国经济或将崩溃者,不免杞人忧天矣。就予完全客观之观察判断,
在中国战时经济,只要有无问题不发生,绝无经济崩溃之可虞,而
政策纲要似无须侈谈外国之统制办法,只须以中国经济上旧有之
原则,"增加生产""节约消费"为根本方针,而辅以中国老办法,"严

禁囤积"为法律上之制裁,若更能本中国旧日经济上"货畅其流"之
要义,除国际海关及沦陷边区检查站外一切检查机关予以裁撤,则
予敢断定抗战即再继续三年五载,只要不发生天灾影响,民生必需
日用品有无问题,即决不致发生。以上所陈皆中国旧有办法,为人
民传统的所习知者,并非舶来品,致使人民觉得面生可疑,作种种
之疑虑,有碍政令之进行也。简括言之:

(一)增加生产。

(二)节约消费。

(三)严禁囤积。

(四)停止检查。

此四者固已大都在今日政府实施中,予特别举出者,因近日各
种统制办法较多,政府注意力不专,人民疑虑心亦重,若能将注意
力加强集中此四点,而此四点又为人民传统的所习知之老办法,疑
虑自可释然,法令容易遵守,则战时经济情形,当更可改观,其他问
题,皆为枝叶矣。就贵州而论,地方战时经济迄今得以相当维持
者,多属于(一)(二)(三)项政策推行之功,其他统制方法,并未见
发生若何效力,而检查制度转为货物流通之一大阻力,故予颇认为
中国经济情形,有其特殊之组织,人民更有其特殊之认识,用旧方
法统制,易于见效,用新方法统制,难于合拍也。

至于贵贱问题,乐观者认为只须政府用法令力量,予以限价,
即可解决,问题似乎不如此之简单;悲观者认为此与欧战时德国马
克俄国卢布下跌,有相同之象征,为战中无法解决者,问题又似乎
不如此之严重,予以为货币发生问题时,以历史上事例证之,大约
有两方关系,一为神经的,一为实质的,在战时神经的关系,尤为重
要因素,欧战时德国马克下跌,如此迅速者,经经济家之研究,认为
大都处于神经的因素,换句话说,即当时宣传过甚,一般人民刺激
太深,完全失其自信力,非马克之实质果如是也,就此点论,予以为
在战时之中国,物价之贵贱问题,应先严禁宣传,一地之物价涨时

固不必及时电传各地,予以正面的刺激,即一地物价跌时,亦不必即时电传各地,予以反面的刺激,予深感近日物价腾贵,与神经刺激有关,能使之冷淡沉静,似有必要。就实质的关系言,国际货币会议,行将成立,中国势须参加,能作妥善之准备,将法币与美金英镑,议定一确定之比率,则物价腾涨之风,似不难立予遏止,若能辅以其他减少法币流通数量之办法,则可更加缓和,世人有认为此问题在战中无法救济者,亦殊非确论。吾人须知前次欧战时,世界国家对于其本国货币大都争相贬值,故造成货币跌落风气,无法制止。此次战争,世界国家,有鉴于前次相争贬值之失算,已相戒共同作维持各国现行货币能有效的流通之努力,世人引马克卢布作恶例者显不明瞭世界货币问题之趋势,予敢断言,此次世界大战结束后,盟国方面之国家,决不致重演马克卢布之旧剧,且预料持有货币者将逐渐明瞭国际情形,而相当恢复其自信力焉。

八、财政与会计

任何国家一入战时,增税募债,为必然之事,美国尚不能免,其他更不必论;财政基础未臻巩固之中国,经此六个年以上之战争,迄今内外债尚能保持其信用,法币尚能保持其流通,战时一切日益膨胀之费用,更能相当保持其继续,在财政家之眼光观察,莫不相惊为“奇迹”,诚一难能可贵之经过,在此时期,政府对于财政上任何设施,只要有裨于国库收入,全国人士似不应多所议论,例如政府近年来实施之征实征购办法,乃储备军食万不得已之举,所得税遗产税之举办,乃任何国家均列为根本财源,而中国迄未兴办,为一大缺憾者;烟盐火柴等之专卖,亦为许多国家所早经举办者;其他战时利得税及其他捐税之增加种类增加税率等,皆为战时不得已之举,亦为任何国家所不能避免者。纵于创办之初,规划未完,有不免若干流弊者,久经轻税之人民,有不免骤觉负担过重者,然政府岂得已哉,不能不为国任怨,自为天下后世所共谅。然其中或亦不免偶有一二,实无补于国库收入,而难免苛扰情形者,自为政府所乐知,俾得有以纠正,亦属当然之事。试举一例:近来统税中新加入竹木皮毛瓷陶纸箔六类,因其产地太普遍,不能不多设征收机关,种类太复杂,不能不征及零星物品,尤以竹木两项课税品目为最难定。以黔省论,全省七十九市县,近设局所者已有八十八处,故有许多县份竟偶有扫帚一把收一元,草鞋一双收三角,粪箕一只收五角,锅刷一把收三角者,此类物品是否属于竹木类用品,颇难解释,品类太多,且极零碎,政府又不便详细列举品目布告,何者应征,何者可免,人民自无所适从,加以各地机关既设,比额复严,各个为考成计,更不免演绎推广,有少数地方,竟有将应免税之自织土布,以征实为名,每疋布头剪二尺作税者,甚至有面四碗征一碗,粑粑十个征一二个者,至于故意拖延留难,或纳税而不给完纳证者更所难免,良以机关普遍,基层人员过多,不肖者自易混入,偶有上述一二端弊窦发现,人民方面即引为诟病,广事宣传,于财务行政,颇多不利;然假使于国库收入有益,未尝不应忍痛一时,就予观察,此项收入未必能抵支出,即使有余,亦必有限,似乎甚不值得,予以为凡必须多设机关始可征取之税收,值得政府多加考虑,此其一端耳。

　　现时中国财政,一般均不免困难,中央国家财政为大难,县自治财政为小难,转觉省级财政,困难较小,因省级财政预算,有支无收,支出部分转入中央预算,一经核准,便算了事;假使省政府能不自动的找事做,凡所属临时请款事件,又能概以"限于预算"四字,为应付妙诀,大可以保持小康局面,如其不能,亦自不免困难,尤其感觉不安者为县级自治财政,法定许可之财源,为房捐,屠宰税,营业牌照税,使用牌照税,筵席及娱乐捐,中央划拨百分之十五之田赋,百分三十之营业税,百分三十之印花税,百分二十五之遗产税,就黔省各县论,其中除屠宰税为大宗税收外,其余因法令事实所限,至少在目前不足恃为普遍充裕的财源。如房捐,依照现行房捐条例第二条之规定:"凡未依土地法征收土地改良物税之市县政府所在地,及其他商务繁盛地,住民聚居在三百户以上者,其房屋均应征收房捐,"故居民不及三百户之地区,或居民虽三百户而当地商业并不繁盛者,依法均不得征收,此项限制,对于黔省各县殊多窒碍,除贵阳市以及极少数商业较称繁盛之县份外,其余最大多数县份,县政府及乡镇公所所在地之居户及商业,能符此标准者,亦属寥寥,故房捐收入,倘不将课征范围予以扩大,于各县徒为画饼而已。其次营业牌照税使用牌照税筵席及娱乐税等三种税捐,与当地商业状况,关系最切,在经济落后,商业不振之县份,征收所得,殊为有限,就三十一年度论,全省之县市收入预算内,此三种税捐所占之百分比,极为微渺,营业牌照税占百分之零.三,使用牌照税占百分之零.二五,筵席及娱乐税占百分之一.七,全省收入总额约为一百二十余万元,而贵阳市即占一百万元,其余七十八县仅占二十余万元,收入较佳者,如惠水,安顺,遵义,桐梓等县,然亦仅二万元左右,边远县份,如三穗,纳雍,台江等,则仅达一二百元,甚至仅有五十元者,税收集中于少数商业繁盛地区之现象,灼然可见。在黔省一般经济条件下,此类税捐,目前恐亦徒具其名而无其实。至于中央划拨之土地税一部遗产税百分之二十五,营业税百分之三十,印花税百分之三十,就数额论,以土地税之一部(田赋)及营业税为大宗,印花税虽属普遍而以督征不力,收数无多,遗产税尚在初办时期,收入仅属偶然,最近期内地方政府似尚不能凭以为经常可靠之财源。就收入分配情形论,以土地税之一部,分配较为普遍匀称,但无调剂贫富统筹分配之规定。营业税有统筹分配之规定,省于审核县市预算时,得以调剂盈虚,使贫困县份稍纾艰困者,悉以是赖,但以总额为全省税收数所限,故分配所得,于半数县份,仍未见能收调剂之实效,综上所述黔省县市税制,除贵阳一市税收充裕较具规模外,大多数县份,以屠宰税为最大收入,其余各税拿一半县份的情形来看,犹未充裕,以应巨额支出之需,实嫌不足。此为黔省各县自治财政一整个大问题,各省县分中或亦有不免此种情形者,县政府不得已惟有出于违法摊派之一途,黔省各县中有若干县份,增列造产收入数字,以资抵补预算之不足,而以造产之名,行摊派之实者,为害之大,自不待言;而予实无法在中央法定税源之外,准许其增一税源,以资抵补,时刻疚心,苦不可言。予于二十七年时曾将全省摊派性质之苛捐杂税一律裁撤,设立户捐,专以有资财者为课税对象,无资财者一律免捐,分特甲乙丙丁五级,每级起税之资财数目(包括动产不动产薪津及营业收入)及其赋课数目由各县斟酌其预算不足情形,及地方经济状况予以决定,作为抵补县预算之不足,而富有伸缩性之税源,彼时全省每户特级户捐每月似无超过十元者,全省年可征五百余万元,以此收入,抵补不足,二三年间县预算得以勉强成立,此实系一种统一摊派办法,较之零星摊派,自少苛扰,且仅以有资财者为限,亦较零星摊派多及于基层者为优,而因自治财政之支出,大部分均销耗于治安费用,有资财者的益较多,故有资财者较一般人民多纳一种户捐,似无不平,其性质颇与租界上所施行之工巡捐相同。乃因中央以法令相绳,屡饬裁废,地方有资财人士,以利害所关,亦力主废除,不得已逐渐免除,于三十二年度全部停止矣;对有资财者统一摊派之拌饭停止,则对一般人零星摊派之办法遂继之而起,自属难免之事,予之意见,最好是"不摊派",若不免摊派,则规定办法统一摊派,自较零星摊派为优,甚盼中央规定一自治财政略可伸缩之合法新财源,较诸默认县级财政纷歧杂乱之违法摊派,利害不可以道里计也。自治财政之财源,既由中央决择,中央在义务上似应代为筹划,省政府已无能为力也。

　　近年来关于财政上及会计上颁布新制度甚多,由"无制度"转入"有制度",实为破天荒之一大进步,本人少时对于会计制度最热心,曾担任簿记学讲师一二年,颇认为欲整理中国财政及经济事业,必须先从会计着手者,惟颇觉新颁各种制度,过于进步,与各方事实未尽能配合,不无有若干商酌余地,期望之过切,言之自不免琐碎,汇录于次,藉作参考:

　　现行之财政会计制度是"超然主计与联综组织"的会合运用,将广义的财政,分为财务行政,主计,公库,与审计四部门,分工合作,互相牵制,使各部门的业务因分工得日益求精,因牵制得尽量防弊,理论上本无可批评。惟在现时人才缺乏,交通不便,社会教育经济又未达到相当程度之中国,遽而推行此进步制度,未免有削足适履之嫌,掣肘脱节之弊,兹根据年来经验,将所见闻的缺点,个人意见,条述于后:

　　(一)过重形式。换言之,即着重形式而忽略其真实性,例如:

　　1、款项支出须以支出凭证单据证明,而支出凭证单据,须按照支出凭证单据证明规则办理,其合乎规定者,不问其支出是否实在,均可核销,其不合者,即属实际支出,亦必遭剔除,所以常有以实际支出的真单据,掉换假单据,以便报销者。予以为支出凭证单据证明规则,必须加以修改,以能容纳真实性单据为要义,且单据亦不必尽期其完全,因中国习惯,许多交易例无单据也。

　　2、公务员出差旅费,依最近规定,特任每日膳宿杂费八十元,简任六十元,荐任五十元,委任四十元,值此百物昂贵之际,每日所领数目在若干地方,仅支宿费,尚恐不敷,何况膳杂各费更倍于宿费,故一般人视出差为畏途,不得已只有捏造事由,虚报日程,以免赔累。予以为旅费数目既须规定,不便准其尽量实报实销,则规定之数目,自应指定各地一高级机关随时予以修正,否则不免脱节矣。

　　3、预算书表,会计表册,以及其他财务上之册表等,不问收支数目多寡,收支机关性质如何,均须一律编造,致常有收支金额不及表册印刷成本者;亦有若干机关其为财务上编制表册所费时间超过其本身业务者;予以为亟应分别表册机关之性质,收支金额之大小,酌予减免一部分,方为合理。

4、第一预备金之动用,及同款各科目之移用等,为法令所许可,事实所必需,尽可由省府命令核定,乃规定必须列入省府会议议程,宣读一遍,才可视为法案;又如各机关经费的科目流用,除用人经费有限制外,其他本可互相流用,预算法已有明文规定,乃流用时仍规定必须填造流用表若干份,呈由上级机关核转有关机关,若缺少绕这个大圈子,流用部分便不能核销,予以为此种例行事件,似可不必多费人力物力。

(二)过重理想。法令贵在能贯彻实行,现有若干财政法令,似理论过高而不适合地方实情;例如:

1、国税征收机关代征地方自治税捐。此系实行一地一局主义,统一征收,原则上自属正当,惟征诸实际,地方捐税,以往由县政府征收,因为有收入短少经费即不能支应的直接关系,自然特别努力,然尚不易日有起色,今委由利害关系淡薄的国税机关代征,地方情形既属隔阂,而其本身复缺乏实力,欲其收数能超出县府自征之数,似不可能,纠纷难免,责任不清。

2、废除苛杂禁止摊派。此为中央极合理之禁令,然不为自治财政规定一可伸缩性之新财源,则自治财政预算之不足,而又不能减免支出者即无法补救,只有出于违法之一途,予于前段已有详细之说明矣,兹不赘述。

3、提倡编制乡镇预算汇列入县预算中。此系使乡镇财政纳入正轨,在理论上确属急要,惟现时各县人才缺乏,乡镇尤甚,县预算尚多不能如期完成,欲使乡镇预算能如期如法成立,汇列入县总预算中呈核,岂不距题更远;又现时县级以下公库会计审计诸制度尚未建立,即预算能成立亦不能依法执行,故予以为乡镇预算,必须试办,以期养成习惯,惟暂免其汇列入县预算中,以期容易成立。

4、公务员食米之报领。初则按家属人数,继则依年龄分级,创制不能谓为不善,而事实上手续纷繁,稽考困难,各机关为造册忙,为调查忙,忙之结果,只徒费了若干人力物力,并未得到真实数字。

5、会计人员之缺乏。现行会计制度在凭证方面科目方面帐表方面设计至为完备,惟现时会计人员,供不应求,以此寥寥可数之会计人员,来负普遍推行此新颖制度,力不胜任,至为明显,现时虽有简易制度之颁行,但以现时客观环境来看,并不简,并不易,勉强推行,行政上窒碍甚多,乃欲进一步责令其编造动态静态会计报告,殊无可能。予以为简易制度,能再从简易方面予以修正,或于推行上,有极大裨益。

(三)手续过繁。手续的规定,原为确定各经手人的责任,每一制度设计愈完备,其手续亦必愈严密,现行制度关于手续一项规定甚严密,惟严密结果似乎变为繁琐;例如:

1、就预算编制而论。按照预算法规定,应先由各机关编单位概算,呈由上级机关审核汇综,再层转至概算核定机关审定,概算核定后,再由各机关根据概算编制拟定预算,层转至立法机关审议后,乃呈请国府公布,这个圈子一兜,单以时间而论至少非半年不为功,待立法程序完成后,早已成为明日黄花。如遇临时紧急事件,办理追加,更属缓不济急。甚至有上年度预算甫经核定,而年度已近终了,乃至款项领到,已届年终,依法停止使用,又应缴回国库,徒办领缴手续,而于事毫无补益,予以为似应斟酌中国地区广大情形,交通状况,减少一两个周折。

2、营缮购置及财物之变卖。照规定在若干元以上,应招商比价,在若干元以上,应公告招标,除呈请上级机关派员会同办理外,尚须请审计机关派员监视,处此物资缺乏价格早晚行市不同之时期,一般商人因政府机关手续繁重,不乐于交往,故往往招标比价数次竟无应者,时间拖延,价格飞涨,原预算数目不敷支应,又必另请追加,或改变计划,政府机关每年因此所受损失不知凡几,予以为此项手续,应规定在战时得有若何变通。

3、县市国税的划拨。依规定应编入省单位预算,其分配办法,一部分照比例归原收入之县市,另一部分由省统筹,故县市预算的编制,必待此项数字确定,始可着手,但各县市下年度各该税岁收若干,往往在县市预算编制期间,不能确知,遂影响到县市预算无法如期完成。最近新颁战时县市预算编审办法,虽有"可照上年度数目暂列"的规定,但上年度与下年度经济情形不同,税收状况必异,下年度如强照上年度编列,则预算确定性当然减少,执行不免困难。抑有进者即分配国税,现规定为前六个月照预算数划拨外,后六个月按月照上半年六个月实收数划拨,须待各县市征收机关的收入报告送达后,再递次按月扣补,以后即照此办理,故如征收机关每月造报迟延,超过六个月,即不能按月垫发,则不免使本年度应领款项,延至下年度,预算上困难,即将发生,就自治财政收入方面有欠确定性一点而论,予前段主张应规定自治财政有一伸缩性之新财源,似更有必要。

(四)业务似嫌重复。因为分工过细及为互相牵制的关系,各部门彼此的工作,于是常有重复的现象发生,即以款项的收支为例,依照规定任何一笔收支,不问数额多寡,在征收机关(指收入)支用机关(指支出)公库,公库主管机关,主计机关,及审计机关,均须登记账簿,编造报告,其登帐造报之作用与目的,虽各不相同,但工作之重复则无可讳言,又如就经费支出的审核而言,支出之前,须先经会计人员,驻在审计人员,或驻库审计人员审核,既经支出,又须编造报告送审计机关审核,其中如有涉及营缮购置,尚须经前述之稽察程序,可知每一支出,必须经三次或四次之审核,其效果多属于形式上之推敲,而于实际是否经济?是否正当?转轻松放过,予以为此种同样工作似可略予省略。

(五)其他。除上述一般情形外,尚有若干财政上措施,在省地方特别难于于执行者。

1、裁并机构。因为紧缩开支，平衡预算，中央迭令裁并骈枝机构，但何者应裁？何者应留？迄未奉明确标准，办理至为棘手，为息事宁人，只有多仍其旧，致命令未能贯彻。

2、分拨县市国税的支配。县市应得国税，本为县市收入的一部，其统筹支配，自应由县市作主，方为合理，但事实上在分配数目尚未确定前，中央各部会早已代为指定用途，如国民教育应占百分之若干？训练占百分之若干？党务占若干，国民兵占若干等等，简直视分配国税如取之不尽用之不竭之宝库，其各部门应占百分比之合，几达百分之百以上，结果县市政府得了一笔数字庞大实际并不十分可靠的财源，而在支出方面，因为预算数字的核定，却负了一笔同额的非付不可的债务，而县市政府斟酌地方实情急待举办之事业，反有向隅之感，似有失分配县市国税之原意。

3、员工待遇的不平。自从省财政并入国家预算以后，省机关在法律上已变为中央机关，而待遇一项却大不相同，不免有不平之感，姑不论中央之特殊机关，即以普通机关而论，亦颇有出入，中央虽规定省府可照中央办法办理，但财源须在原预算统筹匀支，结果等于空言，所差之数虽不多，在一般员工的心理上，却发生很大之影响，任何省机关的主持人均有痛切之感觉，希望有所改善。

4、省财政与国家财政合并的不彻底。省财政并入国家预算后，省财政厅彻底融化于国家财政之内，如省教育费应并入国家教育费，省建设费应并入国家建设费，余依此类推，但现时省预算与国家预算的单位，各项行政经费一律包括在内，与以往的省岁出预算，并无二致，在中央与省之间，俨然留着一条鸿沟，所不同者以往的省财政有岁入预算，今则无耳，故省政府办理预算，欲量出为入固不可，欲量入为出亦不可，故只能计及例支，不能谈到事业。

综上述各点，似不无有若干研讨之余地，总之财政上会计上由"无制度"，变为"有制度"，确为一大进步，惟为确实有效计，与其希望"一步登天"不如期其"循序渐进"，予之意见，（一）必须有确实之预算,核定亦不妨严格,惟必须有伸缩性,且不妨有若干包办性质。(二)必须经一定之审核,审核更不妨认真,惟不必专重形式,必须有容纳真实性事实之条款,以为救济。(三)必须有规定之手续,手续且可不准脱略,惟必须简捷,空间时间应予以特别之注意。予以为由此三项扼要点入手,逐渐达到完善地步,庶可推行无碍,而免欲速不达也。

九、杂　感

为政者必须特别注意时机,任何新政令倘于其时机未到或已过时推行,往往用力多而成功少,若适逢其时则可不胫而走也。例如禁烟为贵州实行最困难之事件,而一到抗战时机,便可一气呵成,予深觉在廿七年时将已核定之全省禁种限期,提早一年实施,为甚合机宜,而全省造林办法,禁止迷信事项命令,及其他关于农田水利保甲户口之根本行政事项,似较禁烟为容易办理者,乃迄今犹未能彻底,盖由于时机未到,教育未普及,人民脑筋中全无此项认识也。故为政者必须善于审度时机,时至勿失,机至勿纵;倘能进一步制造时机,更为美满;美国政治家,往往于一项政策未实行前,先着手于舆论上之鼓吹,即为制造时机之一法。地方若干基本行政,时机未到者不少,地方官必须于教育上宣传上痛下工夫,以促进其时机之早来。

在历史悠久之国家,人民往往视习惯重于法令,故欲使法令彻底有效,必须有法先使之习惯化,例如保甲为基本要政,乃任何地方,编整均欠精确,其最大关键,在异动不报,人民无此习惯也。予不得已乃通令府属机关及县府,派员赴地方时,勿论任何任务,均随带清查保甲若干户，不合者予以检举，意在使保甲人员住户感觉麻烦，养成习惯，若各级能认真办理，必可逐渐收效；此不过略备一例，凡有使法令习惯化之办法，予以为地方官不妨多多采行。

人类秉赋，本有偏于理性者，有偏于情感者，中国人士具排列整齐，厨房厕所不见污秽，窗纸顶棚不见破烂，号房公役不见杂乱，则其机关之人事财事必有条理，予尝论机关人员精神，以"庶务代表一切"。中国现在各机关之庶务，大都由主管人派其最亲信之亲友办理，似均知重视，而不知其所以重视，就予观察，十个机关之庶务，大约九个以上未办好，近日用人流行语，大都云会计难找，予尝告之曰，庶务更难找，如有强我告以用庶务之标准者，予当告之曰，"庶务人才，必须外求。"用庶务与用秘书不同，与用当差尤不同，明乎此区别，始可与言机关管理也。

基层民众往往"视钱如命"，山岳地带尤甚，良以得之维艰，舍之自不易，未可深责也，故现在一切抗战建国工作，希望人民有所贡献者必须善于运用，予乃拟定一"多用民力、少用民财"之标准，地方官若运用得法，则成事较易，例如兴建国民学校，苟能向富户捐得砖瓦木料，则责令当地捐工建筑，未有不乐于从事者；又如乡镇公所往往有临时事件人员不敷应用者，颇多主张添加名额，予曰，添名额必须添经费，仍旧取之于当地人民，何若临时派当地人民帮忙？竟有闻之而向予表示感谢者，出力出钱，本是一样，而在地方上（都市除外）责其出力，似易于出钱，惟应附一条件，即必须供给膳宿，不可令其枵腹从公耳。此一原则，可以随时随事，予以利用。近年来主张一人作两人事者甚多，在相当范围内，此亦未始不可能，譬如一个强壮公务员或公役，使其每日多服务二小时，加薪四分之一，必有若干乐于接受者，政府所省甚多，惜为会计法令拘束，不克办理，能多出力者不能使之多出力，就战时全体人力言未免可惜耳。

公务员服务效能，第一要求之条件为身体，除有习于不正当或不必要之酬应或娱乐，自甘戕折者外，往往有生活规则而又热心公务之人员，不知保持工作之平衡，一遇临时事件，过于紧张，昼夜不休，拼命努力，因而不免积劳致病者，予深惜之，予乃常告同事以保身之法，应以每日"不少作事亦不多作事"为原则，各量其体力，自定最大之限度，八小时为中，九小时为中上，十小时为上，长久保持，不超过亦不减少，硬性的履行，庶免积劳致病；须知有积劳致病者，一方主管人固然对不住同事，一方同事亦对不住主管人也。予对同事健康，有深切之注意，凡公余时或例假日从未召集谈话或责令赶办公事者，希望同事自身亦应有同样之注意。

人事管理，往往有人喜欢多作变化，喜怒无常，示人以不可测，而期免人作伪者，予则过于平凡呆板，喜怒皆为人所得而测度，举凡请求，准驳皆有一定常轨，鲜有以一时感情或意气用事者，颇有人以此为言，谓易为人所利用，不可如此平凡呆板。予以为平凡变化，各有短长，若事关外交军事应付或须多所变化，倘为执行通常政务，转不如平凡呆板，示人以坦白为宜，即有利用者亦不过君子可欺其方耳，似不为大过，人之所好好之，人之所恶恶之，喜怒不可测，未必是正轨，此或为予个人护短之言，然亦不无多少参考之价值。

勇决立断，为处理复杂事务上难于要求之美德，中国人习于优柔寡断，误事不少；近人颇思力矫此弊，辄见有不假思索，遇事立断者，往往一言甫出，后悔即生，转谋改变，颇失信用；予以为勇决立断之可贵者，以其学问经验丰富足资应用耳，如其不然，直为幼稚行为，似非负行政责任者所宜出此，儒家主张"再思"而不赞成"三思"似不失为中道，近年来青年从政者不少，颇有自恃才华而犯此幼稚病者，特为一言。

黔省任用县长，原则上系从有荐任资格而现任省府厅处会局之科秘视察或专署县府之科秘中选择，别无所谓"候补县长"一级，实行五六年，比较合于实用，且少流言，近来有人条陈将此办法制度化者,拟设立县长任用审核委员会,汇集合格人员,将要求点(如学历经历年资态度言语之类)——先予以审核比较,排列次序,依次任用者,一如前清轮委办法,此于主席责任上减轻不少,且可广为搜罗,未尝不是一法;惟予颇觉县长之人选,与海关、邮局、银行、公司不同,有相当复杂之关系,资历纵适合于作县长者,未必其才具气度即适合于作县长,适合于甲县者,又未必适合于乙县,凡海关邮局银行公司所规定之人员升转办法,似未尽可适用于县长之任用,且虑及中国所谓"好人"者太多,审核委员若不肯作"恶人",则审核委员会将全变为资历审核委员会,只求其资历适合,而于其是否有作县长之才具气度,将轻松放过,至少将不下否定之评断,故予尚不免踌躇;但予甚赞成将此办法制度化,更赞成有一机关广为搜罗,将要求要点,先予审核比较,列表以资选择,惟硬作为轮选次序,似未免呆板矣。选任县长为省府要政中之要政,特一述黔省最近办理情形,以资参证。

提倡地方手工业,为多年来朝野一致之主张。但如何提倡?迄无善法,手工业多为家庭副业,故能物美价廉,若予以集合训练求其改良,集合工作期其增量,纵能物美,而价不廉矣;历来提倡办法大都失败者以此。予以为费力少而成功多者,莫若特设陈列机关,聚集全部手工艺品,予以代售,因竞争自然改良,因销广自然增量,且可使购买人知有一定之场所,容易购买,若能进一步,先给工本,代为运输,使制造者能省力省事,则地方手工业,必可计日发展矣。黔省乃特设"贵州物品陈列馆",责成贵州企业公司经管,聚集各地方手工艺品及特产品,为之代销,行之未久,颇有成绩。企业公司已日益明瞭休戚相关之意义,当必更广为搜罗,并力谋制造人之种种便利方法,数年后黔省之手工业,自必将大为改观,此种提倡手工业办法,各省尚属少见,特举出之。

建设现代化国家,为中央决策,领袖要求,然地方政治如何能如期适应,予以为将全视地方"教士""教民"之工作效率如何?盖无现代化之官吏，新法令如何能执行？无现代化之人民，新法令如何能奉行？故地方今后根本工作将在"教士""教民"。就"教士"而论：许多人认为其责任完全在行政人员训练团，不知训练团所负者，不过十之一二，而十之八九，应由各级官长负之，盖在团方训练系短期，而在其本机关训练为长期也。现在各级官长，只知道对其所属之责任为"管"而不知道对于所属之责任为"管教"，只知"作之君"而不知"作之师"。在现在人才缺乏之时，用人之人不知道教人，必致无人可用，故用人之人，必须责成其负教人之责，譬如管理录事之官长，必须其教导录事如何写得好？写得快？写得不错？更如何与日俱进？管理各起稿科员之官长，必须其教导科员，如何立意？如何遣词？炼句？如何适合法令？如何发生效用？更如何与日俱进？如此分层教导，各公务人员方有进步之可期，方有现代化之可能。予深盼各主管长官共体此意，督率进行，考绩之时，凡作之君不能作之师之官长，予以降调，能作之师不肯作之师之官长，予以罢免，使衙署风气，为之一变，庶几"教士"工作，方有基础，而收效亦方能迅速也。就"教民"而论：现在补习教育应重于义务教育，换句话说，即成年教育应重于儿童教育，乃地方各级负教育责任之人员，其思想正与之相反，认为大中小学之教育，为"正规教育"，"科班教育"，成年人补习教育，为"附带教育"，"客串教育"，予常与教育界人士，讨论教育问题，言及有关大中小学教育者，颇为热心，而一言及有关成年人补习教育者，多似乎不屑注意，尤其中心学校国民学校教职员依法应负成年人补习教育责任者，大都未认真办理补习教育，而毫无惭色，甚至其地方有大多数文盲，而茫然不知其责任之谁属？予以为"教民"工作之实施，对于教育界人士之整个思想，须先予改变，应仰体建国工作之急切，教育失学之成年人，须先于一切，否则建国工作，至少将迟误一世，有此认识，成年人补习教育之人事财事，方获得重视，而"教民"工作，方得普遍作有效之努力也。予为此议论，也许为破天荒之见解，然若一考察苏联当年之建国工作，其中认为最先最要不惜花费最大之人力财力者，即为扫除文盲工作，又如印度，大学教育日益完备，已可与欧美颉颃，而迄未能办国民教育，多数文盲无法扫除，只成其为殖民地教育而已，专重"科班教育"，何足法也。明乎此二者，则知予说之非新奇矣。

本章未提笔前，觉得近年来杂感甚多，似乎写不完，说不尽，提笔后，又觉值得一写者极为有限，约略列举如上，大都老生常谈，颇少新知创见也。

闲笔九章写完，约费五十小时，较预定时间为短，文章之有欠修正，字句之有失锻炼，自所难免，然在暑中执笔，亦出汗不少，初编末页予曾抄录东坡绝句一首，为予文之结束，续编则抄录本年中予六十生日戏笔诗四首于次，藉作结束。读者有欲知著者之意向兴趣者不难于诗中求之。予之闲笔，得以花溪二字冠名者，当以此续编为终结；胜利之期日近，再续工作予知免矣。

（《花溪闲笔续编》，贵州企业股份有限公司印刷所 1943 年 10 月初版）

后　记

　　吴鼎昌(1884－1950),字达诠,笔名前溪,是中国近代史上一位重要人物,早年留学日本时结识孙中山,是北京民国政府的国会议员,参与南北和谈,长期活跃于金融界,出任"北四行"首脑,是新记《大公报》的主要出资人并任职社长,担任南京国政府实业部长、贵州省政府主席、国民政府文官长、总统府秘书长。然而,学术界长期以来对其缺乏深入研究,原因可能多种,资料不足则是显而易见的重要缘由。编者在撰写博士论文时因牵涉吴鼎昌,便开始搜集其相关资料,发现他留下了不少论说、演讲及著作,但因写作博士论文的时间、精力有限,未暇涉及其散落于报刊故纸堆中的大量资料。为此,从学术资源共享的立场出发,编者在前期搜集到的吴鼎昌部分文献资料基础上,又花费二年的时间,多方搜集和整理资料,最终编成《吴鼎昌文集》。因编者尚未穷尽其所有资料,拟打算编订其简明年表的任务亦未完成,虽是遗憾但将留待今后继续努力。需要指出的是,编者与吴鼎昌非亲非故,亦非同乡同道,但深知史料对于学术研究之重要,故不惜花费大量时间、金钱和精力来编纂、出版这一非学术著作,个中的甘苦与辛酸真乃只可意会而不可言说。希望这一文集的出版,能够对学术界开展吴鼎昌及中国近现代史相关问题的研究有所裨益。

　　本文集作为天津市哲学社会科学规划后期资助项目,在申报过程中,承蒙刘景泉教授、张静教授、赵铁锁教授撰写专家推荐意见,得到中共天津市委宣传部副部长李毅教授的大力支持;在结项过程中,校内外专家刘景泉教授、侯杰教授、夏明方教授、江中孝研究员、孙宏云教授一致给予肯定并提出宝贵建议,在此表达诚挚的感谢!

本文集在资料搜集过程中,得到了中国第二历史档案馆、国家图书馆缩微胶卷部、天津图书馆缩微胶卷部、南开大学图书馆古籍特藏部、南开大学历史学院资料室、香港中文大学图书馆等工作人员的帮助,在此表示衷心的感谢!

本文集得以顺利出版,除了感谢天津市哲学社会科学规划后期资助项目提供部分经费支持外,还要感谢安徽绩溪胡氏宴酒业有限公司及天津胡氏宴酒楼董事长胡达金先生的友情资助。胡达金先生作为新徽商的典型代表之一,热心捐资兴学等公益事业,当得知编者外出搜集资料和出版文集存在经费困难时,他给予积极支持并表示愿为中国学术发展尽一己之力,令编者感动。同时,感谢南开大学出版社提供的出版便利,感谢天津市新闻出版局副局长肖占鹏教授的大力提携,感谢尹建国先生对文集出版所做的大量协调及编辑工作。

在文集编纂过程中,编者也对吴鼎昌展开一些初步的研究,日后将在此基础上逐步深入,愿将来能够为学术界奉献一本吴鼎昌研究的学术著作,是为自勉与期待矣!

限于编者的水平及时间,本文集或许存在一些不足,恳望学界同仁与各位读者批评指正。另外,编者对文集中的资料来源尽可能予以注解而避免知识产权争议,亦没有联络吴鼎昌后人征求其意见,若有不当之处,对此表示歉意,并请与我们联系,邮箱 linxw2004@126.com。

编 者

2012 年 1 月 2 日